Klaus Spremann und Eberhard Zur (Hrsg.)
Informationstechnologie und strategische Führung

Klaus Spremann und Eberhard Zur
(Herausgeber)

Informationstechnologie und strategische Führung

Mit Beiträgen von

Dieter Bartmann · Hans U. Buhl · Hans Czap · Wolfgang Eichhorn
Wolfgang Eychmüller · Andreas Geyer-Schulz · Paul Gromball
Paul Halbich · Jürgen Hansohm · Hans H. Hinterhuber · Uwe Hohe
Werner Jakob · Wolfgang H. Janko · Michael Jung · Peter Mertens
Dietmar Meyersiek · Kurt Nagel · Fritz Nicklisch · Ulrich Palm
Franz J. Radermacher · Peter Reichling · Edzard Reuter
Barbara Ricciardulli · Reinhart Schmidt · Wolfgang Schüler
Matthias Schumann · Klaus Spremann · Alfred Taudes
Joachim Voeller · Eberhard Zur

GABLER

Prof. Dr. Klaus Spremann leitet die Abteilung Wirtschaftswissenschaften an der Universität Ulm. Seine Hauptarbeitsgebiete sind: Allgemeine Betriebswirtschaftslehre, Finanzierung, Risikotheorie und Informationsökonomie.

Dr. Eberhard Zur ist als kaufmännischer Vorstand der Telefunken Systemtechnik, einer Tochtergesellschaft der Deutschen Aerospace AG, tätig. Er hält seit mehreren Jahren Vorlesungen über Organisation, computergestützte Projektplanung und Öffentliches Auftragswesen an der Universität Ulm.

CIP-Titelaufnahme der Deutschen Bibliothek

Informationstechnologie und strategische Führung /
Klaus Spremann u. Eberhard Zur (Hrsg.). Mit Beitr. von
Dieter Bartmann . . . – Wiesbaden: Gabler, 1989

NE: Spremann, Klaus [Hrsg.]; Bartmann, Dieter
[Mitverf.]

Der Gabler Verlag ist ein Unternehmen der Verlagsgruppe Bertelsmann International.

© Betriebswirtschaftlicher Verlag Dr. Th. Gabler GmbH, Wiesbaden 1989
Softcover reprint of the hardcover 1st edition 1989

Lektorat: Ute Arentzen

Druck: Wilhelm + Adam, Heusenstamm
Bindung: Osswald + Co, Neustadt

ISBN-13: 978-3-409-13130-8   e-ISBN-13: 978-3-322-83662-5
DOI: 10.1007/978-3-322-83662-5

Inhaltsverzeichnis

Teil I

Zur Einführung

Geleitwort

von Wolfgang Eychmüller
Wieland-Werke AG, Ulm

Die zunehmende Öffnung und weltweite Verflechtung der Märkte bedeutet für ein Unternehmen nicht nur neue Absatzchancen, sondern auch einen verschärften Wettbewerb. Der Zeitraum, in dem ein Produkt abgesetzt werden kann, wird immer kürzer, der deshalb notwendige Entwicklungsaufwand immer höher. Die Produkte selbst sind in ihrer Herstellung anspruchsvoller geworden und müssen in vielen Fällen individuellen Kundenwünschen anpaßbar sein. Damit ändern sich auch die Produktionsstruktur in ihrer Vielfalt und Tiefe sowie schließlich der Materialfluß und seine Logistik. Die Marktbeobachtung und -bearbeitung, die Produktentwicklung sowie die Gestaltung eines Betriebes mit größtmöglicher Flexibilität und Transparenz sind Vorraussetzungen für den Erfolg.

Dies führt zu einer Veränderung der Betriebsstruktur, die bisher im wesentlichen durch eine kaufmännische und eine technische Organisation gekennzeichnet war und sich deshalb auch unterschiedlich entwickelte. Ein durchgängiges, „grenzüberschreitendes" Informationssystem, das alle am Betriebsgeschehen Teilnehmenden miteinander verbindet, zeitgleichen beziehungsweise zeitnahen Datenaustausch erlaubt und auch die Warnsysteme zur Überwachung der Kosten, Qualität, Maschinenverfügbarkeit, Termintreue etc. einschließt, entscheidet über den Bestand am Markt. Man sieht also: Die Ansprüche an das Marketing, das Finanzmanagement, die Forschung und Entwicklung sowie die Produktionstechnik führen zu einer Komplexität, die ohne ein computergestütztes und integriertes Informationssystem als Führungsinstrument nicht möglich ist. Daher muß dessen ständige Weiterentwicklung wesentliches Anliegen einer Unternehmensführung sein.

Alle Systeme aber ersetzen nicht den Menschen, der mit seinem Verstand, seinem Wissen und Können, aber auch mit seiner Intuition letztlich die Entscheidung zu treffen hat.

Editorial

von Klaus Spremann und Eberhard Zur

Universität Ulm bzw. Telefunken Systemtechnik, Ulm

1 Führung und Informatik

Die Thematik dieses Buches steht im Schnittpunkt zweier Disziplinen: der Führung von Unternehmen, insbesondere der strategischen Führung einerseits, sowie der Informatik, der Informationstechnologie und der Systemtechnik andererseits. Mithin entwickelt das Buch eine Perspektive der Erweiterung von Wirtschaftsinformatik auf die höchste Unternehmensebene.

Der Aufgabe, das Gebiet der Verbindung von „Führung und Informatik" als Neuland zu betreten, es in Grundzügen zu skizzieren und mit Erfahrungsberichten abzuklären, haben sich die 30 Autoren mit ihren Beiträgen gewidmet. Die repräsentante Provenienz der Verfasser — sie führen Unternehmen, forschen und lehren in Universitäten, arbeiten an einschlägigen Anwendungsprojekten, oder beraten in der Praxis — sollte Gewähr bieten, diese Führung und Informatik verbindende neue Disziplin aus den verschiedenen Sichtweisen zu definieren und ihrer Pluralität gerecht zu werden.

Vorweg könnte man geneigt sein, den Schnittpunkt der beiden im Zentrum des Interesses stehenden Disziplinen Unternehmensführung und Informationstechnologie überhaupt für leer zu halten. Denn jedermann wollte mit der vornehmsten Aufgabe der Unternehmensführung wohl eher assoziieren
- den Mut und die Bereitschaft, Verantwortung zu übernehmen,
- Motivationsfähigkeit,
- visionäre Kraft und Dynamik,
- Rationalität und Fairness,
- vorbildliches Verhalten und Integrationsfähigkeit,
kurzum die Persönlichkeit und an den Menschen gebundene Tugenden.

Zwischen derartigen Tugenden der Führungspersönlichkeit und den standardisierbaren, prozeduralen Vorgängen, welche gemeinhin als Domäne der maschinellen Datenverarbeitung betrachtet werden, scheint jedoch eine Kluft zu bestehen. In der Tat konzentrierte sich der Haupteinsatz der Informatik in der Wirtschaft bislang auf routineartige Ausführungen, wie sie für die unteren und mittleren Unternehmensebenen typisch sind: Rechnungs- und Inkassowesen, Sachbearbeitung und Lagerverwaltung etc.

So lag es anfangs gar nicht zu Tage, ob Vertreter der beiden Disziplinen Unternehmensführung und Informatik nicht dazu neigen würden, sich gegeneinander abzugrenzen und ob sie nicht den Rang von Projekten der computerunterstützten Unternehmensführung als Einzelfall und Ausnahme abstufen würden. Um hier eine Klärung herbeizuführen, sind wir gleichsam experimentell vorgangen und haben im Mai 1988 an der Universität Ulm ein Workshop über „Computergestützte Unternehmensführung" veranstaltet.

Unter lebhafter Beteiligung seitens Industrieunternehmen, Computerherstellern, des Consulting-Bereichs, der Hochschulen und Forschungseinrichtungen im Bereich angewandter Wissenschaften wurde bei jenem Workshop deutlich: Führung und Informationstechnologie sind eine fruchtbare Verbindung eingegangen, die bereits vielfältige Entwicklungslinien zeigt und weitere Perspektiven öffnet. Von diesem anspornenden Ergebnis war es ein vergleichsweise kleiner Schritt, den Kreis der damaligen Referenten zu erweitern und prominente Vertreter des multidisziplinären Gebietes „Führung und Informatik" als Autoren des nun vorliegenden Bandes zu gewinnen.

Die Einzeldarstellungen lassen zwei Hauptergebnisse und Grundzüge erkennen, die vielleicht so formulierbar sind:
- Qualifizierte Unternehmensführung ist computerunterstützt: Zweifelsfrei stellt die Führung von Unternehmen hohe Voraussetzungen an Persönlichkeit und Charakter, setzt aber aufgrund der Komplexität der Aufgaben voraus, daß alle informatorischen Möglichkeiten ausgeschöpft werden.
- Führung zur Informationstechnologie ist vonnöten: den Computer, das Systemdenken, die Nutzung von Kommunikationsnetzen und Datenbanken sowie Expertensysteme als technischen Fortschritt in Unternehmen zu verwirklichen, ist eine besondere Aufgabe der höchsten Unternehmensleitung.

2 Strategie und Systemdesign

Es hat sich herausgestellt, daß die Thematik „Führung und Informatik" von zwei Seiten angegangen werden kann: zum einen kann man einen strategischen Standpunkt einnehmen, zum anderen kann man vom Systemdenken ausgehen. Jedoch ist diese Vorbemerkung nicht als analytische Zerlegung des Themas in zwei Teile zu verstehen, sondern allenfalls als Akzentuierung: Jeder Beitrag spricht beide Sichtweisen an, dennoch sind unterschiedliche Gewichtungen erkennbar.

Anliegen der strategischen Sichtweise ist es, die Informationstechnologie für die Entwicklung und die Bewertung unternehmerischer Strategien einzusetzen. Es geht um computerunterstütztes Issue Management, dessen Ziel es ist, Erfolgspotentiale zu

identifizieren und in Strategien umzusetzen. Nun mag man einwenden, die Strategie-
bildung sei so alt wie das Militär, und fragen, was das Neue am computergestützten
Issue Management ist. Neu ist die Absicherung der Strategieformulierung und Stra-
tegieauswahl durch den Computer, durch den Rückgriff auf dezentrale Datenbasen
und die Nachbildung von Expertenschlüssen.

Diese Vorgehensweise erlaubt einen um Stufen höheren Objektivitätsgrad und erhält
dennoch dem Menschen weite Gestaltungsfreiräume. So ist eine neue Qualität strategischer Führung möglich.

Im Zentrum der systemorientierten Perspektive stehen unterschiedliche Aufgaben-
komplexe, insbesondere Entscheidungskomplexe, sowie die daraus folgende Frage,
wie Entscheidungen computergestützt gefunden werden können. Nun ist das Vorhaben, Entscheidungen per Rechnung maschinell zu ermitteln, schon oft genug
gescheitert. Es geht hier nicht um die Formalisierung einer isoliert betrachteten
Entscheidungsaufgabe und den Einsatz der mathematischen Optimierungstheorie,
wie sie etwa aus der Lagerhaltung bekannt ist. Die hier anstehenden Entscheidungskomplexe weisen einen anderen Grad von Vielschichtigkeit auf und sind auch
weniger aus dem Zusammenhang isolierbar. Deshalb verdeutlichen die Autoren,
die sich der systemorientierten Perspektive verpflichtet fühlen, die Bedeutung von
Fragen dieser Art:
– Wie können Datensätze mit dem assozierbaren Hintergrundwissen verknüpft werden?
– Wo liegen die typischen Schwachstellen beim Design komplexer Systeme?
– Wie kann man widersprüchliche Forderungen und Rahmenbedingungen auflösen?
Also geht es bei dieser Perspektive nicht darum, auf dem Computer mit Zahlen zu
rechnen, sondern um das Design intelligenter Systeme.

Hinzu kommt, daß die Entscheidungskomplexe sich nicht auf reine Informationsver-
arbeitungen beschränken, die innerhalb einer DV-Konfiguration abgewickelt werden
könnten. Vielmehr verbinden die Systeme auf mannigfache Weise mehrere Ebenen:
die konkrete Ebene physischer Abläufe (etwa der Fertigung) mit der des Information
Processing. Das mittlerweile klassische Beispiel eines derart verzahnten Systems ist
das Computer-integrated Manufactoring. Ziel ist die Gestaltung intelligenter und integrierter Systeme, die komplex genug sind, höhere Aufgaben zu erfüllen und trotz
ihrer Komplexität noch universell genug bleiben, um individuellen Wünschen angepaßt werden zu können.

Die erste dieser beiden skizzierten Perspektiven, überschreibbar mit „Strategie und
Informatik“, wird von denjenigen Beiträgen entwickelt, die wir in die Buchteile II
und III gruppiert haben. Teil II „Strategie und Führung“ vertritt eine globalere
Sicht, Teil III „Wettbewerbsvorteile durch Informationstechnologien“ betont die Bedeutung der Informationstechnologie zur Erlangung strategischer Vorteile im Markt.
Die zweite, mit „Systemdenken“ titulierbare Perspektive wird von denjenigen Autoren favorisiert, deren Beiträge die Buchteile IV „Perspektiven von Systemen“ und V
„Entscheidungsunterstützung“ ausmachen. Davon ist Teil IV wiederum globaler orientiert und gibt grundsätzliche Hinweise zur Konstruktion von Systemen, deckt aber

auch die wesentlichen Schwierigkeiten auf, die mit dem Systemdesign verbundenen sind. Teil V berichtet über konkrete Systemrealisierungen in der Praxis.

Alle damit angesprochenen Aufsätze befassen sich letztlich mit dem Betrieb beziehungsweise der Unternehmung. Die Verfasser haben während ihrer Arbeit immer wieder zum Ausdruck gebracht, daß — auch wenn es hier eher um die Betriebswirtschaft als um die Volkswirtschaft geht — die tiefgreifenden gesamtwirtschaftlichen und rechtlichen Auswirkungen der Informationstechnologie zumindest umrissen und angesprochen werden müßten, um das Bild zu runden. Mit Teil VI „Konsequenzen der Informationstechnologie" soll dem Rechnung getragen werden.

Schließlich haben die Herausgeber den Beitrag von EDZARD REUTER in diesem einführenden Teil vorangestellt, weil er zum Themenkreis „Führung und Informatik" den Anspruch an die Unternehmensleitung deduziert, den Betrieb zur Übernahme und Entwicklung informationstechnologischer Möglichkeiten zu führen.

Wertschöpfung durch Informationstechnologie

von Edzard Reuter

Daimler-Benz AG, Stuttgart

1 Einleitung

In den beiden letzten Jahrzehnten haben sich Wirtschaft und Gesellschaft unseres Landes tiefgreifend verändert.

Das Bruttosozialprodukt hat sich verdreifacht, der Trend zur Dienstleistungsgesellschaft verstärkt. Die durchschnittliche Haushaltsgröße ist gesunken, die Lebenserwartung gestiegen, der Vermögensbestand gewachsen. Die Unternehmen haben sich fundamentalen technologischen und gesellschaftlichen Herausforderungen stellen müssen, vor allem der Internationalisierung des Geschäftes. Aber auch dem Erfordernis, mit System strategisch zu denken und damit langfristig zu planen, kommt ebenso wie der aktiven Entwicklung von Potentialen eine gewachsene Bedeutung zu: Forschung und Entwicklung, Investitionen in Märkte sowie die Führungskräfteentwicklung sind wichtiger und aufwendiger denn je. Zugleich gehen neue Risiken von den Märkten aus.

Der gesellschaftliche Wandel hat in den zurückliegenden Dekaden vor allem zu geänderten Werthaltungen großer Bevölkerungsteile geführt. Sie schlagen sich im Arbeitsleben und im politischen Wirkungsgefüge der westlichen Demokratien nieder, sie haben die allgemeinen Einstellungen zu Konsum und Fortschritt verändert und Pflichtbewußtsein gegenüber unserer Umwelt erzeugt. Ethische Fragen, auch in der

Unternehmensführung, und die Suche nach Bewertungsmaßstäben für neue Techniken, also Technology Assessment (TA), sind heute bestimmender als vor zwanzig Jahren. Aus dem gesellschaftlichen Wandel leiten sich neue Anforderungen an die Unternehmsleitungen ab.

Die Breite und Tiefe dieser Veränderungen hat in der Summe die von den verschiedenen gesellschaftlichen Gruppen und Kräften an die Unternehmen gestellten Erwartungen differenziert: die Ansprüche sind höher, Forderungen werden kompetenter und mit mehr Nachdruck artikuliert.

Diese Erwartungen haben für die Unternehmung als produktive Institution auf der Faktor- und der Erzeugnisseite, also für Inputs und Outputs, Konsequenzen. Das Verlangen nach ressourcenschonender Produktionsweise und eine humane Gestaltung der Arbeitswelt stehen dabei im Vordergrund. Mittlerweile wird, bei weiter steigender Tendenz, für den Umweltschutz deutlich mehr getan als vor zwanzig Jahren; und bei hohen direkten und indirekten Einkommen sowie selbst im europäischen Vergleich niedrigen Arbeitszeiten bieten die Arbeitsplätze mehr Unfallschutz, Kooperativität und Humanität denn je. Auf der Erzeugnisseite werden heute wesentlich höhere Anforderungen an die Sicherheit der Produkte, an ihre Qualität und sonstige Wertigkeit gestellt als noch vor zehn Jahren.

Der Schlüssel, mit dem solche Aufgaben ohne Wohlstandsverlust bewältigt werden können, ist technischer Fortschritt. Ohne ihn gäbe es bei anhaltendem Wachstum weder Umweltschutz noch Produktverbesserung. Insoweit ist er nicht Motor einer ungewollten Entwicklung, sondern Antwort auf vom Menschen selbst erhobene Fragen und Wünsche. Ohne Zweifel ist dabei, daß wir nicht zum Spielball zufälliger technischer Veränderungen werden dürfen. Der technische Fortschritt muß durchdacht und geprüft, mehr noch: er muß planvoll gestaltet werden. Dazu gehört nicht zuletzt, daß in den Unternehmen technische und wirtschaftliche Sachkunde in gleicher Weise an der Entwicklung neuer Problemlösungen beteiligt sein müssen.

Ein weiterer Trend besteht darin, daß insbesondere die informationstechnischen Mittel den Wettbewerb verschärft haben. Man kann heute allgemein mehr messen. Die Nachfrager vergleichen und unterscheiden, indem sie alle Anbieter weltweit in den Vergleich einbeziehen.

Zugleich müssen von den Unternehmen neue Risiken bewältigt werden, die von den Marktstrukturen und vom Verhalten der Marktteilnehmer ausgehen. Plötzliche Verhaltensänderungen staatlicher Nachfrager in den verschiedensten Ländern, Veränderungen der jeweiligen finanziellen Situation, das Geschehen auf Kapitalmärkten, auch das Risiko eines kollektiven Meinungsumschwunges privater Käufer sind typische Probleme, die sich wohl erstmals in diesem Jahrzehnt in voller Tragweite gehäuft haben. Der dramatische Meinungsumschwung über die Umweltverträglichkeit des Dieselmotors zeigt die Brisanz der Risiken. Die Einbrüche bei der Nachfrage nach Fisch und Nudeln haben ganze Wirtschaftszweige bedroht.

Alle diese Gefährdungen können die Interessen von Mitarbeitern, Kunden und Kapitalgebern ganz unmittelbar berühren. Sicherung der Existenz von Unternehmen setzt daher mehr als allein aktive Teilnahme am technischen und organisatorischen

Fortschritt voraus. Der weltweite Wettbewerb verlangt von Unternehmen, für die eine Nischenstrategie nicht mehr ausreicht, daß sie technologische Größen- und Bereichsvorteile ausschöpfen, wo immer sie sich in ihrem angestammten Tätigkeitsbereich bieten. Die erwähnten Markt- und Verhaltensrisiken können jede zu hohe Spezialisierung und Einengung zur latenten Bedrohung werden lassen.

Die höheren Ansprüche der modernen Gesellschaft an die Arbeitsbedingungen, den Umweltschutz und die Qualität industrieller Erzeugnisse setzen demnach erstens voraus, daß die Chancen des technischen Fortschritts ergriffen werden. Zweitens fordern die von Märkten ausgehenden Risiken mehr Produktionsflexibilität. Beide Erfordernisse bedingen eine zentrale Rolle für die Informationstechnologie.

2 Informationstechnologie

Forschung und Entwicklung, Lernen und Erfahrung am Arbeitsplatz sind in vielen Wirtschaftszweigen mit neuen Basistechnologien konfrontiert. Die allgemeine Öffentlichkeit wird dabei vielleicht vorrangig an die Schrittmacherfunktionen von Chemie und Medizintechnik denken, während nicht minder bedeutende neue Technologien etwa in der Metallurgie, der Verpackungstechnik, der Distributionslogistik oder der Klebetechnik der Allgemeinheit eher verborgen bleiben. Und dennoch sind dies nur wenige technologische Neuerungen, die uns allen zugute gekommen sind. Unternehmensführung verlangt jedenfalls, technischen Fortschritt zu erschließen.

Manche der neuen Technologien wirken primär in eher begrenzten oder speziellen Teilbereichen der Industrie und strahlen erst über verschiedene Verflechtungen auf die restlichen Wirtschaftsbereiche aus. Andere Technologien hatten dagegen von Anfang an Breitenwirkung. Was Weite und Tiefe ihrer Wirkung angeht, kommt der Informationstechnologie in diesen Jahrzehnten offensichtlich so herausragende Bedeutung zu, daß in allen Wirtschaftszweigen Führung zum Erfolg bedeutet, durch Nutzung der Informationstechnologie die eigene Wertschöpfung zu verteidigen oder zu steigern.

Obwohl in der ersten Welle einer neuen Technologie Rationalisierungseffekte vorherrschen, ist der eigentliche Fortschritt, der durch die Informationstechnologie bewirkt wird, davon bestimmt, neue Möglichkeiten aufzugreifen. In der Summe ergibt das Bereicherung, nicht etwa Einengung oder Einsparung.

2.1 Mikroelektronik, Großkonfiguration, Netz

Um das zu verstehen, bietet sich zunächst eine Klärung der Begriffe an: Es wäre zu eng gefaßt und hieße zugleich, ihre Bedeutung zu unterschätzen, würde man unter Informationstechnologie allein jene Mikroelektronik verstehen, die heute aus ökologischen Gründen in Waschmaschinen, in Autos zur Erhöhung der Zuverlässigkeit oder in Fotoapparate und Werkzeugmaschinen zur Bedienungserleichterung eingebaut wird. Mikroprozessoren verbessern zwar die Steuerung, Bedienung und Funktion bereits existierender Geräte und erhöhen so ihre Wertigkeit. Entscheidend aber ist, daß durch Mikroelektronik gänzlich neue Produkte möglich geworden sind, beispielsweise Personal Computer, Fernkopierer oder eine Vielzahl neuer Instrumente zur Präzisionsmessung. Informationstechnologie umfaßt auch die sogenannten C-Technologien von CAD bis CIM, die heute zunehmend in die industrielle Produktion integriert werden. Dabei werden zwei Ebenen verzahnt, nämlich auf der einen Seite die konkrete, technisch-physikalische Ebene des Materialflusses und auf der anderen Seite die abstrakte, logische Ebene der Informationsverarbeitung.

Mit CIM wird die Wertschöpfungskette im Betrieb informatorisch verbunden, beginnend bei der Konstruktion über die Materialbearbeitung bis hin zu Absatz, Service und Kundenbetreuung. Schon jetzt hat die Informationstechnologie eine tiefgreifende Veränderung der Produktionsverfahren eingeleitet. Dabei werden neue Möglichkeiten erreicht, während eine Einsparung oder Kostensenkung vergleichsweise nachrangig sind. CIM verlangt nämlich hohe Investitionen und kann trotz aller allmählichen Lernprozesse insoweit kaum in kleinen Schritten verwirklicht werden. Manchmal muß eine gänzlich neue Fabrik erstellt werden, um die erreichbaren Flexibilitätsvorteile, kombiniert mit totaler Qualitätskontrolle und modernen Systemen der Warenlogistik, durchsetzen zu können. Die neuen Produktionsformen erhöhen den Kundennutzen, weil sie eine größere Individualität der Erzeugnisse bei kürzeren Bestellzeiten erlauben. Beim Bau von Omnibussen und anderen Nutzfahrzeugen etwa können Änderungswünsche noch kurzfristig angenommen werden. Die neuen Produktionsformen sind flexibler und unterstützen durch ihre elastische Anpaßbarkeit angesichts kürzerer Produktlebenszyklen das Bestreben, Risiken aufzufangen.

Eine genauere Beschreibung dieser zwei Erscheinungsformen der Informationstechnologie führt zu Schlüssen über noch weiter reichende Anwendungen.

Zum einen können durch Mikroelektronik die Einzelgeräte in Haushalten und Betrieben besser gesteuert werden und sich in der Gestaltung ihrer Benutzeroberfläche dem Menschen mit seinen Wünschen und seinen Wahrnehmungsfähigkeiten nähern. Diese verbesserte Wirkungsweise und Bedienbarkeit bei Einzelgeräten wird sich fortsetzen. Eine der kommenden Innovationen, Sprachsteuerung und Sprachmeldung, befindet sich zum Teil in der Entwicklungsphase und könnte bald zu einer Schrittmachertechnologie werden. Gleiches gilt für das „Pattern Recognition": Könnten Geräte mit funktionssicherer Bilderkennung ausgestattet werden, würde sich ein Innovationsschub großen Ausmaßes öffnen.

Zum anderen erhöht sich zunehmend die Bedeutung der großen Datenverarbeitungssysteme, die als Konfiguration zunächst nur Hardware und Software umfassen. Der Übergang von der bloßen EDV-Abwicklung routineartiger Vorgänge zum integrierten Gesamtsystem mit einer wachsenden Anzahl von Workstations und mit dem Komfort beim Dialog stellt mehr als eine quantitative Veränderung dar. Neu daran ist der Verbund von Hardware und Software, von Workstations und Computerkonfigurationen mit technischen Fertigungseinrichtungen, Computer-Numeric-Control-Maschinen sowie Robotern. Auch der Verbund von Datenverarbeitung und hydraulischen Steuerungen in Maschinen, Schiffen oder Hebeeinrichtungen gehört in diese Kategorie.

Solche Möglichkeiten werden sich ausweiten, sobald Fortschritte bei der Organisation solcher Verbundlösungen, bei der Organisation von Datenbanken und bei den Wegen ihrer assoziativen Nutzung erzielt werden. Dafür sind Expertensysteme geeignet, die sogenannte Künstliche Intelligenz. Außerdem haben große DV-Konfigurationen, die stärker in die konkrete Ebene physischer Produktionsabläufe integriert werden, sehr viel weiter reichende Wirkungen. Wer also nur die Bedeutung eines hohen Anteils der Software an DV-Konfigurationen betont, übersieht entscheidende andere Faktoren: die Verzahnung von Software mit der konkreten Ebene des Betriebs, den Menschen und die physische Fertigung. Schon bei der Entwicklung von Software kommt es auf diesen Verbund an. Dies ist die Quelle von Leistungsfähigkeit und stellt das interessanteste Wertschöpfungspotential dar.

<table>
<tr><td>

Integration:
- Verzahnung von Logik und Technik
- Einbettung von Geräten in Systeme und
  Verwendungszusammenhänge

</td></tr>
<tr><td>

Software:
- Datenbanken
- Erzeugung menschennaher Benutzeroberflächen
- Künstliche Intelligenz

</td></tr>
<tr><td>

Hardware:
- Mikroelektronik
- Massenspeicher
- Kommunikationsnetze

</td></tr>
</table>

Abbildung 1: *Ebenen der Wertschöpfung durch Informationstechnologie*

Darüber hinaus muß man ein weiteres Charakteristikum moderner Informationstechnologie sehen, nämlich die Kommunikation. Sie ermöglicht die dezentrale Gestaltung von Konfigurationen und die Einbeziehung aktueller Daten, wo immer sie entstehen und verwaltet werden. Eine wirtschaftliche Nutzung dieser Technik hängt jedoch von mehreren Voraussetzungen ab: Doppelarbeit an verschiedenen Orten muß vermieden werden, für Fragen der Zugriffskompetenz und Datensicherung müssen gute Lösungen gefunden werden und die Module müssen so kompatibel sein, daß sich die Definitionsfreiheit lokaler Arbeitsgruppen nicht verschlechtert.

In den Betrieben wird heute eine organisatorisch befriedigende Zusammenarbeit der Bereiche erschwert, weil verschiedene Informations- und Datenverarbeitungssysteme nicht kompatibel sind. Früher hat man eher auf Insellösungen als auf den Verbund gesetzt und deshalb Schnittstellen selten definiert. Synergieeffekte durch Kommunikation setzen kompatible Module und standardisierte Schnittstellen voraus, die dem Befugten den Dialog erleichtern und Unbefugte zugleich vom Eindringen in vernetzte Stationen abhalten.

2.2 Systemdenken

Die Realisierbarkeit „komplexer Systeme" ist ganz generell ein erwünschtes Neben-
produkt der Informationstechnologie. Alle bisherigen Entwicklungen der Mikroelektronik, des Software-Engineerings, der Integration verschiedener Ebenen und Orte
haben nämlich unser Denken in größeren Zusammenhängen gefördert. Mit dem
Begriff des komplexen Systems ist jedoch nicht nur ganzheitliches Denken angesprochen. Vielmehr geht es darum, industrielle Erzeugnisse in größere und komplexere
Verwendungszusammenhänge einzubeziehen. Mit derartiger „höherer" Intelligenz
gestaltete Systeme machen aus einer bloßen Telefonleitung eine Notrufeinrichtung
oder aus einem Pkw ein zukunftweisendes Reisesystem mit einem Höchstmaß an
Sicherheit, Flexibilität und individueller Freiheit.

Vier Erscheinungsformen der Informationstechnologie	ermöglicht jeweils
Einbau von Mikroelektronik in Einzelgeräte	• effizientere innere Steuerung • höherer Benutzerkomfort
DV-Konfigurationen, Hard- und Software	• sicherere Abwicklung von Massenroutine • komplexere, verzahnte Systeme (CIM)
Kommunikationsnetze	• Aktualität der Daten • dezentrale Konfigurationen
Einbettung von Einzelgeräten in das System des Verwendungszusammenhanges	• höhere Wertigkeit • Problemlösungen

Abbildung 2: *Erscheinungsformen der Informationstechnologie*

Die mit der Informationstechnologie heute möglichen oder künftig erreichbaren Systeme können Aufgaben erfüllen, die organisatorisch höher einzustufen sind, weil sie
mit isolierten Komponenten und einzelnen Geräten nicht dargestellt werden könnten. Die Metamorphose des Autoradios ist dafür ein gutes Beispiel: Vor zwanzig
Jahren noch ein Einzelgerät zur Sendersuche, ist es heute, etwa mit der Integration
des automatischen Verkehrsfunks, eine Komponente des Informationssystems für
den Fahrer. Diese höheren Funktionen und die verwobenen inneren Strukturen verschaffen solchen fortgeschrittenen Systemen den Nimbus, als „intelligent" bezeichnet
zu werden.

Die Einbettung eines Einzelgerätes in einen umfassenderen Verwendungszusammenhang setzt dreierlei voraus:

– Das ursprüngliche Problem wird auf eine Weise gelöst, die den Nutzen für den
  Kunden erhöht.
– Bei einem System, das solche Kundenprobleme wirkungsvoll lösen soll, müssen
  die Struktur durchdacht und die Abläufe optimiert sein.

20

– Das Einzelgerät, welches im Zentrum eines Systems steht, muß in seiner technischen Gestaltung auf die Systemanforderungen zugeschnitten sein.

Es genügt also nicht mehr, ein Einzelgerät „an sich" und isoliert betrachtet zu vervollkommnen. Gesucht sind Systemkomponenten, die ihre Wertigkeit durch Funktion im Verwendungszusammenhang beweisen. Für die Unternehmen bedeutet dies eine anspruchsvolle Aufgabe. Sie müssen zu erkennen lernen, um welche Verwendungszusammenhänge es geht, welche die nutzenstiftenden Aspekte sind, wie das anzubietende System gestaltet werden muß und welche Anforderungen an das Einzelgerät sich aus der Einbettung in das System ableiten.

Darüber hinaus müssen Systeme, die vom industriellen Erzeuger künftig zur Lösung des ursprünglichen Kundenproblems angeboten werden, leicht an individuelle Umstände und Wünsche angepaßt werden oder sich lernend selbst anpassen können.

Die Anforderung an das technische Gerät, nicht mehr isoliertes Einzelgerät, sondern Systemkomponente zu sein, verändert die Benutzeroberfläche: Einzelgeräte, etwa Autoradios, waren früher von der technischen Funktion bestimmt, also von Frequenzanzeige und Drehknopf für den Kondensator zur Abstimmung. Eine entspannende Befriedigung der Informationswünsche des Fahrers erfordert weder Frequenzanzeige noch Drehknopf, wie die Systeme der neuen Generation bestätigen, die augenfällig mehr sind als Einzelgeräte.

Eine Erschwernis ist dabei, daß die Systemgestaltung meist nicht in der Hand eines einzelnen Anbieters liegt, sondern der Abstimmung im Kollektiv bedarf: die anderen Anbieter und politische Instanzen wirken mit, oft in einer Weise, die den Kompromiß zu weit vom Optimum entfernt. Jedermann kann sich die unterschiedlichen Interessen vorstellen, die hineinspielen, wenn es etwa um die Gestaltung des europäischen Verkehrsleitsystems geht, wo Produkte im Rahmen einer neuen Infrastruktur von Kommunikationswegen, Schnittstellen und Standards angeboten werden müssen.

1.	Bereitschaft, die auf das isolierte Gerät fixierte Denkweise zu erweitern
2.	Bereitschaft zu lernen, wie der größere Verwendungszusammenhang aussieht und welche Aspekte wirklichen Kundennutzen stiften
3.	Bereitschaft, beim Entwurf des Systems mit Konkurrenten und politischen Instanzen zusammenzuarbeiten und sich zu einigen
4.	Bereitschaft, die bisherigen Einzelgeräte so zu verändern, daß sie als Systemkomponente wirken und zugleich der Kundenindividualität genügen

Abbildung 3: *Vier Schritte zur Einbettung in den Verwendungszusammenhang*

2.3 Zusammenfassung

Aus alledem ergibt sich eine Reihe von Schlußfolgerungen.

1. Intelligente Systeme müssen in zunehmendem Umfang in den Produktionsverfahren verwirklicht werden (CIM, Warenlogistik), und sie finden sich mehr
   und mehr bei den Erzeugnissen selbst, die durch die Informationstechnologie
   verändert werden. Mikroelektronik eröffnet den Zugang zu höherer Komplexität bei leichterer Bedienbarkeit. Die Integration in größere Verwendungszusammenhänge muß so geschehen, daß der Einbau durchaus noch nicht im
   Detail feststehen muß, sondern seinerseits mit gewissen Freiheitsgraden als
   System zu gestalten ist. Einzelgeräte und Fahrzeuge verwandeln sich so
   in Systemkomponenten. Industrielle Systemkomponenten bedeuten höheren
   Kundennutzen und höhere Wertigkeit.

2. Diese Entwicklung zeitigt erhebliche Wohlfahrtseffekte. Bei den Produktionsverfahren wird man in dem Maße Zeit und Material sparen und sonstige Ressourcen schonen können, wie man Wirkungsketten besser durchdenken und
   abstimmen kann. Produktionsverfahren dieser neuen Art werden flexibler und
   elastischer, die dazugehörigen Produkte werden bedienungsfreundlicher, sicherer, dem Menschen näher sein, kurzum, einen höheren Wert haben.

3. Wertschöpfung durch Informationstechnologie und Systemdesign ist nur erreichbar, wenn alte und enge Denkgewohnheiten verlassen und die Bereitschaft zum Lernen entwickelt werden. Das motivierende Ziel muß dabei die
   Wertschöpfung durch höheren Kundennutzen sein.

4. Die neuen Marktrisiken können nur elastischer aufgefangen werden, wenn
   starre Produktionsstrukturen beweglicher werden. Dafür müssen informationslogische Prozesse und technische Fertigungsschritte unter Einbeziehung
   aller Kettenglieder von Konstruktion bis Service verzahnt werden. Das Ziel
   der Integration besteht in erhöhter Flexibilität des Produktionssystems. Neben einer besseren Bewältigung von Risiken läßt sich damit ein höherer Kundennutzen stiften, der unter anderem in geringeren Lieferzeiten und mehr Individualität besteht, als sie ein Baukastensystem liefern kann.

3 Führung

Der Weg zur Informationstechnologie besteht nicht darin, im Rechenzentrum die
Investitionsentscheidung zugunsten des einen oder anderen Computerherstellers zu
treffen. Das tatsächliche Potential des alle bereichernden Fortschritts verlangt die
einsichtige Mitwirkung und Einbindung aller Beteiligten. Gefragt sind in erster
Linie nicht einzelne Entscheidungen der Unternehmensleitung oder der Investitionsabteilung, vielmehr wird ein Verständnis von Führung benötigt, das den neuen

Erfordernissen gerecht wird. Das zeigt nicht zuletzt ein Blick auf die letzten Jahrzehnte.

3.1 Kosten

In den sechziger und noch in den siebziger Jahren standen die Unternehmensführungen vor gänzlich anderen Problemen. Damals kam es vor allem darauf an, die weltweit wachsende Mengennachfrage einer aufnahmewilligen Gesellschaft zu befriedigen. Es war die Ära der ständig zunehmenden Seriengrößen. Die Sicherung der Unternehmensexistenz erforderte die Fähigkeit, in die sich weltweit öffnenden Märkte hineinzuwachsen. Wettbewerb fand im wesentlichen über Kosten und Preise statt.

Dem kam eine auf Massenfertigung ausgerichtete Fertigungstechnologie entgegen, wobei das unablässige Streben nach Kostensenkung zu einem wichtigen Erfolgsfaktor wurde. Dafür war die Kontrolle der Gemeinkosten von besonderer Bedeutung. In diesen Jahren zog die EDV in die Unternehmen ein, zunächst in Rechnungswesen und Verwaltung mit ihren routineartig ablaufenden Vorgängen, dann auch in die Optimierung von Fertigung, Lagerhaltung und Bestellung.

Kapazitätsausbau bei permanenter Rationalisierung und Kostenkontrolle fiel zahlreichen Unternehmen nicht leicht:

- Zum einen verschob die Einrichtung automatischer Fertigungsstraßen das Gewicht von variablen zu fixen Kosten. Damit konnten konjunkturelle Risiken für die Unternehmen zur Existenzbedrohung werden. Die immer höhere Belastung mit Fixkosten wurde kritisch, wenn Beschäftigung und Kapazitäten im Verlauf gesamtwirtschaftlicher Abschwächungen nicht rasch genug angepaßt werden konnten. Dennoch haben diejenigen Unternehmen die Konjunkturzyklen meistern können, die mit Eigenkapital solide ausgestattet waren.
- Zum anderen hat der von den Märkten ausgehende Rationalisierungsdruck zu Spannungen in den Unternehmen geführt. Nach der leidvollen Erfahrung des Krieges hatten sich die Deutschen, ob als Arbeiter, Angestellter oder Direktor, zwar gemeinschaftlich der Arbeit am Wiederaufbau zugewendet. Bei einer sozial verträglichen Lösung der Verteilungsfrage fiel es auch nicht allzu schwer, daß sich alle gemeinschaftlich diesem Leitbild unterordneten. Aber unter den Bedingungen neuer wirtschaftlicher Schwierigkeiten trug der anhaltende Rationalisierungsdruck spätestens in den siebziger Jahren dazu bei, daß dieses Leitbild angeschlagen wurde. Die Divergenz heutiger gesellschaftlicher Strömungen hat hier einen ihrer Ursprünge.

Vorschläge zur Rationalisierung wurden von den technischen Stäben vorgetragen, oft assistiert von Unternehmensberatungen, die nach einer Diagnose ihre verschiedenen Gemeinkosten-Wertanalysen durchführten. Regelmäßig ging es dabei auch um die Frage, welche Kostenblöcke welchen betrieblich erstellten Leistungspaketen gegenüberstehen und ob die Unternehmung durch Fremdbezug dieser Leistungspakete besser fahren könnte. Consulting-Gesellschaften haben ihre Untersuchungen oft mit einer Konsequenz vorangetrieben, die ihnen in der Presse das böse Wort des Job Killers eingebracht hat. Im Ergebnis wurden Teile des Unternehmens oft ausgegliedert oder Vorleistungen und Zulieferungen von Dritten bezogen.

In jenen Jahren war Unternehmensführung also vor allem auf Kapazitätserweiterung, Optimierung der technischen Prozesse, Rationalisierung und Kostensenkung ausgerichtet. Das verlangte im Innern Durchsetzungskraft und nach außen die Fähigkeit, trotz hoher Fixkostenbelastung die Konjunkturtäler unbeschadet zu durchreiten.

3.2 Qualität

Inzwischen wird der Wettbewerb nicht mehr wie früher vornehmlich über Mengen und Preise, sondern über Qualität entschieden. Schon seit Jahren zielen Forschung und Entwicklung primär auf Verbesserung des Angebots.

Qualität bedeutet nämlich nicht nur Solidität und Funktionssicherheit des Erzeugnisses — das gab es auch schon vorher —, sondern zunächst vielfältige Produktdifferenziertheit im Angebot und schnelle Lieferbereitschaft auch bei individuellen Kundenwünschen. Außerdem sind industrielle Produkte nicht mehr singuläre Einheiten, sondern Elemente einer anspruchsvollen Lösung, mit der ein komplexes Kundenproblem beantwortet wird. Nicht mehr mit einer Produktpalette, die um Vertrieb, logistische Leistungen, Service und andere Begleitdienste ergänzt ist, sondern mit Systemen wird der Markt gewonnen.

Kundenprobleme sind naturgemäß höchst individuell, so daß im Grunde stets eine Einzelfertigung verlangt wird. Großserienhersteller wie die der Automobilindustrie haben sich zunächst mit Baukastenlösungen beholfen, die vielfältige Kombinationen in der Produktzusammenstellung ermöglichten. Aber auch in diesem Teil der Industrie ist längst eine neue Entwicklungsstufe erreicht. Maßgeschneiderte Produkte erfordern nicht nur eine bisher völlig ungewohnte informatorische Vorarbeit, mit der Kundenprobleme erfaßt werden müssen. Die Industrie muß es außerdem schaffen, flexible Lösungssysteme zu entwickeln und anzubieten, mit denen es gelingt, individuelle Zuschnitte zu ermöglichen, ohne die ökonomischen Vorteile der kosteneffizienten Massenfertigung und der Serienproduktion aufzugeben. Wir müssen also Systeme entwickeln, die sich leicht individuellen Erfordernissen anpassen. Das kann nur mit flexiblen, lernenden Universalsystemen geschehen, zu denen die Unternehmen werden müssen.

3.3 Verbindung

Der Weg zur Wertschöpfung der Zukunft — Einbeziehung von Informationstechnologie und Systemdenken — erfordert ein Umdenken auf allen Unternehmensebenen. Kreativität und Lernbereitschaft aller Mitarbeiter müssen geweckt und belohnt werden. In besonderem Maß ändern sich die Funktionen der Stabsabteilungen: Sie entwickeln in Projekten, wie das informationstechnologische Potential umgesetzt werden kann und öffnen damit dem Unternehmen den Weg zum Systemhersteller.

Dafür muß die Unternehmensleitung viele Bereiche, die bisher mehr oder weniger getrennt voneinander arbeiten konnten, zueinander führen. Nicht nur etwa die herkömmliche Systematik der Arbeitsteilung innerhalb eines Unternehmens, auch manche überkommenen Branchengrenzen müssen überwunden werden. Stäbe etwa müssen einsehen, daß die heutige zusätzliche Wertschöpfung von der Linie erbracht wird, die Linie muß verstehen lernen, daß der Stab Formen zukünftiger Wertschöpfung aufzeigen soll, indem er Anpassungen und Änderungen vorbereitet. Geübt im projektorientierten Denken, muß der Stab die Vorteile erkennen, die nur durch Einbeziehung der Linie in die Planungen erreichbar sind. Veränderungen dürfen nicht im Sandkastenspiel festgelegt und dem Betrieb übergestülpt werden. Die Einstimmung der Mitarbeiter auf solche neuen Wege ist nicht immer leicht, weil dafür die Ausrichtung an verschiedenen Kenngrößen reformiert werden muß. Wer bisher gewohnt war, etwa in den periodenbezogenen Rechnungsgrößen von Aufwand und Ertrag beziehungsweise von Kosten und Leistungen zu denken und sich an Auftragseingängen und am Umsatz ausrichtete, muß jetzt projektbezogen in Terminplänen und Budgets denken. In einigen Unternehmen kommen dabei schon computergestützte Projektmanagementsysteme zum Einsatz, die außerdem die Einheitlichkeit und Vergleichbarkeit von Statusberichten fördern. Hier wird die Integrationsaufgabe der Führung vom Computer unterstützt. Aber im Kern geht es immer um die Änderung von Verhaltensweisen.

Die zukunftsweisenden Systeme sind integriert: CIM verzahnt Logik mit physischer Fertigung, Kundensysteme betten Einzelgeräte in den Verwendungszusammenhang. Mehr noch als leistungsfähige Hardware und umfangreiche Software ist es dieses harmonische Ineinandergreifen von Logik und Physik, von Gerät und System, welches Wertigkeit und Wertschöpfung ermöglicht. Auf den fruchtbringenden Verbund kommt es an. Informationstechnologie wertschöpfend umzusetzen, verlangt, die Beteiligten zusammenzuführen, beispielsweise Stab und Linie, Informatiker und Fertigungsingenieur, Techniker und Systemgestalter. Dies ist die primäre Aufgabe der Führung, um Wertschöpfung durch Informationstechnologie zu erreichen.

Teil II

Strategie und Führung

Zur Objektivierung strategischer Entscheidungen

von Hans H. Hinterhuber
Universitäten Innsbruck und Mailand

Zusammenfassung

Erst wägen, dann wagen
MOLTKE

Die Strategie ist, um mit MOLTKE zu reden, die Fortbildung des ursprünglich leitenden Gedankens entsprechend den stets sich ändernden Verhältnissen mit dem Ziel, der führende Wettbewerber im Marktsegment zu bleiben, zu werden oder zumindest zu den führenden Wettbewerbern zu zählen.

Jede Strategie ist eine Kombination aus quantitativen und qualitativen Überlegungen, aus rationalen und irrationalen Elementen. Die Strategie ist in der Regel umso erfolgreicher, je rigoroser die Quantifizierung der Faktoren vorgenommen wird, die berechenbar sind und je genauer die Faktoren beurteilt werden, die einer Berechnung nicht zugänglich sind. Je wirksamer diese Synthese erfolgt, desto kleiner ist das Risiko, das mit jeder strategischen Entscheidung verbunden ist.

Die vorliegenden Ausführungen zeigen, wie durch rigorose Quantifizierung die strategischen Entscheidungen objektiviert werden können. Dadurch werden Kreativität und Phantasie nicht ersetzt, sondern ergänzt. Denn die unternehmerische Funktion liegt a) im Gespür für neue Möglichkeiten und in der Fähigkeit, Prognosen zu erstellen, die dem tatsächlichen Lauf der Ereignisse möglichst nahekommen, und b) in der Initiative und Professionalität, mit denen aus dieser Fähigkeit Nutzen gezogen wird. Die durch die quantitative Bewertung mögliche Objektivierung der Entscheidungen kann die unternehmerische Funktion vielleicht weniger schwierig machen.

1 Der Begriff der Strategie

Wenn ich hier also Lehren gebe,
die ich aus Unbedacht selbst nicht befolgt habe,
so geschieht es,
damit meine Offiziere aus meinen Fehlern lernen
und zugleich erfahren,
daß ich darauf bedacht bin,
mich zu bessern.

FRIEDRICH DER GROSSE

Eine einwandfreie und erschöpfende Definition für Strategie gibt es nicht und wird sich auch kaum finden lassen, weil in der Praxis Strategie und Aktionspläne vielfach ineinander übergreifen und sich dauernd zwingend beeinflussen. Strategie ist ihrem Wesen nach keine theoretische, sondern eine vitale und praktische Angelegenheit. In erste Instanz ist deshalb nicht Erkenntnistheorie oder Methodenwissen, sondern der gesunde Menschenverstand gefragt. „Strategie ist nichts weiter als die Anwendung des gesunden Menschenverstandes", sagte einmal MOLTKE ([11]); er meinte damit die Fähigkeit, alle naheliegenden Dinge in der richtigen Perspektive zu sehen. Ihre letzte Instanz ist das unmittelbare Schauen und — wenn möglich — Objektivieren der Zusammenhänge in einer solchen Perspekive, daß sämtliche Komponenten in dem Bedeutungsverhältnis zueinander stehen, welches wirklich besteht.

Am kürzesten und daher auch für die meisten Fälle ausreichend ist die Wiedergabe von Strategie nach MOLTKE: „Die Strategie ist die Fortbildung des ursprünglich leitenden Gedankens entsprechend den stets sich ändernden Verhältnissen" ([12]). Der leitende Gedanke im wirtschaftlichen Bereich ist, mit Hilfe von auf Dauer haltbaren Wettbewerbsvorteilen in jedem Marktsegment, in dem die Unternehmung tätig ist oder sein will, eine monopolähnliche Stellung einzunehmen oder zumindest zu den führenden Wettbewerbern zu zählen. Abbildung 1 veranschaulicht den Zusammenhang zwischen ROI und Wettbewerbsposition der strategischen Geschäftseinheit im jeweiligen Marktsegment (siehe [2]); ein Beispiel aus der Praxis unterstreicht die Bedeutung, Nummer 1 oder Nummer 2 im jeweiligen Marktsegment zu sein (Abbildung 2).

Zählt die Unternehmung zu den führenden Wettbewerbern, besteht die Strategie darin, die Wettbewerbsvorteile auf Dauer zu halten und die führende Wettbewerbsposition nachhaltig zu verteidigen. Ist die Unternehmung kein führender Wettbewerber, müssen die Ursachen ermittelt und beseitigt werden, die dafür verantwortlich sind, daß die Unternehmung keine Position der Einzigartigkeit im Marktsegment einnimmt. Lassen sich die Ursachen der schwachen Marktposition nicht beseitigen, dann wird es in der Regel zweckmäßiger sein, die Ressourcen anderen Geschäftseinheiten zuzuweisen und eine Rückzugsstrategie zu verfolgen.

Die Verfolgung einer Strategie geht somit davon aus, daß eine bestimmte Zielposition durch eine Reihe von Entscheidungen erreichbar ist, für die eine Vielzahl

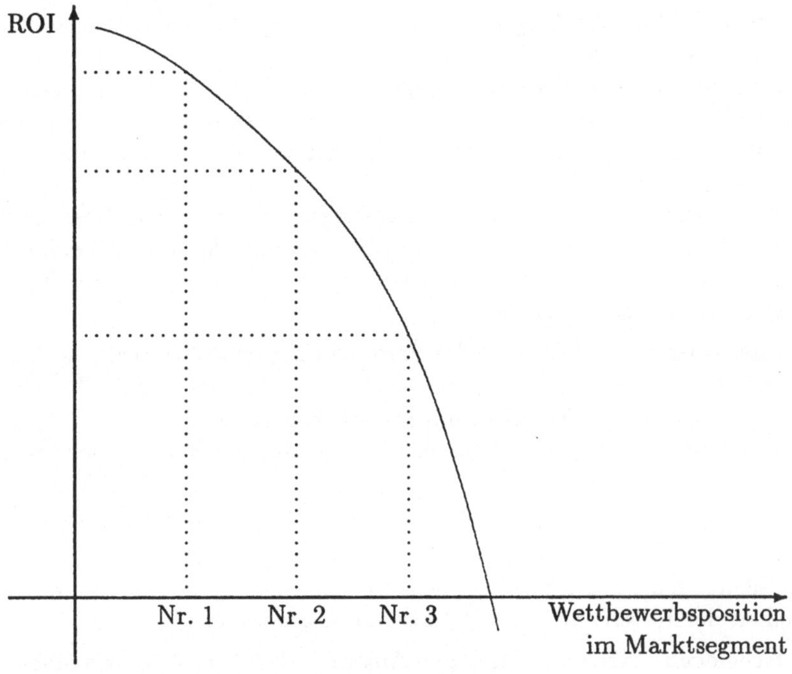

Abbildung 1: *Zusammenhang zwischen ROI und der Wettbewerbsposition*

Anzahl der strategischen Geschäftseinheiten	Wettbewerbsposition im Marktsegment	Anteil am Gesamtumsatz der Unternehmung
21	Nr. 1	49 %
24	Nr. 2	28 %
16	Nr. 3	12 %
40	–	11 %
		100 %

Abbildung 2: *Einfluß der Wettbewerbsposition auf den Umsatz*

von Personen auf verschiedenen Verantwortungsebenen und an verschiedenen Orten verantwortlich ist; diese Entscheidungen müssen im Laufe der Zeit getroffen werden, und zwar immer dann, wenn bestimmte Unsicherheitselemente weggefallen sind und die ursprünglich verfolgte Linie präzisiert und den in der Zwischenzeit effektiv eingetroffenen Ereignissen angepaßt werden kann.

Eine strategische Entscheidung muß deshalb zwischen zwei entgegengesetzten Anforderungen einen Ausgleich schaffen:

- eine Vielzahl von Entscheidungen, die zu verschiedenen Zeiten, an verschiedenen Orten und von verschiedenen Personen getroffen werden, auf eine gemeinsame Zielposition ausrichten, von der aus in Zukunft weitere Entscheidungen getroffen werden können, und
- den Führungskräften, die diese Entscheidungen treffen werden, den größtmöglichen Handlungsspielraum einzuräumen, damit sie in ihren Entscheidungen auch die neuen Elemente berücksichtigen können, die nach der Verabschiedung der Strategie bekannt geworden sind.

Die Hauptschwierigkeit, die es bei der Formulierung einer Strategie zu überwinden gilt, besteht somit darin,
- die Inhalte zukünftiger Entscheidungen zu beurteilen und
- die Freiheitsspielräume zu bestimmen, die den Entscheidungsträgern eingeräumt werden sollen.

Mit Hilfe dieser zweifachen Beurteilung läßt sich die Flexibilität der Unternehmung in einer Welt rascher und tiefreichender Veränderungen erhöhen; würden dagegen die Entscheidungen an langfristig erreichbaren Zielen ausgerichtet, könnte die Handlungsfreiheit der Unternehmung nicht abgesichert werden.

Das entscheidende Kriterium für die Auswahl der Strategie wie auch für die Ausführung der Aktionspläne ist die Handlungsfreiheit. Die Absicherung der eigenen Handlungsfreiheit und die Fähigkeit, den Konkurrenten die ihrige durch das Anbieten einer besseren Problemlösung zu einem günstigeren Preis zu rauben, sind deshalb die Grundelemente des strategischen Spiels.

Die Strategie ist deshalb eine ständige Neuschöpfung, das heißt ein Prozeß, der auf Hypothesen beruht, die erst im Laufe der Aktion selbst auf ihre Stichhaltigkeit geprüft werden können (siehe [1]). Schätzt man die Hypothesen aber falsch ein, dann macht sich das im Falle von Fehlentscheidungen teuer bezahlt.

Diesem evolutionären Charakter der Strategie kann durch die Quantifizierung Rechnung getragen werden: Der Übergang von verbalen zu mathematischen Modellen vermindert einmal die Unsicherheit der Entscheidungen und erhöht die Objektivität der Kontrollen, zum anderen ermöglicht er es, eine bestimmte Realität auf eine eindeutige Weise dem Verständnis der Führungskräfte nahezubringen, die diese Darstellung brauchen, um ihre Handlungsfreiheit zu wahren. Denn der Erfolg jeder Unternehmung hängt wesentlich von der Fähigkeit der Führungskräfte ab, die Handlungsfreiheit, über die sie im Hinblick auf ihre Entscheidungen verfügen, im Interesse der Strategien zu nutzen.

32

2 Die Strategie als zentrales Element der strategischen Führung einer Unternehmung

Der Wert der Strategie liegt — hier sind sich alle guten Strategen einig — fast ganz in der konkreten Anwendung; die Strategie muß deshalb integrierender Teil eines Gesamtkonzeptes für die Führung einer Unternehmung sein (Abbildung 3).

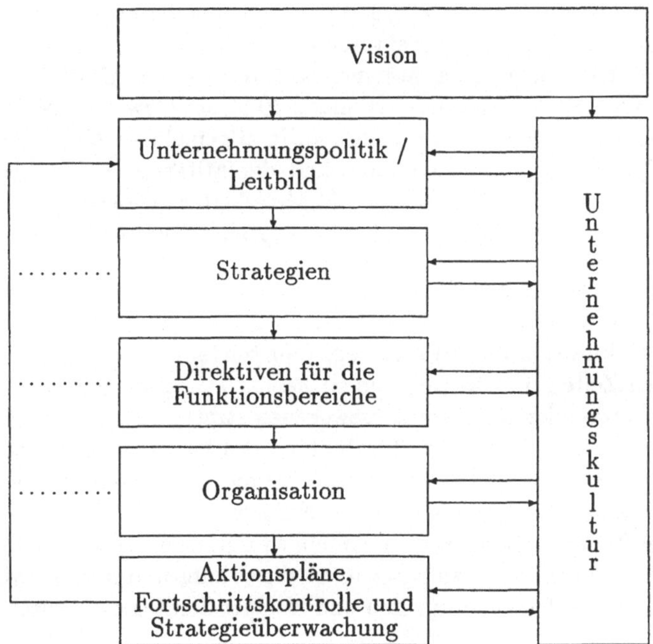

Abbildung 3: *Komponenten der strategischen Unternehmungsführung*

Ein praktikables Gesamtkonzept gliedert sich in sieben Phasen (vgl. hierzu ausführlich [4]):

1. **Unternehmerische Vision:** Die Vision ist das Bewußtwerden des Wunschtraumes einer Umweltveränderung. STEVE und WOZZAK hatten als Vision die „Demokratisierung des Computers"; dem Rektor einer Technischen Universität schwebt als Vision vor, die Bedingungen zu schaffen, die es einem Mitglied des Lehrkörpers erlauben, den Nobelpreis zu gewinnen. Visionen

sind wie Sterne keine Ziele, sondern Orientierungspunkte. Sie lenken das Denken, Handeln und Fühlen der Mitarbeiter auf allen Verantwortungsebenen in eine Richtung, in der, um mit NASREDDIN zu reden, das Nützliche für die Umwelt mit dem Angenehmen für die Unternehmung in Einklang gebracht werden kann. Einzig die Richtung hat einen Sinn, und es kommt darauf an, daß wir auf etwas zustreben, nicht daß wir ankommen. Wir kommen nirgendwo an, meint ANTOINE DE SAINT-EXUPERY, außer im Tode.

2. **Konzeption der Unternehmungspolitik:** Die Unternehmungspolitik ist die Konkretisierung der weltanschaulichen Überzeugungen des Unternehmers und / oder der obersten Führungskräfte. Ihre Aufgabe ist, die Tätigkeitsbereiche und Regionen anzugeben, in denen die Unternehmung operieren will, die Art der Unternehmungsentwicklung (durch Akquisitionen, Joint Ventures und Allianzen oder durch unabhängige Weiterführung der angestammten Bereiche) verbindlich festzulegen, die Sektoren auszuschließen (z. B. die Rüstungsindustrie), in denen man nicht tätig sein will, die Art der Gewinnverwendung zu definieren (z. B. 20 % an die Aktionäre, 10 % des Gewinns vor Steuern an die Mitarbeiter in Form von Prämien) sowie allgemein verbindliche Grundsätze des Verhaltens der Unternehmung und der Mitarbeiter festzulegen. Zweck der Unternehmungspolitik ist es, die Mitarbeiter zu bewegen, engagiert und motiviert „an einem Strick" und „in die gleiche Richtung" zu ziehen.

3. Die **Formulierung der Strategien** erfolgt auf zwei Ebenen: es werden zuerst für jede strategische Geschäftseinheit a) die Ausgangsposition, b) die angestrebte Zielposition und c) die Wege und Mittel bestimmt, um innerhalb der geplanten Zeiten und Kosten von a) nach b) zu gelangen, und anschließend diese Teilstrategien in einem ausgewogenen strategischen Gesamtplan der Unternehmung integriert. Die „Fortbildung des leitenden Gedankens" setzt a) ein Gespür für Möglichkeiten voraus, die die Konkurrenz nicht erkannt hat, und b) die Fähigkeit, daraus konkret Nutzen zu ziehen. Issue Management ist der Begriff, der heute in Unternehmungen unterschiedlichster Größe herangezogen wird, um Themen zu bezeichnen, die es aufgrund ihres Gewinnpotentials rechtzeitig zu erfassen, zu prüfen und in einer Strategie umzusetzen gilt.

4. Die **funktionalen Politiken** (Marketing-, F & E-, Produktions-, Beschaffungs-, Personal- und Finanzierungspolitik) sind Direktiven oder leitende Gesichtspunkte, die den Handlungsspielraum abgrenzen, innerhalb dessen jeder Bereichsleiter selbständig und initiativ Aktionspläne erarbeiten muß, damit die Strategien wirksam umgesetzt werden können, zu deren Formulierung er beigetragen hat.

5. Die **Gestaltung der Organisation** im Hinblick auf die Umsetzung der Strategien betrifft die klare Abgrenzung von Aufgaben, Verantwortlichkeiten und Kompetenzen für die für bestimmte strategische Geschäftseinheiten, Funktionsbereiche und regionale Gesellschaften verantwortlichen Führungskräfte,

damit alle Mitarbeiter unternehmerische Initiative entwickeln und im Interesse der Strategien handeln können.

6. Die **Umsetzung der Strategien** verlangt schließlich ein operatives Planungs-, Motivations- und Kontrollsystem, damit im Falle von Abweichungen rechtzeitig integrierende und Korrekturmaßnahmen gesetzt werden können.

7. Die **Beeinflussung der Unternehmungskultur** im Sinne der Vision soll schließlich sicherstellen, daß auf allen Verantwortungsebenen eine innere Einstellung vorhanden ist, die die Umsetzung der Strategien und Aktionspläne fördert oder zumindest nicht behindert.

Die einzelnen Phasen sind durch ein Rückkoppelungssystem verbunden: jede Phase beeinflußt die vorhergehende; zum Beispiel muß eine Strategie geändert werden, weil das technische Know-how in der Unternehmung nicht verfügbar ist, die vorhandene Organisationsstruktur keine unternehmerische Initiative erlaubt oder das Budget als Instrument der operativen Planung integrierende oder Korrekturmaßnahmen auslöst.

3 Die „Sozialisation" der strategischen Entscheidungen in der Unternehmung

Gehorsam ist Prinzip,
aber der Mensch steht über dem Prinzip.

MOLTKE

Die Strategie ist, um mit MOLTKE zu reden, die Anwendung des gesunden Menschenverstandes, und der läßt sich nicht lehren; sie ist die Fortbildung einer unternehmerischen Idee entsprechend den stets sich ändernden Wettbewerbsverhältnissen. Die Fortbildung einer unternehmerischen Idee und die Kommunikation dieser Idee in der Unternehmung sind zwei Aspekte des strategischen Prozesses, der verlangt, daß

- in periodischen Abständen der Zustand bestimmt wird, in dem sich die strategischen Geschäftseinheiten und die Unternehmung als Ganzes befinden,
- die Soll-Wettbewerbsposition definiert wird, die jede Geschäftseinheit innerhalb eines bestimmten Zeithorizontes einzunehmen hat, und
- allen Führungskräften das Gesamtbild der Unternehmung bekanntgegeben wird, das aufgrund der Strategien entsteht, zu deren Formulierung sie beigetragen haben, so daß alle bewußt an der Erreichung der vereinbarten Ziele mitwirken können.

Die Fortbildung einer unternehmerischen Idee (die Strategie) und die „Sozialisation"[1] dieser Idee in der Unternehmung (die strategische Planung) sind ohne Anwendung quantitativer Modelle und ohne Einsatz eines PCs unmöglich. Quantitative

---

[1]Zum Begriff der Sozialisation der strategischen Entscheidungen siehe ausführlich [4].

Bewertungen, die eine Objektivierung der strategischen Entscheidungen ermöglichen, verdienen immer den Vorzug vor zufälligen, nicht auf quantitativen Überlegungen unter genau definierten Voraussetzungen basierten Schätzungen. Das Modell ist eine Art kritische Instanz der Unternehmungsleitung, die die strategische Entscheidung objektivieren und das Risiko vermindern kann. Die Strategie läßt sich jedoch niemals ohne Unsicherheit aus einem Entscheidungsmodell ableiten; sie ist ein kreativer Akt, der sehr subtil, persönlich und von Unternehmer zu Unternehmer verschieden ist. Sie baut auf Wissen und Verstehen auf, das intuitiv als sinnvoll empfunden wird und in einem Erfahrungsaustausch mit Personen getestet wird, denen der Unternehmer vertraut und die oft nicht der Führungsspitze angehören, häufig sogar außerhalb der Unternehmung stehen.

Der strategische Entscheidungsprozeß ähnelt dem kreativen Prozeß von Künstlern, Schriftstellern, Wissenschaftlern und anderen Personen, die kreativ tätig sind (vgl. [3]). Die quantitative Beurteilung der Strategie kann diesen kreativen Prozeß dadurch einfacher, kommunizierbarer und verständlicher machen, daß viele Informationen in einem integrierten Gedankenmodell gefiltert werden, das solange evolviert, bis eine Lösung gefunden wird, die vom Unternehmer und / oder den obersten Führungskräften schließlich als selbstevident erkannt wird. Selbst dann, wenn die strategische Entscheidung das Ergebnis quantitativer Bewertungen ist, zeigt sich, daß sie immer das Resultat von Beurteilungen ist, die subjektiv vorgenommen werden.

Die zunehmende Komplexität der Führungsprobleme führt dazu, daß mehrere Personen gemeinsam für eine strategische Entscheidung verantwortlich sind. Gruppenentscheidungen können im Zeichen der Kooperation zwischen internen und externen Experten oder einer möglichen Konfliktualität getroffen werden, wenn unterschiedliche Interessen aufeinandertreffen und die zweckmäßigste Entscheidung aus dem Ausgleich verschieden motivierter Positionen resultieren muß. Kooperation und Konfliktualität kennzeichnen jedoch nicht zwei Arten von Gruppenbeziehungen. Gerade bei strategischen Entscheidungen, für deren Formulierung und Umsetzung im Zeichen der Kooperation geschaffene Strategieteams verantwortlich sind, überwiegen häufig Konfliktpositionen; es geht in dieser Situation nicht mehr darum, zwischen unterschiedlichen Interessen zu vermitteln, sondern die geheime, persönliche Konfliktualität beizulegen. Dies geschieht dadurch, daß die persönlichen Positionen ermittelt und neutralisiert werden, die nicht mit den Strategien übereinstimmen. NAPOLEON sagt in diesem Zusammenhang: „Nicht die Personen sind zu meiden, die nicht mit dir übereinstimmen, sondern die Personen, die nicht mit dir übereinstimmen und zu feige sind, es zu sagen."

Sowohl die offene, sachliche als auch die geheime, persönliche Konfliktualität lassen sich durch die quantitative Bewertung strategischer Alternativen einschränken. Dadurch, daß das Ausführbare vom Unausführbaren durch saubere Berechnung und sorgfältige Beachtung der nicht quantifizierbaren Faktoren unterschieden und die Komponenten der Schätzungen analysiert und quantifiziert werden, können sich alle Führungskräfte leichter in einen Gesamtrahmen einfügen, zu dessen Gestaltung jeder einzelne aktiv beigetragen hat.

36

4 Die Quantifizierung strategischer Alternativen

4.1 Theorie

> Kein Problem ist zu schwierig, daß es nicht
> von einem Theoretiker gelöst werden könnte.
>
> Türkische Weisheit

Eine Strategie formulieren heißt:
- die Ausgangsposition bestimmen, in der sich eine Geschäftseinheit (Produktlinie, Arbeitsgebiet) im Hinblick auf die Aussichten des Marktes und unter Berücksichtigung der Wettbewerbsvorteile der Unternehmung befindet,
- die Zielposition angeben, die innerhalb eines bestimmten Zeithorizontes erreicht werden soll, und
- alternative Wege aufzeigen, um von der Ausgangs- zur Zielposition zu kommen.

Die Beurteilung strategischer Alternativen läßt sich um so effizienter durchführen, je rigoroser deren Formulierung vorgenommen wird. Abbildung 4 zeigt (vgl. [5,6]):
- die Methodik der quantitativen Bewertung strategischer Alternativen,
- die Einordnung der Quantifizierung in den Planungsprozeß, in dem sich zwei Momente unterscheiden lassen:
  · die Strategie als flexible Lösungsmöglichkeit für ein bestimmtes Kundenproblem und
  · die kritische Analyse der für die einzelnen Alternativen und unter unterschiedlichen Wettbewerbsbedingungen erzielbaren Ergebnisse.

Es handelt sich hierbei um einen iterativen Prozeß, der folgende Schlußfolgerungen nahelegt:
- Durch die Quantifizierung werden die Unterschiede zwischen den einzelnen strategischen Alternativen transparent gemacht; die daraus resultierenden Denkanstöße können zu einer Verbesserung der „vorteilhaften" Alternative führen.
- Die Quantifizierung rückt die Identifizierung kritischer Erfolgsfaktoren in den Mittelpunkt; kritische Erfolgsfaktoren, von denen das Wirtschaftsergebnis der Alternative wesentlich bestimmt wird (z. B. Preis, Termine, Kosten, Service), müssen einer rigorosen Prüfung unterzogen werden.
- Je weniger (mehr) sich die Alternativen nach den quantitativen Beurteilungskriterien (z. B. Cash-flow, ROI, Kapitalwert, Wiedergewinnungsperiode) unterscheiden, desto mehr (weniger) geben die qualitativen Faktoren den Ausschlag für die Entscheidung.
- Ergibt die Durchrechnung der Alternativen unter verschiedenen denkbaren Voraussetzungen keine brauchbare Grundlage für die strategische Entscheidung, geht die Suche nach neuen und besseren Alternativen von vorne los.

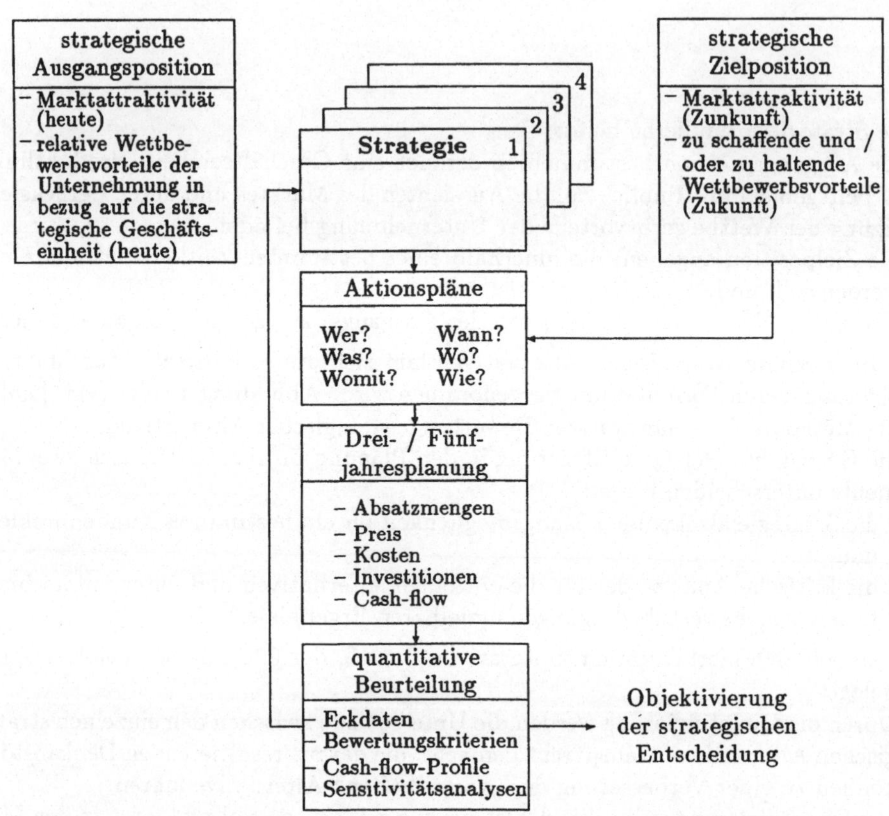

Abbildung 4: *Quantitative Bewertung strategischer Alternativen (Schema)*

Die Rechnung allein ist für die Ermittlung der vorteilhaftesten Alternativen nicht hinreichend; auf der Grundlage der zwischen den Alternativen bestehenden quantitativen, monetär ausdrückbaren Unterschiede lassen sich jedoch die nicht quantifizierbaren und häufig irrationalen Elemente der strategischen Entscheidung besser abschätzen, die häufig eine entscheidende Rolle spielen.

Von entscheidender Bedeutung im Bewertungsprozeß ist die klare und genaue Angabe der Voraussetzungen, unter denen der quantitative Vergleich der Alternativen durchgeführt werden soll. Sind die Voraussetzungen bestimmt, ist die Durchführung der Rechnung eine relativ einfach zu lösende Aufgabe. Aus diesen Betrachtungen folgt ganz natürlich, daß der Bewertungsprozeß

- die systematische Planung der in den einzelnen Funktionsbereichen durchzuführenden Tätigkeiten fördert und die dafür zuständigen Entscheidungsträger auf eine geordnete Weise in die Formulierung strategischer Alternativen einbezieht,
- ein Kontrollinstrument dieser Tätigkeiten darstellt, mit deren Hilfe Soll / Ist-Abweichungen bestimmt und Korrekturmaßnahmen rechtzeitig eingeleitet werden können,
- ein in einem gewissen Sinne automatisch wirkender Koordinationsmechanismus ist, der die Entscheidungsträger gemeinsam verpflichtet, bestimmte, vorher vereinbarte Ziele zu erreichen.

Das Modell der quantitativen Bewertung strategischer Alternativen ist in Abbildung 5 dargestellt; es besteht aus drei Teilen[2]:

- Input- (Verkaufsmengen / Jahr, Preise, Eigen- und Fremdkapital, Umlaufvermögen, Zinssätze) und Output-Daten (Cash-flow, Umsätze, Wirtschaftlichkeitsindikatoren),
- strategische Alternativen und
- Kostenstruktur der Funktionsbereiche der Unternehmung.

4.2 Anwendung

Wenn man bei einem größeren Entschluß
nicht etwas übers Knie bricht,
nicht einige Rücksichten unberücksichtigt läßt,
so kommt man in diesem Leben nie und nimmer zu etwas.

MOLTKE

Die Anwendung der Bewertungssystematik wird anhand eines konkreten Falles veranschaulicht; Name und Merkmale der Unternehmung wurden geändert (vgl. [9]).

Die Universal Product International (UNIPRO) ist ein weitverzweigter, weltweit tätiger Mischkonzern mit sieben Unternehmungsbereichen, die in eine Vielzahl von strategischen Geschäftseinheiten mit eigener Führungsverantwortung gegliedert sind. Für die strategische Geschäftseinheit „Kolbentriebwerke für den zivilen

---

[2]Das Modell ist ausführlich in [10] beschrieben; siehe auch [7,9].

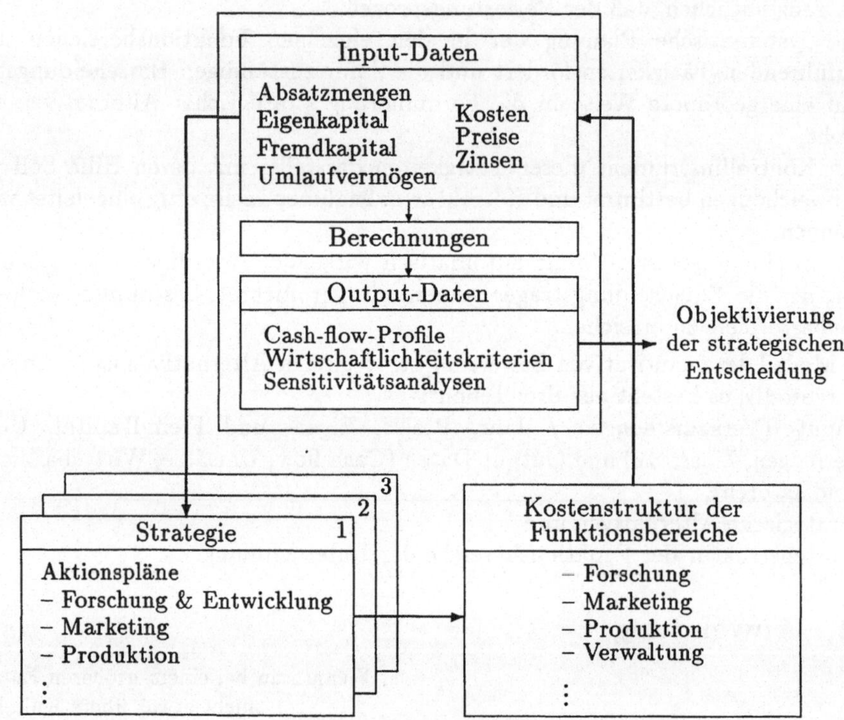

Abbildung 5: *Quantitative Bewertung strategischer Alternativen (Modell)*

Luftverkehr" wird von der Leitung des Unternehmungsbereiches „Turbinen- und Motorentechnik" eine Investitions- und Wachstumsstrategie vorgeschlagen. Wie in Abbildung 6 kurz dargestellt, bieten sich zwei strategische Alternativen an:
– Wachstum durch Differenzierung oder
– Wachstum durch Standardisierung.

Es handelt sich hierbei um zwei konträre strategische Grundkonzeptionen, die ganz unterschiedliche Aktionspläne in den Funktionsbereichen erforderlich machen. Der Vergleich zwischen den beiden alternativen Grundkonzeptionen auf der Grundlage der zwischen ihnen bestehenden quantitativen, monetär ausdrückbaren Unterschiede wird anhand eines Cash-flow-Profils dargestellt (Abbildung 7).

Die Rechnung zeigt:
– Alternative 1 (Wachstum durch Differenzierung) ist gekennzeichnet durch
  · einen niedrigeren kumulierten Cash-flow (Kapitalwert bei einem Kalkulationszinssatz i von 10 % rund 15 Mio DM),
  · eine kürzere Wiedergewinnungsperiode und
  · ein niedrigeres Risiko.
– Alternative 2 (Wachstum durch Standardisierung) ist gekennzeichnet durch
  · einen höheren kumulierten Cash-flow (Kapitalwert bei $i = 10$ % rund 28 Mio DM),
  · eine längere Wiedergewinnungsperiode und
  · ein höheres Risiko.

Die Unternehmungsbereichsleitung läßt Sensitivitätsanalysen durchführen, um den Unsicherheitsgrad der Erwartungen zu berücksichtigen. Die Rechnung zeigt, daß auch bei Erhöhung oder Senkung der Preise, der Betriebs- und Investitionsausgaben sowie der Verkaufsmengen um zum Beispiel 10 % das grundlegende Dilemma bestehen bleibt: Alternative 1 (Wachstum durch Differenzierung) bringt einen niedrigeren Gewinn und ist durch ein niedrigeres Risiko sowie einen kürzeren Aktionshorizont gekennzeichnet; Alternative 2 (Wachstum durch Standardisierung) stellt einen höheren Gewinn in Aussicht, wobei allerdings das Risiko höher und der Aktionshorizont länger sind.

Die psychologische Einstellung der Konzernspitze, die unter Berücksichtigung der Risikosituation der Gesamtunternehmung für mehr Sicherheit und weniger Cash-flow plädiert, ist schließlich ausschlaggebend dafür, daß Alternative 1 gewählt wird.

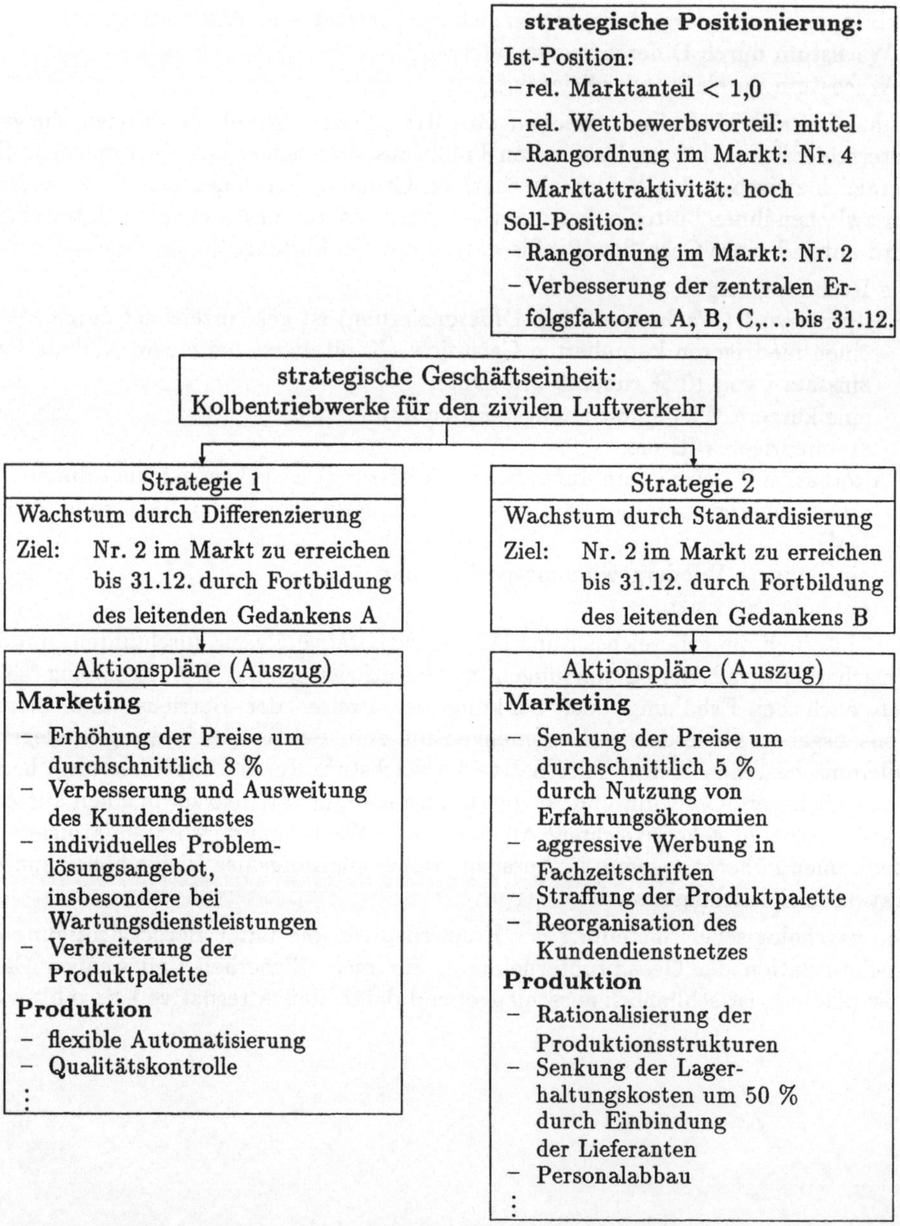

Abbildung 6: *Strategischen Alternativen im Marketingbereich (Auszug)*

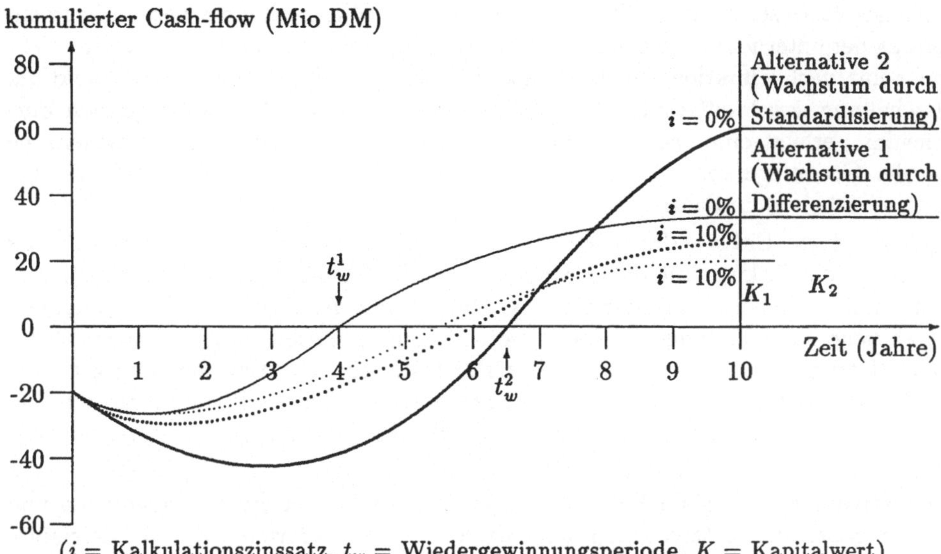

Abbildung 7: *Cash-flow-Profile zweier strategischer Alternativen (Beispiel)*

5 Die Fragmentierung der unternehmerischen Tätigkeit

> Der Fehler, durch welchen die Menschen am meisten sündigen, ist:
> sich mit allgemeinen Ansichten zu begnügen und sich nicht zu befleißigen,
> über diejenigen Dinge, für welche man zu sorgen hat,
> sich ein klares Urteil zu bilden.
>
> FRIEDRICH DER GROSSE

Der größere Rigorismus, mit dem die strategischen Probleme mit Hilfe EDV-gestützter Entscheidungssysteme analysiert werden, verändert das System der Entscheidungsträger in der Unternehmung. Die Führungskräfte, die strategische Entscheidungen treffen müssen, sind weniger gezwungen, intuitiv Globalschätzungen vorzunehmen; sie werden geradezu aufgefordert, die Informationen zu benützen, die ihnen andere liefern, so wie sie das Modell ausarbeitet. Es werden subjektive Schätzungen von Mitarbeitern verlangt, die segmentieren, klassifizieren, Marktaussichten und zentrale Erfolgsfaktoren beurteilen, Wahrscheinlichkeiten und Gewichte schätzen sowie Beziehungen herstellen und bewerten. Die Unsicherheit, in der sich die Führungskräfte befinden, nimmt ab, die Zahl der Personen nimmt jedoch zu, die die Schätzungen vornehmen, auf deren Grundlage dann eine strategische Entscheidung getroffen wird.

EDV-gestützte strategische Entscheidungssysteme führen zu einer neuen Fragmentierung der unternehmerischen Tätigkeit. Die unternehmerische Tätigkeit wird nicht mehr nur nach Funktionen (Marketing, Forschung und Entwicklung, Produktion, Beschaffung usw.) aufgesplittet; auch innerhalb jeder einzelnen strategischen Entscheidung erfolgt eine Fragmentierung, und zwar nach Maßgabe der Personen, die auf der Grundlage von subjektiven Schätzungen die benötigten Informationen liefern, verarbeiten und aufbereiten.

EDV-gestützte Entscheidungssysteme führen nicht zu einer Dezentralisation der Führung; die Zirkularität der Informationen, die Vielzahl der daraus resultierenden Konditionierungen und die Geschwindigkeit, mit der die Entscheidungsprozesse durch neue Ausarbeitungen gespeist werden können, lassen immer weniger die genaue Bestimmung des Ortes zu, wo wirklich die einzelne Entscheidung getroffen wird. Bei dieser Zersplitterung der unternehmerischen Tätigkeit kann man vielleicht von einem Trend zu kollektiven strategischen Entscheidungsprozessen sprechen (vgl. [13]).

Kollektive oder kollegiale Entscheidungsprozesse scheinen die Verantwortung und die Aufgaben des Letztentscheidungträgers eher zu erschweren als zu erleichtern. Der Letztentscheidungsträger muß

– beurteilen, ob sich der Prozeß der Entscheidungsvorbereitung auf eine korrekte Weise abgespielt hat,
– den gesamten Entscheidungsprozeß verstehen und so steuern, daß er die subjektiven Bewertungen, die andere vorgenommen haben, auch teilen kann, und
– aus der Fülle von Informationen diejenigen ausschalten, die aufgrund ihrer geringen Zuverlässigkeit und Klarheit für die Entscheidung nicht brauchbar sind.

Wenn man das bedenkt, dann wird die Aufgabe desjenigen, der entscheiden muß, schwieriger und nicht einfacher; sie ist in jedem Fall anders.

Die EDV-gestützten strategischen Entscheidungssysteme erhöhen die Bedeutung der unteren und mittleren Führungskräfte, die Informationen beschaffen, ausarbeiten und bestimmen, welche für eine strategische Entscheidung wichtig und welche überflüssig sind. Macht hat nicht nur der, der Wissen hat; Macht hat auch der, der die Aufgabe hat, Informationen für eine strategische Entscheidung zu beschaffen und auf ihre Brauchbarkeit zu beurteilen. Diese Aufgaben fallen auf den unteren Verantwortungsebenen an; dort findet sich deshalb die entsprechende Macht.

Der strategische Entscheidungsprozeß spielt sich jedoch nicht immer auf eine systematische und graduelle Weise ab; es steht häufig die Zeit nicht zur Verfügung, um alle Unklarheiten zu beseitigen. Situationen der Dringlichkeit können bei einem geringen Informationsvolumen die Kreativität entfesseln und die Barrieren abbauen, die jede Organisationsstruktur errichtet; strategische Entscheidungen sind häufig das Ergebnis einer Konvergenz von Kräften, die nicht die hierarchischen Ebenen, sondern die realen Fähigkeiten des einzelnen, unabhängig von seiner Einstufung, reflektieren, wirksame Antworten auf nicht vorhergesehene Ereignisse zu finden. Da Situationen der Dringlichkeit in einer Welt rascher und tiefreichender Veränderungen immer häufiger zu werden scheinen, gewinnt die Unternehmungsleitung neue und zusätzliche Machtbefugnisse: Sie muß in Situationen der Dringlichkeit strategische Entscheidungen treffen, für die es keine Präzedenzfälle gibt und für die die EDV-gestützten Entscheidungssysteme oft nur unzureichende Informationen liefern.

6   Die Grenzen der Quantifizierung

Alles hat seine Grenze:
Was darüber hinausgeht, ist Übertreibung,
und was darunter bleibt, ist Schwäche.

KALILA und DIMNA

Ein Affe versuchte einmal, so erzählt ÄSOP, eine Handvoll Nüsse aus einem Krug herauszunehmen, der einen sehr engen Hals hatte. Aber er faßte zu viele und konnte daher seine Hand nicht wieder herausziehen. Dies gelag ihm erst, als er einige Nüsse fallen ließ.

Der Versuch, zuviel zu quantifizieren, macht oft eine akademische Übung aus etwas, das an sich eine recht wirksame Grundlage für strategische Entscheidungen sein könnte.

Nun ist aber das Interesse der obersten Führungskräfte genau so weit wie der Hals des Kruges — und kein Haar weiter. Um die Hand wieder herauszubekommen, das heißt die Unternehmer und / oder obersten Führungskräfte dahin zu bringen, daß sie ein computergestütztes Modell benützen und etwas von den Ergebnissen anwenden, empfiehlt es sich, ein paar Nüsse fallen zu lassen.

Wenn strategische Entscheidungen unter Zuhilfenahme computergestützer Modelle getroffen werden sollen, ist Sorge zu tragen, daß das Neue soweit mit dem Alten verknüpft wird, daß es für die Unternehmungsleitung sowohl interessant als auch verständlich und sinnvoll erscheint. Auch im Bereich der Computerisierung gilt das Gesetz der Psychologie: Das Unbekannte muß immer mit bekannten Elementen durchsetzt sein. Gerade bei strategischen Entscheidungen kommt es darauf an, Unternehmer und / oder oberste Führungskräfte dahin zu bringen, daß sie mit denen gehen, die das Modell erstellt und die Inputdaten geliefert haben und sich selbst überreden, daß das oberste Gebot der strategischen Planung deren Objektivierung ist. Deshalb ist es wichtig, daß die Entscheidungsträger computergestützten Modellen gegenüber eine aktive, gestalterische Rolle ausüben.

Das derzeitige Niveau der *Verwissenschaftlichung* der strategischen Entscheidungsprozesse scheint unter dem potentiell erreichbaren zu liegen. Die strategischen Entscheidungen reflektieren häufig Machtpositionen, die entweder verteidigt oder angegriffen werden; in ihnen werden technisch-ökonomische Aspekte von politischen Momenten und Kompromissen überlagert, die oft persönlicher und vertraulicher Natur sind, sich schwer vorhersehen lassen oder von denen man nicht will, daß sie in Zielsetzungen oder Randbedingungen ex ante übersetzt werden, an denen sich EDV-gestützte Entscheidungssysteme orientieren können.

Diese politischen Momente werden häufig auch dann verschwiegen, wenn sie sich in Form von Zielen oder Randbedingungen wohl quantifizieren ließen, jedoch die Freiheit des Handeln der Entscheidungsträger einengen würden.

Die Vorbehalte, die Entscheidungsträger gegenüber der Anwendung von Entscheidungssystemen ausdrücken, lassen sich häufig dadurch erklären, daß sie ihren Handlungsspielraum und ihre Macht zu wahren bestrebt sind; die Anwendung computergestützter Entscheidungssysteme macht die Entscheidungen transparent, involviert eine Vielzahl von Personen aus unterschiedlichen Funktionsbereichen und Verantwortungsebenen und führt zwangsläufig zu einer Demokratisierung der Entscheidungsprozesse.

Vielleicht gilt auch im Bereich der Objektivierung strategischer Entscheidungen, was MAX PLANCK in seinen persönlichen Erinnerungen mit folgenden Worten beschreibt: „Eine neue wissenschaftliche Wahrheit pflegt sich nicht in der Weise durchzusetzen, daß ihre Gegner überzeugt werden und sich als belehrt erklären, sondern vielmehr dadurch, daß die Gegner allmählich aussterben und daß die heranwachsende Generation von vornherein mit der Wahrheit vertraut gemacht wird" ([14]).

7 Schlußbetrachtung

> Obwohl nichts durch Zahlen geschieht,
> so geschieht doch alles in Zahlen.
>
> GOETHE

Als Rechtfertigung für die Zulässigkeit quantitativer Methoden im Rahmen der strategischen Planung möge das berühmte Wort PASCALs: «Ce qui passe la géométrie nous surpasse» dienen, und der energische Ausspruch des großen LEONARDO DA VINCI: «Chi biasima la somma certezza della matematica, si pasce di confusione e mai porrà silenzio alle contradizioni delle soffistiche scienze, colle quali s'impara uno eterno gridore.» Jedenfalls scheint es uns möglich zu sein, die strategischen Entscheidungen mit einfachen mathematischen Verfahren zu objektivieren und dadurch einer kreativen Beurteilung aller am Entscheidungsprozeß mitwirkenden Führungskräfte zugänglich zu machen.

Aus der Tatsache, daß mit einfachen mathematischen Verfahren unter Zuhilfenahme eines PCs im allgemeinen ein befriedigendes Bild der unternehmungsinternen und -externen Zusammenhänge entworfen werden kann, und daß menschlich-einfachere Formeln, um mit H. KEYSERLING zu reden, immer mehr Wahrscheinlichkeit für sich haben als kompliziertere, aus dieser Tatsache ziehen wir den Schluß, daß nur die Ausdehnung der Quantifizierung unsere strategische Erkenntnis und Weisheit bereichern kann. Dabei darf man allerdings nicht vergessen, daß der Nutzen praktisch aller Planungsinstrumente und -methoden ein negativer ist, weil sie nämlich nicht unternehmerische Ideen und Visionen entdecken, sondern nur Irrtümer verhüten helfen.

Die Zeiten des NAPOLEONischen «On s'engage partout et puis l'on voit» sind auch
in der Wirtschaft endgültig vorbei. Grundlage für die Erreichbarkeit der vereinbarten strategischen Ziele ist die weitgehende Selbständigkeit der Führungskräfte in der
Erfüllung ihrer Aufgaben. Initiative und unternehmerisches Verhalten der für strategische Geschäftseinheiten, Funktionsbereiche oder regionale Tochtergesellschaften
verantwortlichen Führungskräfte, ihr Einsatz im Gesamtvorgang der Führung als
lebendige Individualitäten, die imstande sind, von sich aus und auf sich selbst gestellt die im Rahmen des Ganzen angemessenen Entscheidungen zu treffen, wenn
— wie so oft — unvorhergesehene Zufälle und Ereignisse den „ursprünglich leitenden Gedanken" zu stören drohen, das erfordert eine einheitliche Erziehung und ein
ganzheitliches Bezugsschema, mit dessen Hilfe die strategischen Linien und Verästelungen transparent gemacht, einer Diskussion erschlossen und somit objektiviert
werden. Je mehr sich die Unternehmungsleitung in der Bestimmung der Einzelheiten zurückhält, und je mehr die Führungskräfte die Freiheit des Handelns nutzen,
desto notwendiger ist ein transparenter und kohärenter strategischer Gesamtrahmen, zu dessen Erstellung jeder einzelne beigetragen hat und bei dessen Ausfüllung
sich jeder einzelne aktiv beteiligt fühlen kann.

Strategische Führung ist nicht nur eine Kombination aus zentraler Leitung und de-
zentralem Gewährenlassen in der Behandlung der Führungskräfte, sondern darüber-
hinaus eine Kombination des Berechenbaren mit dem Unberechenbaren.

So sehr gerade im strategischen Bereich eine vollendete Planmäßigkeit und eine
Rationalisierung der „Wenn-dann-Überlegungen" angestrebt werden, muß man sich
in einem kritischen Realismus und gesunden Relativismus der Grenzen bewußt sein,
in denen jede Planmäßigkeit bleiben muß, soll nicht daraus eine Vergewaltigung der
Wirklichkeit werden. Strategische Entscheidungen können letzten Endes nur aus der
Professionalität, mit der das Berechenbare objektiviert wird, sowie aus der Fülle und
Tiefe der Einsicht in die allgemeinen Lebensbeziehungen geboren werden.

Literatur

[1] BEAUFRE, ANDRE: *Totale Kriegskunst im Frieden. Einführung in die Strategie*,
Berlin 1964.

[2] BUZZELL, ROBERT D.; GALE, BRADLEY T.: *The PIMS Principles. Linking Strategy
to Performance*, The Free Press, New York 1987.

[3] HALAL, WILLIAM E.: *The New Capitalism*, John Wiley, New York 1986.

[4] HINTERHUBER, HANS H.: *Strategische Unternehmungsführung*, Berlin, New York
1989[4].

[5] HINTERHUBER, HANS H.; POPP, WOLFGANG: Die Objektivierung der Unterneh-
mens- und Marketingentscheidungen, in: *Thexis* 4 (1987) 3, 20 – 25.

[6] HINTERHUBER, HANS H.; POPP, WOLFGANG: Die Wahl der „vorteilhaften" Strategie, in: *IO-Management Zeitschrift* 56 (1987) 2, 88 – 93.

[7] HINTERHUBER, HANS H.; POPP, WOLFGANG: Strategy as a System of Expedients,
in: *Long Range Planning* 21 (1988) 4, 107 – 120.

[8] HINTERHUBER, HANS H.; POPP, WOLFGANG: Woran erkennt man den Strategen?,
in: *IO-Management Zeitschrift* 57 (1988) 7/8, 319 – 324.

[9] HINTERHUBER, HANS H.; POPP, WOLFGANG: PC-gestützte Bewertung strategischer Alternativen, in: *HMD* 24 (1988) 138, 85 – 103.

[10] HINTERHUBER, HANS H.; PLÖRER, VINZENZ; POPP, WOLFGANG; PUCHER, ROBERT: EDV-gestützte Planbilanzen für strategische Geschäftseinheiten, in: *Harvardmanager*, 1. Quartal 1987, 59 – 66.

[11] MOLTKE, HELMUTH: *Gespräche*, hrsg. von EBERHARD KESSEL, Hamburg 1941[2].

[12] MOLTKE, HELMUTH: *Militärische Werke*, hrsg. vom Großen Generalstab, Berlin 1892 – 1912.

[13] SARANCENO, PASQUALE: *La produzione industriale*, Libreria Universitaria, Venedig 1978[9].

[14] VOGEL, HEINRICH: *Zum philosophischen Wirken Max Plancks*, Berlin 1961.

Bewertung strategischer Wettbewerbsvorteile durch Informationssysteme

von Kurt Nagel

IBM, Herrenberg

1   Zur Notwendigkeit eines systematischen Ansatzes der Bewertung strategischer Wettbewerbsvorteile

Seit rund zwei Jahrzehnten spricht man über Kosten- und Nutzenanalysen bei Datenverarbeitungsanwendungen. Dabei wurden in der Vergangenheit verstärkt die klassischen Investitionsrechnungen eingesetzt. Zu diesen Methoden kamen vorwiegend in jüngster Zeit eine Reihe von weiteren Lösungsansätzen.

Der Verfasser konnte in zahlreichen Gesprächen mit Entscheidungsträgern im Management, in den Fachbereichen und DV-Spezialisten den rasch wachsenden Stellenwert dieser Problematik erkennen. Die erhöhte Aufmerksamkeit, die dieses Thema heute einnimmt, hat mehrere Ursachen: Zu diesen zählen vor allem die verstärkte Bedeutung von Informations- und Kommunikationssystemen für den Unternehmenserfolg, die komplexen Auswirkungen der neuen Technologien auf die Organisationsstruktur und -prozesse sowie auf die Führungskräfte und Mitarbeiter, die Kunden und Lieferanten und nicht zuletzt die zunehmenden Größenordnungen dieser Investitionen.

Besonders bedeutsam für die Nutzenbewertung ist die neue Rolle der Informationsverarbeitung. Mehr und mehr wird erkannt, daß Informationssysteme ein wesentlicher Erfolgsfaktor für ein Unternehmen sind, ja verstärkt spricht man von Computern als der strategischen Waffe im Wettbewerb schlechthin. In Fachzeitungen und -zeitschriften dokumentieren zahlreiche Beispiele, wie Organisationen durch den strategischen Computereinsatz zu erheblichen Wettbewerbsvorteilen gelangten, den Stellenwert dieses Themas.

MICHAEL PORTER, der derzeit prominenteste Wettbewerbsstratege, verdeutlicht diese Entwicklung durch seine Aussage: „Heute geht es nicht mehr darum, ob die Informationstechnik wichtige Auswirkungen auf die Wettbewerbsposition eines Unternehmens hat, sondern nur noch darum, wann und wie diese Effekte eintreten werden. Wer heute nicht reagiert, wird künftig gezwungen sein, einen Wandel hinzunehmen, den andere eingeleitet haben."

Dieser Beitrag zeigt einen konkreten Weg zur Bewertung strategischer Wettbewerbsvorteile. Das vorgestellte System konnte in einer Reihe von Praxisfällen verifiziert werden.

Die Nutzenkategorien werden heute neu eingeordnet. An erster Stelle stehen die strategischen Wettbewerbsvorteile, es folgen die Produktivitätsverbesserungen, und erst dann wird die Kostenersparnis betrachtet. Diese Rangfolge bringt es mit sich, daß die Nutzenkategorien mit hohem strategischem Wert bezüglich der Bewertbarkeit wesentlich schlechter in Quanten zu fassen sind als die Nutzenkategorien mit geringem strategischem Wert. Während strategische Wettbewerbsvorteile nur entscheidbar sind, können Produktivitätsverbesserungen kalkuliert und die Kostenersparnisse konkret gerechnet werden (Abbildung 1).

Aus der Darstellung der Nutzenkategorien wird deutlich, daß die Bewertung der Wettbewerbsvorteile nur bedingt gelingt. Es ist nach wie vor eine Illusion, wenn man glaubt, alles quantifizieren zu können. Der Versuch, über verschiedene Methoden der Bewertungsproblematik näherzukommen, sollte jedoch unternommen werden. Man wird damit nicht nur für die einzelnen Zielsetzungen konkreter, sondern es zeigen sich auch verstärkt Lösungsansätze, die laufend verbessert werden können. Durch die gesammelten Erfahrungen in der Praxis ist man dann in der Lage, die Modellansätze zu verfeinern und zielorientiert anzuwenden.

2 Sechs Schritte zur Abschätzung strategischer Vorteile

Beim Abschätzen der strategischen Vorteile ist eine Vorgehensweise nach folgenden Punkten sinnvoll (Abbildung 2):

    1. Ermitteln der „Muß-Investitionen".

2. Priorisierung der „Muß-Investitionen".

3. Aufstellen einer Argumenten-Bilanz.

4. Ermitteln der Wertansätze des Brutto-Nutzens durch das Erarbeiten von Leistungskriterien.

5. Abschätzen des Risikos.

6. Ermitteln des Netto-Nutzens.

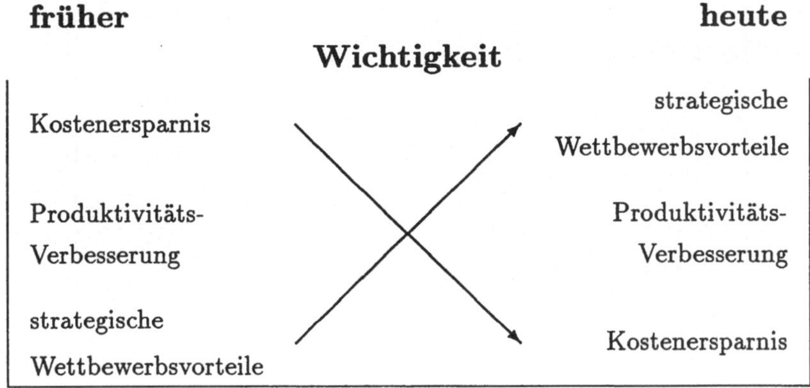

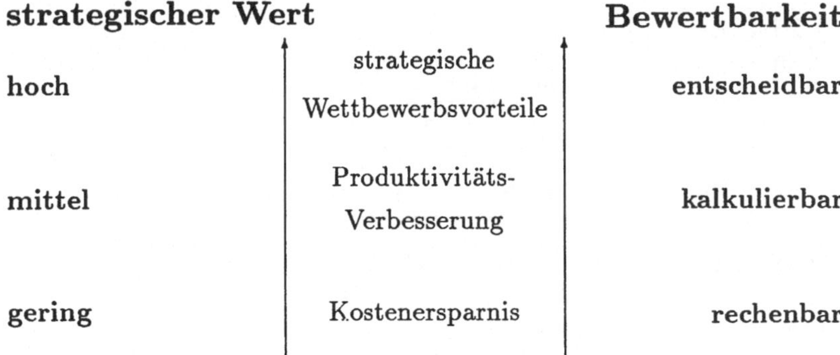

Abbildung 1: *Rangfolge für Entscheidungssituationen*

2.1 Ermitteln der „Muß-Investitionen"

Diese Prüfung sollte unter zwei Aspekten erfolgen:

1. Beitrag der Informationstechnologie zur Erfüllung der kritischen Erfolgsfaktoren:

- hoch,
- mittelmäßig,
- gering.

2. Chance zur Realisierung des Erfolges:

- hoch,
- wahrscheinlich,
- gering.

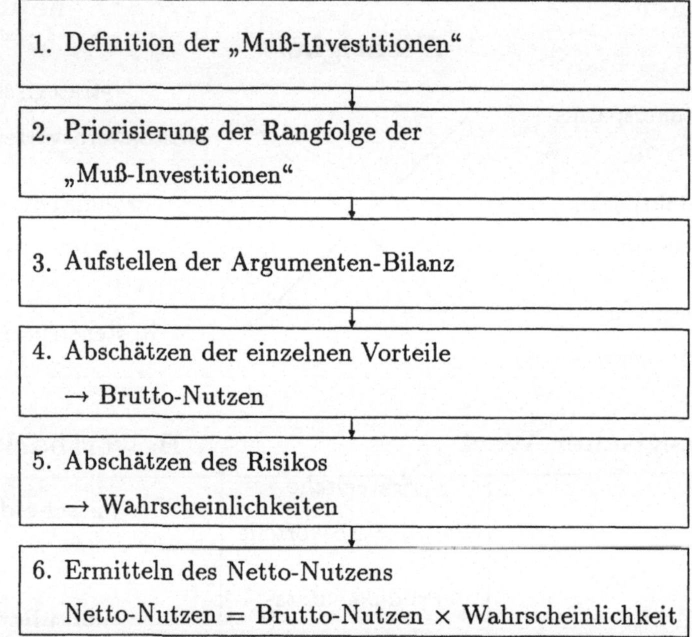

Abbildung 2: *Sechs Schritte zur Abschätzung strategischer Vorteile*

Um die Prüfung der Unterstützung der Erfolgsfaktoren vornehmen zu können, ist es erforderlich, daß die Unternehmen ihre Erfolgsfaktoren konkretisieren. Dabei geht es vorwiegend um die Faktoren, die entscheidend zum Erfolg in der kurzen und mittleren Sicht beitragen. Die Basis für die Ermittlung der spezifischen Erfolgsfaktoren sind:
- Wettbewerbskräfte in der Branche,
- Strategie der Unternehmung,
- Position in der Branche,
- Umfeldentwicklungen,
- mögliche Krisen und
- Stand der Informationstechnik.

Im folgenden soll an einem konkreten Beispiel gezeigt werden, wie die kritischen Erfolgsfaktoren in einer Unternehmung vor dem Hintergrund des Branchenumfeldes fixiert werden können.

Branche:	Baumaschinenmarkt in Deutschland
Problematik:	rückläufiges Investitionsvolumen in der Baubranche
Auswirkungen:	Marktvolumen geht zurück Betriebsstundenzahl pro Gerät wird geringer Verlagerung von Kette auf Radgeräte
Anforderungen des Marktes:	optimales Preis- / Leistungsverhältnis – hohe Produktqualität – niedrige Preise optimaler Service – beste Kundendienstleistung – gute Ersatzteilversorgung optimale Betreuung – präzises Produkt- und Marktwissen – Beratung in Finanzierungsfragen – exzellenter Kundenkontakt

Vor diesem Branchenhintergrund entwickelte die Geschäftsleitung die Erfolgsfaktoren. Sie ließ sich dabei davon leiten, daß in dieser schwierigen Branche Überleben ganz einfach heißt, man muß besser als die Wettbewerber sein.

Die Entscheidungsträger kamen zu der Überzeugung, daß insbesondere die folgenden Erfolgsfaktoren als kritisch einzustufen sind:

- Produktqualität (zum Beispiel Schnelligkeit der Fehlerbehebung),
- Qualität des Service (zum Beispiel Qualität der Logistik),
- Qualität der Kundenbetreuung (zum Beispiel Kenntnisse des Verkäufers über Produkt, Markt, Wettbewerb, Kunde),
- Werbung (zum Beispiel den Kunden persönlich / direkt anzusprechen),
- Einkaufspreispolitik (zum Beispiel Informationen über Preisentwicklung, Wettbewerbsvergleich),
- betriebliches Informationswesen und Management / Informationssystem (zum Beispiel Informationen über Plan / Ist / Trends),
- Kostenniveau (zum Beispiel Organisationsstand der Betriebs- und Produktionsabläufe).

Es galt, alle Möglichkeiten zur Verbesserung dieser Faktoren zu nutzen. Eine entscheidende Unterstützung konnten diese Erfolgsfaktoren durch die Informationsverarbeitung erfahren. Diese wurde dabei in dieser Unternehmung wie folgt gesehen:

Erfolgsfaktoren	Unterstützung durch Informationssysteme
Produktqualität	mittel
Qualität des Service	hoch
Qualität der Kundenbetreuung	mittel
Werbung	mittel
Einkaufspolitik	mittel
betriebliches Informationswesen	hoch
Kostenniveau	mittel

Die einzelnen Datenverarbeitungs-Anwendungen wurden nun verstärkt vor dem Hintergrund der Unterstützung der kritischen Erfolgsfaktoren analysiert und entsprechende Verbesserungen vorgeschlagen. Nach der Realisierung dieser Vorschläge konnte in der betreffenden Organisation festgestellt werden, daß eine bessere Marktstellung erreicht wurde. Auch in diesem Fall wurde deutlich, daß Informationssysteme die strategische Waffe bei der Verbesserung der Wettbewerbssituation sind.

Überträgt man die aufgezeigten Einteilungskriterien in eine Matrix, dann ergeben sich drei Strukturbereiche für Investitionen (Abbildung 3):

1. Investitionen, die strategisch wichtig sind (•),

2. Investitionen, die über Kosten-Nutzenanalysen zu überprüfen sind (o),

3. Investitionen, die nur bei einer Verbesserung der Realisierungschance lohnend sein können (·).

IS-Unterstützung der kritischen Erfolgsfaktoren	Realisierungschance		
	hoch	mittel	gering
Ausprägung stark	•	•	·
Ausprägung mittel	•	o	·
Ausprägung schwach	o	o	·

Abbildung 3: *Definition der „Muß-Investitionen"*

Die 3 Strukturbereiche können wie folgt gekennzeichnet werden:

1. **„Muß-Investitionen":** Alle in diesen Strukturbereich fallenden Investitionen tragen entscheidend zum Erfolg der Organisation bei. Weitergehende Nutzenanalysen sind meistens nicht erforderlich, wenn die Kosten sich vertreten lassen. Sicherlich mag diese Anmerkung den einen oder anderen Leser erschrecken. Es muß jedoch betont werden, daß es sich in diesem Strukturbereich um Investitionen handelt, die häufig existenznotwendig sind.

54

2. **Wirtschaftlich zu überprüfende Investitionen:** Bei diesen Investitionsalternativen ist eine eingehende Nutzenanalyse bezüglich einer möglichen Verbesserung der Produktivität und einer Erhöhung der Effizienz der Mitarbeiter und Führungskräfte erforderlich. Nur wenn diesbezüglich entsprechende Vorteile zu erwarten sind, sollten Investitionen in diesem Strukturbereich realisiert werden.

3. **Technisch / organisatorisch zu verfolgende Investitionen:** Investitionsalternativen, die in diesen Strukturbereich fallen, können erst in Angriff genommen werden, wenn die Realisierungschancen besser beurteilt werden.

Diese Einteilung gibt den Entscheidungsträgern einen ersten Eindruck über die Dringlichkeit der Investitionen in die Informationstechnik.

2.2 Priorisierung der „Muß-Investitionen"

Hat man die „Muß-Investition" ermittelt, dann geht es um deren Rangfolge bezüglich der Realisierung. Vor dem Hintergrund knapper Ressourcen wird die Auswahl der in Frage kommenden Investitionen mit Hilfe der Nutzwert-Analyse vorgenommen (Abbildung 4):

Ziel der Entscheidung							
unbedingte Forderungen							
				Alternativen			
Auswahlkriterium	G	W	$G \times W$	W	$G \times W$	W	$G \times W$
strategische Vorteile							
Entscheidung							

Abbildung 4: *Rangfolge der „Muß-Investitionen"*

Die Auswahlkriterien für die Rangfolge werden in erster Linie durch die strategischen Vorteile bestimmt.

Das in der Abbildung 5 dargestellte Beispiel basiert auf der IS-Unterstützung in Kreditinstituten. Es stehen mehrere Alternativen zur Diskussion. Alle Alternativen haben unbedingte Forderungen zu erfüllen. Als Auswahlkriterien dienen:

	Gewichtung
bessere Kundenorientierung	50 %
Wirtschaftlichkeit der Beratung verbessern	30 %
Einfluß auf Mitarbeitermotivation	20 %
	100 %

Gewählt wird die Alternative mit der höchsten Punktzahl.

Ziel der Entscheidung	IS-Unterstützung durch Informations-DV								
unbedingte Forderungen	PC-Einsatz am Arbeitsplatz Verbesserung der Kundenorientierung Erhöhung der Wirtschaftlichkeit								
	Alternativen								
		1		2		3		4	
Auswahlkriterien	G	W	$G{\times}W$	W	$G{\times}W$	W	$G{\times}W$	W	$G{\times}W$
1. bessere Kunden- orientierung	50								
– direkter Zugriff auf Kundendaten	10	8	80	3	30	10	100	7	70
– Zugriff auf Finanzprog.	10	10	100	5	50	8	80	3	30
– unterschriftsreife Vertr.	30	2	60	4	120	7	210	1	30
2. Wirtschaftlichkeit der Beratung verbessern	30								
– verkaufen nach Deckungsbeitrag	20	5	100	3	60	6	120	2	40
– verkaufen nach Kundenpotential	10	4	40	3	30	5	50	4	40
3. Einfluß auf Mitarbeitermotivation	20	3	60	3	60	8	160	5	100
Ergebnisse	100		440		350		720		310
Entscheidung									

Abbildung 5: Nutzwertanalyse

2.3 Aufstellen einer Argumenten-Bilanz

Die zur Realisierung vorgesehenen „Muß-Investitionen" können auch bei strategischen Projekten einer gewissen Quantifizierung zugeführt werden. Mit die erste Voraussetzung hierfür ist das Aufstellen einer Argumenten-Bilanz. In diese sind aufzunehmen:

Vorteile	Nachteile
fördernde Faktoren	hemmende Faktoren

Bei der individuellen Arbeitsplatz-Unterstützung kann die Argumenten-Bilanz wie folgt dargestellt werden:

Aktiva	Passiva

Vorteile:
– höhere Qualität
– bessere und schnellere
  Information
– Abbau Administration
⋮
	Nachteile:
	– Akzeptanz der Mitarbeiter
	– Skill-Aufbau
	– Handhabung ungewohnter
	  Technik (PC)
	⋮

fördernde Faktoren – Zielsetzung der Geschäftsleitung – Ausbau der Marktstellung ⋮	**hemmende Faktoren** – bestehende organisatorische Abläufe und Strukturen – fehlendes Org.-Wissen ⋮

2.4 Ermitteln der Wertansätze des Brutto-Nutzens durch das Erarbeiten von Leistungskriterien

Um zu einer Quantifizierung zu gelangen, sind die einzelnen Leistungskriterien zu bewerten. Bei dieser Bewertung sollte man sich zunächst bemühen, empirisch ermittelte Werte für die einzelnen Leistungskriterien zu verwenden. Diese stehen in hohem Umfang für die meisten Vorteilskategorien zur Verfügung. Sollten Bedenken bezüglich der Übernahme dieser Werte bestehen, so müssen individuelle Ansätze gefunden werden. Nachstehend seien einige empirische Nutzenwerte bei Produktionsplanungs- und -kontrollsystemen wiedergegeben (nach [1]):

Bestände:	Reduzierung um durchschnittlich		33 %
	Fehlerraten	<	1 %
	Versorgungsengpässe	−	80 %
Produktivität:	Leistung/Arbeitsstunde	+	10 %
	– Montage	+	25 %
	– Teilefertigung	+	7 %
	Überstunden	−	50 %
Kosten:	Produktion	−	15 %
	Zukaufteile	−	5 %
	Gemeinkostenlöhne	−	10 – 25 %
Kundendienst:	verspätete Lieferungen	−	80 %
	Lieferzeiten	−	50 %
	Lieferausfälle	−	70 %

Auch bei der individuellen Datenverarbeitung gibt es eine Vielzahl von Erfahrungswerten. Diese gehen aus dem Beispiel der Abbildung 6 hervor.

monatliche Kosten der Arbeitsmittel:			1.100,–

Benutzer / Platzkosten

	○ Führungskraft	⊗ Fachkraft	○ andere Mitarb.
durchschn. Werte	100,– DM / Std.	80,– DM / Std.	60,– DM / Std.
spez. Wertansatz	☐ DM / Std.	☐ DM / Std.	☐ DM / Std.

Amortisation in Stunden

$$\text{erforderliche Stunden} = \frac{\text{Monatskosten } 1.100,-}{\text{Platzkosten } 80,-} = \boxed{14 \text{ Std.}}$$

Einsparungen

	Arbeitszeit pro Monat	Erfahrungs-Werte	spezif. Ansatz	eingesparte Std. / Monat
Kommunikation	160 Std.	Führungskraft 6 % Fachkraft 9 % andere Mitarb. 21 %	10 %	16
Auswertung von Daten	Ist-Aufwand Std. / Monat 5	80 %		4
Berichte	10	80 %	70 %	7
Abfragen		90 %		
Grafiken		80 %		

Summe der eingesparten Stunden	27

Return of Investment (ROI)

27 eingesparte Stunden × 80,– Platzkosten = 2.160,– Einsparungen

16.000,– Investition ÷ (2.160,– Einsparungen × 12) = ROI / Jahr $\boxed{0,6}$

Abbildung 6: *Methode der Nutzenermittlung bei IDV*

2.5 Abschätzen des Risikos

Dabei geht es insbesondere um die Wahrscheinlichkeit der Nutzenrealisierung. In einer Tabelle sollten für alle Nutzenebenen die ermittelten Werte mit den Wahrscheinlichkeiten der Realisierung zusammengefaßt werden. Die Bewertung der Wahrscheinlichkeiten hängt im wesentlichen von den spezifischen Verhältnissen in der Unternehmung beziehungsweise Verwaltungseinheit ab. Im Grundsatz kann jedoch davon ausgegangen werden, daß die Wahrscheinlichkeiten bei der Realisierung von Kosteneinsparungen im allgemeinen mit 100 % anzusetzen sind. Hier kann man meist von einer sicheren Erwartung ausgehen. Schwieriger ist es dagegen, die strategischen Wettbewerbsvorteile bezüglich ihrer Realisierungschance richtig einzuschätzen. Es ist durchaus vorstellbar, die Wahrscheinlichkeiten auf der Basis von Bandbreiten zu berechnen. Dadurch ist es möglich, je nach Einschätzung der Wahrscheinlichkeiten mit einem

– pessimistischen Ansatz (z. B. Wahrscheinlichkeit 60 %),

– realistischen Ansatz (z. B. Wahrscheinlichkeit 70 %) oder

– optimistischen Ansatz (z. B. Wahrscheinlichkeit 80 %)

zu rechnen.

Eine Objektivierung kann in kritischen Fällen durch mehrere Schätzer herbeigeführt werden. Die Ausprägung der Erwartungen läßt sich wie folgt ableiten:

pessimistisch (p):	5 %				
wahrscheinlich (w):	10 %				
optimistisch (o):	5 %				
Wahrscheinlichkeit Schätzer	60 %	70 %	80 %	90 %	100 %
1			p	w	o
2		p	w	o	
3	p		w	o	
4		p	w	o	
5	p		w	o	
	10 %	10 %	45 %	30 %	5 %

Die Verbesserung der Wahrscheinlichkeit einer erfolgreichen Realisierung hängt unter anderem von folgenden Faktoren ab:

– Organisationsniveau,

– Reifegrad der IS-Funktionen,

– Einbindung der Anwender in die Bedarfsbestimmung und Problemlösung,

– Beteiligung der Entscheidungsträger,

– Hard- und Software-Kompetenz,

– Qualität des Projektteams,

– Ressourcen.

2.6 Ermitteln des Netto-Nutzens

Hier geht es um die Zusammenfassung aller Nutzenwerte aus den verschiedenen Kategorien. Den Netto-Nutzen erhält man, indem man den Brutto-Nutzen mit den Wahrscheinlichkeiten multipliziert.

Nutzenübersicht

Nutzenebene	Nutzen	Wahrschein- lichkeit	Nutzen (gewichtet)
	TDM	%	TDM
1. strategische Vorteile			
– Leistungskriterien	500	60	300
	200	50	100
2. Produktivitätsvorteile	200	90	180
3. Kostenersparnisse	50	100	50
	100	100	100
Nutzenansatz in DM	1050		730

3 ROI-Ansätze versus „Muß-Investitionen"

In der Vergangenheit wurden Investitionen in die Datenverarbeitung — wenn überhaupt — nur mit den klassischen Verfahren der Investitionsrechnung belegt. Im Vordergrund stand dabei die Return-on-Investment-Methode (ROI). Bei der Priorisierung der DV-Projekte wurde in erster Linie darauf geachtet, welche Anwendungen sich am schnellsten bezahlt machen. Dies waren meist solche Anwendungen, bei denen Kosteneinsparungen im Vordergrund standen. Solche Vorteile ließen sich relativ gut bewerten. So ist es nicht verwunderlich, daß meist die Projekte mit strategischen Vorteilen nicht realisiert wurden, sah man doch keinerlei Möglichkeiten, diesen Nutzen auch nur näherungsweise zu bestimmen. Die einzige Meßlatte war das Kriterium der Wirtschaftlichkeit, und danach wurden nur die Anwendungen realisiert, deren Nutzen rechenbar oder zumindest kalkulierbar war. Dies waren zum Beispiel die Lohn- und Gehaltsrechnung, Auftragsabwicklung, die Debitoren-, Kreditoren- und Sachkontenbuchhaltung und die Lagerbestandsführung. Anwendungen mit strategischen Komponenten wurden bei einem solchen Auswahlverfahren zwangsläufig zurückgestellt. Der Verfasser kann bei seinen zahlreichen Unternehmensberatungen immer wieder feststellen, daß die vorhandenen Anwendungen vorwiegend Wirtschaftlichkeitsgesichtspunkten Rechnung tragen und strategische Komponenten meist fehlen. Heute kommt es aber entscheidend darauf an, neben der wirtschaftlichen Bedeutung auch die strategische Bedeutung zu berücksichtigen (siehe Abbildung 7). Die Portfolio-Bewertung von Projekten macht deutlich, wo die in einer Organisation vorhandenen Projekte angesiedelt sind und wie sich die künftigen Projekte einordnen lassen. Es sollten verstärkt die Projekte realisiert werden, deren wirtschaftliche und strategische Bedeutung hoch ist. Eine dreidimensionale

Einordnung kann durch die Einbeziehung der Erfolgsfaktoren erreicht werden. Hier ist nach der Fixierung der einzelnen Projekte in die Matrix die Frage zu beantworten: „Wie unterstützen die Anwendungen die Erfolgsfaktoren?" Sieht man hierfür drei unterschiedlich große Kreise vor, so kann man sehr leicht erkennen, welche Projekte es diesbezüglich zu favorisieren gilt (Abbildung 8).

strategische Bedeutung

	niedrig	mittel	hoch
hoch	Flug- / Hotel-Reservierung	elektronische Bank	CAD / CIM
mittel		Büroautomation	Auftragsabwicklung
niedrig			Lohn und Gehalt
	niedrig	mittel	hoch **Wirtschaftlichkeit**

Abbildung 7: *Portfolio-Bewertung von IS-Projekten*

Aus Abbildung 9 geht hervor, daß es künftig mehr und mehr um eine sinnvolle Symbiose zwischen „Muß-Investitionen" (strategische Notwendigkeit) und ROI-Vorgaben (wirtschaftliche Notwendigkeit) geht.

4 Die Verantwortung der Unternehmensleitung

Strategische Anwendungen fallen in den Verantwortungsbereich der Unternehmensleitung. Dieser Tatbestand ergibt sich aus einer Reihe von Gründen:

- Diese Anwendungen wirken im Gegensatz zu den meisten bisherigen Anwendungen langfristig.
- Strategische Anwendungen streben eine Verbesserung der Unternehmensposition an.
- Die Entscheidungsträger müssen sich darüber im klaren sein, daß meistens nicht nur die Prozesse der eigenen Organisation zur Diskussion gestellt werden, sondern eine Abstimmung mit den Lieferanten- und Kundenprozessen notwendig wird.

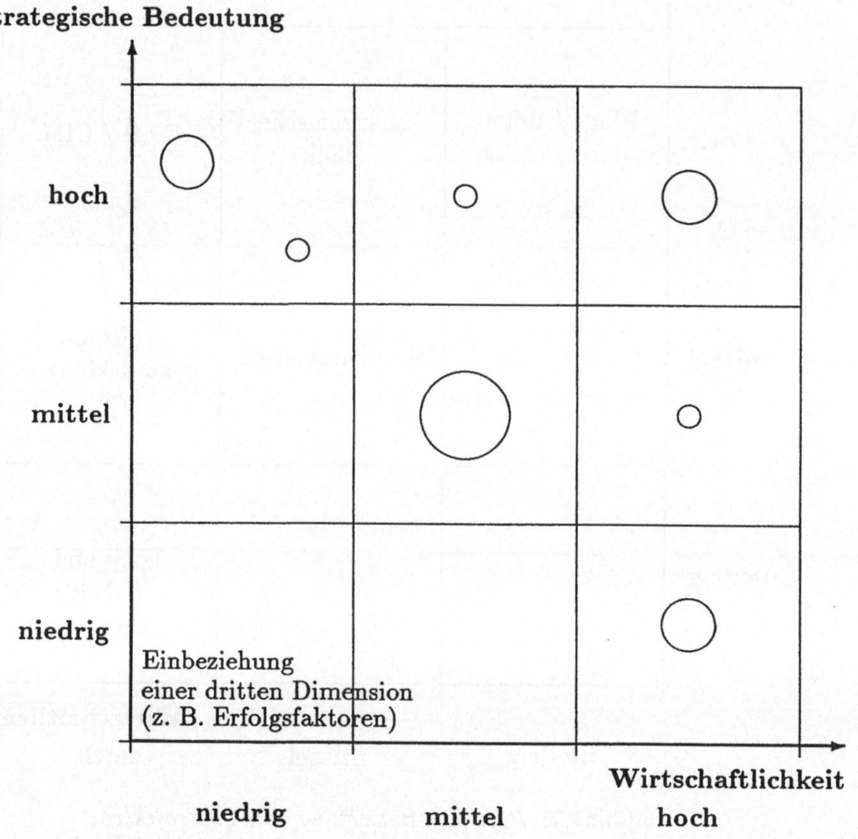

Abbildung 8: *Portfolio-Bewertung von IS-Projekten*

Strategische Anwendungen setzen voraus, daß die IS-Organisation, IS-Planung und die Beurteilung der Investition entsprechend dieser Zielsetzung auch die notwendigen organisatorischen Voraussetzungen erfahren. Werden Informationssysteme als strategische Waffe gesehen, dann dürfte verstärkt eine hierarchische Aufwertung des IS-Leiters mit einhergehen. Mehr und mehr wird künftig der strategische Wert von IS durch die Repräsentanz des IS-Leiters im hohen Management zum Ausdruck kommen. Ebenso wird die IS-Planung ein integraler Bestandteil der Unternehmensplanung sein müssen. Auch verändert sich die Beurteilung der IS-Investition verstärkt: Von Ausgaben, die kontrolliert werden müssen, geht die Einordnung über notwendige Investitionen hin zu Investitionen mit Priorität. Auf diese Weise wird auch innerbetrieblich deutlich, daß Informationssysteme mehr und mehr zum entscheidenden Erfolgsfaktor für Unternehmen werden.

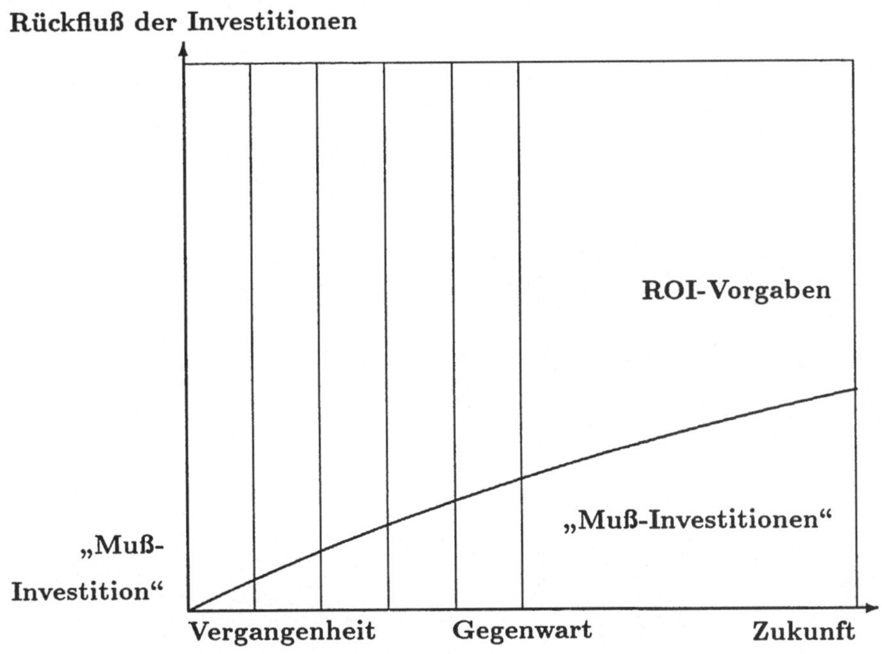

Abbildung 9: *Strategisches Investitionsverhalten*

Literatur

[1] ARTHUR D. LITTEL INTERNAT. (Hrsg.): *Management im Zeitalter der strategischen Führung*, Wiesbaden 1985.
[2] NAGEL, KURT: *200 Strategien, Prinzipien und Systeme für den persönlichen und unternehmerischen Erfolg*, Landsberg 1988.
[3] NAGEL, KURT: *Die 6 Erfolgsfaktoren des Unternehmens*, Landsberg 1988[2].
[4] NAGEL, KURT: *Nutzen der Informationsverarbeitung. Methoden zur Bewertung von strategischen Wettbewerbsvorteilen, Produktivitätsverbesserungen und Kosteneinsparungen*, München 1988.

Erfolgsfaktor, Informationssystem und Früherkennung

von Peter Reichling und Klaus Spremann
Universität Ulm

Zusammenfassung

Strukturwandel und härter werdender Wettbewerb fordern von den Unternehmen Strategien des organisatorischen Umbaus, um vorhandene Synergiepotentiale nutzbar zu machen und den Weg zu integrativen Systemen zu ebnen. Mit diesen skizierten Veränderungen wandeln sich auch die Informationserfordernisse. Drei Stufen dieser Entwicklung werden aufgezeigt, wobei der jeweils im Vordergrund stehende Erfolgsfaktor (Input, Fertigung, Projekt) mit der ihm entsprechenden Ausgestaltung des Informations- und des Früherkennungssystems des Unternehmens assoziiert wird.

1 Einleitung

Kein Unternehmen gleicht dem anderen in allen Merkmalen. Um von der Kasuistik einer fallweisen Betrachtung zu allgemeiner gültigen Erkenntnissen gelangen zu können, nimmt der Untersucher gewöhnlich eine Klassifikation von Unternehmen vor. Die derselben Klasse zugeordneten Unternehmen können dann als ähnlich betrachtet werden und weisen eher Gemeinsamkeiten als Unterschiede auf. Oft wird eine Klasse durch einen typischen Vertreter repräsentiert. Zwischen den Repräsentanten verschiedener Klassen, mithin zwischen verschiedenen Unternehmenstypen, bestehen dann andererseits eher Unähnlichkeiten denn Ähnlichkeiten.

Jedem ist der Zweck einer Klassifikation von Unternehmen geläufig: Man möchte zu Aussagen kommen und Zusammenhänge aufzeigen, die, wenigstens in einem korrelativen Sinn, für ganze Klassen von Unternehmen gelten. Es heißt dann, für Unternehmen eines bestimmten Typs gelte (im allgemeinen) dieses oder jenes. Oft betrachtet man verschiedene Unternehmenstypen schon als gegeben und setzt so stillschweigend voraus, daß die entsprechende Klassifikation bereits vorgenommen worden ist.

Zudem sind offensichtlich verschiedenste Klassifikationen möglich. Man wird deshalb eine Gruppeneinteilung wählen, die im Hinblick auf das anstehende Untersuchungsziel am meisten verspricht. Zu den bekanntesten Unternehmensklassifikationen gehören die, welche sich an der Rechtsform, der Unternehmensgröße oder der Branchenzugehörigkeit orientieren.

In der nachstehenden Betrachtung wird eine Klassifikation entwickelt, die sich an dem jeweils dominanten Erfolgsfaktor des Unternehmens orientiert. Dabei werden drei Ausprägungen für den dominanten Erfolgsfaktor betrachtet. Dies können sein:
- Inputs oder materielle Ressourcen, die das Unternehmen einsetzt und bei denen sie einen komparativen Vorteil verzeichnen kann (die Organisation soll in diesem Fall als inputorientiert bezeichnet werden),
- die Fertigung, die Verarbeitung von Materialien, die Prozeßtechnologie (fertigungsorientiertes Unternehmen),
- das Projektmanagement und die Systemtechnik (projektorientiert).

Diese am dominanten Erfolgsfaktor orientierte Gruppierung in input-, fertigungs- und projektorientierte Unternehmen sei mit *IFP*-Klassifikation abgekürzt.

Zunächst geht es in diesem Beitrag darum, die drei Klassen, also die sie repräsentierenden Unternehmenstypen zu beschreiben. Die Aussage besteht im weiteren darin, eine Korrespondenz zwischen diesen drei Unternehmenstypen und dem jeweiligen Informationssystem aufzuzeigen: Inputorientierte Unternehmen weisen andere Informationssysteme auf als fertigungsorientierte Unternehmen, und diese wiederum benötigen und haben deshalb andere Informationssysteme als projektorientierte Unternehmen.

Hierzu noch drei Bemerkungen:

Erstens kommt der Zusammenhang zwischen *IFP*-Klassifikation und Typ des Informationssystems nicht von ungefähr: Das Informationssystem eines Unternehmens soll primär so gestaltet sein, daß es den dominanten Erfolgsfaktor schützt, seine Weiterentwicklung fördert und seine praktische Umsetzung leitet.

Zweitens könnte man hinsichtlich des in den hochentwickelten Industrieländern vorherrschenden Unternehmenstyps einen allgemeinen Trend erkennen: Die historische Entwicklung führte von der ursprünglichen Dominanz der Inputs und Rohstoffe zur Wertschöpfung durch kostengünstige Massenproduktion. Die sich abzeichnenden Strukturveränderungen unterstreichen die zunehmende Bedeutung des Projektmanagements und der Systemtechnik als Erfolgsfaktor. Folglich wird aufgrund der Korrespondenz zwischen Erfolgsfaktor und Informationsystem auch eine Prognose über die Ausgestaltung zukunftsorientierter Informationssysteme begründbar.

Drittens beziehen sich Informationssysteme nicht nur auf die Einsatzsteuerung, Verwaltung und Abrechnung von Ressourcen in einem statisch-stabilen Umfeld. Interne und externe Änderungen sowie unternehmenspolitisch notwendige Anpassungsmaßnahmen erfordern Früherkennungsinformationen, die Aussagen über die

66

Art von Veränderungen und deren Wahrscheinlichkeit stützen.

Früherkennungssysteme — oder Frühwarnsysteme, wenn sie nur potentielle Bedrohungen erkennen lassen sollen — als spezielle Art von Informationssystemen sind keineswegs eine militärische Erfindung. Vielmehr hatte bereits in der Antike die klassische Mathematik verbunden mit der Astronomie einen deutlichen Früherkennungscharakter, indem nämlich die für die Landwirtschaft existentielle Entwicklung eines Kalenders zur Bestimmung der Jahreszeiten erfolgte. So hatten im alten Ägypten Obelisken vermutlich auch die Funktion, Nilüberschwemmungen vorherzusagen und die Landbevölkerung rechtzeitig aufzufordern, die fruchtbaren Ufergebiete zu verlassen und sich für einige Zeit in die Wüste zurückzuziehen (vgl. Abbildung 1).

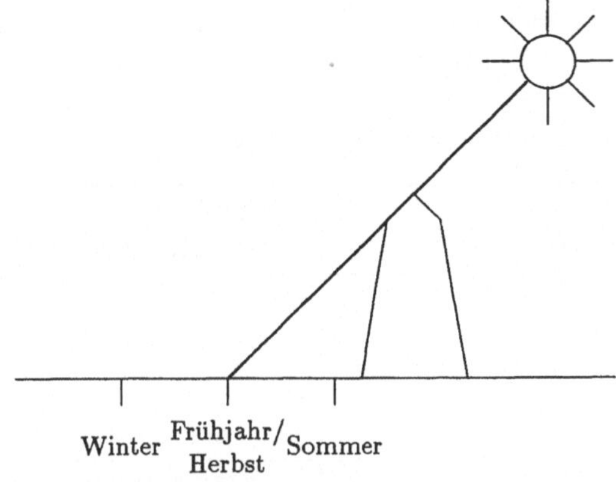

Abbildung 1: *Antikes „Früherkennungssystem"*

Im wirtschaftlichen Bereich wurde der Ruf nach Früherkennungsmöglichkeiten für drohende Krisen seit Mitte der siebziger Jahre etwa zeitgleich mit dem ersten Ölpreisschock immer lauter. Seither müssen sich die Unternehmen mit moderateren Umsatzrenditen und Wachstumsraten als in den expansiven Nachkriegsjahren zufrieden geben. Heute werden Krisen oft existenzbedrohend, während sie noch vor zwanzig Jahren lediglich ein Null-Wachstum bedeutet hätten.

Ein verschärfter, vom Strukturwandel gezeichneter und internationalisierter Wettbewerb konfrontiert die Unternehmen zusätzlich mit der Tatsache, daß es nicht mehr lediglich um die Frage geht, ob eine neue Technologie die eigene Wettbewerbsposition berührt, sondern nur noch Zeitpunkt und Charakteristik dieser Auswirkung ungewiß erscheinen. Heutiges Agieren ist notwendig, weil bloßes Reagieren auf sich bereits im Fluß befindliche Strömungen dem Verlust einer führenden Position gleichkommt.

Ging es also in den siebziger und frühen achtziger Jahren noch um Frühwarnsysteme, die Bedrohungspotentiale aufdecken sollten, so stehen heute Früherkennungssysteme im Vordergrund, die verstärkt mögliche Chancen identifizieren sollen und die Aktivität des Unternehmens fördern.

2 Erfolgsfaktor Input

Wenn in einer Organisation ein bestimmter Input dominant ist, wenn also der Erfolg des Unternehmens in starkem Ausmaß von diesem Input abhängt, so soll von einer inputorientierten Organisation gesprochen werden. Inputs sind hier im Sinne der verschiedensten Faktoren gemeint, etwa in Form von Ressourcen, aber auch von Standorten oder Marktlücken. Bei einer inputorientierten Organisation kann man durchaus an ein Bergwerk denken, dessen Erfolg an den Standort gekoppelt ist.

Die wichtigsten Aufgaben der Unternehmensführung im täglichen Geschäft liegen hier in der Ausnutzung der entsprechenden Inputs und des Standorts: die Einhaltung von Terminen, das Erreichen gesetzter materieller Ziele und die Beseitigung von Engpässen. Wichtig für eine derart geprägte Organisation ist es, den derzeitigen Ist-Zustand in einem aktuell informierenden Meldesystem zu erkennen. So können dem dominanten Faktor, nämlich der Förderung des Inputpotentials, alle notwendigen Begleitdienste nach Erfordernis zugeführt werden.

dominanter Erfolgsfaktor	Aufgaben des Informationssystems
Inputs	Meldung des Ist-Zustands, Ressourcensicherung
Beispiel	**Aufgaben des Früherkennungssystems**
Primärindustrie, Rohstoffgewinnung	kennzahlenorientierte Hochrechnungen

Wenngleich spektakuläre Unternehmenszusammenbrüche zumindet für den Outsider scheinbar plötzlich und unverhofft erfolgen, so weisen verschiedene Untersuchungen darauf hin, daß selbst aus den hochaggregierten Kennzahlen der Jahresabschlüsse Früherkennungsinformationen zu gewinnen sind, die Prognosen mit einem Vorlauf von sogar mehreren Jahren erlauben (vgl. [6,20]).

Die Entwicklung pyramidenförmiger Kennzahlsysteme mit sinkendem Aggregationsgrad fördert einen größeren Vorlauf und vermeidet Kompensationen gegenläufiger Tendenzen. Beispielsweise kann sich der Aufbau eines Kennzahlensystems wie in Abbildung 2 darstellen.

Hier geht es darum, durch Zeitreihenanalysen positive oder negative Entwicklungen möglichst frühzeitig zu erkennen und durch die Festlegung von Normen, Schwellenwerte zu definieren, deren Über- oder Unterschreiten eine Signalfunktion aufweist.

Um eine genügend große Anzahl von Kennzahlen analysieren zu können, ist Computerunterstützung notwendig. Sicherzustellen ist aber, daß Abweichungen von einer festgesetzten Norm nicht nur automatisch gemeldet werden, sondern das System auch Hintergründe in Form von Informationen über die betreffende Kennzahl, Absolutwerten und Zeitreihen — als Metainformationen — liefert.

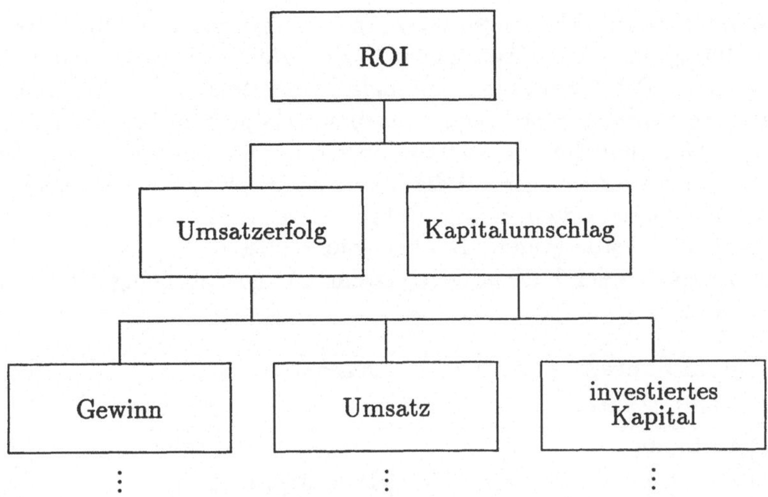

Abbildung 2: Kennzahlensystem

Für die Gestaltung eines computerunterstützten, kennzahlenorientierten Früherkennungssystems ist also zu beachten (vgl. [16]):

- Die Entscheidung über zugrundeliegende Datenbereiche umfaßt die Selektion von im Unternehmen bereits erfaßten Daten sowie die Spezifizierung zusätzlich benötigter Werte.
- Bei der Verdichtung der Daten (etwa durch Mittelwerte, Quotienten-Bildung) muß die Anwendbarkeit statistischer Gesetze beachtet werden.
- Normen können von außen gesetzt sein (etwa durch das Insolvenzrecht) oder durch statistische Verfahren festgelegt werden (etwa Konfidenzbereiche, Glättungsverfahren der Trendanalyse); in beiden Fällen müssen Schwellenwerte aber inhaltlich beschrieben und über mehrere Zeitpunkte hinweg dargestellt werden, um dem Systembenutzer Interpretationshilfen zu geben.

3 Erfolgsfaktor Fertigung

Wenn die Abwicklung, der Produktionsprozeß oder die Verwaltungsvorgänge das für das Unternehmen wichtigste Erfolgspotential darstellen, so heiße diese Organisation fertigungsorientiert. Das Unternehmen könnte seinen Standort beliebig wählen, denn der wesentliche Erfolgsfaktor ist der Prozeß, weder der Input noch das Produkt allein, wobei hier unter Prozeß Begriffe wie Prozeßtechnologie, Fertigungstiefe oder Kanban subsumiert werden. Fertigungsunternehmen, deren Stärke besonders in der kostengünstigen Produktion liegen, sind ein Beispiel für fertigungsorientierte Organisationen. Hier steht die Optimierung im Vordergrund, denn Fertigungsprozesse müssen kostengünstig sein. Abwägen, Wirtschaftlichkeit und Kostenaspekte sind daher Merkmale dieser Organisationsform.

Bei einem industriellen Fertigungsprozeß hat das Abwägen von Alternativen (etwa Eigenherstellung versus Fremdbezug oder Flexibilität versus Kostenreduktion) eine große Bedeutung. Der Aspekt der Wirtschaftlichkeit steht im Vordergrund. Um die Alternativen der Verbesserungsmöglichkeiten ausschöpfen zu können, ist es vor allem wichtig, daß technische Daten (etwa Kosten- oder Marktgrößen) zur Verfügung stehen. Hier kommt es weniger auf die Meldung des aktuellen Zustandes an, vielmehr treten technische Daten, Kostengrößen, Alternativen und der Wirtschaftlichkeitsaspekt in den Vordergrund. Diesbezügliche Informationen zu liefern, ist die vorrangige Aufgabe eines Informationssysstems für den fertigungsorientierten Unternehmenstypus.

dominanter Erfolgsfaktor	Aufgaben des Informationssystems
Fertigung	Kostenminimierung, Prozeßoptimierung
Beispiel	**Aufgaben des Früherkennungssystems**
Automobilindustrie	indikatororientierte Trend- und Abweichungsanalyse

Früherkennungssysteme auf der Basis sogenannter Früherkennungsindikatoren zeichnen sich aus durch eine systematische Suche nach relevanten Beobachtungsfeldern und signifikaten Entwicklungen im Unternehmen und aus dem Unternehmensumfeld.

Der Aufbau eines indikatororientierten Früherkennungssystems und die Bestimmung tauglicher Idikatoren mit Früherkennungscharakter verdeutlicht Abbildung 3 (vgl. [13,20]).

In der betrieblichen Praxis wird häufig folgenden Indikatoren Relevanz zugesprochen:

- **Auftragseingang:**

  Ein Signal für den zukünftigen Umsatz eigener Produkte ist der Auftragseingang insondere vorgelagerter Produktionsstufen. Diesem Indikator wird — obwohl unternehmensspezifisch zu bewerten — im allgemeinen eine Vorlaufzeit von etwa sechs Monaten bescheinigt.

  Die Festlegung von Schwellenwerten und Toleranzbereichen kann wie in Abbildung 4 erfolgen.

- **Produktlebenszyklus**

  Den Lebenzyklus eines Produkts als Prognosemodell heranzuziehen, entspringt der in vielen Bereichen anzutreffenden Produkt-Umsatz-Struktur, daß wenige Produktgruppen den Umsatz eines Unternehmens weitgehend bestimmen, während eine zweite Klasse der restlichen Produktgruppen lediglich einen „Bodensatz" ausmacht.

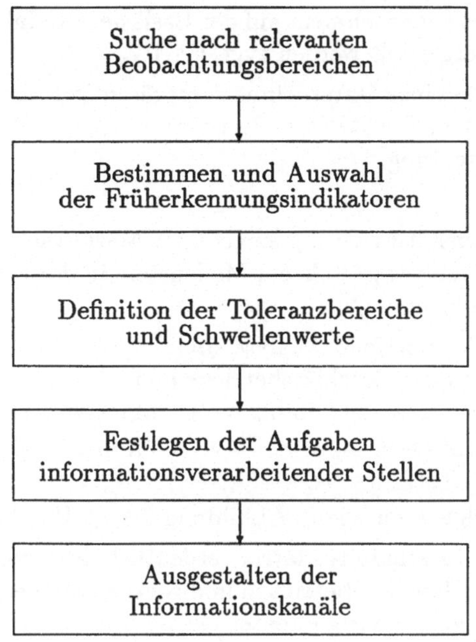

Abbildung 3: *Indikatororientiertes Früherkennungssystem*

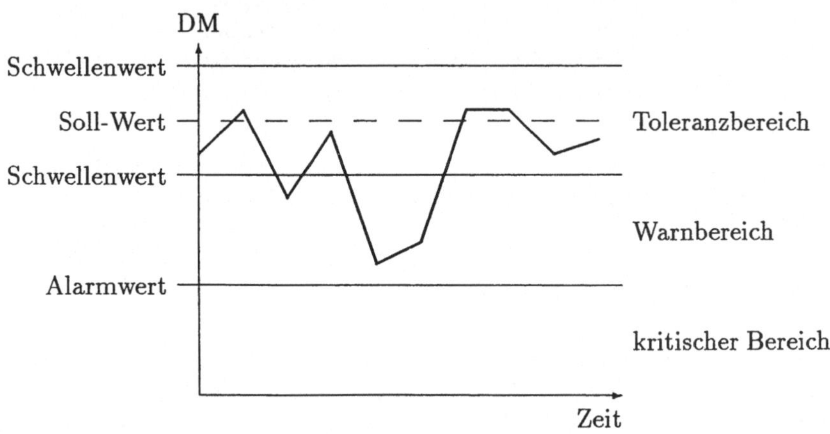

Abbildung 4: *Toleranzbereiche und Schwellenwerte*

Das Umsatzprofil eines Unternehmens auf der Basis der Produktlebenszyklen kann wie in Abbildung 5 dargestellt werden (vgl. [14]).

Das Produktprogramm eines Unternehmens repräsentiert also sein Erfolgspotential zukünftiger Perioden. Rechtzeitige Produktinnovation erhält damit eine überlebensnotwendige Bedeutung.

– **Portfolio-Analyse**

Die von der Boston Consulting Group eingeführte Marktwachstums-Marktanteils-Matrix zur Portfolio-Analyse gilt als ein Meilenstein in der Entwicklung der strategischen Planung (siehe etwa [2]).

Die Grundgedanken der Portfolio-Analyse sind:
· Abgrenzen eigenständiger Geschäftsbereiche und
· Einordnung anhand der beiden Indikatoren „Marktwachstum" und „relativer Marktanteil", wobei jeweils nur eine Einordnung in „hoch" und „niedrig" vorgesehen ist.

Eine Einordnung erfolgt dann wie in Abbildung 6 (vgl. [11,13]).

Die Marktwachtums-Marktanteils-Matrix verdeutlicht also die Zusammensetzung des Portfolios aus den Geschäftsbereichen und weist so auf heuristische Prinzipien als Leitstrategien zur Vermeidung latenter Gefahren oder Ergreifung verborgener Chancen hin. Diese Strategien lauten etwa:

Matrixfeld	Strategie
Melkkuh	Abschöpfen
Star	Investition
Nachwuchs	Offensive oder Rückzug
Sorgenkind	Desinvestition

Basis für dieses Konzept ist die aus der Erfahrungskurve abgeleitete These, daß die Ertragsspanne eines Unternehmens vom Marktanteil abhängt ([19]).

4 Erfolgsfaktor Projekt

Wir nennen eine Organisation projektorientiert, wenn Systeme ihren dominanten Erfolgsfaktor darstellen, das heißt wenn die Organisation in der Lage ist, verschiedene Potentiale zu assoziieren und multidisziplinäre Teams zu schaffen, die dann die typische Wertschöpfung des Unternehmens darstellen. Vorrangige Beispiele sind etwa Unternehmensberatungen, aber auch Großunternehmen, die nicht mehr nur einzelne Geräte produzieren, sondern Systeme, oder die sich vollkommen neu organisieren, um die Systemgestaltung als einen strategischen Erfolgsfaktor zu nutzen. Mit einer projektorientierten Organisation können etwa organisatorische Aspekte verknüpft werden, die darauf zielen, Potentiale verschiedener Art in unterschiedlicher Weise zu kombinieren.

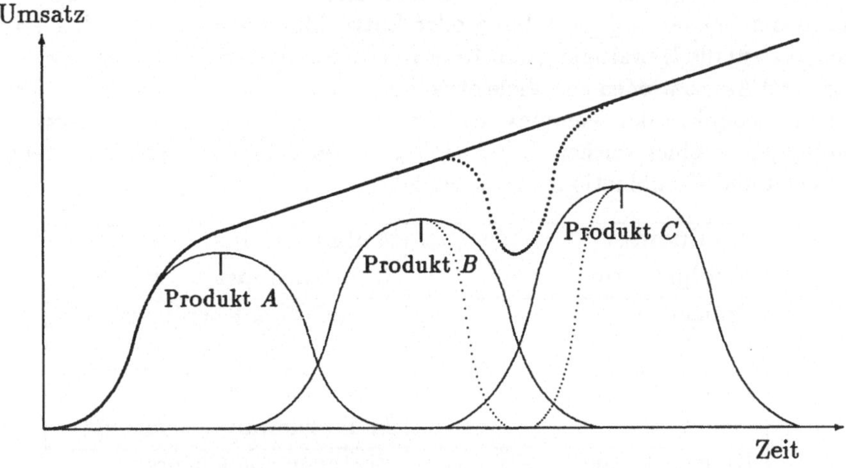

Abbildung 5: *Umsatzprofil*

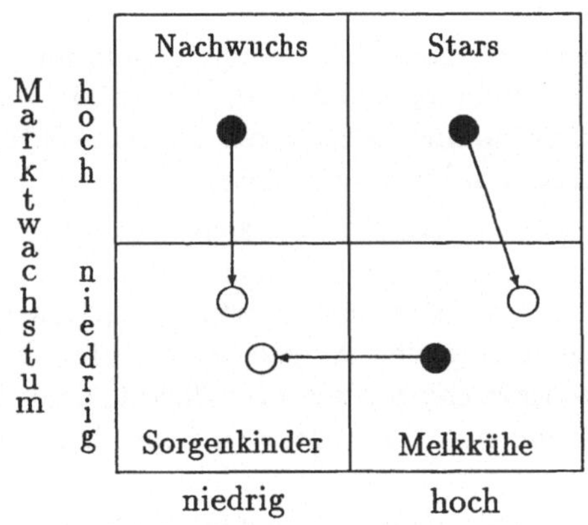

● = aktuelle Positionierung
o = prognostizierte Positionierung

Abbildung 6: *Portfolio-Analyse*

Dominanter Erfolgsfaktor dieser Organisationen sind komplexe Systeme, wie das etwa in der Verwaltung, Forschung oder Entwicklung der Fall ist. Hier kommt es besonders auf die Bewältigung von Koordinationsaufgaben, die Erhaltung der Flexibilität und Assoziationen an. Viele organisatorische Aspekte sind daher erforderlich, um dem Gedanken der Komplexität gerecht zu werden. Die informatorischen Anforderungen in einer solchen Organisation lauten dementsprechend, Potentiale zu erforschen und Kombinationen zu kreieren.

dominanter Erfolgsfaktor	Aufgaben des Informationssystems
Projekt	Kalkulation, Koordinierung, Assoziation
Beispiel	**Aufgaben des Früherkennungssystems**
Kraftwerksbau	Erkennen von Chancen- und Bedrohungspotentialen

Strategische Früherkennungssysteme als „strategisches Radar" beschäftigen sich mit der Erkennung und Verarbeitung strategisch relevanter Früherkennungsinformationen. Hier wird versucht, die Idee operativer Früherkennung in den strategischen Bereich zu übertragen (vgl. [7]).

Das strategische Management eines Unternehmens kann nicht von stabilen Verhältnissen ausgehen, sondern muß mögliche schnelle und große Veränderungen aufgrund ökonomischer und außerökonomischer Faktoren — sogenannte strategischen Diskontinuitäten — in seinem Kalkül berücksichtigen.

Die Grundidee eines strategischen Früherkennungssystems besteht nun darin, daß strategische Diskontinuitäten zwar schwer vorhersehbar sind, sich aber durch „schwache Signale" andeuten. (Das Sprichwort sagt: „Große Ereignisse werfen ihre Schatten voraus.") Die strategische Aufgabe eines Früherkennungssystems lautet demnach: Wie können schwache Signale identifiziert, analysiert und interpretiert werden und die so gewonnenen Informationen über strategische Diskontinuitäten genutzt werden?

Als systematisch und kontinuierlich zu beobachtende Anzeichen für strategische Überraschungen können unter der Voraussetzung, daß

- soziale, politische und technologische Veränderungen nicht zufällig ablaufen, sondern von Interessen gelenkt werden,
- Veränderungen Entwicklungsmechanismen und relativ stabilen Verbreitungsmustern unterliegen sowie
- Veränderung ausgelöst und von Vorreitern getragen werden,

etwa dienen ([4]):

- plötzliche Häufungen gleichartiger Ereignisse, die in einer strategisch relevanten Beziehung zum Unternehmen stehen können,

– Meinungen und Stellungnahmen von Experten oder einflußreichen Organisationen,
– Verbreitung von Ideen in den Medien sowie
– Rechtsprechungstendenzen und Initiativen zur Neugestaltung relevanter Gesetzgebung.

Das frühzeitige Erkennen strategischer Diskontinuitäten wird durch Analyse- und Prognoseinstrumente unterstützt. Sogenannte SOFT-Analysen (Strength, Opportunity, Failure, Threat) sind dabei für die strategische Kontrolle von besonderer Bedeutung, indem sie Stärken und Schwächen beziehungsweise Chancen und Bedrohungen eines Unternehmens mit Hilfe von Checklisten aufzeigen ([17]).

Ausgehend von der Idee der grundsätzlichen Identifizierbarkeit und Interpretierbarkeit schwacher Signale zur Antizipation strategischer Diskontinuitäten entwickelte H. IGOR ANSOFF in einem grundlegenden Aufsatz ([1]) ein Planungskonzept zur Bewältigung dieser Überraschungen, das in Einzelkomponenten weiterentwickelt und operationalisiert wurde (siehe etwa [7]).

Ansatzpunkt des ANSOFFschen Konzepts ist die Reduzierung der Lücke relevanter Informationen, also Verringerung der Unterschiede zwischen Informationen die einerseits im Unternehmen verfügbar und andererseits im Umfeld vorhanden sind. Hierdurch wird die Eintrittswahrscheinlichkeit einer strategischen Diskontinuität minimiert, da sie ihren unbekannten, überraschenden und dringlichen Charakter verliert und dem Unternehmen Zeit zur Entwicklung wirkungsvoller Strategien bleibt. Wesentlich ist, daß nicht von einem gegebenen Entscheidungsproblem ausgegangen wird, sondern mit Hilfe einer Einordnung in Informationsgrade gefragt wird, welche Entscheidungen bei gegebener Informationsbasis machbar sind.

Wegen der erweiterten Darstellung der Informationszustände ist das Reaktionsrepertoire nicht nur auf direkte Reaktionen beschränkt, sondern beinhaltet auch die Strategien der Wachsamkeit und der Flexibilität (Abbildung 7; vgl. [1]).

Informations- grad Reaktionsstrategie	Gefühl für Bedrohung oder Chance	Quelle bekannt	Bedrohung oder Chance konkret	Reaktions- möglichkeit bekannt	Folgen überschaubar
Wachsamkeit	o	●	●	●	●
Flexibilität		o	●	●	●
direkte Reaktion			o	●	●

Abbildung 7: *Machbarkeit von Reaktionsstrategien*

Werden strategische Diskontinuitäten als Bedrohungen oder Chancen für jede strategische Geschäftseinheit (SGE) eines Unternehmens in Abhängigkeit vom jeweiligen Informationsgrad bestimmt, so läßt sich eine Chancen-Verwundbarkeits-Analyse erstellen, falls zusätzlich
– die Zeit bis zum vermutlichen Eintritt der Diskontinuität,
– die mögliche Wirkung auf das Ergebnis der strategischen Geschäftseinheit sowie

– in qualitativer Form der Stand der vom Unternehmen bereits gewählten Reaktionsmaßnahmen

bekannt sind (Abbildung 8; vgl. [1]).

SGE	Ergebnisbeitrag	Informationsgrad				
		Gefühl für Bedrohung oder Chance	Quelle bekannt	Bedrohung oder Chance konkret	Reaktionsmöglichkeit bekannt	Folgen überschaubar
SGE_1	50 %			Bedrohung 3 – 5 Jahre 0,2 – 0,5		
SGE_2	30 %	Bedroh./Chance 10 – 15 Jahre 0,0 – 0,2				
SGE_3	15 %					Chance 1 – 2 Jahre 2,5 – 3,0
SGE_4	5 %		Chance 4 – 8 Jahre 2,0 – 5,0			
Status		ungenügend	schwach	sehr gut		adäquat

Die Eintragungen bedeuten:

1. Zeile: Potentielle strategische Diskontinuität.

2. Zeile: Zeit bis zum vermutlichen Eintritt der Überraschung.

3. Zeile: Mögliche Wirkung der Diskontinuität auf den Ergebnisbeitrag der jeweiligen strategischen Geschäftseinheit in Form eines Variationsbereichs.

Das heißt zum Beispiel für SGE_4, daß der Ergebnisbeitrag zwischen dem 2,0- und dem 5,0-fachen von 5 %, also zwischen 10 % und 25 % schwanken kann; das entspricht einer Verbesserung von 5 – 20 Prozentpunkten.

Abbildung 8: *Chancen-Verwundbarkeits-Analyse*

Können gleichzeitig die Reaktionsmaßnahmen auf folgende Merkmale überprüft werden:
– Machbarkeit,
– Verhältnis der getroffenen Maßnahmen zum Maßnahmenkatalog einer kompletten, den Anforderungen adäquaten Strategie,
– Einfluß auf den schließlichen Erfolg sowie
– Zeit und Kosten jeweils einer „normalen" Reaktion und eines Krisenmanagements, so kann hieraus eine Vorbereitungsdiagnose erstellt werden, die mit der Chancen-Verwundbarkeits-Analyse verknüpft ein Verwundbarkeitsprofil als Gesamtbild des Unternehmens ergibt (Abbildung 9; vgl. [1]).

Die Rechtecke in Abbildung 9 umschließen eine Region der wahrscheinlichen Wirkung einer Diskontinuität auf die jeweilige strategische Geschäftseinheit. Dabei

Ergebnisbeitragsverbesserung in Prozentpunkten

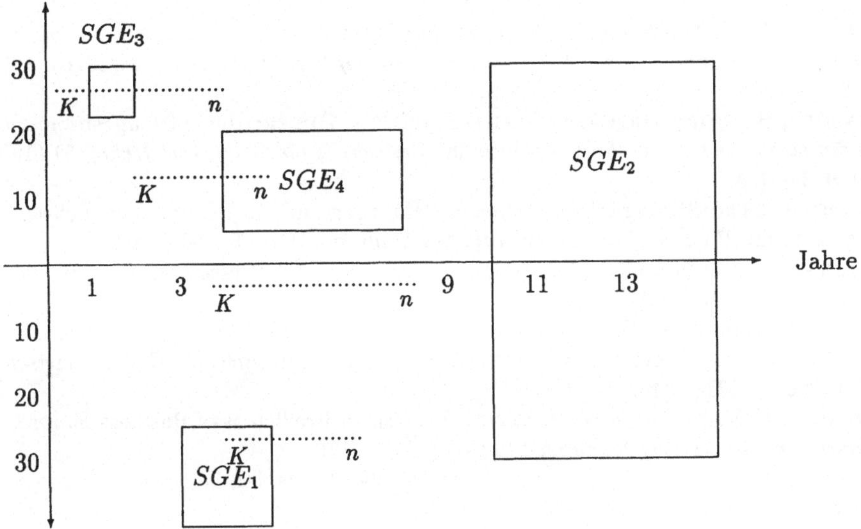

Ergebnisbeitragsverschlechterung in Prozentpunkten

K = Krisenmanagement
n = normale Reaktion

Abbildung 9: *Verwundbarkeitsprofil*

geben die Höhe des Rechtecks die Spanne der möglichen Ergebnisveränderung und die Breite die möglichen Eintrittszeitpunkte der Diskontinuität an. Die gepunkteten Linien zeigen die nötige Zeit für den Abschluß erfolgreicher Reaktionen. Beispielsweise würde eine normale Reaktion für SGE_3 bereits zu spät sein, aber ein Krisenmanagement kann noch zum Erfolg führen.

So ergibt sich etwa folgendes Bild: SGE_1 und SGE_3 gleichen sich gegebenenfalls aus, und SGE_2 ist insofern sicher, als daß eine normale Reaktion noch Zeit genug läßt. Dennoch sollte diese Einheit sorgfältig beobachtet werden, da sie einen hohen Ergebnisbeitrag zum Gesamtergebnis liefert, so daß Diversifikationsmaßnahmen zur Flexibilitätserhaltung angebracht erscheinen.

Literatur

[1] ANSOFF, H. IGOR: Managing Surprise and Discontinuity — Strategic Response to Weak Signals, in: *Zeitschrift für betriebswirtschaftliche Forschung* 28 (1976), 129 – 152.

[2] ANSOFF, H. IGOR; KIRSCH, WERNER; ROVENTA, PETER: Unschärfenpositionierung in der strategischen Portfolio-Analyse, in: *Zeitschrift für Betriebswirtschaft* 51 (1981) 10, 963 – 988.

[3] ARNOLD, ULLI: Strategische Unternehmensführung und das Konzept der „Schwachen Signale", in: *Wirtschaftswissenschaftliches Studium* (1981) 6, 290 – 293.

[4] BATTELLE-INSTITUT (Hrsg.): *Frühwarnsysteme für die strategische Unternehmensführung*, Frankfurt / Main 1980.

[5] BÜHLER, WILHELM: Unternehmenssicherung mittels Problemerkennungssystem — eine Aufgabe moderner Unternehmensführung?, in: *Zeitschrift für Betriebswirtschaft* 55 (1985) 4, 331 – 346.

[6] DEAKIN, EDWARD B.: A Discriminant Analysis of Predictors of Business Failure, in: *Journal of Accounting Research* 10 (1972), 167 – 179.

[7] DREXEL, GERHARD: Ein Frühwarnsystem für die Praxis, in: *Zeitschrift für Betriebswirtschaft* 54 (1984) 1, 89 – 105.

[8] GERNERT, DIETER: Frühwarnung und Krisenbewältigung — Vom passiven zum aktiven Informationssystem, in: *ZfB-Ergänzungsheft* (1979) 2, 147 – 150.

[9] HAHN, DIETGER; KRYSTEK, ULRICH: Betriebliche und überbetriebliche Frühwarnsysteme für die Industrie, in: *Zeitschrift für betriebswirtschaftliche Forschung* 31 (1979), 76 – 88.

[10] HAHN, DIETGER; KRYSTEK, ULRICH: Frühwarnsystem als Instrument der Krisenerkennung, in: STAEHLE, WOLFGANG H.; STOLL, EDGAR: *Betriebswirtschaftslehre und ökonomische Krise*, Wiesbaden 1984.

[11] KIRSCH, WERNER; TRUX, WALTER: Strategische Frühaufklärung und Portfolio-Analyse, in: *ZfB-Ergänzungsheft* (1979) 2, 47 – 69.

[12] KLAUSMANN, WALTER: Betriebliche Frühwarnsysteme im Wandel, in: *Zeitschrift für Organisation* (1983) 1, 39 – 45.

[13] KRYSTEK, ULRICH: *Unternehmungskrisen*, Wiesbaden 1987.

[14] MERTENS, PETER; RACKELMANN, GÜNTER: Konzept eines Frühwarnsystems auf der Basis von Produktlebenszyklen, in: *ZfB-Ergänzungsheft* (1979) 2, 70 – 88.

[15] MÜLLER, GÜNTER; ZEISER, BERND: Zufallsbereiche zur Beurteilung frühaufklärender Signale, in: *Zeitschrift für Betriebswirtschaft* 50 (1980) 6, 605 –619.

[16] MÜLLER-MERBACH, HEINER: Datenursprungsbezogene Alarmsystem, in: *ZfB-Ergänzungsheft* (1979) 2, 151 – 161.

[17] PFOHL, HANS-CHRISTIAN: Strategische Kontrolle, in: HENZLER, HERBERT A. (Hrsg.): *Handbuch Strategische Führung*, Wiesbaden 1988, 801 – 824.

[18] SCHNEIDER, DIETER: Eine Warnung vor Frühwarnsystemen, in: *Der Betrieb* 38 (1985) 29, 1489 – 1494.

[19] TIMMERMANN, ARMIN: Evolution des strategischen Managements, in: HENZLER, HERBERT A. (Hrsg.): *Handbuch Strategische Führung*, Wiesbaden 1988, 85 – 105.

[20] ZILAHI-SZABO, MIKLOS GEZA: Die betriebliche Finanzrechnung als Grundlage für Gefährdung anzeigende Indikatoren, in: *Zeitschrift für Betriebswirtschaft* 55 (1985) 7, 669 – 687.

Strukturierung komplexer Führungsaufgaben und Systemaufbau

von Eberhard Zur

Telefunken Systemtechnik, Ulm

Zusammenfassung

Der Einsatz der Systemtechnik stellt unter den heutigen Bedingungen eines weltweit verschärften Wettbewerbs einen strategischen Vorteil dar. Die Notwendigkeit, Systemlösungen zu erarbeiten, ergibt sich auch aus dem Kundenwunsch, eigene Systeme an andere anbinden zu können. Die Systemerstellung erfolgt üblicherweise in einem Projekt.

Das zentrale Instrument der Strukturierung dieser komplexen Aufgabe ist der Projektstrukturplan, der die Führungsaufgaben der hierarchischen Ebenen mit den einzelnen Führungsinstrumenten organisatorisch verbindet.

Das System des Projektmanagements kann computergestützt erfolgen. Dies wird beispielhaft an einem erprobten System zur Projektabwicklung erläutert.

1   Systemdenken als Wettbewerbsvorteil

Mitentscheidend für den Erfolg deutscher Unternehmen im Ausland ist neben der Qualität und Termintreue die Fähigkeit, Systemlösungen anbieten zu können. Dieses technische Potential sichert nicht nur eine hohe Exportquote, sondern schützt auch den eigenen Markt vor dem Eindringen von Konkurrenten, vorzugsweise aus dem asiatischen Raum. Systemfähigkeit, das heißt der Einsatz der Systemtechnik, ist

ein Wettbewerbsvorteil gegenüber Konkurrenten, die Einzelgeräte zwar billig, nicht
aber als Systeme anbieten.

Das ist die Sicht der Anbieter. Hinzu kommt die Forderung der Nachfrager nach aus-
gereiften Systemlösungen, insbesondere in den High-Tech-Bereichen, beispielsweise
der Telekommunikation oder der Verkehrstechnik. Diese Forderung ergibt sich nicht
allein aus dem verständlichen Wunsch nach einem steigenden Automatisierungs-
grad, für den die Interdependenzen bedienungsarmer Systemmodule geradezu eine
Voraussetzung darstellen, sondern überwiegend aus dem Bemühen, durch eine genaue Definition von Schnittstellen das eigene System an andere Systeme anbinden
zu können und dadurch den Wirkungsgrad des eigenen Systems zu erhöhen. Hinzu
kommt das Streben nach erhöhter Wirtschaftlichkeit im logistischen Bereich. Hier
spielt der Aufbau von Systemen in Modulen eine wichtige Rolle, da durch den Einsatz automatisierter Prüfsysteme die Fehlersuche erleichtert wird. Ebenso wird die
Fehlerbehebung durch den Austausch von kompletten Modulen vereinfacht, deren
Bevorratung problemlos organisiert werden kann. Einen besonderen Stellenwert
beim Einsatz von Systemen hat zweifellos die hohe Flexibilität, die Anpassung an
Kundenwünsche, für die der Einsatz von Software entscheidend ist.

2 System und Aufgabenstrukturierung

Die vorstehenden Erläuterungen zeigen bereits den wesentlichen Inhalt von Systemen: Unter einem System soll die Gesamtheit aller Komponenten verstanden
werden, die funktional und technisch zusammenwirken, um ein definiertes Ziel zu
erreichen. Diese Komponenten umfassen nicht nur Baugruppen, Geräte oder Anlagen, sondern auch DV-Programme (Software), Personal und Logistik im weitesten
Sinne.

Am Anfang jedes Systems steht die Definition seiner Gesamtfunktion, seiner Schnittstellen zur Umwelt und seiner wesentlichen Elemente, seiner Komponenten beziehungsweise Untersysteme. Für die Realisierung dieser in der Regel außerordentlich
komplexen Aufgabe ist eine Organisation (Aufbau- und Ablauforganisation) und
eine eindeutige Strukturierung erforderlich. Die Umsetzung der technischen Problemstellung erfolgt üblicherweise in einem Projekt, so daß in den folgenden Darstellungen der Begriff des „Projekts" im Vordergrund steht, der in diesem Sinne
gleichrangig neben dem Begriff des „Systems" verwendet wird.

Der Einsatz von und die Befassung mit Systemen birgt jedoch auch Gefahren, da die
Realisierungszeit von Systemen größer ist als die nur zur Herstellung von Geräten
benötigte Zeit. Der Zeitfaktor, der sich betriebswirtschaftlich in einer längeren und
auch höheren Kapitalbindung niederschlägt, wird häufig unterschätzt. Es bleiben
nicht nur die selbst hergestellten Erzeugnisse länger in den Vorräten, sondern die
Vorräte steigen zusätzlich durch die Komplettierung mit fremden Erzeugnissen und
darüber hinaus auch durch die Entwicklung nicht unerheblicher Anwendungssoftware. Ein starkes Ansteigen der „Anlagen in Arbeit" ist in der Regel die Folge.
Unternehmen, die die Folgen der längeren und höheren Kapitalbindung in ihren

Kalkulationen nicht hinreichend berücksichtigen, können in wirtschaftliche Schwierigkeiten geraten. Eine weitere Folge dieser Kapitalbindung beim Systemaufbau ist die negative Beeinflussung der Liquidität, die jedoch durch Anzahlungen gemildert werden kann. Anzahlungen sind im Systemgeschäft üblich.

Außer betriebswirtschaftlichen Konsequenzen sind auch im technischen Bereich weitreichende Einflüsse zu bedenken. Das Systemgeschäft erfordert eine andere Qualifikation des einzusetzenden Ingenieurpersonals als das Gerätegeschäft.

Innerhalb des Systemgeschäfts hat der Softwareanteil eine Schlüsselfunktion, denn Geräte und Anlagen erhalten durch Software erweiterte Anwendungen gegenüber der ursprünglichen Konzeption. Der Softwareanteil am Gesamtumsatz von Unternehmen im High-Tech-Bereich steigt seit dem Ende der siebziger Jahre mit jedem Jahr überproportional und liegt heute im Mittel bereits bei etwa 25 % der Entwicklungstätigkeiten.

Die Problematik liegt vorwiegend darin, daß für die Erstellung derartiger Software nicht nur system- beziehungsweise projektbezogenes Hardwarewissen, sondern auch das Wissen um die Erstellung der Algorithmen, über Methoden der Softwareerstellung und deren Prüfung in der Anwendung vorhanden sein muß. Diese Kompetenz bei der Softwareentwicklung bestimmt in hohem Maß die Konkurrenzfähigkeit.

Häufig wird auch der Umfang des einzusetzenden Personals unterschätzt. Eine detaillierte Personalplanung auf der Basis sauberer Strukturpläne, die möglichst bis auf die Arbeitspaket-Ebene aufgeschlüsselt werden, ist für den Erfolg im Systemgeschäft eine Grundvoraussetzung.

Für die Umsetzung des Denkens in Systemen ist eine logische Strukturierung der Aufgaben Voraussetzung. Je komplexer die Einzelaufgaben angelegt sind, desto wichtiger ist die Strukturierung des Ganzen. Die Verknüpfung der Teilaufgaben beziehungsweise die Zerlegung der Aufgaben in einzelne Untermengen erfolgt in einem Strukturplan, der in der Regel unternehmensindividuell standardisiert ist. Ein solcher Strukturplan, der erzeugnis- oder funktionsorientiert aufgebaut sein kann — Mischformen aus beiden Möglichkeiten werden häufig verwendet — stellt eine hierarchische Gliederungssystematik über verschiedene Ebenen dar. In der praktischen Anwendung kommt dem Projektstrukturplan folgende Bedeutung zu:
- Die Entscheidung für einen Projektstrukturplan beinhaltet gleichzeitig den Zwang zur Gliederungssystematik des Projekts.
- Damit wird ein Ordnungsschema geschaffen, das die Teilaufgaben des Projekts eindeutig festlegt und durch ihre logische Verknüpfung die entsprechenden Schnittstellen definiert.
- Jede hinreichend beschriebene Teilaufgabe birgt durch die Angaben zur Durchführung ihre Gewichtung im Rahmen des Projekts.
- Die logische Verknüpfung der Teilaufgaben gibt gleichzeitig die Garantie für die vollständige Erfassung aller für die Durchführung erforderlichen Tätigkeiten.
- Der Projektstrukturplan ist die Grundlage des Führungsinstrumentariums zur Projektabwicklung.

Einen nach diesen Überlegungen aufgebauten Projektstrukturplan, der sich an einem
Beispiel aus der Sendertechnik orientiert, zeigt Abbildung 1.

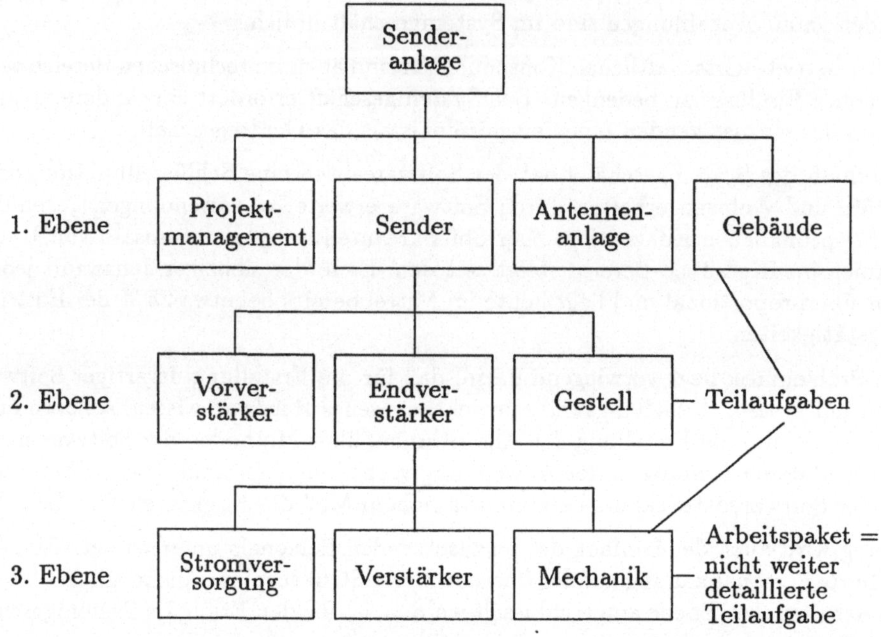

Abbildung 1: *Projektstrukturplan (erzeugnisorientiert)*

Mit der unternehmerischen Notwendigkeit, in Systemen zu denken, ergibt sich gleichermaßen die Schwierigkeit, Formen für die Realisierung von Systemen (Projektabwicklung) zu finden, die eine Harmonisierung mit der normalen Struktur innerhalb eines Industrieunternehmens erlauben. Jedes Industrieunternehmen hat sich
eine Organisationsstruktur für die Abwicklung sich ständig wiederholender Aktivitäten gegeben; ebenso sind die Regeln für die Abläufe derartiger Routinevorgänge
festgelegt: die sogenannte Linie. Hier wird periodenorientiert geplant. Die Arbeit
in Systemen beziehungsweise Projekten erfordert jedoch die Lösung von Fragestellungen, die sich aus dem Projekt ergeben, die aber nicht zu einer Auflösung der
bestehenden und auf Dauer ausgerichteten Strukturen der Linie führen dürfen. Es
müssen Wege zur Auflösung dieses Spannungsfeldes zwischen Projekt und Linie gefunden werden: Projektbezogene und periodenbezogene Daten müssen harmonisiert
werden.

Von besonderer Bedeutung ist in diesem Zusammenhang die Verknüpfung der wirtschaftlichen Daten der Vorhaben. Die periodenbezogenen Anforderungen eines nach
den herkömmlichen Regeln der Betriebswirtschaftslehre organisierten Rechnungswe-

sens müssen auch von der projektbezogenen Abwicklung der Aufgaben innerhalb
dieses Systems erfüllt werden. Es muß sichergestellt werden, daß die Daten des
Projekts jeweils in eine bestehende Kosten- und Leistungsrechnung beziehungsweise
Finanzbuchhaltung eingebettet sind und damit die Aussagefähigkeit des bestehenden Rechnungswesens nicht berührt wird.

3 Führungsaufgaben im Unternehmen

3.1 Projekt versus Linie

Zur Auflösung des bereits erwähnten Spannungsfeldes „Projekt versus Periode" wird
in der Regel das Instrument der Matrixorganisation verwendet. Charakteristisch für
diese Organisationsform ist das gewollte Ergebnis, daß es Schnittpunkte zwischen
einem projektbezogenen und einem funktionsbezogenen Entscheidungssystem gibt.
Zur Vermeidung des Nachteils, daß es in den jeweiligen Schnittpunkten zu einem
Weisungskonflikt kommen kann, ist eine genaue Kompetenz- und damit Verantwor-
tungsabgrenzung erforderlich. Diese Aussage gilt für alle Komponenten des Betrach-
tungsgegenstandes. So ergeben sich aus der allgemeinen Betriebswirtschaftslehre für
die Linie Regeln zur
- Aufbauorganisation,
- Kostenträgerstruktur,
- Kostenstellenstruktur,
- Kostenartenstruktur und
- Ablauforganisation,
die auch berechtigte Forderungen aus dem Projektgeschäft erfüllen müssen:
- Terminplanung des Projekts,
- Projektorganisation,
- Funktionsstruktur,
- Projektstrukturplan mit Erzeugnissen und
- kundenseitige Vertrags- und Phasenstruktur.

Das Zusammenführen dieser Strukturbereiche als Matrix in Abbildung 2 zeigt die
hohe Komplexität der Problematik und das latente Konfliktpotential.

Zur Auflösung des Spannungsfeldes und damit zur Vermeidung von Konflikten wurde
in einem Unternehmen der Luft- und Raumfahrtindustrie ein Führungsinstrumentarium entwickelt, dessen Anwendung nach bestimmten Regeln zwingend vorgeschrie-
ben ist.

Grundvoraussetzung für den erfolgreichen Einsatz dieser Führungsinstrumente ist
die eindeutige Zuweisung der Führungsaufgaben im Unternehmen. Danach hat die
Linie die Absicherung des langfristigen Unternehmenserfolges als Zielsetzung. Ihre
Führungsaufgaben bestehen im wesentlichen in der
- Führung der Aufbauorganisation,
- Festlegung der Ablauforganisation und
- Bereitstellung der erforderlichen Kapazitäten.

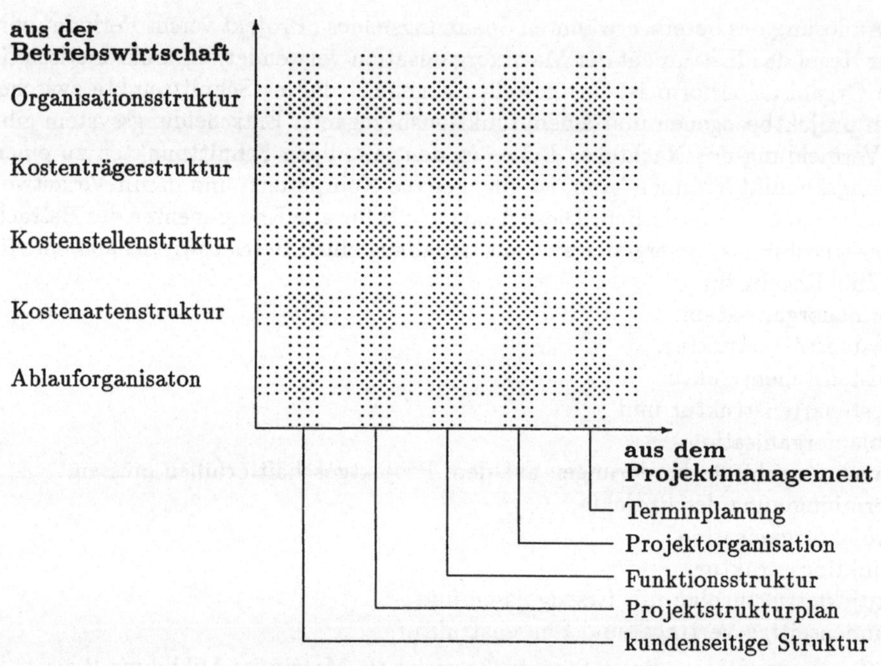

Abbildung 2: *Strukturbereiche*

Hierzu muß die Linie über die notwendige Qualifikation verfügen, ein wirkungsvolles Synergiemanagement betreiben können und über ein Technologiemanagement für die Ressourcenbereitstellung Sorge tragen. Ein wesentliches Element der Führungsaufgaben der Linie besteht in der Erarbeitung von Strategien (strategische Ausrichtungen sichern die Zukunft), so daß damit das Grundziel der Sicherung des Unternehmens in der Zeit und auf Dauer erreicht wird.

Jedoch stellen sich die Ziele des Projekts anders dar. Die Erwirtschaftung eines angemessenen, vorher festgelegten Ergebnisses prägt das Denken im Projektmanagement und ist das Ziel des Projekts. Hierzu muß der Liefer- und Leistungsgegenstand genau beschrieben sein. In der Regel ergibt sich der Projektgegenstand eindeutig aus dem Vertrag mit dem Kunden. Selbstredend muß sich das Projektmanagement, das zwischen dem Kunden und der Linienorganisation steht, ausgewogen für die Kundenbeziehungsweise Marktinteressen einsetzen. Für die erfolgreiche Durchführung dieser Führungsaufgaben ist ein strenges Terminmanagement und gleichermaßen ein präzises Kostenmanagement erforderlich.

Kurz gesagt besteht die Führungsaufgabe der Linie in dem Denken an die Zukunft und die des Projekts in der Bewältigung des Heute (Abbildung 3).

Zur Verdeutlichung der vorstehenden Ausführungen sollen die Abbildungen 4 und 5 beitragen: Während in Abbildung 4 die Vorhabensdurchführung, ihre Überwachung und Steuerung in einer Matrixorganisation dargestellt wird, erfolgt in Abbildung 5 die Umsetzung der Fragestellungen aus der allgemeinen Betriebswirtschaft und den allgemeinen Anforderungen des Projektmanagements in der Form einer Matrixberichterstattung. Die Berichterstattung ist Bestandteil des Führungsinstrumentariums und spiegelt die Matrixorganisation wider.

3.2 Führungsinstrumente

Als Ergebnis verschiedenster Workshops wurden die nachfolgend beschriebenen Instrumente erarbeitet. Als Aufgabe wurde von der Unternehmensleitung die Erarbeitung von Regeln gestellt, die
– die Arbeitsteilung und
– die Delegation von Verantwortung und Kompetenz in Projekten
zum Inhalt haben sowie
– die Selbständigkeit,
– das Verantwortungsbewußtsein und
– die Kreativität der Mitarbeiter
erhöhen sollen.

Auf der Grundlage eines kooperativen Führungsstils werden Verantwortung und Kompetenz festgelegt.

Linie:

Ziel:	Sicherung des Unternehmens	
Führungs- aufgaben:	Aufbauorganisation führen Ablauforganisation festlegen Kapazitäten bereitstellen	*wer*
	Qualifikationen Synergiemanagement Technologiemanagement	*wie*
	Strategie erarbeiten ⋮ ↓ an die **Zukunft** denken	

Projekte:

Ziel:	Erwirtschaftung eines angemessenen Ergebnisses	
Führungs- aufgaben:	sich für Kunden- / Marktinteressen einsetzen Liefer- und Leistungsgegenstände definieren	*was*
	Terminmanagement Kostenmanagement	*wann*
	Steuerung Projektorganisation führen ⋮ ↓ das **Heute** bewältigen	

Abbildung 3: *Führungsaufgaben im Unternehmen*

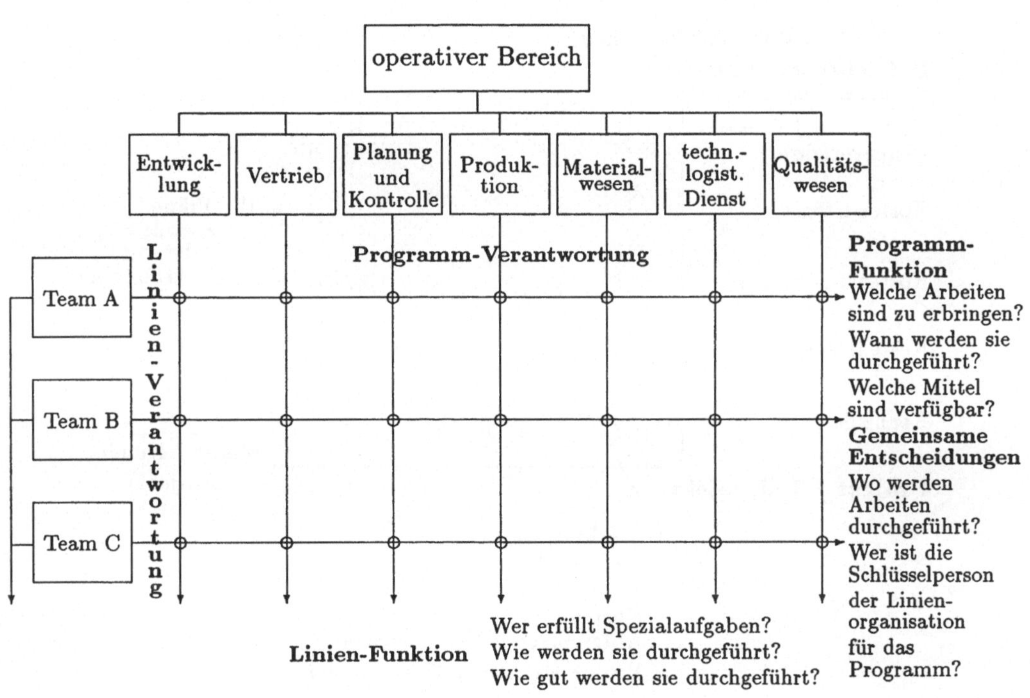

Abbildung 4: *Führungsinstrumentarium*

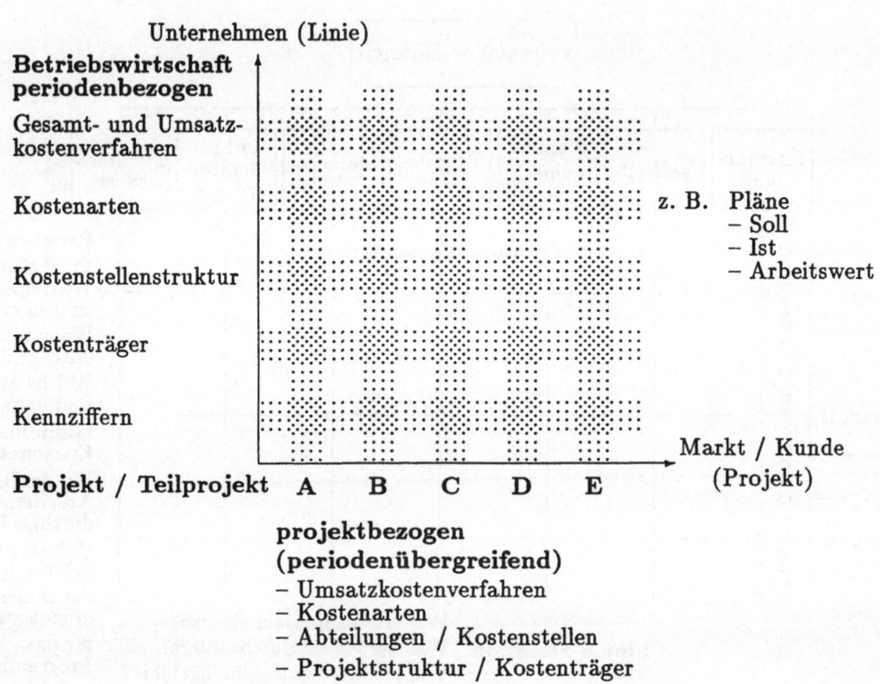

Abbildung 5: *Matrixberichterstattung*

Nun soll näher dargestellt werden, wie Verantwortung, Kompetenz, Management-Reserve, Personalentwicklung, Berichtswesen und DV-Einsatz gestaltet worden sind:

Verantwortung:

Jedes Projekt hat einen Leiter, der eindeutig einem Mitglied der Linienorganisation unterstellt ist. Dieser Projektleiter ist für die unternehmerische Durchführung des Projekts verantwortlich. Vereinbarungen über den technischen Umfang sowie den Zeit- und Kostenrahmen sind bindend.

Jeder Projektleiter ist der Vorgesetzte eines Projektteams (kaufmännische Arbeiten, Technik, Vertrieb), das die entsprechenden fachlichen Beiträge leistet.

Jeder am Projekt Beteiligte kennt seine Aufgabe, die ihm schriftlich genannt wird. Zur Vermeidung von Konflikten und zur Erhöhung des Wirkungsgrades haben der Projektleiter und die Teammitglieder ihre jeweiligen Linienvorgesetzten über den Verlauf der ihnen übertragenen Aufgaben vollständig und laufend zu unterrichten.

Im Falle unterschiedlicher Auffassung zwischen dem Projektleiter und einem Mitglied des Projektteams beziehungsweise dessen Linienvorgesetzten ist die Weisung des Projektleiters maßgebend, die dieser auch zu verantworten hat.

Kompetenz:

Der Umfang der Kompetenz ist eine direkte Funktion der Verantwortung. Jedes Mitglied der Projektorganisation muß mit der Kompetenz ausgestattet werden, die es ihm erlaubt, die ihm übertragene Verantwortung wahrzunehmen.

Der Linienvorgesetzte des Projektleiters stellt sicher, daß der Projektleiter eine der Bedeutung des Projekts angemessene externe und interne Projektvollmacht mit dem Delegationsrecht entsprechender Teilvollmachten erhält. Diese Projektvollmacht ist mehr als eine Unterschriftsvollmacht. Sie gibt dem Projektleiter einen angemessenen Verfügungsrahmen über Finanzmittel sowie Handlungsspielräume für Vertriebsaufgaben und Sachentscheidungen. Zielvereinbarungen sind zwischen dem Projektleiter und seinem Vorgesetzten wie auch zwischen den Projektverantwortlichen und deren Vorgesetzten zu verhandeln, in einem Akzeptanzgespräch zu vereinbaren und zu dokumentieren.

Der Projektleiter hat sowohl ein Vortragsrecht als auch eine Vortragspflicht bei der Leitung der operativen Einheiten. Gegenüber der Geschäftsbereichsleitung und der Leitung der operativen Einheiten hat der Projektleiter einen Informationsanspruch auf alle für sein Projekt relevanten Tatbestände.

Zur Kompetenzabgrenzung zwischen Projekt und Linie gelten die Grundsätze:
- Das Projekt hat die höhere Kompetenz bei Planung, Steuerung und Kontrolle bezüglich Leistung, Termin und Kosten („was und wann").
- Die Linie hat die höhere Kompetenz bei der Realisierung und fachlichen Durchführung des Projekts („wer und wie").

Für den Durchführungszeitraum hat der Projektleiter gegenüber den Mitgliedern seines Teams ein projektgebundenes Weisungsrecht.

Management-Reserve:

Entsprechend der Zielsetzung, die Motivation zur Mitarbeit innerhalb der Projekte zu fördern und zu erhöhen, müssen den Beteiligten auch über finanzielle Belange des Projekts Handlungs- und damit Entscheidungsspielräume eingeräumt werden. Im Rahmen der für die Gesamtorganisation geltenden Regeln erhält das Projektmanagement die Verfügungsgewalt über genau umrissene Sicherheiten, die nach betriebsindividuellen Strukturierungsregeln ermittelt und von der Linienverantwortung genehmigt wurden.

Diese Sicherheiten dienen also
- der Wahrnehmung von Chancen und der Sicherung des Projekterfolgs zugunsten des Unternehmens und der Mitarbeiter,
- der Aktivierung qualitativer Managementressourcen und
- der Risikoabdeckung.

Zur praktischen Umsetzung bedarf es folgender Voraussetzungen:
- Für das Projekt müssen die insgesamt zur Verfügung gestellten Mittel für die Laufzeit des Projekts eindeutig festgelegt sein.
- Innerhalb des Projekts muß es festgelegte Budgets geben.
- Die Regeln zur Verfügung müssen dem Projektleiter vorliegen.
- Es muß die Möglichkeit von „Incentives" gegeben sein.

Die Möglichkeit, finanzielle Anreize für die am Projekt Beteiligten zu schaffen, ist ein außerordentlich sensibles Instrument und bedarf im Einzelfall der sorgfältigen Prüfung und des Abwägens. Einerseits schafft dieses Instrument zweifellos Motivation zur erhöhten Leistung, andererseits verletzt es häufig den Gerechtigkeitssinn anderer, nicht unmittelbar im Projekt arbeitender Mitarbeiter, die möglicherweise nicht in den Genuß eines „Incentives" gelangen, aber auch positive Beiträge zum Gelingen des Projekts geleistet haben.

Zum anderen muß das Arbeitsrecht und das Betriebsverfassungsrecht hinreichend beachtet werden. Die Nähe zur Gehaltsgestaltung außerhalb der übergeordneten Tarifpolitik ist leicht zu erkennen. Insgesamt gesehen muß diesem Instrument der „Incentives" jedoch eine erhebliche, positive Wirkung zugesprochen werden.

Personalentwicklung:

Ziel ist es, die Projektmitarbeiter zu unternehmerischem Denken und kooperativem Handeln hinzuführen.

Führungsreserven sind aus dem Unternehmen heraus zu aktivieren, wobei auf die Förderung des Nachwuchses besonderer Wert zu legen ist. In Zusammenarbeit mit der Personalabteilung hat die Linie eine Führungskräfteplanung durchzuführen.

Der Aufbau der Mitarbeiter muß systematisch innerhalb der Projektorganisation erfolgen, das heißt, ein Projektleiter sollte im Laufe mehrerer Projekte „von unten nach oben" wachsen.

Dieses Vorgehen sichert auch guten Nachwuchs für das Linienmanagement. Durch die Möglichkeit, in die Linie hineinzuwachsen und dort Führungsaufgaben wahrzunehmen, wird die Projektfunktion attraktiver. Nach Abschluß eines Projekts kehren die aus der Linie in das Projekt delegierten Mitarbeiter in die delegierende Abteilung zurück.

Die projektführende Abteilung hat Eingliederungsprobleme in die Linienorganisation nach Projektabschluß frühzeitig zu erkennen und auszuräumen.

Während der Projektlaufzeit hat der jeweilige Linienvorgesetzte mit seinen Mitarbeitern regelmäßig Personalführungsgespräche mit Durchsprache von Perspektiven für die persönliche Weiterentwicklung durchzuführen. Wird ein Mitarbeiter für die weitere Entwicklung zum Projektverantwortlichen ausgewählt, ist eine zielgerechte Weiterbildung zu veranlassen, die mindestens die folgenden Themen umfassen muß:
- Organisation,
- Personalführung und
- Managementtechniken.

Abhängig von speziellen betrieblichen Belangen ist dieser Katalog um Wissensgebiete zu erweitern, die zusätzliches Fachwissen vermitteln.

Projektbezogenes Berichtswesen:

Der Erfolg eines Projekts ist auch eine Funktion der Information. Deshalb ist be der Einrichtung einer Projektberichterstattung darauf zu achten, daß alle für die Steuerung des Projekts wesentlichen Informationen verfügbar sind.

Einzelheiten eines projektbezogenen Berichtswesens richten sich stark nach betriebsindividuellen Belangen, so daß an dieser Stelle weitere Erläuterungen nicht gegeben werden.

Wichtig für die Gestaltung eines Berichtswesens aber ist:
- Die Berichterstattung muß Teil des Planungsprozesses der operativen Einheiten sowie des periodischen Berichtswesens sein. Das heißt auch, daß den Projektleitern die für sie relevanten Plandaten zur Verfügung gestellt werden müssen.
- Für die Wirtschaftlichkeit und Informationsverläßlichkeit ist ein hierarchisch abgesicherter Zugriff auf Daten unabdingbar. Es muß zwischen Linie und Projekt das klare Verständnis vorliegen, daß nur der unmittelbare Vorgesetzte Zugriff auf die Daten der ihm unterstellten Einheiten hat. Das bedeutet für die Linienführung eine selbstauferlegte Beschränkung. Nur so kann verhindert werden, daß Daten zu früh gefiltert werden oder eine Neben-Berichterstattung entsteht.

DV-Einsatz:

Komplexe Systeme im High-Tech-Bereich können ohne DV-Unterstützung nicht abgewickelt werden. Das Projektmanagement bedient sich der DV als Dienstleistung und Arbeitsmittel in gleicher Weise wie alle übrigen mit Aufgaben der Planung, Entwicklung, Produktion und Verwaltung beschäftigten Abteilungen des High-Tech-Unternehmens. Die DV-Dienstleistung wird dabei entweder durch ein gemeinsames, allen beteiligten Abteilungen in gleicher Weise zugängliches Rechenzentrum erbracht oder durch mehrere Rechenzentren, die für einen ungehinderten

Datenaustausch miteinander vernetzt sind. Es ist daher im Normalfall Aufgabe eines zentralen Rechenzentrums, dem Projektmanagement alle zum DV-Einsatz in seinem Verantwortungsbereich benötigten Hilfsmittel zur Verfügung zu stellen und deren einwandfreie Funktion jederzeit zu garantieren.

Diese Hilfsmittel sind

- Rechenanlagen,
- periphere Datenspeicher (Plattenspeicher, Archivspeicher),
- Peripherie-Geräte (Datenterminals, Drucker, Plotter),
- Datenbanken,
- allgemeine und spezielle Anwendersoftware (siehe unten),
- rechnergesteuerte Kommunikationseinrichtungen zum Datenaustausch mit anderen DV-Einrichtungen (zum Beispiel mit Rechenzentren von Kunden oder mit räumlich entfernten Produktionspartnern).

Die DV-Unterstützung des Projektmanagements besteht in dem Einsatz moderner Anwendersoftware für mindestens folgende Aufgabenbereiche:

- Kosten-Informationssystem (zur Durchführung eines Soll / Ist-Vergleiches in mindestens monatlichem Abstand),
- Terminverfolgung,
- Materialwirtschaftssysteme,
- Obligo-Verfolgung und
- Personaleinsatzplanung.

Der DV-Einsatz im Projektmanagement kann bei Anwendung moderner DV-Konzepte und -Einrichtungen heute vorwiegend dialogorientiert abgewickelt werden: die Anwender können ihre Daten an Bildschirmgeräten selbst eingeben, Verarbeitungsabläufe selbst veranlassen und Ergebnisse unmittelbar auswerten. Darüber hinaus wird man für größere Einzelaufgaben (zum Beispiel Plotten von Netzplänen) die klassische Betriebsweise der DV in Form der Vergabe von Stapelverarbeitungsaufträgen (Batch-Jobs) weiterhin benutzen. Für kleinere Projekte kommt grundsätzlich auch der Einsatz eines Personalcomputers in Frage beziehungsweise der Einsatz von mehreren, miteinander über ein Netz gekoppelten PCs.

Diese Möglichkeit bietet sich insofern an, als heute für das Projektmanagement eine Fülle von geeigneten, anwenderfreundlichen und gut dokumentierten PC-Programmen am Markt erhältlich sind. Die Erfahrung zeigt jedoch, daß die in einem High-Tech-Unternehmen üblichen Projektgrößen schnell den Rahmen und die DV-Kapazität des PC-Bereichs sprengen, so daß im Normalfall für das Projektmanagement stets die Kapazitäten und Betriebsmittel eines üblichen mittleren Rechenzentrums für kommerzielle und operationelle Aufgaben benötigt werden.

Hierzu ein Beispiel:
Die für den Betrieb des später beschriebenen Systems PROKIS (siehe Kapitel 5) eingesetzte Rechenanlage verfügt über folgende Betriebsmittel:

- Zentralprozessor mit einer Verarbeitungsleistung von ca. 4 MIPS (Millionen Instruktionen pro Sekunde),
- Hauptspeicher mit einer Kapazität von 24 Megabyte,

– sechs Plattenspeicher-Einheiten mit einer Gesamtkapazität von 15 Gigabyte,
– zwei zentrale und ca. 25 dezentrale Drucker,
– Plotter für Formate bis DIN A1 und
– ca. 50 angeschlossene Sichtgeräte und PCs.

Mit dieser Kapazität können im Mittel etwa 50 Projekte bearbeitet werden; die Anzahl der damit beschäftigten und auf der Anlage tätigen Personen ist 130.

Betrachtet man abschließend den für die Aufgaben des Projektmanagements erforderlichen DV-Aufwand, so kommt man zu folgendem grundsätzlichen Ergebnis:

In Einzelfällen könnte der Einsatz von PCs und dafür am Markt erhältlicher Programme für das Management eines kleineren Projekts durchaus genügen, zumal ihre Leistungsfähigkeit in den letzten Jahren stets gesteigert wurde. Im High-Tech-Unternehmen wird die Vielzahl der gleichzeitig abgewickelten Projekte, insbesondere aber die Durchführung von Großprojekten, die Verfügbarkeit eines mittleren oder großen Rechenzentrums erfordern, das entsprechend den Erfordernissen der kommerziellen und operationellen DV ausgestattet ist und mit dessen Unterstützung das Projektmanagement laufend aktualisierte Softwaresysteme für seinen Aufgabenbereich einsetzen kann.

Darüber hinaus hängt der Erfolg eines Projekts nicht nur von der Zurverfügungstellung von DV-Kapazität ab, sondern auch ganz wesentlich von der Bereitschaft der am Projekt Beteiligten, diese Instrumente einzusetzen und zu nutzen. Häufig genug bedarf es eines großen zeitlichen Aufwands, um diese Selbstverständlichkeit zu realisieren.

4 Projektabwicklung

Um die vorstehenden Ziele zu erreichen, müssen einige Voraussetzungen erfüllt sein:
– Die Projektaufgabe muß eindeutig definiert sein.
– Es muß eine klare Führungsstruktur vorliegen.
– Die Verknüpfung von Linieninteressen und Projektaufgaben erfolgt über eine Matrixorganisation.
– Die Projektstruktur muß festgeschrieben werden.
– Es muß eine DV-Unterstützung vorliegen.

Hier nun soll die Verknüpfung der Kosten- und Leistungsrechnung an einem praktischen Beispiel dargestellt werden.

Einleitend sei bemerkt, daß herkömmliche Projektmanagementsysteme nur eine hierarchische Struktur voraussetzen. Ihr Erfolg wird dadurch bestimmt, wie gut, klar und eindeutig die Projektorganisation ist. Entscheidend ist also die Schaffung eindeutiger, unternehmerischer Verantwortung. Welches Projektmanagement zur Anwendung kommt, richtet sich nach den jeweiligen betrieblichen Anforderungen.

In einem Unternehmen der Aerospace Industrie wurde auf der Grundlage von in den USA erprobten Verfahren ein eigenes Kalkulations- und Kosten-Informationssystem (KALKIS) über einen Zeitraum von nahezu fünf Jahren entwickelt und eingeführt.

Die DV-Unterstützung, die durch KALKIS ermöglicht wird, bewirkt eine höhere Transparenz bei der Projektabwicklung, macht frühzeitig Erkenntnisse zur Wirtschaftlichkeit ableitbar und führt damit zu qualifizierten Aussagen zur jeweiligen Ergebnissituation des Projekts.

Konkret soll KALKIS die Doppelaufgabe,
- Kalkulationen durchzuführen und
- Projektkosten zu analysieren und zu kontrollieren,
erfüllen.

Als Folge ergibt sich die dritte Aufgabe, mit den ermittelten Größen als Steuerungsinstrument für die Unternehmensführung zu dienen. Diese drei Aufgaben sind nur zu erreichen, wenn eine weitgehende Dialogisierung der Funktionen möglich ist und wenn „workstations" oder PCs am Arbeitsplatz zur Verfügung stehen. Soweit möglich, wird Standardsoftware verwendet, oder es kommt bereits vorhandene Anwendersoftware zum Einsatz. Die Bausteine dieses Systems sind in Abbildung 6 dargestellt.

Dabei gehen bei KALKIS die Grunddaten aus den Teilsystemen
- Produktkalkulation (PROKAL),
- PRICE und
- Planung (PROPLA)
in die drei Komplexe der Projektdurchführung ein:
- Angebote (PROAN),
- Abwicklung (PROKIS) und
- Abschluß (PROAB).

Flankierend zu diesen sechs Teilsystemen werden Informationssysteme geschaffen für
- die Projekte selbst und
- die operativen Stellen.

Eine weitere Voraussetzung ist die Einbringung bereits vorhandener Daten aus bestehenden DV-Systemen, die mit KALKIS zusammenwirken (zum Beispiel Ist-Daten aus der Kosten- und Leistungsabrechnung).

Wir werfen nun einen Blick auf die Teilsysteme PROAN und PROKIS zur Angebotserstellung beziehungsweise zur Abwicklung:

Das Teilsystem PROAN (Projektangebote) stellt Hilfsmittel zur DV-gestützten Angebotsbearbeitung zur Verfügung. Beginnend mit der Registrierung der Kundenanfrage werden wesentliche Arbeiten DV-gestützt erstellt und die relevanten Daten bis zur Abgabe des Angebots gespeichert.

Dabei muß der Begriff des Arbeitswertes genauer betrachtet werden.

Schwerpunkte in diesem Teilsystem sind
- ein Schätzmodul zur standardisierten Erfassung der Schätzungen für Menge und Kosten,
- ein Kalkulationsmodul zur Ermittlung des Verkaufspreises und

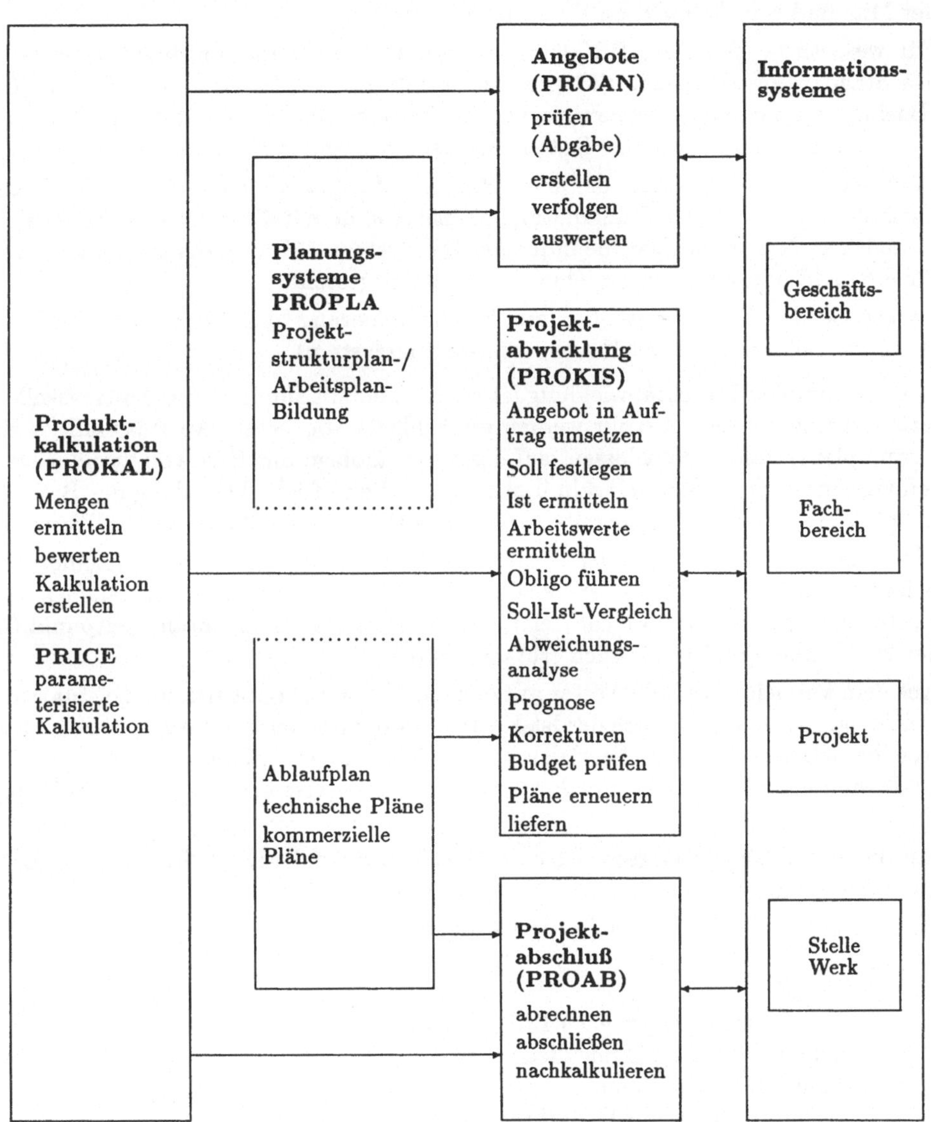

Abbildung 6: *Kalkulations- und Kosteninformationssystem*

– ein Textsystem, das die Einfügung von Bausteintexten in den technischen und kommerziellen Teil des Angebots ermöglicht.

Der Kalkulationsmodul ist auch für die Ermittlung des Verkaufspreises im Rahmen der Mit- und Nachkalkulation für Aufträge einsetzbar.

Für wesentliche Teile von PROKIS, insbesondere die Steuerungsfunktionen, wird das Standardsoftwarepaket EIS (Executive Information Services) der Firma BCS (Boeing Computer Services) eingesetzt. Im Rahmen dieser Aktivitäten gelangt von gleicher Firma das relationale Datenbanksystem RIM zur Anwendung.

Eine Reihe von Aktivitäten, die einen Projektauftrag abschließen — von der Rechnungsstellung bis zur Nachkalkulation, realisiert in dem Teilsystem PROAB — sind in dem zur Zeit im Aufbau befindlichen DV-System AVUS enthalten und werden für KALKIS übernommen beziehungsweise bereitgestellt.

Kernstück des Systems ist für die Projektsteuerung das Teilsystem PROKIS (Projekt-Kalkulations- und Kosten-Informationssystem).

In dem Komplex Projektabwicklung ist unter anderem zunächst die Auftragskalkulation durchzuführen. Aus ihr werden die Budgets abgeleitet. An PROKIS ist ein Terminplansystem angeschlossen, auf dessen Grundlage mit Hilfe von Standardverteilungskurven (falls nicht einzeln bestimmbar) die zeitliche Verteilung des Budgets in Soll-Werte erfolgt. Über bereits vorhandene DV-Systeme fließen die Ist-Werte zu.

Einen neuen Aspekt nimmt der künftig jeweils je Arbeitspaket zu ermittelnde Arbeitswert ein. Er stellt als Ist-Leistung das Äquivalent zu den angefallenen Ist-Kosten dar und sagt aus, welche Leistung zum jeweiligen Betrachtungszeitpunkt (in der Regel monatlich) tatsächlich erbracht wurde.

Aus dem Vergleich des Soll-Wertes mit dem Arbeitswert ergibt sich die Leistungsabweichung. Aus dem Vergleich der Ist-Kosten mit dem Arbeitswert ergibt sich die Kostenabweichung. Aus dem Vergleich von Budget und Ist-Leistung beziehungsweise Ist-Kosten ergeben sich die Restleistung beziehungsweise das Restgeld (Abbildung 7).

Mit diesen Indikationen lassen sich eine Abweichungsanalyse und eine Prognoserechnung durchführen.

Das Teilsystem PROKIS verfolgt drei Aufgaben:

1. Projektplanung:

    – Projektstrukturplan nach Erzeugnissen
    – Arbeitspakete als Bindeglied zwischen Projekt und Linie
    – Aufgabenbeschreibung
    – Terminplanung und Fortschrittsmessung

2. Kosten- / Kapazitätsplan und Kalkulation:

    – Ganzheitliche Kostenplanung auf der Basis von
      · Kapazitäts- und Kostenschätzungen sowie
      · zeitlichen Verteilungen

– Kalkulationen (ex- und intern)
– Budgetvorgaben
– Auswertungen als sogenannte Planvergleiche

3. Projektsteuerung:

– Zuführen von Ist-Kosten
– Berechnen des Arbeitswertes auf der Basis des Arbeitsfortschritts
– Auswertungen in Form von
  · Prognosen für Kosten, Termine und Verläufe,
  · Abweichungen (absolut und relativ) sowie
  · Darstellungen als Tabellen, Kurven oder Graphiken.

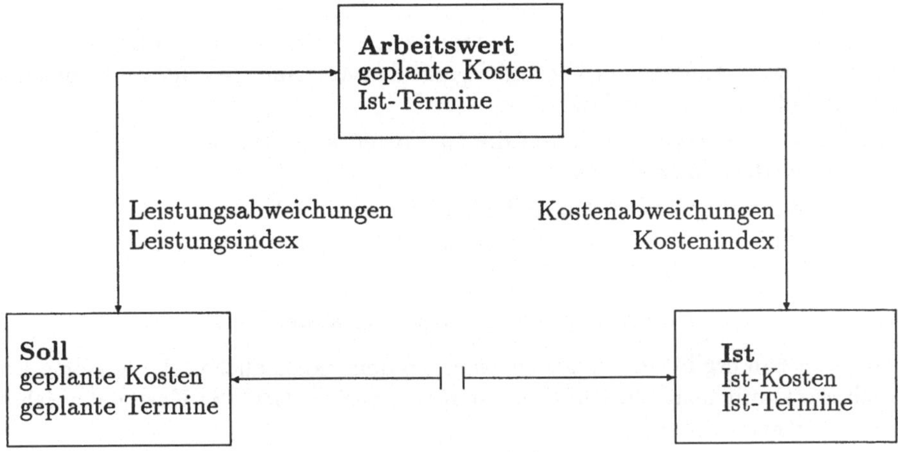

Abbildung 7: *Kosten- / Leistungsabweichung*

Innerhalb des vorgestellten Projektmanagementsystems kommt dem Begriff des Arbeitswertes eine besondere Bedeutung zu. Mit seiner Hilfe wird es möglich, den jeweiligen Leistungsfortschritt in eine Relation zu den erwarteten Kosten zu bringen. Über die Hilfskonstruktion des Arbeitswertes können damit Abweichungen in den Kosten und der Dauer des Projekts frühzeitiger als bisher erkannt werden.

Der Arbeitswert stellt das Maß des erreichten Arbeitsfortschritts in einem Arbeitspaket und die Meßlatte für die Beurteilung der angefallenen Ist-Kosten dar. Anders ausgedrückt ist der Arbeitswert eine in Geldeinheiten ausgedrückte Größe, die auf der Basis von erbrachten Leistungen unter Zuhilfenahme von Ist-Terminen oder realisierten Stückzahlen den tatsächlichen Arbeitsfortschritt für ein Arbeitspaket zu einem bestimmten Stichtag in einem Projekt anzeigt. Die Summe aller Arbeitswerte ergibt eine Aussage über den Realisationsgrad des gesamten Projekts.

Um den Arbeitswert ermitteln zu können, müssen bestimmte Informationen zum Projektstart geplant werden.

Dies sind:
- Aufgabe des Arbeitspakets (Aufgabenbeschreibung und abzulieferndes Ergebnis),
- Festlegung des Budgets und dessen Aufgliederung nach Ressourcen (auch Kostenarten wie Personal, Material, Maschinen etc.),
- Bearbeitungszeit durch Angabe des Beginns und der Dauer),
- zeitliche Verteilung der Kostenarten in einem Monatsraster,
- beauftragte Organisationseinheit und Nennung des Arbeitspaket-Verantwortlichen,
- Festlegung der Arbeitswert-Methode,
- Meldung der Ist-Ergebnisse (Termine oder Stückzahlen).

Damit existiert ein in detaillierter Form geplanter Arbeitsfortschritt.

Durch die Einbringung des tatsächlichen Ist-Fortschritts mit Hilfe weniger Informationen, die sich je nach gewählter Arbeitswertmethode auf Termine oder Stückzahlen beziehen, wird ein neuerlicher Arbeitsfortschritt auf der Basis der abgearbeiteten oder begonnenen Aufgaben in Verbindung mit dem vorhandenen Budget beziehungsweise den Soll-Kosten generiert.

Hinzu kommen als getrennte Daten die Ist-Kosten aus der Kosten- und Leistungsrechnung des Rechnungswesens.

Somit ergibt sich eine Vergleichsmöglichkeit, die im einen Fall den geplanten Arbeitsfortschritt (Soll) mit dem tatsächlichen Arbeitsfortschritt (Arbeitswert) vergleicht. Aus der Differenz ergibt sich die Leistungsabweichung:

$$(1) \qquad \text{Arbeitswert} - \text{Soll} = \text{Leistungsabweichung}$$

Im anderen Fall ergibt der Vergleich zwischen dem tatsächlichen Arbeitsfortschritt (Arbeitswert) mit dem tatsächlichen Ist-Kostenverlauf (Ist) die Kostenabweichung als entsprechende Differenz:

$$(2) \qquad \text{Arbeitswert} - \text{Ist} = \text{Kostenabweichung}$$

Die Zusammenhänge der Begriffe zeigt die Abbildung 7.

Herkömmliche Soll / Ist-Vergleiche sind lediglich eine geldliche Gegenüberstellung, die in einer Projektumgebung nicht beziehungsweise nur bedingt anzuwenden ist. Sie verfälscht die Qualität der Aussagen im Hinblick auf eine mögliche Frühwarnung und deren Umsetzung in die Projektsteuerung. Dies führt in den meisten Fällen zu verspäteten Informationen, die nicht genügend Zeit für eine ausreichende Reaktion lassen.

Die folgende Abbildung 8 erläutert dies plastisch:
- Am Stichtag liegen die Ist-Kosten unter den Soll-Kosten und signalisieren scheinbare Konformität mit dem vorgegebenen Projektverlauf.
- Durch die Einführung des Arbeitswerts zeigt sich, daß sich am Stichtag eine Leistungsabweichung ergibt, die am Projektende zu einem Zeitverzug und einer Kostenüberschreitung führen wird.

Das vorstehend beschriebene System ist in dem erwähnten Unternehmen bei verschiedenen operativen Einheiten erprobt worden und wird jetzt allgemein eingeführt.

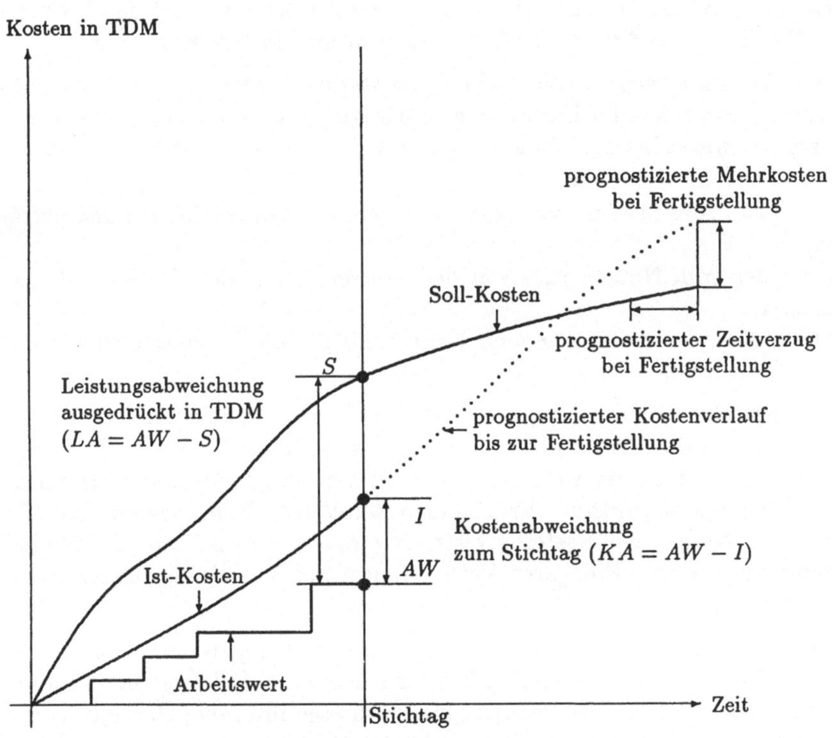

S	=	Soll (Soll-Kosten der geplanten Arbeiten)
AW	=	Arbeitswert (Soll-Kosten der erledigten Arbeiten)
I	=	Ist (Ist-Kosten der erledigten Arbeiten)
LA	=	Leistungsabweichung
KA	=	Kostenabweichung

Abbildung 8: *Arbeitswertdarstellung*

5 Einführung des Projektmanagementsystems

Wichtig für den Erfolg eines derartigen Projektmanagementsystems ist die Akzeptanz des Instruments durch die Anwender und die Förderung durch die Führung des Unternehmens. Es ist empfehlenswert, bereits in der Entstehungsphase durch Einbeziehung und Mitarbeit der späteren Anwender das begründete Gefühl zu erzeugen, daß das Instrument „in der Praxis" entsteht und nicht „am grünen Tisch" entwickelt wird. Wichtig ist die Überzeugung der Mitarbeiter, daß das Instrument eine Hilfe für die eigene Arbeit darstellt und nicht eine lästige Kontrolle.

Wenn die Entwicklung eines Projektmanagementsystems abgeschlossen ist, muß ein Vermittlungskonzept für die Einführung erarbeitet werden. Ein solches Vermittlungskonzept — wie es bei der Einführung des vorher erwähnten KALKIS entwickelt wurde — soll sicherstellen, daß

- Inhalt und Ziele des Systems von allen Hierarchieebenen verstanden und getragen werden,
- die Anwender vom Nutzen und von der Notwendigkeit des Systems überzeugt werden und
- den Anwendern die entsprechenden Kenntnisse für die Handhabung vermittelt werden.

Für die erfolgreiche Einführung des Projektmanagementinstruments KALKIS bedurfte es einerseits der Unterweisung über und andererseits der Verpflichtung auf das System. Im Rahmen der Unterweisung wird den Mitarbeitern das erforderliche Wissen und Können vermittelt. Im Rahmen der Verpflichtung werden die Mitarbeiter mit dem Nutzen des Systems vertraut gemacht und auf die Notwendigkeit des Systems hingeführt. Ein gutes Vermittlungskonzept soll eher überzeugen als anordnen.

Um den beiden Zielen der Unterweisung und Verpflichtung zu entsprechen, reichte es nicht, die Vermittlung von KALKIS lediglich einer Schulungs- und Trainingsmannschaft zu übertragen. Vielmehr muß — um eine intensive Durchdringung zu gewährleisten — die Führung des Unternehmens KALKIS als eigenes Projekt verstehen. Der Führung obliegt die Verpflichtungsaufgabe: Indem jede Führungskraft ihre unmittelbar zugeordneten Mitarbeiter von KALKIS überzeugt, setzt sie sich selbst mit dem System und seinem Inhalt auseinander und fühlt sich somit eher verpflichtet, die schnelle und dauerhafte Anwendung des Systems zu unterstützen.

Abgestimmt auf die Erfordernisse der jeweiligen Hierarchiestufe wird das notwendige Wissen über KALKIS situationsgerecht übertragen. Dabei wird unterschieden in
- Klausuren für die Fachbereichsleitung,
- Seminare für die Abteilungs- und Projektleiter,
- Trainings für die Gruppenleiter und Teilprojektleiter und
- Schulungen für die Sachbearbeiter.

Die Terminologie verdeutlicht, daß auf den oberen Ebenen die Kenntnis und auf der unteren Ebene die Anwendung von KALKIS im Vordergrund steht.

Der Ablauf der Vermittlung von KALKIS erfolgt in der Hierarchie von oben nach unten und stellt sicher, daß sich jede Führungskraft dreimal mit dem System auseinandersetzt: Die Mitarbeiter werden durch ihre Vorgesetzten in der sogenannten Verpflichtungsbesprechung auf KALKIS eingestimmt und aufgefordert, an der zeitlich folgenden Unterweisung teilzunehmen, um dann ihrerseits eine Verpflichtungsbesprechung mit ihren Mitarbeitern zu führen.

Die Mitarbeiter, die an einer Verpflichtungsbesprechung teilgenommen haben, werden in der Unterweisung mit den notwendigen Kenntnissen über KALKIS versorgt und sind dann auch in der Lage, nunmehr als Führungskraft ihre Mitarbeiter zu verpflichten.

Im zeitlichen Verlauf zu den Verpflichtungsbesprechungen und Unterweisungen der unteren Ebene erfolgt ein „Train the Trainer"-Programm für die Vorbereitung der Instruktionen. Sie übernehmen die Durchführung der Trainings und Schulungen (auf den unteren Ebenen). Der erläuterte Vermittlungsprozeß kann als Kaskade wie in Abbildung 9 dargestellt werden.

Mit Hilfe des vorgestellten Projektmanagementinstruments werden in einem Teilbereich eines High-Tech-Unternehmens zur Zeit bereits 60 % der vorhandenen Aufträge bearbeitet. Um diesen Wert zu erreichen und noch zu erhöhen, waren entsprechend der Schulungs- und Vermittlungskaskade Veranstaltungen erforderlich, an denen gegenwärtig bereits mehr als 25 % der in Betracht kommenden Mitarbeiter der operativen Einheiten teilgenommen haben. Die Zahl der ausgebildeten Mitarbeiter steigt laufend und beweist die Akzeptanz des Projektmanagementinstruments überzeugend.

6 Schlußbetrachtung

Die vorstehenden Erläuterungen stellen die Grundlage für den betrieblichen Alltag im Projektgeschäft dar. Nach den beschriebenen Regeln werden eine Fülle von Vorhaben abgewickelt, die der Führung ebenso wie den im Projekt Beschäftigten die Sicherheit geben, daß die vereinbarte Leistung rechtzeitig und zu den vereinbarten Kosten erbracht wird.

Auf der Basis eines Vertrages, in dem die Leistung beschrieben und das Entgelt hierfür festgelegt ist, erfolgt eine Zerlegung beziehungsweise Strukturierung der Leistung über einen Projektstrukturplan. Diese Strukturierung geht in eine Aufgabenmatrix ein, die die zur Erledigung der beschriebenen Aufgabe verpflichtete Stelle der Linienorganisation bestimmt. Wenn weiterhin festliegt, wie die Aufgabe zu erledigen ist, ergibt sich aus der Arbeits- und Kapazitätsplanung der zeitliche Ablauf, so daß damit auch die Kosten bestimmt sind.

Aus der folgenden Abbildung 10 lassen sich anschaulich die Elemente ableiten, die die Grundlage jedes Projektmanagementsystems darstellen, das zur Abwicklung von Projekten eingesetzt wird. Wenn eine klare Strukturierung die Grundvoraussetzung für die erfolgreiche Abwicklung von Projekten bildet, so ist die Akzeptanz des an-

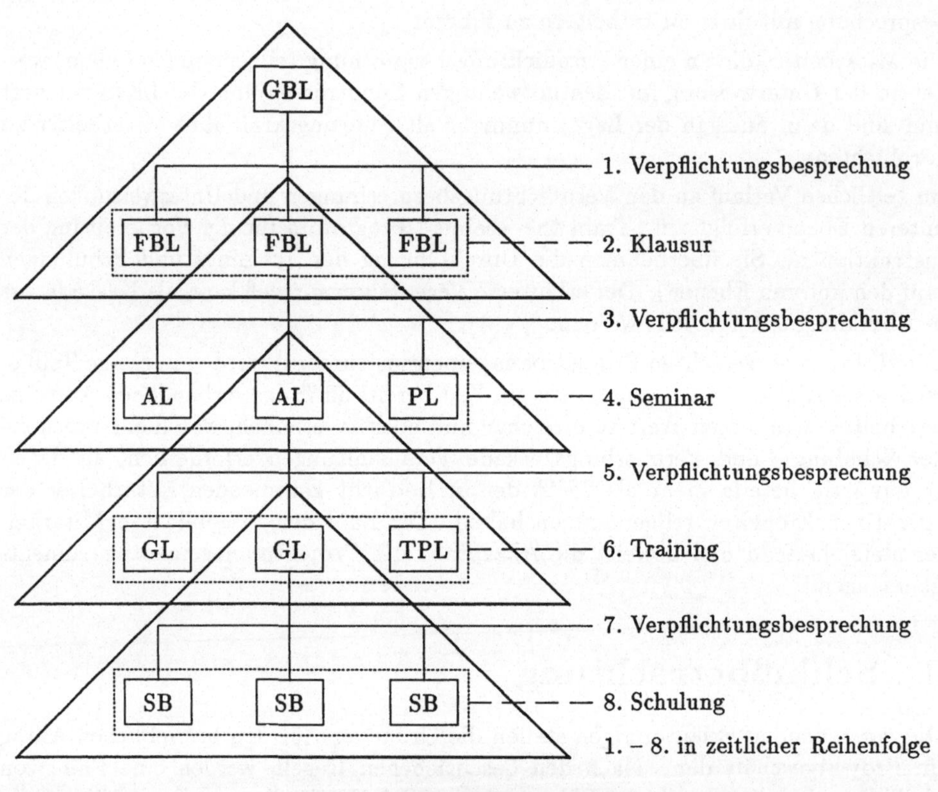

GBL	Geschäftsbereichsleiter
FBL	Fachbereichsleiter
AL	Abteilungsleiter
PL	Projektleiter
GL	Gruppenleiter
TPL	Teilprojektleiter
SB	Sachbearbeiter

Abbildung 9: *Vermittlungskonzept*

gewandten Projektmanagementsystems ebenso wichtig. Die Akzeptanz wiederum ist eine direkte Funktion eingehender Schulung. Zusammenfassend kann gesagt werden, daß erfolgreiche Unternehmen neben der ständigen Verfeinerung von betriebswirtschaftlichen Methoden und Instrumenten (zum Beispiel auf dem Gebiet des Projektmanagements) in erheblichem Umfang die Weiterbildung ihrer Mitarbeiter zu einem besonderen Anliegen ihrer Führungsphilosophie machen.

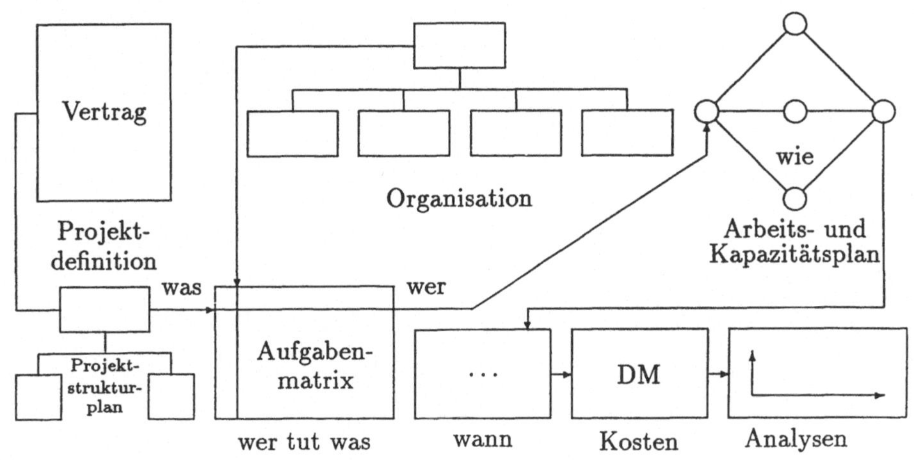

Abbildung 10: *Projektmanagement*

Literatur

[1] BLEICHER, KNUT: *Unternehmensentwicklung und organisatorische Gestaltung*, Stuttgart 1979.

[2] JÜNEMANN, R.: Bausteine der Produktionslogistik, in: *VDI-Berichte* 691.

[3] KIESER, ALFRED; KUBICEK, HERBERT: *Organisationstheorie*, Stuttgart, Berlin, Köln, Mainz 1978.

[4] KIRSCH, WERNER; BAMBERGER, INGOLF; BERG, CLAUS C.; WEBER, WOLFGANG: *Die Wirtschaft*, Wiesbaden 1975.

[5] KIRSCH, WERNER; ESSER, WERNER-MICHAEL; GABELE, EDUARD: *Reorganisation*, München 1978.

[6] OTT, PETER; RETTEL, JÜRGEN; WEHKING, FRIEDRICH: Praxisgerechte Arbeitswertermittlung als Grundlage für eine verläßliche Kostenprognose, in: *GPM-Nachrichten* (1988) 15, 11 – 33.

[7] PAWELLEK, GÜNTHER: Logistik als Managementaufgabe, in: *VDI Nachrichten* (1988) 44, 53.

[8] RETTEL, JÜRGEN; OTT, PETER: Projektstrukturierung als Schlüsselpunkt einer unternehmerischen Organisation, in: *GPM-Nachrichten* (1988) 15, 22 – 33.

[9] RETTEL, JÜRGEN; OTT, PETER; WEHKING, FRIEDRICH: Multiprojekt-Kostenmanagement mit einem Kosten-Informationssystem für Linie und Projekt, in: *GPM-Nachrichten* (1988) 14, 31 – 50.

[10] STEINBUCH, PITTER A.: *Organisation*, Ludwigshafen 1981.

Teil III

Wettbewerbsvorteile durch Informationstechnologien

Informationstechnik als Mittel zur Verbesserung der Wettbewerbsposition — Erkenntnisse aus einer Beispielsammlung[1]

von Peter Mertens, Matthias Schumann und Uwe Hohe

Universität Erlangen-Nürnberg

Zusammenfassung

Der Einsatz von Informationstechnik zur Sicherung oder Verbesserung der Wettbewerbsposition ist in jüngster Zeit häufig Diskussionsgegenstand. Auf Basis einer Literatursammlung, in der mehr als 150 strategische DV-Systeme zusammengetragen wurden, erfolgt eine Analyse der quantitativen und qualitativen Resultate, die auf diese Anwendungen zurückzuführen sind. Es wird aufgezeigt, wie mit den Systemen Marktbarrieren gegenüber existierenden und potentiellen Wettbewerbern aufgebaut wurden.

---

[1] Dieser Beitrag erschien in Auszügen unter dem Titel „Nutzeffekte strategischer Informationsverarbeitung" in *Angewandte Informatik* 30 (1988) 12, 515 – 523.

Ein Schwerpunkt der Untersuchung liegt auf Projekten, die eine eher externe als interne
Ausrichtung haben, also speziell auf Kunden oder Lieferanten zielen. Insbesondere CIM-
Technologien wurden bei der Analyse ausgegrenzt. Neben erfolgreichen Systemen werden
gescheiterte Anwendungen beschrieben und die Gründe des Mißerfolgs untersucht.

1 Einführung

Der Einsatz der Informationstechnik (IT) zur Sicherung und zum Ausbau der strategischen Position eines Unternehmens ist aktueller Diskussionsgegenstand mit mo-
dischem Einschlag. Leider wird das Thema oft nur sehr global behandelt. Häufig
findet man immer wiederkehrende „Paradebeispiele", mit denen versucht wird, Ein-
zelthesen zu belegen und insbesondere Hypothesen über wirtschaftliche Effekte zu
stützen.

Wir wählten einen stärker empirisch orientierten Ansatz, um vor allem Grundlagen
für die Abschätzung der betriebswirtschaftlichen Nutzeffekte zu gewinnen. Dazu
wurde eine Datenbank aufgebaut, mit der wir Informationen zu strategischen DV-
Systemen, die vorwiegend aus der deutschen und englischsprachigen Literatur stam-
men, erfassen. Anhand eines Deskriptorenkatalogs wurden die einzelnen Effekte, die
die Anwendungen hervorgerufen haben, systematisch gesammelt. Der Ansatz der
Studie entspricht dem zweier früherer beziehungsweise laufender Arbeiten, und zwar
einmal zur Abschätzung der betrieblichen Nutzeffekte der Informationsverarbeitung
([1,22]) und zum anderen zum betrieblichen Einsatz von Expertensystemen ([19,20]).

Bei unserem Vorgehen ist kritisch zu berücksichtigen, daß in der Literatur mehr
über bemerkenswerte als über gescheiterte Systeme berichtet wird. Teilweise findet
man Publikationen zu Systemen, die erst angelaufen sind, aber noch keine Lang-
zeiterprobung hinter sich haben. Falls ein ursprünglich erfolgreiches System später
scheitert, werden die anfangs publizierten Erfolgsberichte später nicht widerrufen.

Es erwies sich bereits zu Beginn als äußerst schwierig, den Begriff der „strategi-
schen DV-Systeme" (SDV) beziehungsweise „strategischen Informationssysteme"
(SIS) thematisch sauber abzugrenzen. Man kann versuchen, sie durch folgende vier
Merkmale zu kennzeichnen ([21]):

- Die Anwendungen wirken mittel- bis langfristig, nicht kurzfristig.
- Sie zielen eher auf die Ertrags- als auf die Kostenseite (Umsatz- und Marktan-
  teilsgesichtspunkte überwiegen bei ihrer Initiierung).
- Sie berühren primär die Tätigkeit des Top-Managements, ihre Einführung wird
  seltener dem Middle-Management überlassen.
- Sie beeinflussen einzelne oder mehrere Wettbewerbskräfte. Ihre Ergebnisse
  können sogar eine Veränderung der Branchenstruktur zur Folge haben.

Für unsere Analysen haben wir weitere Einschränkungen vorgenommen:

- Wir konzentrierten uns auf Systeme, die eher eine externe als interne Ausrichtung haben, das heißt auf Kunden oder Lieferanten zielen. Auch Anwendungen, die als Marketinginstrumente im Wettbewerb eingesetzt werden, wurden dabei berücksichtigt.
- Ausgegrenzt haben wir in der Untersuchung alle Anwendungen, die im Produktionsbereich von Industriebetrieben eingesetzt werden, also insbesondere CAx- und CIM-Systeme, obwohl speziell letztere neben den Rationalisierungsaspekten auch eindeutig strategische Eigenschaften aufweisen. So kann zum Beispiel ein Industriebetrieb, der hohe Investitionen in den Ausbau seiner Fertigungs- und Informationstechnik tätigt, eine Strategie der Kostenführerschaft in der Branche verfolgen. Diese Position des Kostenführers trägt möglicherweise indirekt wieder zu Umsatzsteigerungen bei. In diesem Zusammenhang sei auch auf Flexibilitätsvorteile bei bestimmten CIM-Lösungen, zum Beispiel solchen, die flexible Fertigungssysteme beinhalten, hingewiesen ([29]). Berücksichtigung fanden aber CAD-Anwendungen, die speziell zur Unterstützung der Angebotserstellung oder für die Absatzförderung eingesetzt werden.
- Nicht analysiert wurden auch solche Systeme, bei denen die Informationstechnik benutzt wird, um das Produkt „intelligenter" zu gestalten, zum Beispiel Mikroprozessoren in Haushaltsgeräten, die den Energieverbrauch minimieren, oder elektronisch gesteuerte Anti-Blockiersysteme für PKWs. Da diese Produkte dazu beitragen, dem Kunden ein attraktiveres und qualitativ hochwertigeres Produktangebot zu bieten, können sie ebenfalls die Wettbewerbsposition des Unternehmens verbessern.

Bei der Analyse der Effekte strategischer Informationstechnik ist zwischen den Resultaten, die bei einem einzelnen Unternehmen auftreten, und den Wirkungen auf die gesamte Branche zu unterscheiden. Ausgeklammert wurden volkswirtschaftliche und arbeitnehmerbezogene Einflüsse.

2 Überblick über den Untersuchungsgegenstand

2.1 Systematisierung strategischer DV-Anwendungen

Da strategische DV-Systeme in unterschiedlichen Formen und in teilweise nicht branchentypischen Ausprägungen auftreten, erweist sich eine „saubere" und weitgehend überschneidungsfreie Systematisierung der in der Literatur gefundenen Beispiele als außerordentlich schwierig. Daher wurde nach Sichtung des Datenmaterials versucht, eine Einteilung in Hinblick auf funktionale Gesichtspunkte vorzunehmen, das heißt die Klassifizierung erfolgte nach den zu erfüllenden Aufgaben der jeweiligen DV-Anwendungen. Dabei lassen sich folgende Systemkategorien unterscheiden:

- Zwischenbetriebliche Bestellsysteme mit Kunden.
- Zwischenbetriebliche Bestellsysteme mit Lieferanten.

– DV-Anwendungen, die für den Kunden in verschiedener Weise einen Zusatznutzen
  offerieren. Aufgrund der Vielzahl von Systemen, die während der Literaturreche-
  che ermittelt werden konnten, wurde für diese Value-Added-Services eine tiefere
  Gliederung in
  · Akquisitionsanwendungen (Zusatznutzen in der Angebotsphase),
  · After-Sales-Anwendungen (Zusatznutzen nach dem Kauf, vor allem in der War-
    tungsphase) und
  · sonstige Value-Added-Services, die in der Regel das Ziel haben, bestehende Be-
    ziehungen zu Kunden zu intensivieren,
  vorgenommen.
– DV-Systeme, die sich von anderen dadurch unterscheiden, daß die IT dazu eingesetzt wird, neue Produkte beziehungsweise Dienstleistungen zu schaffen oder
  durch Verkauf interner DV-Leistungen an Dritte zusätzliche Geschäftsfelder für
  das Unternehmen zu erschließen.
– Anwendungen, bei denen die IT die Rolle eines eigenständigen Absatzkanals
  übernimmt, wobei Dienstleistungen den Kunden über elektronische Netze zur
  Verfügung gestellt werden.
– Elektronische Märkte, deren Gemeinsamkeit darin besteht, daß sie die Angebote
  mehrerer Unternehmen in einem DV-System enthalten. Dazu werden üblicherweise die Produktdaten für einen relativ großen Teil eines bestimmten Marktes in
  einer zentralen Datenbank geführt.

Etwas mehr als die Hälfte aller Beispiele für strategische DV-Systeme, die dieser
Arbeit zugrunde liegen, werden in den USA eingesetzt (absolut: 91), 61 Projekte in
Deutschland und 12 in anderen europäischen Ländern. Diese Verteilung ist primär
auf die ausgewertete Literatur zurückzuführen. Es zeigt sich, daß die ersten DV-
Systeme, die strategische Wirkungen aufweisen (obwohl ursprünglich aus operativen
Gründen entwickelt), in den USA benutzt wurden (z. B. Flugplatzbuchungssystem
von American Airlines und das Kundenbestellsystem von American Hospital Supply
bereits im Jahre 1976). In der Bundesrepublik dürfte den ersten strategischen Anwendungen das zwischenbetriebliche System des Bremer Hafens zuzurechnen sein,
das seit dem Jahr 1978 läuft.

Eine Einteilung der untersuchten DV-Anwendungen nach Branchen, denen die „Betreiber" dieser DV-Systeme zuzurechnen sind, gibt Abbildung 1.

Signifikant häufig werden dabei (als Meßkriterium ist die Bruttowertschöpfung der
einzelnen Wirtschaftsbereiche zugrunde gelegt) strategische DV-Systeme von Dienst-
leistungsbetrieben eingesetzt. Einschließlich Banken und Versicherungen ergibt sich
ein Anteil von 34,1 % (im Vergleich zur Bruttowertschöpfung im Jahre 1987 von
26,7 % ([14])). Dies ist wohl damit zu erklären, daß die „Produkte", die Dienstlei-
stungsbetriebe anbieten, wie auch die operative Geschäftsabwicklung in hohem Maße
informationsintensiv sind (z. B. Wertpapier- oder Lebensversicherungsvertrieb, Im-
mobilienmaklertätigkeit). Außerdem wurden mehrere Betreiber von elektronischen
Märkten der Dienstleistungsbranche zugerechnet.

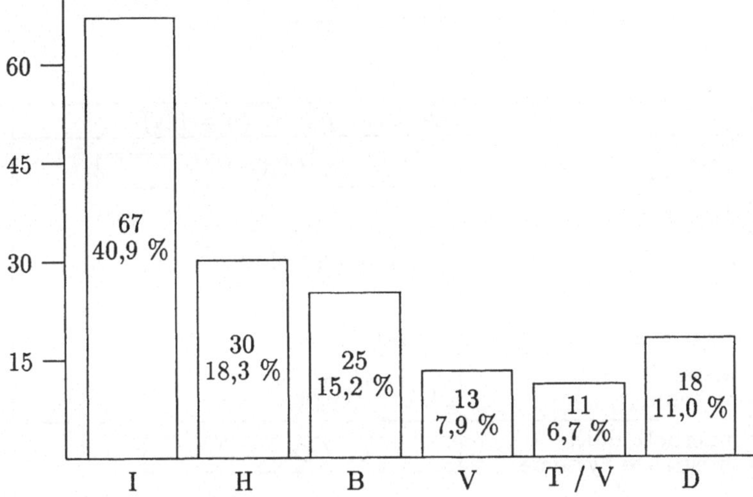

Legende

I = Industrie, H = Handel, B = Banken einschließlich sonstiger Finanzierungsdienstleistungsunternehmen (z. B. Kreditkartenorganisationen) ohne Versicherungen, V = Versicherungen, T / V = Transport und Verkehr, D = sonstige Dienstleistungen (z. B. Autovermieter, Immobilienmakler etc.)

Abbildung 1: *Branchenverteilung der untersuchten DV-Anwendungen*

Im industriellen Bereich zeigt sich eine relativ breite Streuung über verschiedene
Zweige. Häufig konnten Systeme der Automobilindustrie zugerechnet werden (insgesamt 16), was unter anderem darauf zurückzuführen ist, daß die Automobilhersteller sowohl auf der Händler- als auch auf der Lieferantenseite zwischenbetriebliche
DV-Systeme einsetzen.

Eine weitere Einteilung (siehe Abbildung 2) zeigt eine relativ gleichmäßige Verteilung der Systeme nach den Integrationsstufen „stand-alone", „innerbetrieblich
integrierten" und „zwischenbetrieblich integrierten" DV-Anwendungen. Dabei treten erstere insbesondere in der Systemklasse „Value-Added-Services" auf. In der
Regel handelt es sich um PC-basierte DV-Systeme, die teilweise direkt bei Kunden
oder bei Absatzmittlern zur Anwendung gelangen.

	absolut / relativ ($n = 164$)
Stand-Alone-Systeme	54 / 33,0 %
darunter:	
Datenbank-Anwendungen	10 / 6,1 %
CAD-Systeme	6 / 3,7 %
wissensbasierte Systeme	4 / 2,4 %
innerbetrieblich integrierte Systeme	47 / 28,7 %
darunter:	
Verbindungen zwischen Außendienst und DV	12 / 7,3 %
Warenwirtschafts-systeme	4 / 2,4%
zwischenbetrieblich integrierte Systeme	63 / 38,4 %
darunter:	
Btx-Anwendungen	10 / 6,1 %

Abbildung 2: *Überblick über den Integrationsgrad und die Technik*

Einen Überblick zu den in dieser Arbeit aufgetretenen Arten zwischenbetrieblicher
DV-Systeme nach Branchen und deren Anzahl gibt Abbildung 3.

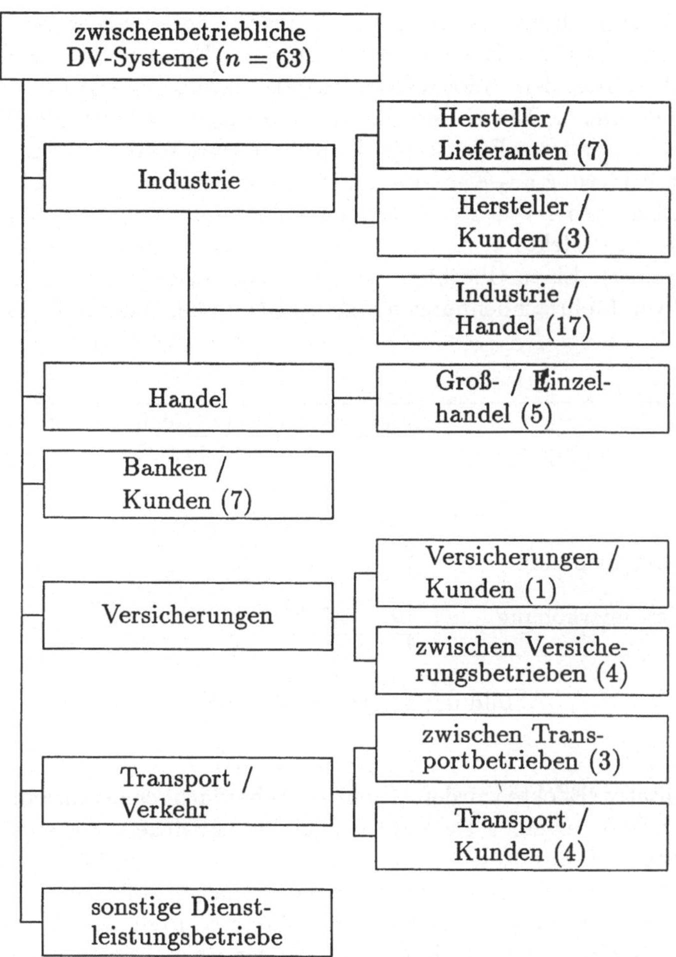

Abbildung 3: *Zwischenbetrieblich integrierte DV-Systeme (Mehrfachnennungen)*

2.2 Allgemeine Nutzeffekte strategischer DV-Anwendungen

Bei der Ermittlung der Nutzeffekte von strategische DV-Systeme traten folgende Probleme auf:

– Da ein Großteil dieser Systeme eine Umsatz- beziehungsweise Marktanteilserhöhung zur Absicht hat (externe Wirkung auf Kunden), war eine wertmäßige Angabe, die direkt dem Informationstechnik-Einsatz zugeordnet werden konnte, nur selten zu finden. Ein Grund dürfte darin liegen, daß sich die DV-Ergebnisse nur schwer von anderen Effekten (z. B. Konjunktur, Werbemaßnahmen von Konkurrenten, Änderung des Käuferverhaltens) trennen lassen. Für die 164 in dieser Arbeit enthaltenen DV-Systeme konnten nur zu insgesamt 37 DV-Anwendungen quantifizierbare Effekte ermittelt werden (davon 27 quantifizierbare Effekte mit Zahlenangaben). Einen Überblick über meßbare Nutzeffekte bringt Abbildung 4. Aufgrund von Mehrfachnennungen ergeben sich in der Summe 48 quantifizierbare Resultate.

	absolut / relativ (Bezugsbasis: 164)
Umsatzsteigerung	19 / 11,6 %
Marktanteilserhöhung	10 / 6,1 %
Kostensenkung	13 / 7,9 %
Gewinnerhöhung	6 / 3,7 %

Abbildung 4: *Quantifizierbare Effekte*

– Auch qualitative Effekte wurden oft nur sehr oberflächlich beschrieben. Aus diesen Gründen haben wir einen Deskriptorenkatalog entwickelt, der eine Reihe möglicher qualitativer Resultate strategischer DV-Systeme enthält. Eine Übersicht über ermittelte qualitative Veränderungen enthält Abbildung 5. Die einzelnen Effekte überschneiden sich teilweise: So sollte eine Reduzierung des Aufwandes, den der Kunde beim Erwerb eines Produktes eingehen muß, oder ein einzigartiger Service, der ihm durch den Einsatz der Informationstechnik geboten wird (das verbesserte Angebot erhöht die Differenzierung von den Konkurrenten), in der Regel mit einer Erhöhung der Kundenbindung einhergehen. Jedoch gilt dies nur dann, wenn die Kunden des Unternehmens zu einem großen Teil Stammkunden sind (etwa Großhandel ↔ Einzelhandel) und nicht wenn es sich um „Wechsel-“ oder „Einmalkäufer“ handelt (z. B. potentielle Bauherren) beziehungsweise keine diesbezüglichen Informationen über die Kunden vorliegen (z. B. Lebensmittel ↔ Einzelhandel ohne Kundenkarten).

	absolut / relativ (Bezugsbasis: 164)
Differenzierung gegenüber Konkurrenten erhöhen	49 / 29,9 %
Erhöhung der Kundenbindung	36 / 22,0 %
Erschließung neuer Märkte / Geschäftsfelder	35 / 21,3 %
Reduzierung des Aufwands für den Kunden bei der Verwendung / Nutzung des Produktes	30 / 18,3 %
Verbesserung der Qualität der Kundenberatung	24 / 14,6 %
Möglichkeit der schnelleren Reaktion auf Marktänderungen	11 / 6,7 %
Erhöhung der Marktrelevanz gegenüber Lieferanten	4 / 2,4 %

Abbildung 5: *Ausgewählte qualitative Effekte*

2.3 Aufbau von Barrieren gegenüber Konkurrenten

Ein Charakteristikum erfolgreicher strategischer Systeme ist die Erreichung und /
oder Sicherung eines längerfristigen Wettbewerbsvorteils. Aus diesem Grund
muß ein strategisches DV-System Barrieren gegenüber existierenden und potentiellen Konkurrenten aufbauen, die es verhindern, daß Wettbewerber das Angebot
imitieren oder sogar eine bessere Leistung bereitstellen. Damit wird es möglich,
den Vorteil einer „First-Mover"-Position auszuschöpfen. Es wurden im wesentlichen
vier Kriterien gefunden (vgl. auch Abbildung 6), die zum Errichten solcher Barrieren
beigetragen haben:

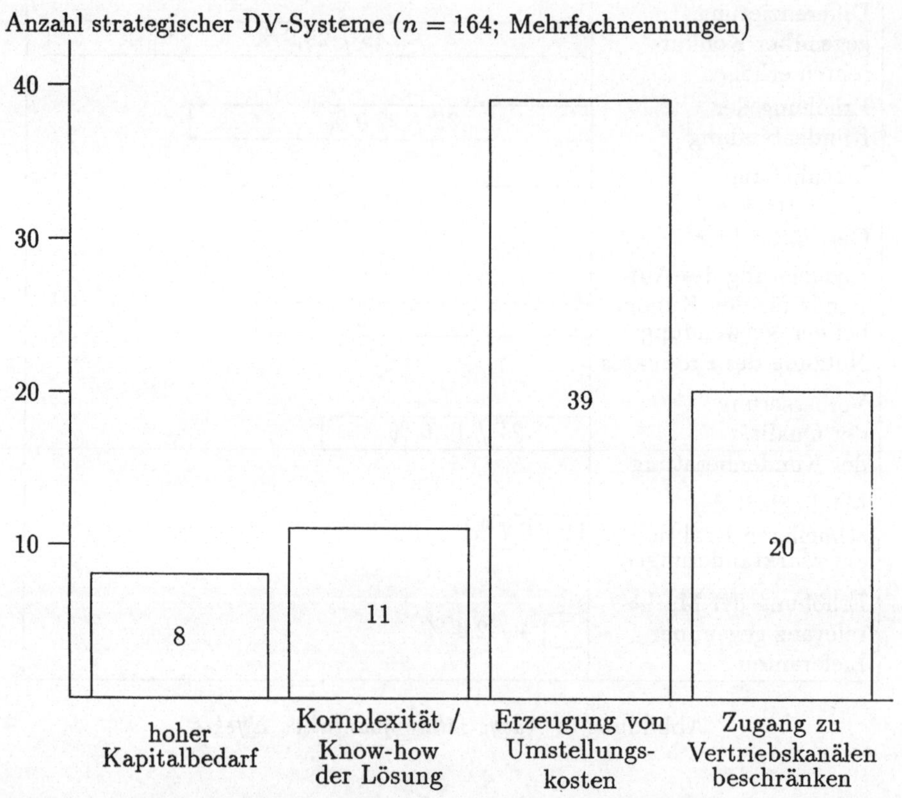

Abbildung 6: *Barrieren gegenüber Konkurrenten*

– **Hoher Kapitalbedarf:**
Eine Barriere für Konkurrenten stellen die teilweise sehr hohen Finanzmittel dar,
die für die Entwicklung derartiger Systeme ausgegeben werden müssen. Außerdem
ist das häufig erhöhte Risiko zu berücksichtigen, da der Systemerfolg in vielen

Fällen von der Akzeptanz durch den Kunden oder von anderen externen Faktoren
(z. B. Reaktion der Konkurrenz) abhängt. Investitionsausgaben konnten in der
Literatur jedoch nur in acht Fällen gefunden werden. Der Kapitalbedarf lag dabei
in einer Bandbreite von 50 bis 350 Mio Dollar.

- **Komplexität / Know-how der Lösung:**
In der Regel benötigen spezielle Softwareentwicklungen für strategische DV-
Systeme eine beträchtliche Vorlaufzeit, die unter anderem von der Komplexität
der Anwendung und von der Qualifikation der Mitarbeiter, die diese Systeme
konzipieren, abhängig ist. Gelingt es, ein strategisches DV-Systeme während der
Entwicklungszeit vor Konkurrenten geheim zu halten, so verbleibt zumindest eine
gewisse Zeit ein Vorsprung vor Mitwettbewerbern. Ein weiterer Vorsprung vor der
Konkurrenz kann sich dadurch ergeben, daß die DV-Anwendung auf Daten basiert,
über die Mitbewerber nicht verfügen und die für Kunden einen besonderen Wert
haben. So hat ein US-Hersteller von Isolationsmaterialien, Owens-Corning, eine
Vielzahl von Informationen über Energieeffizienzraten unterschiedlicher Hauskon-
struktionen während Forschungsarbeiten für neue Materialien gesammelt, die man
nun für die Kundenberatung einsetzt ([32]). Konkurrenten dürften eine vergleichbare Datenbasis nur mit hohem finanziellen Aufwand und großem Zeitbedarf erstellen können.

- **Erzeugung von Umstellungskosten:**
Umstellungskosten für einen Abnehmer, der vom Produkt eines Lieferanten zu
dem eines anderen wechselt, können insbesondere durch zwischenbetriebliche DV-
Verbindungen erhöht werden. So muß der Kunde bei einem Lieferantenwechsel
zum Beispiel Software- und Hardwareänderungen vornehmen (soweit keine allgemeingültigen Standardisierungen in der Branche bestehen) sowie das Personal
umschulen. Teilweise gehen auch wertvolle Daten verloren, die etwa der Betreiber
eines Kundenbestellsystems vorhält (z. B. Lagerbestandsdaten, die im Kundenbestellsystem verwaltet und aktualisiert wurden, Daten über Abnehmer des Kunden
etc.).

- **Beschränkung des Zugangs zu Vertriebskanälen:**
Einige DV-Systeme werden bei — für den jeweiligen Markt — wichtigen Absatzmittlern eingesetzt. Dazu müssen teilweise in den Geschäftsräumen vom
Leistungsanbieter vorgegebene Geräte, vor allem Terminals, aufgestellt werden.
Schon allein Platzgründe, zum Beispiel bei einem Einzelhändler oder Großhänd-
ler, können hier entscheidend sein. Wenn der Absatzmittler außerdem über ein
spezielles Terminal Zugang zu verschiedenen Anbietern hat, wie zum Beispiel die
Reisebüros bei den Reservierungssystemen der Fluggesellschaften, entfällt für ihn
das Bedürfnis, ein zusätzliches System von einem anderen potentiellen Partner
einzusetzen.

Während die ersten beiden Kriterien direkt bei den Wettbewerbern ansetzen, wirken
die beiden letzten Alternativen eher indirekt über Kunden beziehungsweise Absatzmittler auf die Konkurrenten.

3 Nutzeffekte in den einzelnen Untersuchungsbereichen

3.1 Zwischenbetriebliche Bestellsysteme mit Kunden

Computergestützte Bestellsysteme mit Kunden waren eines der ersten Anwendungsgebiete der IT als strategische Waffe. Am bekanntesten ist wohl das System des US-Pharma-Großhandelsunternehmens American Hospital Supply (AHS), das die von ca. 8.500 Herstellern erzeugten Produkte an etwa 100.000 Krankenhäuser, Arztpraxen und ähnliche Institutionen vertreibt ([21]).

Bei diesen Bestellsystemen lassen sich drei Integrationsstufen unterscheiden:
- Die reine Bestelldatenübermittlung erfolgt auf elektronischem Weg.
- Zusätzlich wird die Ablauforganisation des Kunden unterstützt, zum Beispiel Preisauszeichnung, Lagerbestandsführung, Marketinginformationen usw.
- Der Auftrag wird automatisch vom Bestellsystem ausgelöst, der Kunde hat wenig oder gar keinen Einfluß auf Zeitpunkt und Menge der Bestellung sowie auf die Auswahl der Lieferquelle.

Die Nutzeffekte für den Kunden liegen unter anderem in einer Verkürzung der Auftragsvorlaufzeiten, in der Reduzierung der Lagerbestände und in weniger Fehlern bei der Übermittlung der Auftragsdaten. Außerdem haben Kunden bei einigen Systemen die Möglichkeit, auch außerhalb der üblichen Geschäftszeiten Aufträge zu erteilen, wie beispielsweise im AEG-Hausgeräte-Bestellsystem ([36]). Anwendungen der dritten Stufe entlasten den Kunden von sämtlichen Einkaufsaktivitäten. Der Abnehmer bindet sich an ein Unternehmen, das die Bevorratung teilweise automatisch vornimmt. Ein Beispiel ist das System AUTOPART zwischen der VW AG und den V.A.G.-Partnerbetrieben. Sollen sämtliche Leistungen des Bestellsystems in Anspruch genommen werden, kommt es oft zu einer fast ausschließlichen Bindung des Kunden. Häufig handelt es sich um ein Großunternehmen als Systembetreiber, das viele kleinere Betriebe beliefert. Basis für die Abnehmerbindung sind teilweise Vertragsvereinbarungen über die Nutzung der beim Kunden aufgestellten Geräte, so im System TECHNET der Kodak AG, das an Fotolabors verkauft wird. Das System überwacht auf der Basis eines PCs die Qualität der entwickelten Filme, generiert Arbeitspläne und nimmt automatisch bei Kodak Nachbestellungen vor ([24]).

Besonders wichtig erscheinen Bestellsysteme in Branchen, in denen das physische Produktprogramm wenig Ansatzpunkte für eine Differenzierung von Konkurrenten liefert, wie dies stellenweise im Großhandel der Fall ist. Aus dieser Branche stammt auch ungefähr die Hälfte unserer Anwendungsbeispiele.

Aus den vorhandenen Unterlagen ließen sich die in Abbildung 7 dargestellten Nutzeffekte und Ursache-Wirkung-Beziehungen ableiten.

Im linken Ast der Abbildung wird der Zusammenhang dargestellt, der sich aus einer erhöhten Kundenbindung ableitet. So resultieren aus dem höheren Geschäftsvolumen zusätzliche Deckungsbeiträge und eine bessere Verhandlungsposition gegenüber

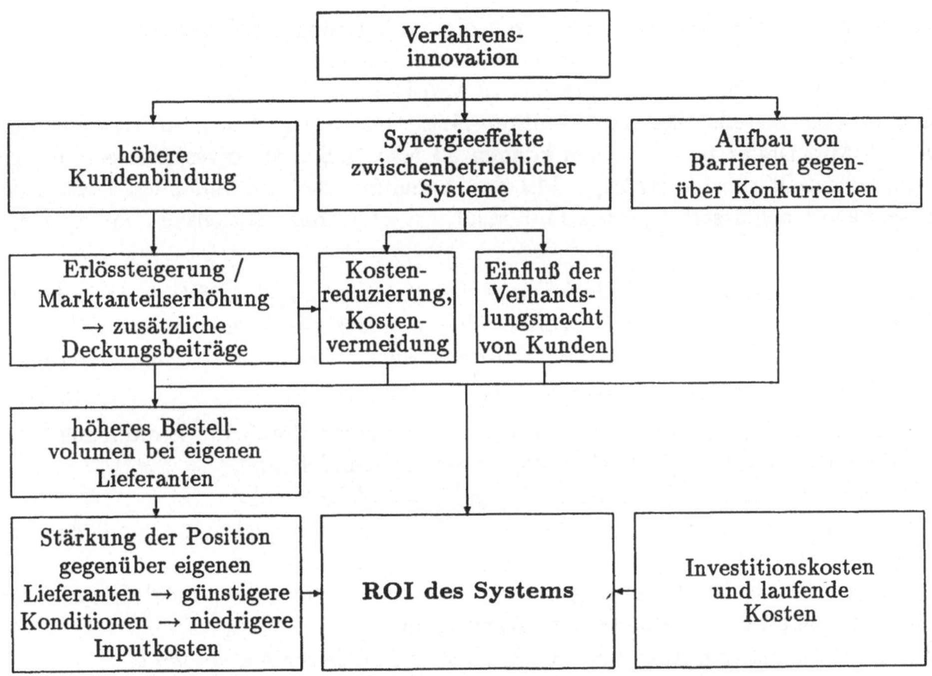

Abbildung 7: *Nutzeffektwirkungskette der Bestellsysteme*

den eigenen Lieferanten des Unternehmens, wodurch zum Beispiel die Einkaufspreise gesenkt werden können. Die Kostensenkungen beziehungsweise -vermeidungen im mittleren Ast ergeben sich beispielsweise durch den Wegfall des Aufwands für den personellen Dateninput oder aufgrund von Produktivitätssteigerungen im Außendienst. Weiterhin können sich Betriebsgrößenersparnisse aus der Erhöhung des Geschäftsvolumens ergeben. Wie weit diese Nutzeffekte, die im wesentlichen auf Synergieeffekten der Bestellsysteme beruhen, auch wirklich beim Betreiber des Systems realisiert werden können, oder wieviel davon an die Kunden weitergegeben werden muß, hängt stark von deren Verhandlungsmacht ab.

Als quantitative Aussagen liegen folgende Ergebnisse vor:

American Hospital Supply spart durch die Verlagerung des Dateninputaufwandes auf die Kunden etwa 3 Mio Dollar jährlich ein. Außerdem kann von einem zusätzlichen Gewinn in Höhe von wenigstens 10 Mio Dollar p. a. ausgegangen werden, der sich auf das Bestellsystem zurückführen läßt. Daraus ergibt sich ein Bruttonutzen von 13 Mio Dollar p. a. Diesem können 50 Mio Dollar als Investitionssumme gegenübergestellt werden ([7,25]). Mit der Annahme, daß die laufenden Kosten des Systems vernachlässigbar gering sind, resultiert eine Amortisationszeit von etwa vier Jahren.

McKesson vertreibt als Großhandelsunternehmen in einem Geschäftszweig ca. 50.000 Artikel an Apotheken und Drogerien über ein Bestellsystem namens ECOSAN. Durch dieses System konnten bei McKesson enorme Personalkostenreduzierungen in Höhe von 50 Mio Dollar erreicht werden.

Der US-Großhändler Cotner Dry Goods verzeichnete durch die Einführung einer zwischenbetrieblichen DV-Verbindung zu seinen Kunden eine
- 40 %-ige Reduzierung des Verkaufs- und Einkaufspersonals,
- Senkung der DV-Kosten von 0,96 % des Umsatzes auf 0,09 % aufgrund der Verlagerung der Dateninputaufwendungen zu den Kunden sowie
- Auflösung von 50 % der regionalen Distributionszentralen, möglich geworden durch eine bessere Prognose der Lagerabgänge.

Außerdem konnte der Marktanteil von 22 % auf 30 % erhöht werden ([3]).

Obwohl die Stichprobengröße keine allgemeingültigen Aussagen über die Höhe der quantitativen Nutzeffekte zuläßt, können doch folgende Tendenzaussagen gemacht werden:
- Die Umsatzsteigerungen der Beispiele liegen in einer Spanne zwischen 17 und 59 %. Dies zeigt, daß die Kunden die schnellere und bequemere Bestellmöglichkeit durch mehr Aufträge an das Unternehmen, das das Bestellsystem betreibt, honorieren.
- Die Kosteneinsparungen scheinen in erster Linie im Personal- beziehungsweise im Verkaufsbereich zu liegen.
- Die Amortisationszeiten für Bestellsysteme mögen relativ lang sein, da hohe Investitionen zu tätigen sind, deren Fixkosten erst durch eine wachsende Akzeptanz auf der Kundenseite gedeckt werden können.

– Der Einsatz von Bestellsystemen zum Erzielen eines Wettbewerbsvorteils wird bei
denjenigen Unternehmen erfolgversprechend sein, deren Geschäft durch
  · geringe Produktdifferenzierung (Standardprodukte) oder
  · hohe Schwankungen der Nachfrage
gekennzeichnet ist. Dagegen dürften Unternehmen, die stark erklärungsbedürftige Produkte herstellen, durch ein computergestütztes Bestellsystem höchstens
marginale Vorteile erreichen können. Stattdessen sind hier aber andere, neuere
DV-Instrumente erfolgversprechend, zum Beispiel wissensbasierte Konfiguratoren
im Vertriebsaußendienst.

3.2 Zwischenbetriebliche Bestellsysteme mit Lieferanten

Zwischenbetriebliche DV-Systeme zwischen Herstellern beziehungsweise Handel und
Lieferanten unterscheiden sich letztlich von den zuvor beschriebenen Bestellsystemen
nur dadurch, daß die Initiative von der Kundenseite ausgeht.

Nutzeffekte für den Hersteller liegen vor allem in einer höheren Produktivität (durch
den Zeitgewinn), Einsparung beziehungsweise Vermeidung von Personalkosten (z. B.
durch den Wegfall des Dateninputs) und einer geringeren Fehlerrate in der Übermittlung der Daten.

Bereits heute dürfte in der Automobilindustrie eine nicht vorhandene DFÜ-
Verbindung beziehungsweise die fehlende Fähigkeit, diese aufzubauen, einem K. o.-
Kriterium bei der Lieferantenauswahl entsprechen.

Die zwischenbetrieblichen Anwendungen von Herstellern und Lieferanten werden da-
bei überwiegend in Verbindung mit einer Just-in-Time Produktion (JIT) eingesetzt.
Bei den Vorteilen sind solche, die bei den Herstellern auftreten, von denen, die die
Zulieferer erreichen können, zu trennen. Letztere können durch den Abschluß länger-
fristiger Verträge mit den Herstellern bei der Einführung der Anwendungen zum
Bestellabruf ihre Wettbewerbsposition in der Branche mindestens halten. Da die
DV-Integration in der Regel mit einer Konzentration des Bestellvolumens bei einem
oder höchstens zwei Zulieferern einhergeht, können die „verbliebenen" Unternehmen
ein höheres Auftragsvolumen erzielen.

Bei den Herstellern liegen die Nutzeffekte eher im operativen Bereich (Kostensenkungen), die normalerweise nur durch längerfristige Bindungen erreicht werden können.
Die Auswahl geeigneter Lieferanten für eine JIT-Beziehung hat daher — aus Sicht
des Herstellers — strategischen Charakter.

Es können erhebliche Kosteneinsparungen im Lagersektor realisiert werden, da,
insbesondere bei der reihenfolgegerechten Anlieferung, auf Pufferbestände weitge-
hend verzichtet werden kann. Ein Beispiel für das Kostensenkungspotential sind die
Nutzeffekte, die die Audi AG mit dem zwischenbetrieblichen Bestellabruf bei einem
Just-in-Time-Verbund mit dem Autositzzulieferer Schmitz & Co. erzielt hat:
– Einsparungen von 15 % der Transportkosten,
– Reduzierung der innerbetrieblichen Handlingskosten um 50 %,
– Senkung der Kapitalbindungskosten um 80 %,

– Wegfall von zwei Dritteln der sonst erforderlichen Bereitstell- und Lagerflächen
sowie

– das Vermeiden einer Erweiterungsinvestition von 25 Mio DM in der Sattlerei der
Audi AG ([26]).

Darüber hinaus verlagern die Hersteller Teile ihrer Wertschöpfung auf die Zulieferer, wie etwa die Qualitätsprüfung. So muß zum Beispiel die Zahnradfabrik Frie-
drichshafen ihren Getriebelieferungen an Ford Computerausdrucke beilegen, die die
Qualitätskontrolle dokumentieren ([39]). Es ist vorstellbar, daß diese Ausdrucke
ersetzt werden, entweder durch einen elektronisch übermittelten Datensatz oder dadurch, daß der Lieferant die Qualitätsdaten in einer Datei vorhält, in die der Kunde
jederzeit Einblick nehmen darf.

Langfristig scheint sich auch die Konzentration in der Zulieferer-Branche zu erhöhen,
da die Lieferantenanzahl bei der Einführung von JIT-Belieferungsmethoden ab-
nimmt ([4]).

Wettbewerbsvorteile für das einzelne Unternehmen dürften sich bei Bestellsystemen
mit Lieferanten in der Regel nicht ergeben, da die Lösungen meist auf branchenwei-
ten Standards basieren beziehungsweise im Lauf der Zeit immer mehr auf solchen
gegründet werden. Profitieren wird dagegen die gesamte Branche in einem Land,
die wettbewerbsfähiger gegenüber ausländischen Konkurrenten wird oder bereits
bestehende Nachteile wettmachen kann.

3.3 Value-Added-Services

In diesem Kapitel werden für die gefundenen Systeme die Einsatzbereiche
– Anwendungen zur Kundenakquisition,
– Anwendungen im After-Sales-Bereich und
– sonstige Value-Added-Services
unterschieden.

Wir haben ca. 30 „Akquisitionsanwendungen" in unserer Datenbank aufgenommen,
die in der Auftragsanbahnungsphase eingesetzt werden.

Mit diesen Anwendungen, die in der Regel an der Schnittstelle Vertrieb ↔ Kunde
eingesetzt werden, versucht man
– die Aufmerksamkeit des Kunden auf das eigene Produkt zu lenken,
– das Erzeugnis möglichst optimal an die Kundenwünsche anzupassen („Customi-
zen"),
– die Qualität der Beratung und das Image des Vertriebs zu erhöhen und
– das Unternehmen und seine Produkte in der wichtigen Phase der Akquisition
neuer Aufträge von Konkurrenten zu differenzieren.

Einige Systeme werden als Marketinginstrumente eingesetzt, wie etwa die Anwendung des Farbenherstellers Benjamin Moore, der an seine Einzelhändler ein System
verkauft, das aus einem PC und einem Spektrophotometer besteht. Damit können
Farbmuster von Gegenständen, etwa Möbelteilen, auf ihre Zusammensetzung analy-

siert werden. Das System ermittelt die benötigte Kombination von Moore-Farben, die gemischt werden müssen, um genau die Vorlage zu treffen ([24]).

Häufig werden CAD-Applikationen in der Angebotsphase verwendet. Ein Beispiel ist das System des US-Textilunternehmens Milliken, das Innenausstattern die Möglichkeit bietet, ihre eigenen Ideen für Teppichmuster zu entwickeln ([24]).

Angebote können durch DV-Programme schneller und präziser erstellt werden. Bei der Rieter AG, einem Schweizer Hersteller von Textilmaschinen, reduzierte sich der Zeitbedarf für die Angebotserstellung von zwei Wochen auf eine halbe Stunde. Das System errechnet nicht nur den Angebotspreis, sondern auch die laufenden Kosten der Maschine im Kundenbetrieb ([9,21]).

Die Produktivitätssteigerung der Angebotserstellung kann dazu genutzt werden, mehr Angebote als vorher abzugeben.

Eine weitere Form von Akquisitionsanwendungen bilden elektronische Kataloge, die das Auffinden des richtigen Produkts aus dem Programm eines Unternehmens für den Kunden erleichtern.

Das von dem Architekturbüro Rehler, Vaughn, Beaty & Koone geschriebene Programm zur Beratung von Bauinteressenten soll etwa zehnmal soviel erlöst haben wie es gekostet hat. Das System erzeugt detaillierte Berichte, die Auskunft über die Gesamtkosten, die monatlichen Ausgaben etc. geben ([30]).

Abbey Life, eine britische Lebensversicherungsgesellschaft, konnte durch ein System der Außendienstunterstützung, das maßgeschneiderte Lösungen für die Kunden konzipiert, den Marktanteil in diesem Segment um 25 % steigern ([10]).

Anhand der Befunde können folgende Vermutungen getroffen werden:
- Die Investitionskosten für diese Systeme sind im allgemeinen nicht sehr hoch. Sie dürften die Millionengrenze (Ausnahme CAD) selten übersteigen.
- Einige Anwendungen sollten sich bereits dann amortisieren, wenn es durch das System gelungen ist, wenige Aufträge zusätzlich für das Unternehmen zu gewinnen (bei hochpreisigen Gütern, z. B. Maschinenbau).
- Wie das Beispiel von Rehler vermuten läßt, könnten durch derartige Anwendungen hohe Rentabilitäten auf das investierte Kapital erzielt werden.
- Diese Form der Vertriebsunterstützung ist in erster Linie für Industriebetriebe vorteilhaft, die eine Auftragsfertigung mit großer Variantenvielfalt (etwa Maschinenbau) betreiben oder die erklärungsbedürftige Produkte verkaufen.

Für die Anwendungen im After-Sales-Bereich können zwei Nutzenkomponenten unterschieden werden:
- Zum einen lassen sich die Einnahmen aus dem Wartungsgeschäft steigern,
- zum anderen ist die Qualität des Kundendienstes ein wichtiges Kriterium im Kaufentscheidungsprozeß der Kunden.

Zusätzlich können mit Hilfe von Anregungen der Kunden oder Informationen von Wartungstechnikern Ideen für die Verbesserung bestehender Erzeugnisse sowie für die Entwicklung neuer Produkte gewonnen werden. Durch die Speicherung dieser Informationen wird die Gefahr geringer, daß diese wertvollen Daten verlorengehen.

Der US-Elektrokonzern General Electric benutzt eine Datenbank, die die akkumulierte Erfahrung und das oft intuitive Wissen der Wartungstechniker beinhaltet. Die Kunden können gebührenfrei anrufen und sich beraten lassen. Zusätzlich erhält General Electric Anregungen zu notwendigen Verbesserungen bestehender Erzeugnisse oder sogar zu grundsätzlich neuen Produkten ([21]).

Einen Anwendungsschwerpunkt der IT im After-Sales-Bereich bilden Ferndiagnosesysteme (neben dem Einsatz im Bereich der DV findet man sie neuerdings auch im Maschinenbau), die folgende allgemeine Vorteile besitzen ([8]):
- Kostenreduzierung durch Verringerung der Kundenbesuche,
- besserer, zielgerichteter Einsatz des Kundendienstpersonals (der Wartungstechniker hat mit hoher Wahrscheinlichkeit die richtigen Ersatzteile dabei),
- Konzentration der Fachkräfte in der Zentrale zur Kundenbetreuung.

Zunehmend bauen die Hersteller sogenannte „Predictive Diagnostics" in ihre Anlagen ein, die eine Fehlerdiagnose vornehmen und die erste Wartungsstufe dem Kunden überlassen. Beispiele sind entsprechende DV-Systeme der Maschinenbauunternehmen Traub AG und Trumpf GmbH & Co. ([27]).

Ein zweiter Anwendungsschwerpunkt sind Datenbanksysteme, in denen die technischen Daten der zu wartenden Kundenanlagen gespeichert werden.

Der US-Aufzugsanlagenhersteller Otis Elevator Co., der eine gebührenfreie Wähleinrichtung („Otisline"), eine relationale Datenbank über Kundeninformationen und gelieferte Aufzüge sowie ein gemietetes Hochgeschwindigkeitsnetz („OtisNet"), das die 157 regionalen Niederlassungen in Nordamerika verbindet, zur Kundendienstunterstützung einsetzt, konnte wesentliche Nutzeffekte verzeichnen. So war es möglich, sich von anderen Anbietern von Wartungsleistungen durch die bessere Qualität des Kundendienstes entscheidend zu differenzieren. Der Marktanteil im Wartungsgeschäft steigerte sich nach Einführung von Otisline von 18 % auf 24%, obwohl die Konkurrenten im Wartungsgeschäft um bis zu 25 % niedrigere Preise verlangen ([17]).

Neben den beiden vorangegangenen Value-Added-Services gibt es eine Reihe von Systemen, die in erster Linie während der Abwicklung von Aufträgen oder im Rahmen einer schon bestehenden Kunden-Lieferanten-Beziehung Anwendung finden.

Die Kreditkartengesellschaft American Express bietet Unternehmen, deren Mitarbeiter Firmenkarten benutzen, eine automatische Generierung von Reisekostenabrechnungen. Darüber hinaus wird eine computergestützte Suche nach günstigen Reiseofferten angeboten ([5,12]).

Der US-Großhändler General Foods hat einen Service entwickelt, der POS-Daten der von dem Unternehmen belieferten Einzelhändler auswertet. Dazu werden Informationen des Kunden mit demographischen und ökonomischen Daten des relevanten Marktes verknüpft. Es werden Berichte generiert, die spezifizieren, welche Artikel im jeweiligen Supermarkt besonders gepflegt werden sollen ([24]).

Die positiven Effekte dieser IT-Leistungen für den Kunden liegen in der Regel darin, daß sie Kosten beim Abnehmer senken (wie im Beispiel von American Express) oder die Verkaufsleistung des Kunden steigern (etwa bei General Foods).

Die Nutzeffekte für das Unternehmen, das die DV-Anwendung einsetzt, ergeben sich
vor allem aus einer Umsatzsteigerung aufgrund

- einer Intensivierung der Geschäftsbeziehungen mit den Kunden, die den DV-
  gestützten Service in Anspruch nehmen (Mengenerhöhung) beziehungsweise
- eines höheren Preises (im Vergleich zu Konkurrenzprodukten), der durch die Dif-
  ferenzierungsleistung erzielt werden kann.

Die Deutsche Apotheker- und Ärztebank e. G. hat ein Programm namens STATUS
für die Beratung von Ärzten entwickelt, das bei der Sanierung schlecht laufender oder
hoch verschuldeter Arztpraxen helfen soll. In die Anwendung werden die Praxis- und
Privatdaten des Sanierungsfalles eingegeben. Ein anderes Programm, INKO, berät
Ärzte bei der Praxiseröffnung. Es ermittelt zum Beispiel den Mindestumsatz, der
notwendig ist, um die Kosten und die Lebenshaltung des Niederlassungswilligen zu
decken. Die Bank sieht diese DV-Anwendungen als wichtige Marketinginstrumente.
Außerdem erhält die Bank einen besseren Einblick in die finanzielle Struktur der
Kunden, bei denen eine Beratung durchgeführt wurde. Ein weiterer Nutzeffekt
für die Bank besteht im Aufbau einer längerfristigen Kundenbindung. Von den
Heilberuflern, die von der Bank beraten wurden, finanzierten danach 80 % ihre
Investitionen mit der Ärzte-Bank ([34]).

3.4 Neue Produkte / Geschäftsfelder durch IT

Einige Unternehmen haben die IT eingesetzt, um neue Produkte zu schaffen oder
durch den Verkauf von internen DV-Kapazitäten an Dritte neue Geschäftsfelder zu
erschließen.

Ein deutsches Beispiel ist der Arzneimittelhersteller Siegfried Pharma GmbH,
der eine Innovation in der Hypertonie-Therapie entwickelt hat, den „Siegfried-
Hochdruck-Computer". Er soll den behandelnden Arzt bei der Suche nach der
optimalen Therapieform unterstützen. In dem taschenrechnergroßen Computer, der
für 400 DM angeboten wird, sind sämtliche zur Bluthochdruck-Therapie geeigneten
Substanzen, Präparate, Risiken und Nebenwirkungen enthalten ([37]). Einerseits
ergibt sich für die Siegfried Pharma eine Umsatzsteigerung durch das System selbst.
Andererseits liegt die Vermutung nahe, daß das Pharmaunternehmen mit Hilfe dieser DV-Anwendung den Verkauf eigener Erzeugnisse zu steigern versucht, falls bei
der Medikamentenauswahl die Siegfried-Produkte vom System begünstigt werden.

Der Fahrzeughersteller Daimler-Benz hat eine Software für die Transportwirtschaft
erstellt, die aus Tourenplanung und -optimierung, Kosten- und Leistungsrechnung,
Fuhrparkanalyse, Werkstatt- und Ersatzteilverwaltung besteht. Für das Fahrerhaus
wurde ein Bordcomputer entwickelt, der wahlweise mit Bildschirm oder Drucker
einzusetzen ist. Mittels einer Datenkassette liefert der Computer dem Fahrer alle
Angaben, die er für den Transportauftrag sowie die Warenauslieferung benötigt
([33]).

Neben den Produktinnovationen gibt es eine Reihe von DV-gestützten Dienstleistungen, die Unternehmen für Dritte tätigen. Diese resultieren häufig aus internen Entwicklungen, die extern vermarktet werden.

Nach einer Untersuchung des Beratungshauses McKinsey soll das DV-basierte Dienstleistungsgeschäft von Banc One (z. B. Betreiben fremder ATM-Netze, Kreditkartenautorisierung für Dritte) einen Anteil von 8 % am Gesamtergebnis nach Steuern haben. Die Eigenkapitalverzinsung sei im Vergleich zum Einsatz des Kapitals im klassischen Kreditgeschäft um 1 % höher. Absolut betrug der Nettogewinn für diese Dienstleistungen an Dritte im Jahr 1985 über 10 Mio Dollar ([23]).

Bei Merrill Lynch wurden zur „Blütezeit" des Cash Management Account (CMA), der als klassisches Beispiel einer IT-Produktinnovation in den USA gilt, Kundeneinlagen in Höhe von 20 Mrd Dollar verwaltet, die Merrill Lynch jährlich Gebühreneinnahmen von 60 Mio Dollar einbrachten. Außerdem konnten durch die vielen neuen CMA-Kunden auch die traditionellen Geschäfte gesteigert werden ([30]).

3.5   Informationstechnik als selbständiger Absatzkanal

Abhängig vom Produktprogramm bietet es sich für manche Unternehmen an, ihre Dienstleistungen über Computernetze oder über spezielle Ausgabeautomaten zu vertreiben. Werden Terminals in den Kundenräumen aufgestellt, so ergeben sich ähnliche strategische Bindungen wie bei Bestellsystemen. Weitere Vorteile dieses Absatzkanals liegen in der Schnelligkeit, in der Aktualität und Zuverlässigkeit.

Der große US-Informationsbroker Dun & Bradstreet (D & B) verkaufte bereits 1984 die Hälfte seiner Dienstleistungen über den elektronischen Vertriebskanal. Die Kunden können dabei zwischen unterschiedlichen Verbindungen zur zentralen D & B Datenbank wählen. Alle elektronischen Verbindungen werden über „DunsNet", ein privates Netzwerk, getätigt, in das etwa 20 Mio Dollar investiert wurden. Der Broker konnte in den letzten Jahren unter anderem durch den Einsatz der IT eine Umsatzrendite von im Durchschnitt fast 20 % erzielen. Ähnlich liegt die Umsatzrendite bei dem Informationsanbieter Reuters ([13,16]).

Ein interessantes Beispiel für die Erzielung eines Wettbewerbsvorteils durch den Aufbau eines elektronischen Vertriebswegs ist das System von Metpath Inc., einem großen Labordienstunternehmen für Ärzte in den USA. Da die Testresultate von den Kunden oft dringend benötigt werden, um Diagnosen zu erstellen und die Behandlungsmethode festzulegen, bietet Metpath an, für eine monatliche Gebühr zwischen 50 und 70 Dollar Datenendgeräte zu mieten, die online mit dem Laborrechner verbunden sind. Die Mediziner können dadurch in der Regel bereits am nächsten Morgen nach Auftragserteilung die Ergebnisse abrufen. Neben diesem Service werden weitere Dienste über das Netz verfügbar gemacht (z. B. Analysen von Medikamenten, Wechselwirkungsinformationen von Arzneimitteln und Patientendaten). Metpath konnte durch diese DV-Anwendung den Wettbewerb in der Branche ändern, der vorher durch starke Preiskämpfe und eine niedrige Käuferloyalität (durchschnittlich wechselten etwa 25 % aller Ärzte pro Jahr den Labordienst) gekennzeichnet war ([30,31]).

Eine andere Form des elektronischen Absatzkanals ist der Verkauf mittels Automaten, die über Datenleitungen mit einem zentralen Rechner verbunden sind. Mit diesen Systemen kann der Kunde zum Beispiel online PKWs mieten, Flugtickets kaufen oder Eintrittskarten erwerben. Dabei muß zum Beispiel von dem Programm geprüft werden, ob das gewählte Fahrzeug am gewünschten Ort zur benötigten Zeit verfügbar ist oder ob für den entsprechenden Flug noch Plätze frei sind. Die Unternehmen sind damit in der Lage, ihren Kunden einen besonderen Service anzubieten. Außerdem könnten sich Rationalisierungseffekte derart ergeben, daß weniger Vertriebsstellen benötigt werden.

Der Autovermieter Sixt hat in den Warteräumen einiger deutscher Flughäfen Selbstbedienungsautomaten („Rent-o-maten") aufgestellt, mit denen der Kunde (mit Kreditkarte) einen Mietwagen für seinen Zielflughafen bestellen kann. Der Rent-o-mat liefert innerhalb von 40 Sekunden einen gedruckten Mietvertrag ([35]).

3.6 Elektronische Märkte

Unter dem Begriff „Elektronischer Markt" wird ein DV-System verstanden, das in einer Datenbank Angebote verschiedener Unternehmen einer Branche enthält und das Interessenten Informationen über die Produkte beziehungsweise Dienstleistungen eines Marktes liefert. Man kann derartige Systeme auch als Weiterentwicklung von Bestellsystemen verstehen, mit dem Unterschied, daß mehrere Anbieter in einer Datenbank enthalten sind. In der Regel handelt es sich bei dem Angebot um Standardprodukte. „Komplexe" Erzeugnisse sind dagegen für elektronische Märkte kaum geeignet.

Die Nutzeffekte für den Kunden liegen dabei darin, daß
– die Anzahl der Alternativen im Auswahlprozeß erhöht wird,
– die Qualität der Auswahl steigt und
– die Kosten (z. B. Zeitaufwand) der Auswahl sinken.

Beispiele für derartige Anwendungen sind:
– Die Auswahl von Finanzierungsangeboten: Die Gesellschaft für optimale Finanzplanung mbH (Gefof) ist Anbieter einer computergestützten Auswahl von Finanzierungsangeboten. Im Bereich der privaten Baufinanzierung unterbreitet die Gefof dem Kunden ein Angebot, das besonders seine persönlichen Präferenzen berücksichtigt. Der Vorschlag wird aus einer Vielzahl möglicher Finanzierungsalternativen zusammengestellt. Auf diesem Markt konkurriert das Unternehmen derzeit mit etwa 30 Mitbewerbern, die ähnliche Softwareprodukte entwickelt haben, um die Gunst der Bank- und Versicherungskunden ([15]).
– Reservierungssysteme, die mit den Systemen SABRE und APOLLO klassische Anwendungen der DV als strategische Waffe darstellen.

Der Erfolg derartiger Systeme zeigt sich unter anderem darin, daß seit der Einführung von Reservierungssystemen der Anteil der Reisebüros am Gesamtverkauf von Flugtickets von 35 auf 70 % stieg ([24]).

Besonders detaillierte Informationen liegen zu den Nutzeffekten des SABRE-Systems vor. Die Einnahmen, die direkt durch das für American Airlines (AA) neue Produkt erzielt werden, resultieren aus monatlichen Leasinggebühren je Reisebüro in Höhe von etwa 500 Dollar und einer Gebühr von 1,75 Dollar für jede Buchung, die von den jeweiligen Veranstaltern zu tragen ist. Die Vorlaufverluste des Systems waren erst 1985 abgetragen, was einer Amortisationsdauer von 9 Jahren entspricht. Es zeigt sich aber auch, daß nach Überschreitung des Break-Even-Punktes die Gewinne sehr stark anstiegen, was auf die Kostenstruktur des Projektes (großer Fixkostenblock und niedrige variable Kosten) zurückzuführen ist.

Noch bedeutender als die primäre dürfte die sekundäre Wirkung von SABRE sein, das heißt der positive Effekt auf den Verkauf von AA-Flügen. Geht man davon aus, daß der Marktanteil von AA in den Reisebüros, in denen andere Reservierungssysteme benutzt werden, genau so stark geschrumpft ist, wie er in den SABRE-Reisebüros anstieg (ca. 20 %), so errechnet sich eine Gesamtumsatzsteigerung durch Einführung von SABRE für AA von knapp 4 %. Bei Erlösen im Jahr 1987 in Höhe von 7,2 Mrd Dollar im AA-Fluggeschäft entspräche dies zusätzlichen Deckungsbeiträgen von etwa 290 Mio Dollar ([2]).

Für die Entwicklung der Reservierungssysteme im Zeitablauf lassen sich vier Phasen unterscheiden:

- In den frühen 60-er Jahren wurden die Flugplatzbuchungssysteme als interne Anwendung konzipiert, um die Anzahl der noch freien Sitze pro Flug besser verfolgen zu können ([11]).
- Im Jahr 1976 wurden sie an die ersten Reisebüros in Lizenz verkauft. Informationen über andere Fluggesellschaften wurden gegen Gebühr in die Systeme integriert.
- Im Laufe der Zeit nahmen die Angebote in der Datenbasis der Systeme zu. Aus ursprünglich reinen Flugplatzbuchungssystemen entwickelten sich Reservierungssysteme für den gesamten Reisemarkt (einschließlich Hotels, Mietwagen, Theatervorführungen).
- Die vierte und jüngste Phase kennzeichnet einen weiteren Diversifikationsschritt: Man nutzte insbesondere bei AA die DV-Erfahrungen und das vorhandene SABRE-Netz, um zusätzliche Einnahmen zu erzielen. So wurde SABRE zum Beispiel die Basis für eine Software zur Büroautomatisierung. Sie wurde bis zum Jahr 1986 etwa 2.600 Mal an Reisebüros verkauft ([6]). Außerdem hat man eine Software namens CAPTURE für Unternehmen entwickelt, mit der diese die Reiseausgaben ihrer Mitarbeiter besser kontrollieren können ([12]). Ein völlig anderes Geschäftsfeld ist ein in Kooperation mit der Citibank angebotener Netzservice für die Kreditkartenautorisierung.

Aufgrund dieser Entwicklung läßt sich zum einen die strategische Bedeutung der Reservierungssysteme für die Betreiber-Airlines ablesen, die neben dem hartumkämpften Flugmarkt ein zweites Standbein gefunden haben, das beträchtlich höhere Renditen erwirtschaftet als das Fluggeschäft.

Zum anderen kann die These von MALONE et. al. bestätigt werden, die besagt, daß sich elektronische Märkte in drei Stufen entwickeln ([18]). In Stufe eins handelt es sich um unausgewogene Märkte, die einen oder mehrere Anbieter bevorteilen („biased markets"). Dann werden sie von Marktkräften oder durch gesetzliche Einwirkungen gezwungen, die Begünstigung aufzugeben („unbiased markets"). Dies ist bei den Reservierungssystemen im Jahr 1984 eingetreten, als ein großer Teil der Wettbewerbsverzerrung aus den Anwendungen entfernt werden mußte. Nach der Entwicklung zu neutraleren Märkten folgt in einer dritten Stufe die Einführung von personalisierten Elementen, das heißt einer möglichst optimalen Anpassung des Marktangebotes an die Bedürfnisse von individuellen Kunden. So gibt es mittlerweile Komponenten für die Reservierungssysteme, bei denen in einer Datenbank die persönlichen Präferenzen des Kunden hinterlegt sind. Dieser braucht im Prinzip nur den Abflug- und Zielflughafen sowie den Termin der Reise anzugeben. Die Airline, der gewünschte Sitzplatz im Flugzeug, die Zahlungsweise etc. sind im System gespeichert und werden automatisch berücksichtigt.

4 Gescheiterte Projekte

Insgesamt konnten nur sieben gescheiterte strategische DV-Projekte in unserer Literatur entdeckt werden. Dies dürfte unter anderem daran liegen, daß Unternehmen verständlicherweise wenig Neigung zeigen, diese Fehlschläge publik werden zu lassen. Bei der Analyse der gescheiterten Projekte konnten folgende Ursachen gefunden werden:

- **Reaktion von Konkurrenten:**
  In zwei Beispielen schlug der Versuch, ein strategisches Projekt aufzubauen, durch den „Gegenschlag" eines Mitkonkurrenten fehl. Die Systeme der Mitbewerber übertrafen im Leistungsumfang dabei jeweils die Ursprungsanwendung, so daß diese kaum noch Beachtung fand.
  Die Ergebnisse zeigen auch, daß bei fehlenden Barrieren nur solche Anwendungen längerfristig zur Differenzierung beitragen oder ein positives Ergebnis erzielen können, die eine Möglichkeit bieten, laufend verbessert und erweitert zu werden.
- **Zu niedrige Kundenakzeptanz:**
  In vier Fällen lag das Scheitern in einer zu niedrigen Kundenakzeptanz begründet. Aufgrund hoher Anfangsinvestitionen werden im allgemeinen große Nutzungsquoten benötigt, um den Break-even-Punkt zu erreichen.
- **Gesetzliche Einflüsse:**
  Bei starken Wettbewerbsverzerrungen durch DV-Systeme muß auch der Einfluß staatlicher oder gerichtlicher Einflüsse einkalkuliert werden. So wurde bei den US-Reservierungssystemen SABRE und APOLLO ein Großteil der wettbewerbsverzerrenden Praktiken aufgrund eines Gerichtsbeschlusses wieder verboten.
- **Interne Widerstände:**
  In einem Fall scheiterte ein strategisches DV-Projekt aufgrund interner Widerstände und nicht aufgrund externer Faktoren:

Der US-Automobilkonzern General Motors hat ein System entwickelt, das potentielle Kunden bei der Auswahl eines Wagens aus dem Produktprogramm von General Motors unterstützt. Dabei werden die Modelle mit einem Video-Disk-System auf einem Bildschirm dargestellt. Das Projekt scheiterte, da die Mitarbeiter in den Verkaufsniederlassungen diese Anwendung nicht als nützlich für die Absatzförderung ansahen und es folglich nicht einsetzten ([28]).

Die Beispiele zeigen, daß bei der Planung strategischer Systeme besonders die möglichen Reaktionen von Konkurrenten wichtig sind und entsprechende Berücksichtigung finden müssen. Um zum Beispiel einem „strategischen Patt" entgegenzuwirken, sollten auch mögliche Kooperationen mit Wettbewerbern in die Überlegungen einbezogen werden, um die Gefahr, daß der Nutzen des Systems allein den Kunden der Branche zugute kommt, abwenden zu können.

5 Zusammenfassung und Ausblick

Die Praxisbeispiele bestätigen, daß durch den Einsatz von strategischen DV-Systemen nennenswerte Umsatzsteigerungen zu erreichen sind. Relativ häufig treten solche Nennungen bei Akquisitionsanwendungen und Bestellsystemen auf.

Kurze Amortisationszeiten und relativ hohe Rentabilitäten auf das investierte Kapital scheinen sich mit Akquisitionsanwendungen erreichen zu lassen. Jedoch ist bei dieser Systemgruppe die Absicherung des längerfristigen Wettbewerbsvorteils und damit die strategische Bedeutung insgesamt nicht so ausgeprägt.

Während für einfache Bestellsysteme und Akquisitionsanwendungen die geschaffenen Barrieren für Mitbewerber eher gering sind, können in Fällen, in denen das Bestellsystem mit zusätzlichen Leistungen ausgestattet ist oder bei denen die IT als Absatzkanal eingesetzt wird, die aufgebauten Barrieren tendenziell als hoch eingeschätzt werden.

Viele strategische DV-Systeme zielen darauf ab, dem Kunden Vorteile zu verschaffen. Damit soll die Kundenbindung erhöht und letztlich die Gewinnsituation verbessert werden. Da jedoch davon auszugehen ist, daß die Konkurrenz in der Regel versuchen wird, mit vergleichbaren Entwicklungen nachzuziehen, könnte sich langfristig eine stärkere Position der Abnehmer in der jeweiligen Branche ergeben ([21]). Eine Art „Defensivstrategie" der Unternehmen gegen diese Tendenz dürfte in horizontalen Kooperationen liegen. Koalitionsstrategien werden durch die Einführung überbetrieblicher Standardisierungen unterstützt. Aufgrund dieser Normen wird sich voraussichtlich der „strategische Charakter" zwischenbetrieblicher DV-Systeme ändern: Während bisher mit diesen Anwendungen Wettbewerbsvorteile zu erzielen waren (aktiver Charakter), werden in Zukunft Investitionen in diese Technik vermutlich stärker zu Absicherung der eigenen Position in der Branche getätigt werden (defensiver Charakter). Erste Beispiele zeichnen sich zum Beispiel in der Versicherungswirtschaft ab. So arbeitet der Gesamtverband der deutschen Versicherungswirtschaft (GDV) gegenwärtig an einer nationalen Lösung für eine einheitliche

Übermittlungsregelung des Datenaustausches zwischen selbständigen Versicherungs-
maklern und -gesellschaften. Dieses Projekt kann als Teil einer Abwehrstrategie
gegen den gerade in Aufbau befindlichen, elektronischen Markt „FinCom" gesehen
werden, in dem die Angebote an Versicherungs- und anderen Finanzdienstleistungen
enthalten sein werden ([38]).

Es ist möglich, daß durch den Einsatz zwischenbetrieblicher Informationstechnik
die Ebene der Absatzmittler beziehungsweise des Großhandels zunehmend erübrigt
wird. So haben beispielsweise Flugreisende in den USA über einen PC Zugang zum
Reservierungssystem SABRE ([6]). Darüber hinaus betreiben bereits mehrere Fluggesellschaften Ticketautomaten. Ein weiteres Beispiel ist die ab dem Jahr 1989 in
Betrieb gehende DV-Anwendung NEWADA der VW AG. Mit diesem Bestellsystem
wird die bisherige Großhandelsebene beim Vertrieb von Neufahrzeugen umgangen
([40]).

Mehrere Automobilhersteller wollen künftig verstärkt Teile ihrer Forschungs- und
Entwicklungsarbeiten auf Zulieferbetriebe übertragen. Dies wird zum Beispiel zu
verstärkter CAD-Integration führen. Die Automobilhersteller verfolgen damit unter
anderem das Ziel, durch die Einbeziehung der Lieferanten die Entwicklungszeiten
für neue Modelle zu verkürzen ([4]). Um die Weitergabe gemeinsam konzipierter
Neuerungen an Konkurrenten zu verhindern, werden vertragliche Bindungen mit
Zulieferern geschlossen.

Literatur

[1] ANSELSTETTER, RAINER: *Betriebswirtschaftliche Nutzeffekte der Datenverarbeitung*,
     Berlin u. a. 1986^2.
[2] BANKS, HOWARD: Calmness itself, in: *Forbes* 141 (1988) 6, 39.
[3] BARRETT, STEPHANIE; KONSYNSKI, BENN: Inter-Organization Information Sharing
     Systems, in: *MIS Quarterly* Special Issue 1982, 94.
[4] BÖHMER, REINHOLD: Automobilindustrie: Direkter Durchgriff, in: *Wirtschaftswoche*
     42 (1988) 29, 113 – 114.
[5] BOTT, H. S. et al.: How to make a Strategic Move with Information Systems, in:
     Information Week vom 26. Mai 1986, 30.
[6] BUDAY, ROBERT: SABRE Gives the Edge to American Airlines, in: *Information
     Week* vom 26. Mai 1986, 35.
[7] BURDAY, ROBERT: AHSC On-line System Ships Supplies ASAP, in: *Information
     Week* vom 26. Mai 1986, 38.
[8] CORDROCH, CLARISSA: Kundendienst unter Druck, in: *Online* (1988) 1, 25.
[9] DICHTL, ERWIN: Individualisierung der Leistung, in: *Blick durch die Wirtschaft* 31
     (1988) 67, 1.
[10] FARMER, NEIL: Using Systems to Sell, in: *Datamation* 32 (1986) 9, 64/11.
[11] FREEDMAN, DAVID H.: Cultivating IS Creativity, in: *Infosystems* (1987) 7, 24.
[12] GELFOND, SUSAN M.; DAVIS, JO ELLEN: Now, the „Paperless" Expense Account,
     in: *Business Week* vom 7. September 1987, 106.
[13] GÖLZ, STEFAN: Wettbewerbsvorteile durch Informationstechnik: Reuters Holdings
     PLC, in: *Wirtschaftswissenschaftliches Studium* 17 (1988) 8, 419 – 420.

[14] INSTITUT DER DEUTSCHEN WIRTSCHAFT (Hrsg.): *Zahlen zur wirtschaftlichen Entwicklung der Bundesrepublik Deutschland 1988*, Köln 1988, 22.

[15] KOOB, FRITZ: Wettbewerbsvorteile durch Informationstechnik: Computergestützte Kapitalmarktberatung Gesellschaft für optimale Finanzplanung mbH (Gefof), in: *Wirtschaftswissenschaftliches Studium* 17 (1988) 3, 145.

[16] LAYNE, ROBERT: Credit D & B's Systems for Strategic Success, in: *Information Week* vom 26. Mai 1986, 46 – 47.

[17] LAYNE, ROBERT: Otis MIS: Going Up, in: *Information Week* vom 18. Mai 1987, 32 – 37.

[18] MALONE, THOMAS W.; YATES, JOANNE; BENJAMIN, ROBERT I.: *Electronic Markets and Electronic Hierarchies: Effects of Information Technology on Market Structures and Corporate Strategies*, San Diego 1986.

[19] MERTENS, PETER: Expertensysteme in den betrieblichen Funktionsbereichen — Chancen, Erfolge, Mißerfolge, in: BRAUER, W.; WAHLSTER, W. (Hrsg.): *Wissensbasierte Systeme*, 2. Internationaler GI-Kongreß, Berlin, Heidelberg 1987, 181 – 206.

[20] MERTENS, PETER; BORKOWSKI, VOLKER; GEIS, WOLFGANG: *Betriebliche Expertensystem-Anwendungen*, Berlin u. a. 1988.

[21] MERTENS, PETER; PLATTFAUT, EBERHARD: Informationstechnik als strategische Waffe, in: *Information Management* (1986) 2, 6 – 17.

[22] MERTENS, PETER; SCHUMANN, MATTHIAS; ZEITLER, PETER; KOCH, HEIDI: Untersuchungen zum Nutzen-Kosten-Verhältnis der Büroautomation, in: KRALLMANN, H. (Hrsg.): *Planung, Einsatz und Wirtschaftlichkeitsnachweis von Büroinformationssystemen*, Berlin 1986, 103 – 134.

[23] NISSE, JASON: Big Spenders, in: *The Banker* 137 (1987) 7, 64.

[24] PETRE, PETER: How to Keep Customers Happy Captives, in: *Fortune* vom 2. September 1985, 48.

[25] PILLSBURY, A. B.: The Hard-Selling Supplier to the Sick, in: *Fortune* vom 26. Juli 1982, 56.

[26] RUHSERT, JENS C.: Der Aufstieg des computerintegrierten Managements, in: *Computerwoche* 14 (1987) 21, 24 – 25.

[27] SACHSE, CHRISTIAN; KEMPKENS, WOLFGANG: Service im Maschinenbau: Reparatur per Telefon, in: *Wirtschaftswoche* 42 (1988) 17, 83.

[28] THOMPSON, JOHN M.: Winners and Losers in Channel Warfare, in: *Index Group* (1987) 4.

[29] WILDEMANN, HORST: *Investitionsplanung und Wirtschaftlichkeitsrechnung für Flexible Fertigungssysteme (FFS)*, Stuttgart 1987.

[30] WISEMAN, CHARLES: *Strategy and Computers: Information Systems as Competitive Weapons*, Homewood 1985, 67.

[31] O. V.: Has Metpath Diagnosed a Winner?, in: *Business Week* vom 25. Januar 1982, 84-B.

[32] O. V.: Business is Turning Data into a Potent Strategic Weapon, in: *Business Week* vom 22. August 1983, 92.

[33] O. V.: Fuhrpark: Gläserner Brummi, in: *Wirtschaftswoche* 40 (1986) 25, 113 – 117.

[34] O. V.: Apotheker- und Ärztebank: Eigennützige Hilfe, in: *Wirtschaftswoche* 41 (1987) 1/2, 70 – 71.

[35] O. V.: Irgendwann weltweit, in: *Spiegel* 41 (1987) 43, 106 – 108.

[36] O. V.: Schnell mit Btx: Ersatzteile, in: *IBM Nachrichten* 37 (1987) 290, 32.

[37] O. V.: Ausgebliebene Grippewelle drückt Umsatz von Siegfried Pharma, in: *Frankfurter Allgemeine Zeitung* vom 9. Mai 1988.

[38] O. V.: Makler: Streit um Standards, in: *Wirtschaftswoche* 42 (1988) 27, 74 – 75.

[39] O. V.: Produktionsverbund: Flexible Fesseln, in: *Wirtschaftswoche* 42 (1988) 29, 118 – 128.

[40] O. V.: VW rückt näher an den Kunden, in: *Frankfurter Allgemeine Zeitung* vom 9. September 1988, 15.

Notwendigkeit strategisch orientierter Vertriebsmanagementsysteme in der Investitionsgüterindustrie

von *Paul Halbich*

TM-Software GmbH, München

1 Einführung und Problemstellung

Um den künftigen Herausforderungen des Marktes besser begegnen zu können, bemühen sich immer mehr Unternehmen um die Erzielung nachhaltiger Wettbewerbsvorteile. Die meisten Märkte sind heute gekennzeichnet durch

- permanente Überkapazitäten,
- kürzer werdende Produktlebenszyklen,
- zunehmende Differenzierung der Kundenwünsche,
- Globalisierung der Märkte und
- Verschärfung des Wettbewerbs.

Um in diesem Umfeld erfolgreich agieren zu können, sind neben dem Einsatz moderner Organisationsformen auch die Weiterentwicklung bestehender Kommunikations- und Informationstechniken erforderlich. Ob in der Produktion und Logistik oder im Marketing und Vertrieb, ob zur effizienten Abwicklung von Bürotätigkeiten oder zur qualitativen Verbesserung von Managemententscheidungen, der Einsatz moderner Systeme bedeutet einen Informationsvorsprung, und dieser bedeutet grundsätzlich einen Wettbewerbsvorteil.

Viele Firmen sind jedoch zu sehr mit kurzfristigem Auftragseingangs- und Umsatzdenken beschäftigt und messen einer marktorientierten Unternehmensführung zu wenig Bedeutung bei. Dabei bestimmt einzig und allein der Markt über Erfolg oder Mißerfolg eines Produktes oder eines ganzen Unternehmens. Um Marktanteile zu erobern oder zu verteidigen, versuchen Firmen ihre Produkte im technischen Bereich gegenüber Wettbewerbsprodukten zu verbessern, ohne sich über die genauen Marktanforderungen im Klaren zu sein. Das Ergebnis ist häufig eine Produkteinführung, die an den Bedürfnissen des Marktes vorbeigeht.

Obwohl die technischen Probleme vielfältiger und komplizierter werden, muß ein marktorientiertes Denken in den Vordergrund rücken. Die Effizienz der Produktion ist nicht mehr Mittelpunkt unternehmerischen Handelns, sondern der Absatz auf immer schwieriger werdenden Märkten.

Wer Wettbewerbsvorteile erlangen will, muß sich zunehmend differenzierten Kundenwünschen anpassen. Der Einsatz von Systemen erlaubt und fördert einerseits automatisiertes, kostengünstiges Liefern von Standardleistungen, andererseits aber auch das Eingehen auf die Wünsche des individuellen Kunden durch bessere Beratung, durch intelligentere Produkte und durch schnellere Reaktion auf geänderte Anforderungen.

Damit ändert sich aber auch die Zielsetzung der Informationsverarbeitung. Die Erzielung nachhaltiger Wettbewerbsvorteile durch die rechtzeitige Verfügbarkeit der Informationen läßt das bisherige Ziel — Kostenreduzierung für sich wiederholende Aufgaben — in den Hintergrund treten. Der erfolgreiche Einsatz informationstechnischer Systeme wird künftig auch daran gemessen werden, welchen strategischen Nutzen die Unternehmen aus solchen Systemen ziehen können, um ihren Aufgaben

- Kundennähe,
- rasches Agieren und Reagieren am Markt und
- Angebot neuer Produkte und Dienstleistungen

effizienter nachzukommen. Im Gegensatz zur Konsumgüterindustrie wurde bislang der Gewinnung und Verarbeitung strategisch relevanter Informationen im Investitionsgüterbereich zu wenig Aufmerksamkeit geschenkt.

Die Hauptgründe dürften darin liegen, daß

- es an Erfahrung im Umgang mit strategischen Informationen fehlt, insbesondere bei sogenannten „schwachen Signalen",
- die Verantwortlichen aufgrund einer mangelnden konzeptionellen „Gesamtsicht" ein zu wenig systematisches Chancen- und Bedrohungsmanagement betreiben und
- die vorhandenen Informationssysteme den Erfordernissen der strategischen Planung zu wenig angepaßt sind.

Eine 1984 in den USA durchgeführte Befragung dokumentiert das geringe Problembewußtsein gegenüber einer systematischen und organisierten Informationsbeschaffung ([1]):

- 31 % der Unternehmen beobachten danach lediglich das aktuelle Umfeld ohne eine erkennbare Systematik,
- 38 % der Unternehmen beobachten das Umfeld, um spezielle Ereignisse besser verstehen zu können,

– 24 % der Unternehmungen beschränken die Umfeldanalyse auf Konkurrenzbeobachtungen,
– lediglich 7 % betreiben eine systematische, umfassende strategische Analyse, um nach Wettbewerbsvorteilen Ausschau zu halten.

Eine in einem anderen Zusammenhang durchgeführte Studie in der deutschen Investitionsgüterindustrie — auf die noch näher eingegangen wird — zeigt ähnliche Ergebnisse.

Beide Umfragen machen deutlich, daß die systematische Gewinnung relevanter Informationen den Engpaßfaktor darstellen. Viele der benötigten Informationen sind in den meisten Unternehmen vorhanden, sie werden jedoch nicht organisiert und systematisiert, um sie als Entscheidungsgrundlage den Verantwortlichen zur Verfügung zu stellen. Dabei bietet sich gerade einzelnen Bereichen der Investitionsgüterindustrie wie zum Beispiel dem Maschinen- oder Anlagenbau die Möglichkeit, diese Informationen als Abfallprodukt des ständig wiederkehrenden Prozesses „Kundenanfrage → Angebot → Auftrag" zu generieren. Viele dieser Firmen stehen bis zur endgültigen Auftragserteilung in einem intensiven Informationsaustausch mit dem Kunden. In der Regel nimmt dieser Vorgang mehrere Monate in Anspruch und liefert weitaus bessere Informationen über neue Produkte, Markt und Wettbewerb, als dies von einer zentralen Marktforschung ermittelt werden könnte. Dies belegen auch Aussagen von Unternehmen, denen zufolge etwa 60 – 80 % aller neuen Produktideen keine eigenen Erfindungen sind, sondern Kunden den Anstoß dazu gegeben haben. Damit wird aber auch deutlich, daß der Gruppe von Mitarbeitern, die sich in dem strategischen Dreieck „Kunde – Wettbewerb – eigenes Unternehmen" bewegen, eine besondere Schlüsselrolle zufällt. Dazu gehören in erster Linie die Funktionen

– Vertrieb,
– Marketing,
– Kundenunterstützung,
– Montage und
– Service.

Einerseits stehen diese Mitarbeiter im direkten Kontakt zum Kunden, verfügen somit über die notwendigen Markt- und Wettbewerbsinformationen, andererseits ist diese Gruppe von Mitarbeitern auch in der Lage, gewonnene Erkenntnisse über Marktanforderungen am schnellsten in die Tat umzusetzen, vorausgesetzt, daß die gewonnenen Informationen systematisch gesammelt, verarbeitet und durch entsprechende Vorgehensweisen umgesetzt werden.

Um diese Bereiche in der Erzielung nachhaltiger Wettbewerbsvorteile zu unterstützen, bedarf es Informationssystemen, die sowohl operative als auch strategische Aufgabenstellungen abdecken. Eine von der TM-Software GmbH durchgeführte Studie sollte aufzeigen, mit welchen Themenstellungen sich die Unternehmen heute befassen, um den strategischen Aufgabenstellungen gerecht zu werden.

2 Ergebnisse einer Umfrage

Bei der von der TM-Software GmbH durchgeführten Studie wurden insgesamt 40 Gespräche mit Unternehmen der Investitionsgüterindustrie geführt. Im einzelnen handelte es sich dabei um Firmen folgender Branchen:

- Werkzeugmaschinen,
- Druckmaschinen,
- Textilmaschinen,
- allgemeiner Maschinenbau,
- Meß- und Regeltechnik,
- EDV-Hersteller.

Im wesentlichen ging es dabei um die künftigen Schwerpunkte der Unternehmen in bezug auf die Verbesserung der Wettbewerbsposition sowie um die Konzepte, die dafür entwickelt werden.

Alle Befragten waren sich darüber einig, daß der Schwerpunkt nicht in der weiteren Reduzierung der Kosten zu sehen ist, sondern Aufgabenstellungen, wie sie in Abbildung 1 zusammengefaßt sind, mit höherer Priorität bearbeitet werden müssen. Dabei ging es den befragten Unternehmen sowohl um die konsequentere Ausschöpfung des vorhandenen Anfragepotentials als auch um die Feststellung und Ausschöpfung neuer Marktpotentiale zur Absicherung beziehungsweise Ausweitung vorhandener Märkte. Diese Ziele können jedoch nur dann erreicht werden, wenn es den Unternehmen gelingt, Reserven bereits im Vorfeld der Auftragsvergabe zu mobilisieren. Wenn man berücksichtigt, daß die Trefferquote, das heißt das Verhältnis von eingehenden Kundenanfragen zu Aufträgen, in weiten Teilen der Investitionsgüterindustrie 10 : 1 beträgt, dann wird deutlich, welche Verbesserungspotentiale im Vorfeld des Auftragseinganges vorhanden sind.

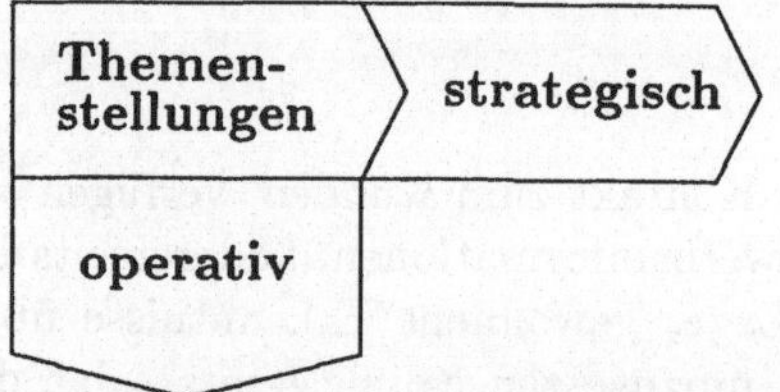

- Erkennen von Chancen und Bedrohungen
- Steigerung der Kundenanfragen
- Gewinnung von Neukunden
- Erstellen von Pflichtenheften
- Analyse der Wettbewerbssituation
- Absicherung strategischer Entscheidungen

- Erhöhung der Trefferquote
- Beschleunigung des Anfragedurchlaufs
- Optimierung der Kapazitätsauslastung
- Unterstützung durch EDV-Hilfsmittel
- Forecast für die Planung
- Lost-Order-Analyse

Abbildung 1: *Aufgaben, die bei den Unternehmen im Vordergrund stehen*

Abbildung 2 macht deutlich, welche Ergebnisverbesserung erzielt werden kann, wenn
das vorhandene Anfragepotential um nur 1 % besser ausgeschöpft wird. Um dasselbe
Resultat auf der Kostenseite zu erreichen, müßten in diesem Beispiel die Fixkosten
um 9 % reduziert werden. Dabei darf jedoch nicht übersehen werden, daß eine
Verschlechterung der Ausschöpfung des Anfragepotentials um 1 % in vollem Umfang
in die negative Richtung wirkt.

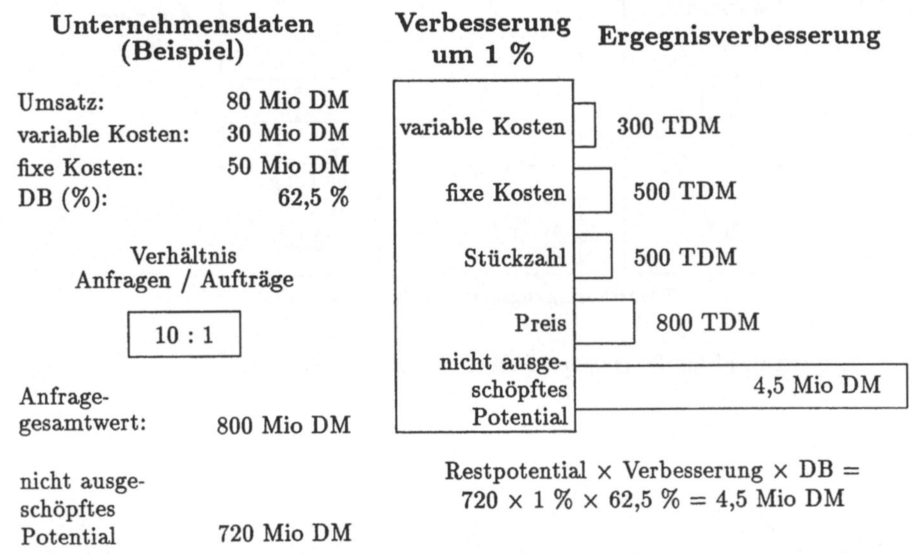

Abbildung 2: *In der Ausschöpfung des Anfragepotentials liegen große Reserven ...*

Obwohl alle befragten Unternehmen die Notwendigkeit sahen, die übliche Bearbei-
tungsroutine durch systematisches Anfragemanagement zu ersetzen, arbeitet nur
ein kleiner Teil dieser Firmen an Konzepten und Lösungsansätzen. Ein Indiz dafür
sind Informationssysteme, die zur Zeit von dieser Gruppe entwickelt und eingeführt
werden.

Ein Ergebnis dieser Studie war, daß 90 % der befragten Unternehmen in EDV-
Systeme investieren, bei denen die Auftragsbearbeitung und damit die Kostenreduzierung im Mittelpunkt steht (Abbildung 3). Nur 10 % der Firmen haben Systeme
implementiert, um die Wahrscheinlichkeit für einen Auftrag zu erhöhen. Vergleicht
man die Trefferquote beider Gruppen, so liegt die zweite Gruppe mit 7 : 1 deutlich besser im Vergleich zur ersten Gruppe, die auf ein Verhältnis von 10 : 1 kam
(Abbildungen 3 und 4).

Interessant bei der Auswertung der Umfrageergebnisse war auch die Feststellung,
daß es sich bei 10 % der Unternehmen der zweiten Gruppe um die Firmen handelte,
die generell als gut geführt gelten. Dieses Fazit deckt sich mit der Erfahrung an anderer Stelle, daß diese Unternehmen ihre Produktivität durch gezielte Investitionen

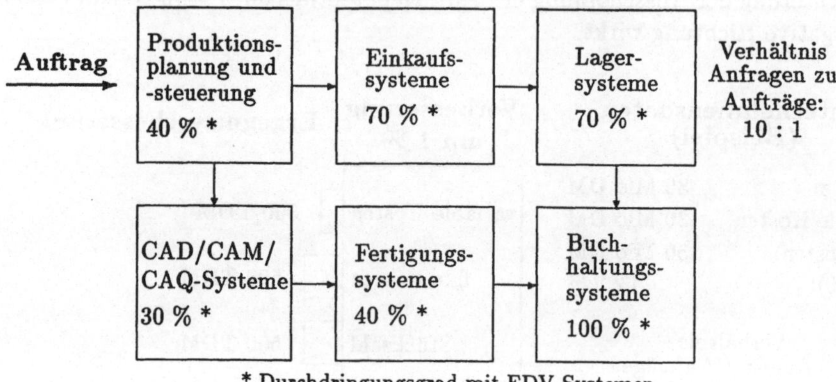

Abbildung 3: *Heutige Priorität: Reduzierung der Kosten*

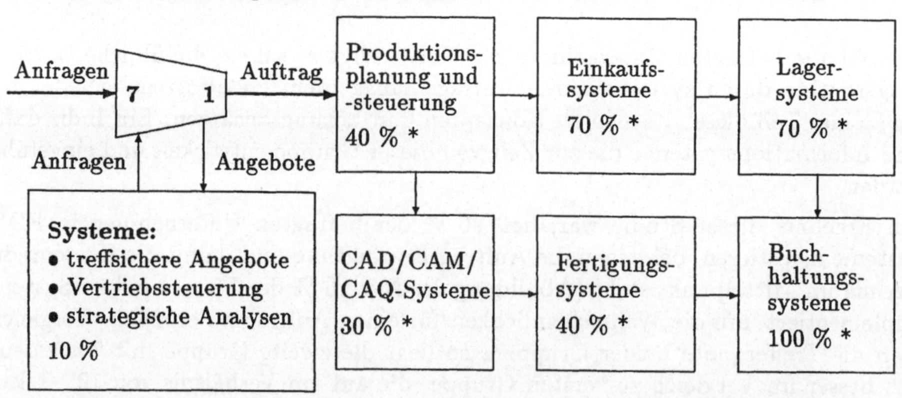

Abbildung 4: *Künftige Priorität: Steigerung des Auftragseingangs*

in Informationssysteme verbessern, während es den weniger leistungsfähigen Betrieben — hart gesagt — umso schlechter geht, je mehr sie für Informationstechnik ausgeben.

Anhand eines in der Praxis bewährten Konzeptes sollen nachfolgend Anregungen gegeben werden, wie sich mit Hilfe von Informationssystemen sowohl die operativen als auch strategischen Aufgabenstellungen des Vertriebes verbessern lassen.

3   Methode der Erfolgsfaktoren

Gerade technisch orientierten Unternehmen fällt es oft schwer zu akzeptieren, daß gute Produkte sich nicht von selbst verkaufen und durchsetzen, sondern daß die Vorteile dem Kunden mit großen Anstrengungen erklärt und an der Verkaufsfront bestimmte Voraussetzungen geschaffen werden müssen, um einen Verkaufserfolg zu erzielen.

Ein Meilenstein auf dem Weg zum Auftrag ist die Abgabe eines treffsicheren Angebotes. Hier hat es sich bewährt, die Methode der Erfolgsfaktoren in das Gesamtkonzept mit einzubeziehen. Vereinfacht ausgedrückt bedeutet dies, daß markt- und produktspezifisch die Faktoren festgelegt werden, die aus Kundensicht entscheidungsrelevant sein können. Dabei ist es wichtig, sich nicht nur auf die „Hardware" des Kernproduktes zu beschränken, sondern einen möglichst umfassenden „Software-Kranz" mit einzubeziehen, um damit auch produktverbundene Dienstleistungen, das Ansehen des Produktes und der Firma im Markt zu berücksichtigen. Erfolgsfaktoren für ein Investitionsgut können etwa sein:

Hardware	Software
Preis	Beratung
Bearbeitungskosten	Schulung
Bearbeitungsergebnis	Service
Flexibilität	Image
Bedienerfreundlichkeit	Innovation

Jede eingehende Kundenanfrage wird nun anhand dieser Faktoren bewertet, um die Wichtigkeit eines einzelnen Faktors für die Kaufentscheidung des Kunden im vorliegenden Fall festzustellen.

Eine hohe Bewertung ist dabei „kriegsentscheidend" für die Gewinnung des Auftrags, während eine niedere Bewertung wenig oder keinen Einfluß auf die Auftragsvergabe bewirkt. Die Wichtigkeit eines Parameters aus Kundensicht und die Leistung des Unternehmens bei diesem Parameter sollten aufeinander abgestimmt sein. Für nachgelagerte Bereiche wie zum Beispiel die Projektierung werden diese Erfolgsfaktoren mit den entsprechenden Produktmerkmalen versehen. Dies sind eindeutig meßbare Größen wie etwa Umstellzeit und Umstellkosten, um den Parameter Flexibilität zu definieren.

Diese Methode bildet somit die gemeinsame Kommunikationsschiene und integriert
alle Bereiche, die an der Erstellung eines treffsicheren Angebotes beteiligt sind (Abbildungen 5 und 6). Darüber hinaus besitzt die so gewonnene Datenbasis eine hohe
strategische Aussagekraft in bezug auf das Kaufverhalten der Kunden, die Beurteilung der Wettbewerbssituation sowie für die Entwicklung neuer Produkte und
Dienstleistungen (Abbildung 7). Nur wer sich auf die Leistungsmerkmale konzentriert, die vom Kunden auch tatsächlich gefordert und honoriert werden, kann auf
Dauer wahrnehmbare Wettbewerbsvorteile erzielen und damit bessere Leistungen
erreichen.

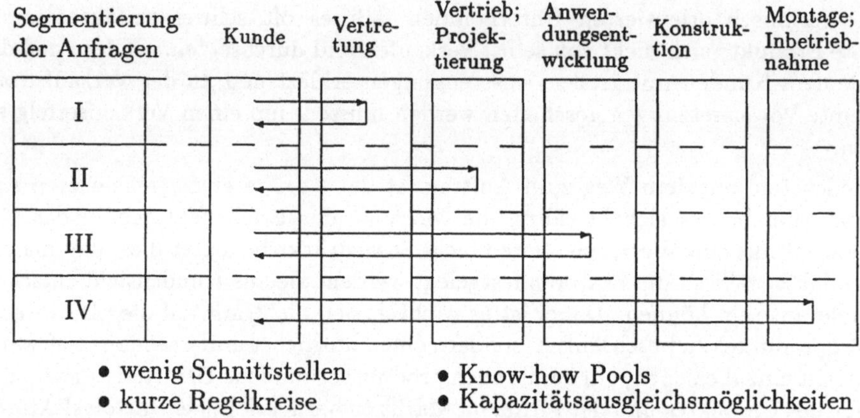

Abbildung 5: *Integration der Abläufe durch geschlossene Leistungsketten*

4 Methode der Meilensteinplanung

Einen weiteren Schwerpunkt des Konzeptes der systematischen Anfragebearbeitung
bildet die Meilensteinplanung. Sie soll einen geordneten und nachvollziehbaren Ablauf des Vorganges „Anfrage → Angebot → Auftrag" garantieren. Dabei wird der
gesamte Verkaufszyklus — von der Kundenanfrage bis zum Auftrag — in mehrere
Phasen gegliedert, die sich dadurch auszeichnen, daß die erfolgreiche Beendigung
jeder Phase durch ein quantifizierbares Ereignis, zum Beispiel ein erfolgtes Vorgespräch, eine technische Beratung oder die Abgabe eines schriftlichen Angebotes
nachprüfbar ist (Abbildung 8).

Aus operativer Sicht dient die Meilensteinplanung dem Vertrieb als Steuerungsinstrument für jede einzelne Kundenanfrage, sowohl aus der Sicht der Terminplanung
für den Außen- beziehungsweise Innendienst als auch zur frühzeitigen Diagnose auftauchender Hindernisse oder Verzögerungen auf dem Wege zur Auftragserteilung,
die damit frühzeitig erkannt und ausgeräumt werden können. Zusätzlich dient die

Erfolgsfaktoren	aktuelle Bewertung	1 2 3 4 5	Zielwert	Angebots-wert
Preis · Preisbildung · Angebotswert	4		L 100/88 600.000 DM	L 100/88 635.500 DM
Lieferzeit	2		11 Monate	12 Monate
Bearbeitungskosten · Bearbeitungszeit · Gesamtzeit · Werkzeugkosten	3		2,0 Min. 2,0 Min. 75.000 DM	2,0 Min. 3,0 Min. 72.000 DM
Arbeitsergebnis · Qualität	5		6/7	6/7
Bedienung · Automatisierung	2		3	2
Zuverlässigkeit · Verfügbarkeit	3		90 %	90 %
Flexibilität · Umstellkosten · Umrüstzeit	4		150.000 DM 40 Min.	165.000 DM 45 Min.
Beratung; Schulung	1		20.000 DM	23.000 DM
Service · Reaktionszeit	3		5 Std.	5 Std.

Legende: ▨ Profil des Wettbewerbers · ▢ eigenes Profil

Abbildung 6: *Erstellung eines treffsicheren Angebotes*

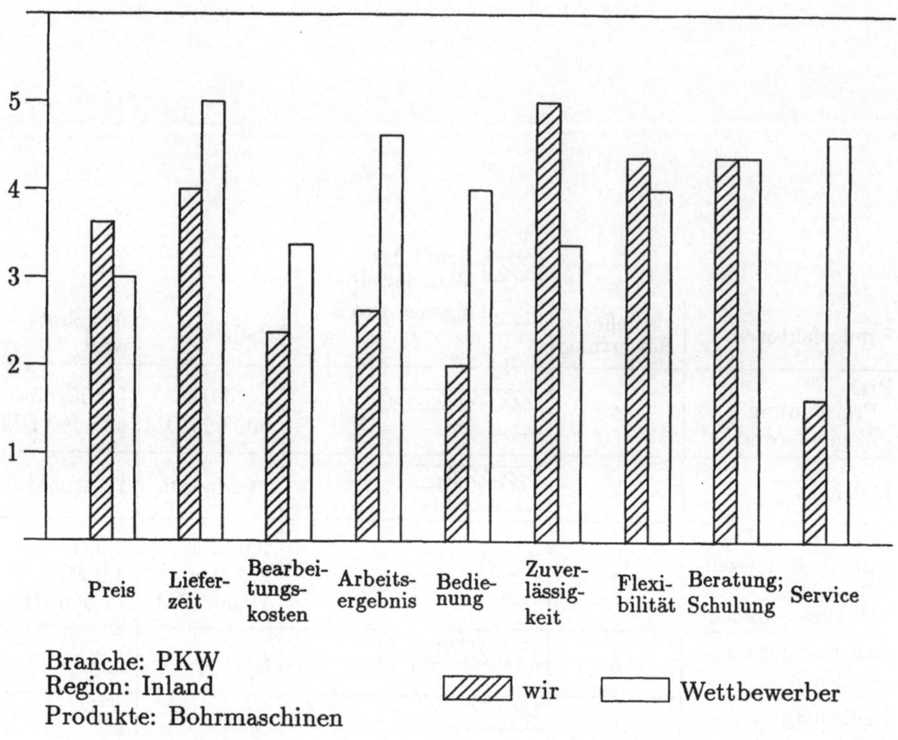

Abbildung 7: *Analyse der Erfolgsfaktoren*

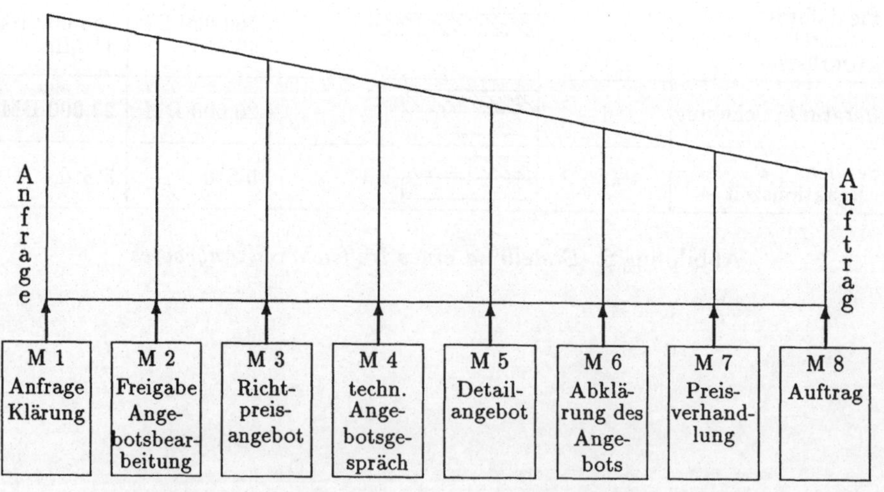

Abbildung 8: *Methode der Meilensteinplanung*

146

Meilensteinplanung auch zur Steuerung der gesamten Auftragssituation, da sich ausgehend von den Daten über die erreichten Meilensteine detaillierte Prognosen für zum Beispiel
- Produktionsplanung,
- Kapazitätsauslastung,
- Einkaufsplanung oder
- Umsatzplanung
erstellen lassen. Dies ermöglicht es den Unternehmen, frühzeitig auf Ereignisse am Markt zu reagieren (Abbildung 9).

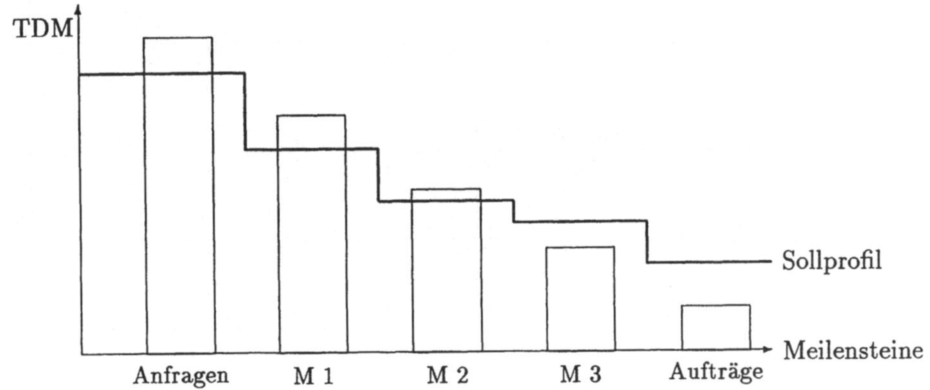

Abbildung 9: *Methode der Meilensteinplanung*

Neben diesen aus der operativen Anwendung erzielbaren Vorteilen läßt sich das Konzept der Meilensteinplanung für strategische Aufgabenstellungen einsetzen wie zum Beispiel
- Meilenstein-spezifische Zuordnung von Lost-Order-Gründen,
- Ermittlung der Schwachstellen je Meilenstein sowie deren Auswirkung bezogen auf Umsatz, Zeit, Ergebnis oder
- Festlegung Meilenstein-bezogener Tätigkeiten und Verantwortlichkeiten mit dem Ziel, bestehende Abläufe und Strukturen zu optimieren (Abbildung 10 und 11).

5 Anforderungen an ein Vertriebsmanagementsystem

Ein Vertriebsmanagementsystem für die Investitionsgüterindustrie muß bestimmte Kriterien in zwei verschiedenen Bereichen erfüllen: einerseits auf dem Gebiet der Funktionalität innerhalb des Vertriebes, andererseits in seinen Fähigkeiten, voll in die vorhandene Organisation integriert zu werden. Während die Anforderungen der Funktionalität sich vorwiegend auf Datenerfassung und -verarbeitung sowie Bedie-

Abtl.; Tätigkeiten / Meilensteine	M 1	M 2	M 3	M 4	Kapazität Anzahl Mitarbeiter
	•	•			
	•	•			
	•				
		•			
Kapazität					
Anzahl Mitarbeiter					
Durchlaufzeiten					

$\rightarrow$ $\rightarrow$ $\rightarrow$ $\rightarrow$ $\rightarrow$ $\rightarrow$

Abbildung 10: *Optimierung der Abläufe*

Funktionszuordnung der Meilensteinaktivitäten bei
Organisationen mit mehreren Sparten und Bereichen

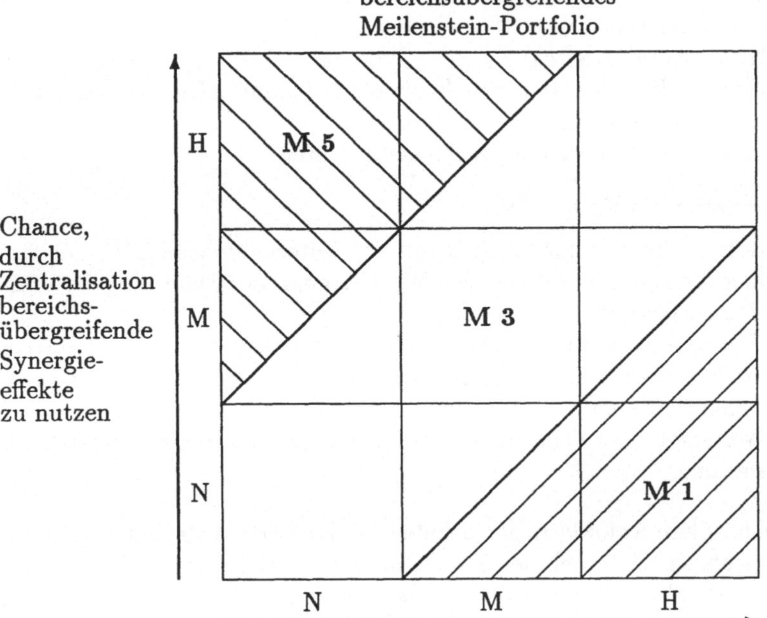

M 1 bis M 5 = Meilensteintätigkeiten

dezentral

Grenzbereich

zentral

Abbildung 11: *Optimierung der Strukturen*

nerführung beschränken, beziehen sich die Anforderungen der zweiten Gruppe mehr
auf das EDV-technische Umfeld.

1. Funktionalität im Vertrieb:

   – Einfache Bedienerführung zur Erhöhung der Akzeptanz bei bis dato wenig
     der EDV ausgesetzten Benutzergruppen.
   – Einfache Anpassung an unternehmensspezifische Anforderungen bezüglich
     Produkt- und Kundengruppen.
   – Schneller Zugriff auf Daten jeder einzelnen Anfrage nach verschiedenen
     Suchschlüsseln.
   – Kurze Antwortzeiten.
   – Flexible Berichte, die vom Benutzer mit minimalem Aufwand ad hoc defi-
     niert werden können.
   – Graphische Darstellung verdichteter Daten.

2. Integration im Unternehmen:

   – Kommunikationsmöglichkeit mit der Unternehmens-EDV.
   – Zugriffskontrolle auf verschiedenen Ebenen der Dateneingabe und -abfrage
     (Datensicherheit).
   – Netzwerkfähigkeit zur Bereitstellung der Daten an unterschiedlichen Stellen
     im Unternehmen, sowohl geographisch als auch auf verschiedenen vorhan-
     denen Systemen.
   – Weitergabe verdichteter Daten an andere Systeme zur strategischen Aus-
     wertung.

Systeme, die diese Anforderungen erfüllen, sind bei der zu Beginn erwähnten Gruppe
der gut geführten Unternehmen bereits in der Entwicklung. Im Laufe der nächsten
Jahre werden solche Systeme weitere Verbreitung in der Investitionsgüterindustrie
finden, einerseits, weil das Problem des Anfragen- und Vertriebsmanagements immer
mehr erkannt wird, andererseits, weil der Wettbewerbsdruck die meisten Unternehmen einfach dazu zwingen wird, diesem Gebiet mehr Aufmerksamkeit zu schenken.

Literatur

[1] DAY, GEORGE S.: *Analysis for Strategic Market Decisions*, St. Paul, Minnesota 1985.

Kopplung von System- und Unternehmensstrategie als Voraussetzung für Wettbewerbsvorteile

von Dietmar Meyersiek und Michael Jung
McKinsey & Co, Inc., Düsseldorf

1 Einleitung

Informationstechnologie und Systeme können einen großen Beitrag zum Erfolg eines Unternehmens leisten — diese Erkenntnis ist heute wohl kaum noch umstritten. Die verfügbaren Technologien werden immer leistungsfähiger, ihr Preis- / Leistungs-Verhältnis immer günstiger. Im Zuge dieser stürmischen Entwicklung hat sich die Rolle von Informationstechnologie und Systemen (ITS) im Unternehmen grundlegend verändert: Wurden sie früher eher als untergeordnetes Werkzeug zur Übernahme mechanisierbarer Aufgaben vorwiegend in der Verwaltung und als Anhängsel des Rechnungswesens betrachtet, so sind sie heute in vielen Unternehmen bereits in den gesamten Wertschöpfungsprozeß eingebettet.

Systeme helfen mit, neue Produkte und Dienstleistungen zu schaffen, sie ermöglichen durch Automatisierung eine Kostenführerschaft, sie sind wichtiges Instrument in Verkauf und Service, und sie revolutionieren vielfach die Kommunikation mit Lieferanten und Kunden. Systeme beeinflussen aber auch Gestalt und Abläufe des Unternehmens selbst: Sie haben einen wesentlichen Einfluß auf die Qualität und Flexibilität von Top-Management-Entscheidungen — nicht selten führt ein gezielter Systemeinsatz zu signifikanten Veränderungen in Organisationsstrukturen, Führungssystemen, Personalstand und Mitarbeiterqualifikation.

Dieser Rollenwandel der Informationstechnologie und Systeme vom Statisten zum Hauptdarsteller wird von vielen Unternehmensleitungen allerdings nur zögernd, manchmal nur widerwillig akzeptiert. Meist sind damit ein beträchtlicher Ressourceneinsatz und ein Einstellungswandel verbunden, dem eine recht unzuverlässige Korrelation zwischen Technologieeinsatz und Unternehmenserfolg gegenübersteht. Das Top-Management möchte einerseits nicht wegen verpaßter Gelegenheiten gegenüber den Wettbewerbern ins Hintertreffen geraten, andererseits fühlt es sich auf dem Gebiet der Informationstechnik und Systeme oft nicht kompetent genug, um Möglichkeiten, Grenzen und Entwicklungspfade des Systemeinsatzes richtig einzuschätzen.

Dieser Beitrag soll in dieser Situation Hilfestellung geben und skizzieren, was zu tun ist, damit sich der Einsatz von Informationstechnologie und Systemen spürbar und nachhaltig im Erfolg des Unternehmens niederschlägt. Drei Voraussetzungen sind dafür zu schaffen:

- Geschäftliche und technische Aspekte des Systemeinsatzes müssen aus einer ganzheitlichen Perspektive gesehen werden.
- Chancen für den sinnvollen, an die Unternehmensstrategie gekoppelten Einsatz von Informationstechnologien und Systemen müssen erkannt und systematisch genutzt werden.
- Organisatorische Rahmenbedingungen müssen eine wirkungsvolle Entwicklung und effizientes Nutzenmanagement der Systeme sicherstellen.

Kerngedanke ist die enge Kopplung von System- und Unternehmensstrategie. Nur wenn beide sich ergänzen und in die gleiche Richtung wirken, kann der Systemeinsatz zur Stärkung der Wettbewerbsposition des Unternehmens beitragen.

2 Ganzheitliche Systemperspektive

Der Begriff „System" hat viele Schattierungen. Man spricht von Managementinformationssystemen, Produktionsplanungssystemen, flexiblen Fertigungssystemen, Kommunikationssatellitensystemen, „System-on-a-Chip", Kundenrentabilitätssystemen, Systems Engineering, Telefon-Vermittlungssystemen, Cash-Management-Systemen, Expertensystemen — die Liste ist noch um einiges länger. Einige der Beispiele bezeichnen Systeme als „Produkte" (z. B. Vermittlungssysteme), andere meinen rechnergestützte Systeme für die Informationsverarbeitung im Zuge von geschäftlichen Aufgaben (z. B. Kundenrentabilitätssysteme), wieder andere beziehen sich auf kapitalintensive Instrumente, die bestimmte Geschäftsfunktionen unterstützen (z. B. flexible Fertigungssysteme).

Wenn wir in diesem Beitrag von Systemen sprechen, dann meinen wir die Organisation komplexer Wirkungszusammenhänge und Aktivitäten, durch die unter Einsatz von Hardware, Software und Daten Unternehmensziele erreicht werden sollen.

Bei der Unterstützung bestimmter Transaktionen im Geschäftsverlauf konkurrieren Informationstechnologien und Systeme mit konventionellen organisatorischen Lösungen — etwa dem Schaffen einer neuen Abteilung. Die Unterschiede sind erheblich: Zum einen ist der Transfer von Aufgaben an eine „Maschine" von anderer Qualität als etwa der Transfer zu einer neuen Abteilung; organisatorische Werte sind berührt. Zum anderen müssen die Vorgaben an ein System wesentlich präziser sein, da ein System nicht — wie ein selbständig handelnder Mitarbeiter — ungenaue Aufträge „sinngemäß" korrigiert und ausführt.

Der Einsatz von Systemen hat eine geschäftsbezogene und eine technische Dimension (Abbildung 1). Wenn die meisten Unternehmen ihr Systempotential heute nur zu einem geringen Teil ausschöpfen, so liegt dies nicht zuletzt daran, daß die eine oder andere dieser Dimensionen zu wenig verstanden wird.

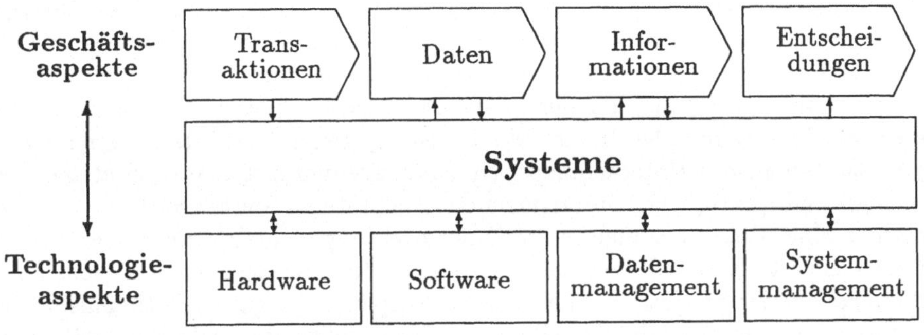

Abbildung 1: *Geschäftliche und technologische Aspekte von Systemen*

Der geschäftliche Aspekt ist den oberen Führungsebenen am besten vertraut. Operative oder Abwicklungssysteme für die Umwandlung von Transaktionen in Daten, Informationssysteme für die Ableitung von Informationen aus Daten sowie Entscheidungs- oder dispositive Systeme für die Umsetzung von Informationen in Managemententscheidungen sind bereits weit verbreitet; ihr Nutzen ist unmittelbar erkennbar. Allerdings eignen sich nicht alle Arten interner und externer Transaktionen gleichermaßen für eine Systemunterstützung; bei einfachen und stabilen Aufgaben wie etwa Verladungsvorgängen von Massengütern kann ein unterstützendes System weit weniger Nutzen entfalten als etwa bei Aufgaben hoher Komplexität unter rasch wechselnden Randbedingungen wie etwa Logistik- oder Produktionsplanungsentscheidungen in Unternehmen der Elektronikindustrie. Die „Systemaffinität" der im jeweiligen Geschäft anzutreffenden Transaktionen zu bestimmen, dürfte in den meisten Fällen wenig Schwierigkeiten bereiten.

Was vielen Unternehmensführungen zunehmend Sorgen bereitet — und sie oft davon abhält, sich mit den Systemmöglichkeiten auseinanderzusetzen — ist der technische Aspekt von Systemen. Denn mit der Einführung eines Systems werden zumeist für viele Jahre bestimmte Regeln („technische Lösungen") für als konstant angenommene Abläufe festgeschrieben. Mit der Zahl der systemunterstützten Abläufe wachsen auch Komplexität und Schnittstellenprobleme — aus Sicht der Unternehmensführung wird die Gesamtheit der Systeme immer undurchschaubarer; was als „System-Landschaft" geplant war, erweist sich als System-Dschungel.

Beide, Geschäfts- und Technologieaspekt, müssen ganzheitlich gestaltet werden, so daß sie sich ergänzen und gegenseitig befruchten. Unternehmen, die Systeme ausschließlich unter Geschäftsaspekten betrachten, übersehen häufig Chancen aufgrund technischer Entwicklungen. Auf der anderen Seite enden Systeme, die ausschließlich von der technischen Seite her entwickelt werden, häufig als ungenutzte oder fehlgeleitete Systemruinen. Einen Weg, aus dieser ganzheitlichen Perspektive heraus die Systemlandschaft transparent zu machen und gezielte, sinnvolle und nachhaltige Veränderungen in der Systemunterstützung herbeizuführen, zeigt das nächste Kapitel dieses Beitrags auf.

Die geforderte ganzheitliche Perspektive bezieht sich auch auf die verschiedenen Ebenen des Unternehmens, auf denen Systeme eingesetzt werden können. Auf der funktionalen Ebene finden sich beispielsweise Systeme für die Auftragsabwicklung oder den Zahlungsverkehr, auf der mittleren, funktionsübergreifenden Ebene Warenwirtschaftssysteme oder integrierte Logistiksysteme. Auf der oberen Ebene, der Gesamtschau des Unternehmens, sind Managementinformationssysteme sowie Planungs- und Kontrollsysteme anzutreffen. Eine Integration der Systeme — sowohl innerhalb einer Ebene als auch in vertikaler Richtung — erschließt ein weiteres Potential, das weit über die Summe des Nutzens aus den Einzelsystemen hinausgeht. In fertigungsorientierten Unternehmen werden beispielsweise ganze Fertigungsprozesse von Idee / Entwurf über die Erstellung von Konstruktionsvorgaben, Arbeitsplänen und Fertigungsvorgaben bis zur Fertigung und Qualitätsprüfung von integrierten Systemen unterstützt.

Warenwirtschaftssysteme sind ein Beispiel für die vertikale Verknüpfung von Systemen. Hier sind die Abläufe auf geschäftlicher Ebene abhängig von einer Reihe vorgelagerter Stufen: Entscheidungen etwa über Sortimentsstruktur, Preise oder Lagersteuerung sind um so besser zu treffen, je vollständiger und korrekter Wareneingänge und Abverkäufe erfaßt werden, je genauer die Stammsätze sind und je eindeutiger zum Beispiel Rohertragsmargen und Deckungsbeiträge definiert sind (Abbildung 2).

Eine ganzheitliche, integrierte Sichtweise trägt dazu bei, das Potential des Systemeinsatzes im Unternehmen realistisch einzuschätzen. Wie aber kann sichergestellt werden, daß vorhandene und zu entwickelnde Systeme das Potential tatsächlich bestmöglich ausschöpfen und so ihren Beitrag zur Erreichung der Unternehmensziele

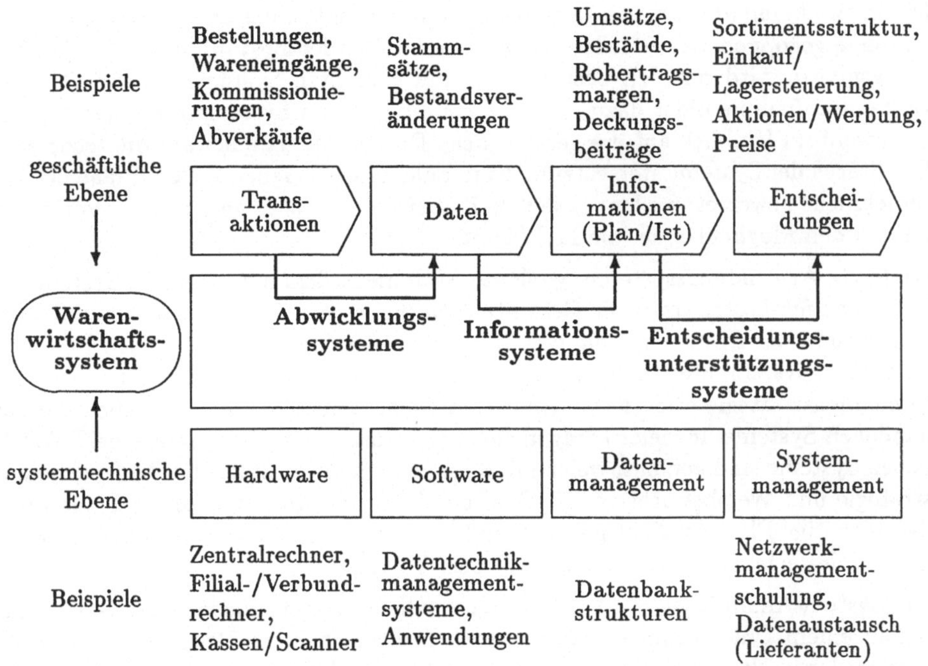

Abbildung 2: *Durchgängigkeit von Transaktionen bis zu Entscheidungen*

leisten? Dazu bedarf es — auf Basis einer Erfassung von „Ist" und „Soll" — einer
gezielten Neuausrichtung des Systemeinsatzes, die sich sowohl an den Forderungen
der Strategie als auch an den Chancen der Informationstechnologie orientiert.

3 Kopplung der Systemunterstützung an strategische Vorgaben und technische Chancen

Die Entwicklung und Umsetzung eines Systemkonzeptes, das an die Unternehmensstrategie gekoppelt ist, erfordert zunächst eine Standortbestimmung: Welches Lei-
stungsniveau wird mit den bestehenden und geplanten Systemen erreicht? Diese
Bestandsaufnahme dient dazu, Verbesserungsbedarf im Systemeinsatz aufzuspüren
— sowohl im Hinblick auf die geschäftliche Dimension als auch auf die technische.
Der Status der Systemunterstützung kann anhand der eigenen Ziele / Pläne des Unternehmens bewertet werden, er läßt sich aber auch messen an externen Vorbildern
und an den Möglichkeiten, die ITS bietet.

Laufende Anwendungssysteme, geplante Systementwicklungsprojekte, Systeminvestitionen und -kosten sowie die Gesamtauswirkungen des Systemeinsatzes sind somit
Gegenstand der Bestandsaufnahme: In welchem Umfang und in welchen Bereichen
ist bereits Systemunterstützung vorhanden; wie stark ist sie an Bereichs- oder Unternehmensstrategie orientiert? Welche Stärken, welche Schwächen haben die vorhandenen Systeme; inwiefern tragen sie zum Erfolg des Unternehmens bei? Welche
neuen Systeme sind geplant; welche Rolle spielen sie im Hinblick auf Unternehmensstrategie und Wettbewerbserfolg? Sind bereits Systemlücken erkennbar, die durch
die derzeitige Planung nicht gedeckt sind? Wie vergleichen sich Systemeinsatz und
-kosten des eigenen Unternehmens mit dem Wettbewerb?

Die System-Affinität ist nicht nur unterschiedlich für verschiedene Transaktionsar-
ten in einem Unternehmen, sondern auch für verschiedene Branchen — je nachdem, welchen Nutzen Systeme aus strategischer Sicht stiften. CASH, MCFARLAN
und MCKENNEY haben beispielsweise ein Schema entwickelt, das Unternehmen und
Geschäftseinheiten nach einem strategisch „zweckmäßigen" Grad der Systemdurch-
dringung klassifiziert ([1]). So sind für Banken und Versicherungen viele bereits
existierende Systeme inzwischen unverzichtbar für das Geschäft; geplante künftige
Systeme bergen aber noch einen erheblichen zusätzlichen Nutzen. Denkbar sind aber
auch Branchen, Unternehmen oder Geschäftseinheiten, die im operativen Geschäft
mit wenigen Systemen auskommen und auch aus zusätzlichem Einsatz von Informationstechnologien kaum Wettbewerbsvorteile schöpfen können (z. B. in Teilen der
Grundstoffindustrie).

Die Diagnose von laufenden und geplanten Systemen, Systeminvestitionen / -kosten
und Systemauswirkungen macht in den meisten Fällen deutlich, daß Schwächen in
allen vier Bereichen den Aufbau, den Ausbau und die Sicherung von Wettbewerbs-

vorteilen behindern. Die strategische Neuausrichtung des Systemeinsatzes, die sich an die Diagnose anschließt, soll die erkannten Schwächen beseitigen, indem sie

- Notwendigkeit und Spielraum für eine grundsätzliche Veränderung des Niveaus der Systemunterstützung — ausgehend von den Haupterfolgsfaktoren des Geschäftes — konkretisiert,
- mit Programm- und Projektmanagement die einzelnen Projekte zum Ausbau der Systemunterstützung zusammenbindet und
- die Weichen für einen effizienten Ressourceneinsatz bei der Entwicklung / Beschaffung der Systemkomponenten stellt.

Jede dieser Aufgaben zur strategischen Neuausrichtung des Systemeinsatzes erfordert Disziplin in Konzeption und Umsetzung. Zusammen führen sie dazu, daß die Chancen, die sich aus einem gezielten Systemeinsatz ergeben können, erkannt und wahrgenommen werden.

3.1 An Haupterfolgsfaktoren des Geschäftes orientierte Veränderung des Systemeinsatz-Niveaus

Es wäre ein schwerwiegender Fehler zu glauben, daß der Einsatz von modernster Informationstechnik und Systemen automatisch zu Wettbewerbsvorteilen führt. Der „strategische Nutzen" der Systemunterstützung hängt vielmehr davon ab, wie gut sie an die Unternehmensstrategie gekoppelt ist: Wenige, aber genau auf die strategischen Anforderungen zugeschnittene Systeme haben nicht nur ein insgesamt besseres Kosten / Nutzen-Verhältnis, sondern sind auch erfolgswirksamer als eine undifferenzierte Systemvielfalt.

Im ersten Schritt gilt es daher, aus der Vielfalt möglicher Systeme die wirklich notwendigen auszuwählen. Soll diese Auswahl an die Unternehmensstrategie gekoppelt sein, so bedeutet dies, daß diejenigen unternehmerischen Aufgaben identifiziert werden müssen, die für den Erfolg des Unternehmens im Wettbewerb kritisch sind.

Ein praktikables Verfahren besteht darin, zunächst systematisch nach „Haupterfolgsfaktoren" zu suchen — also nach den Bedingungen, die ein bestimmtes Unternehmen in einer bestimmten Wettbewerbssituation erfüllen muß, um erfolgreich zu sein.[1] Solche Erfolgsfaktoren können alle Stufen der Wertschöpfungskette von der Produktentwicklung bis zur Verwaltung betreffen. Eine Unternehmensstrategie ist ein Maßnahmenbündel, mit dem die identifizierten Haupterfolgsfaktoren dauerhaft erfüllt werden sollen. Somit können sie auch als Richtschnur zur Auswahl von Systemen dienen.

Systeme können auf zweierlei Weise mit den Haupterfolgsfaktoren verknüpft sein: als „Erfüllungsmechanik" oder als „Ideenlieferant".
- Systeme, die zur Erfüllung von identifizierten Haupterfolgsfaktoren beitragen, unterstützen damit auch die Unternehmensstrategie. Hier führt der Weg von der

---

[1] Diese Idee basiert auf [2]; sie wurde später in [3] aufgegriffen und weiterentwickelt.

geschäftlichen Anforderung zur technischen Lösung. Ein Beispiel aus der pharmazeutischen Industrie: Wird für die Forschung der Erfolgsfaktor „Konzentration auf Wirkstoffe mit hoher Wirksamkeit, geringeren Nebenwirkungen und bequemerer Einnahme" ermittelt, so impliziert dies eine Systemunterstützung zur Nutzung von Patentdatenbanken, zur Forschungsinformation und -dokumentation. „Kurze Entwicklungs- und Zulassungszeiten für neue und Folgeprodukte" als Erfolgsfaktor der Entwicklung sollte dazu führen, daß Koordinations- und Steuerungsinformationen zu Entwicklungsprojekten, zur Planung von Laborkapazitäten und zur Einschätzung von Marktpotentialen durch entsprechende Systeme bereitgestellt werden.

– Häufig gehen aber auch von der Informationstechnologie selbst Impulse aus, die einen Erfolgsfaktor neu entstehen lassen — in diesem Fall ergibt sich aus einer verfügbaren technischen Lösung eine geschäftliche Chance: Beispiele hierfür sind Unternehmen wie Federal Express, die durch Nutzung von Rechnertechnologien über alle Stufen der Wertschöpfungskette neue Dienstleistungen wie den 24-Stunden-Paketdienst eingeführt haben, und das Unternehmen Merrill Lynch, das durch massiven Einsatz von Systemen (200 Mio US-$ Investitionsaufwand) ein sehr erfolgreiches Finanzdienstleistungsprodukt (Cash Management Account) geschaffen hat.

Wettbewerbsvorteile, die mit der Strategie angestrebt und mit Systemen unterstützt werden, sollten nachhaltig sein. Wenn Wettbewerber ein System leicht imitieren / kopieren können oder die Kunden ein System nur nutzen, um einfachere Leistungs- und Preisvergleiche (zuungunsten des Systembetreibers) anstellen zu können, geht ein systembedingter strategischer Vorsprung rasch wieder verloren — oder wandelt sich sogar in einen Nachteil. Entwicklungen dieser Art waren beispielsweise in einem Unternehmen zu beobachten, das hohe Marktanteile und Preisprämien bei einigen Produkten verlor, weil die Kunden mit Hilfe der vom Unternehmen selbst initiierten Produktcodierung darauf aufmerksam wurden, daß keine Produktdifferenzierung vorhanden war.

Ähnlich negative Effekte haben sich auch im Bereich der von vielen Banken mit hohem Aufwand entwickelten Cash-Management-Systeme, internationaler Zahlungsverkehrssysteme und beim „Home banking" gezeigt. In diesen Fällen waren häufig die langfristigen Auswirkungen auf Kapazitäten, die Spielräume für Wettbewerbsdifferenzierung und die begrenzten Möglichkeiten zur Kostenführerschaft nicht vorhergesehen worden — mit der Konsequenz hoher Verluste.

Im Einzelfall kann die Entscheidung, ob eine Aufgabe systemunterstützt werden soll oder nicht, durchaus schwierig zu treffen sein — zumal sie wegen der Vorlaufzeit bis zur tatsächlichen Einführung eines Systems eine längerfristige Sichtweise erfordert. Meist kristallisieren sich bei der Betrachtung der Haupterfolgsfaktoren jedoch einige eindeutige Notwendigkeiten und Chancen für Systemunterstützung heraus.

Die zweifache Verknüpfung von Informationstechnologie / Systemen und Haupterfolgsfaktoren — Erfüllungsmechanik und Ideenlieferung — unterstreicht die Notwendigkeit der eingangs beschriebenen ganzheitlichen Perspektive: Nur wenn geschäftliche und technische Aspekte des Systemeinsatzes gemeinsam betrachtet werden, kann eine Systemlandschaft entstehen, die keine strategischen Chancen übersieht und die langfristigen Auswirkungen auf die Wettbewerbsdynamik berücksichtigt.

3.2 Programm- und Projektmanagement zur Integration der Einzelprojekte

Als Ergebnis des vorangegangenen Schrittes liegt meist ein Katalog wünschenswerter Systemunterstützung vor. In einem weiteren Schritt gilt es, dafür zu sorgen, daß die verschiedenen Systeme koordiniert und systematisch verwirklicht werden.

Zwei Aufgaben stehen dabei im Vordergrund: Zum einen müssen die einzelnen Systeme so weit wie möglich und für einen längeren Zeitraum inhaltlich kompatibel sein, damit durch Integration verschiedener Systeme zusätzliche Vorteile erschlossen werden können. Zum anderen diktiert meist die knappe Kapazität in der Systementwicklung eine sehr sorgfältige zeitliche Abstimmung der Einzelprojekte. Beide Faktoren zusammen zwingen zu einer längerfristigen Perspektive und zu einem organisatorischen Gerüst aus Programmanagement und Projektmanagement.

Programmanagement bedeutet die Gestaltung des Gesamtportfolios der Anwendungssysteme und zielt darauf ab, strategische, wirtschaftlichkeitsorientierte und Infrastruktur-Anforderungen gegeneinander abzuwägen. Dabei sollte sichergestellt werden, daß sich das Programmanagement nicht allein an technischen Möglichkeiten und Grenzen orientiert, sondern vor allem die geschäftliche Perspektive einbezieht. Als ein wirkungsvolles Instrument hierzu hat sich ein Systemprojektportfolio erwiesen. Ordnet man die zur Entscheidung anstehenden Systeme nach ihrer Bedeutung für die Strategie, die Verbesserung der Wirtschaftlichkeit des Unternehmens und den Aufbau / die Weiterentwicklung der Infrastruktur, so erweisen sich unter Berücksichtigung der Aufwand-Nutzen-Relation einige Systeme als vordringlich, andere als verschiebbar. Die sich daraus ergebende Prioritätenliste ist eine solide Basis für die Entscheidung über die Ressourcenzuordnung für Einzelprojekte; die Prioritäten sollten allerdings regelmäßig überprüft und gegebenenfalls neu geregelt werden.

Mit einem geeigneten Projektmanagement muß dann sichergestellt werden, daß die Einzelprojekte effektiv und mit minimalen Reibungsverlusten abgewickelt werden. Auch hier muß die technische durch die geschäftliche Perspektive ergänzt werden; dies läßt sich beispielsweise durch eine gemischte Projektteambesetzung mit DV-Spezialisten und Fachbereichsexperten erreichen.

Ziel von Programm- und Projektmanagement sollte nicht sein, alle Systeme so schnell wie möglich zu verwirklichen. Je nach der Einschätzung von Art und Nachhaltigkeit des zu erzielenden Wettbewerbsvorteils kann es sich auszahlen, nicht als „Angreifer" und als Erstanwender eines neuen Systems ins Rennen zu gehen, sondern als „Verfolger", der aus den Erfahrungen anderer lernt und Verbesserungen im Preis-Leistungs-Verhältnis der Informationstechnologien für sich nutzt. Der Pionier in einer neuen Systemanwendung muß mit hohem Aufwand rechnen; er kann

nicht auf Standardanwendungen zurückgreifen und muß sich auf größere Mindest-
volumina zur Aufwandsdeckung einstellen. Wenn die Voraussetzungen des Pioniers
nicht besonders günstig sind, so kann er bald von Wettbewerbern — auch kleineren
— eingeholt werden.

3.3 Effizienter Ressourceneinsatz bei Entwicklung / Beschaffung der Systeme

Gedanken an zusätzlich notwendige oder wünschenswerte Systeme werden nicht selten schon im Keim erstickt — dafür sorgt der bereits vorhandene oder absehbare
Entwicklungsstau. Denn welches als sinnvoll erkannte System ist noch vertretbar,
wenn bis zu seiner Realisierung vier oder fünf Jahre vergehen?

Mögliche Auswege zur Bewältigung des Kapazitätsengpasses in der eigenen Systementwicklung sind „Make-or-Buy"-Entscheidungen und das Erschließen von Produktivitätsreserven.

- **Make-or-Buy:**
  Die Systementwicklung im eigenen Haus ist nicht die einzige Option, die ein Unternehmen bei der Beschaffung von Systemen hat. Oft können Standardpakete einen
  großen Teil der Funktionen neuer Systeme abdecken; zudem können Aufgaben der
  Systementwicklung auch fremdvergeben werden. Wenn Engpaßkapazitäten in der
  internen Entwicklung nur für solche Aufgaben in Anspruch genommen werden, die
  anders nicht oder nur mit unvertretbar hohem Aufwand erledigt werden könnten,
  ergibt sich häufig ausreichender Spielraum für die ins Auge gefaßten neuen Systeme. Insbesondere bei Unternehmen, die nur einen geringen Prozentsatz der
  Entwicklungskapazität für Neuentwicklungen einsetzen, kann dieses Vorgehen zu
  einer Aufwandsreduktion von 10 : 1 führen.

- **Produktivitätsreserven:**
  Bei genauerem Hinsehen erweist sich der Kapazitätsengpaß häufig als weniger dra-
  matisch. Durch Entlastung der Entwickler von „Nebentätigkeiten", durch Einsatz
  fortschrittlicher Entwicklungswerkzeuge, durch Neugestaltung von Abläufen oder
  durch Motivierung und Schaffung von Anreizen lassen sich oft erhebliche Produktivitätsreserven erschließen. Ein weiteres wirkungsvolles Instrument zur Verbesserung der Aufwand-Nutzen-Relation ist die Projektwertanalyse. Mit ihr werden
  systematisch alle Einzelfunktionen nach ihrem Aufwand und den Nutzenauswir-
  kungen bewertet und systematisch auf Verbesserungsmöglichkeiten durchforstet.
  Zu diesem Zweck werden Projektinhalt, Projektnutzen, Projektkosten systematisch analysiert, ohne das Gesamtziel des Systems in Frage zu stellen. Erfah-
  rungsgemäß können bei einem solchen Vorgehen etwa 30 % des Projektaufwan-
  des vermieden werden, wenn alle Möglichkeiten zum Streichen nicht notwendiger
  Funktionen und zum Abbau übertriebener Perfektion oder Komfortgrade genutzt
  werden.

Schon in der Phase der Systementwicklung wird die Grundlage für einen späteren wirkungsvollen Systemeinsatz gelegt. Grundvoraussetzung ist ein integriertes

160

Denken an der Schnittstelle zwischen Systementwicklung und Geschäft. Lippenbekenntnisse zur intensiven Einbeziehung der späteren Nutzer reichen nicht aus; stattdessen muß bei der Zusammensetzung der Projektteams von vornherein die System- und Nutzerseite berücksichtigt werden.

Die strategische Neuausrichtung des Systemeinsatzes zeigt ihre qualitativen und quantitativen Effekte nicht sofort — zunächst sind die Wirkungen nur als Potentiale zu beschreiben. Damit der Nutzen nicht als papierene Prognose in den Schubladen verschwindet, muß ein „Nutzeninkasso" installiert werden: Beispielsweise müssen neue Produktivitätsmaßstäbe in Produktentwicklung und Produktion, im Vertrieb und in der Verwaltung gesetzt werden. Neue Zielvorgaben für die Verbesserung von Umsätzen, Deckungsbeiträgen und Kostenposition sind zu vereinbaren. Leistungsbeurteilung und Vergütung müssen so angepaßt werden, daß sie an Systemziele und Unternehmensstrategien gekoppelt sind.

4 Organisatorische Absicherung des Systemeinsatzes

Für jede Unternehmensstrategie gilt, daß ihre erfolgreiche Umsetzung — und damit ihr „Nutzen" — davon abhängt, wie gut sie sich in Tagesgeschäft und Organisation widerspiegelt. Dies trifft auch auf jede Systemstrategie zu. Systeme können Wettbewerbsvorteile aufbauen und halten helfen, eine ergebnisorientierte Steuerung und effiziente Arbeitsabläufe ermöglichen — jedoch nur, wenn der für Systeme zuständige Bereich intern angemessen organisiert ist, wenn er einen geeigneten Platz in der gesamten Strukturorganisation des Unternehmens hat, und wenn die Anforderungen aus Strategie und Systemen auch in den anderen Komponenten der Unternehmenssteuerung berücksichtigt werden.

4.1 An Hauptaufgaben orientierte interne Organisation des Systembereiches

Die organisatorische Einheit des Unternehmens, die für Entwicklung und Betrieb der Systemunterstützung zuständig ist, muß in sich zweckmäßig organisiert sein, um ihre Hauptaufgaben effektiv und effizient erfüllen zu können. Diese Hauptaufgaben sind:

1. **Identifikation von Schwachstellen und Rationalisierungs- und Innovationspotentialen.**

   Einzelaufgaben dieses Bereichs sind: Geplante Systeme auf Verbesserungsbedarf bei Leistung und Kosten-Nutzen-Verhältnis zu überprüfen, Lücken in der Systemlandschaft nachzuweisen, Chancen, die Informationstechnologien und Systeme für das gesamte Unternehmen bieten, zu identifizieren und die Nutzenrealisierung aus abgeschlossenen Projekten zu kontrollieren. Dies sind keine einmaligen, sondern immer wiederkehrende Aufgaben.

2. **Bereitstellung einer leistungsfähigen Systementwicklung.**

Diese Aufgabe umfaßt effiziente Software-Entwicklung, Systemwartung und
Nutzerbetreuung, eine auf Wirtschaftlichkeit ausgerichtete Software-Entwick-
lungsumgebung, gezielte Nutzung wirtschaftlicher Software-Beschaffungsalter-
nativen und flexible Kapazitätsbereitstellung für Projekt- und Sonderaufga-
ben.

3. **Schaffung einer anforderungsgerechten DV-Infrastruktur.**

Hier sind die zukünftige System- und Datenarchitektur zu planen, Methoden
und Standard-Software bereitzustellen sowie das Aufgabengebiet Schulung und
Training abzudecken.

4. **Sicherstellung eines effizienten DV-Betriebes.**

Hierzu gehören sowohl betriebliche Planung und Systemprogrammierung,
Hardware-Beschaffung und Rechnerbetrieb als auch Schaffung und Betrieb
eines Telekommunikationsnetzes.

In einer Organisation, die sich an den Hauptaufgaben orientiert, sind daher als Ver-
antwortungsbereiche die Organisationsanalyse mit den planerischen Aktivitäten, die
mit Systementwicklung / -beschaffung und Wartung befaßte Gruppe, die Gruppe,
welche die Systeminfrastruktur bereitstellt, und schließlich der DV-Betrieb zu finden.

4.2 Sinnvolle Einordnung des Systembereiches in die Unternehmensorganisation

Neben der internen Organisation des Systembereichs muß auch die Frage beantwortet werden, wie dieser Bereich in die Gesamtorganisation des Unternehmens
eingebunden werden sollte. Je größer die strategische Bedeutung des Systemeinsatzes ist, desto höher sollte die Systemverantwortung in der Hierarchie eines Unternehmens angesiedelt werden. Im Idealfall ergänzen sich in der Organisation des
Systembereichs die „Geschäftsperspektive" und die „technische Perspektive" durch
die Einbeziehung der ITS-Verantwortung auf Vorstandsebene und durch einen laufenden personellen Austausch zwischen System- und Fachaufgaben innerhalb des
Bereichs.

Die Zuweisung eines Platzes in der relativ starren Aufbauorganisation ist jedoch
nur ein Teil der Antwort auf die Frage nach der organisatorischen Verankerung
der Systemzuständigkeit. Zusätzlich sind eine Schnittstelle zwischen EDV und
Geschäftsbereichen, flexible Ressourcenzuordnungen sowie eine Projektorganisation
unabhängig von der Aufbauorganisation erforderlich.
- Mit der Installation einer Gesamtverantwortung für die Organisationsfragen und
  für den wirkungsvollen und kostengünstigen Einsatz von Informationstechnologien
  und Systemen in einer separaten Abteilung (als Schnittstelle zwischen EDV und
  Geschäftsbereichen) kann sichergestellt werden, daß die für eine optimale Nutzung
  von Systemen erforderliche Mittlerfunktion genügend Gewicht erhält.

- Entwicklungsressourcen müssen in Einzelfällen flexibel unterschiedlichen Aufgabengebieten und Geschäftsbereichen zugeordnet werden können. Zu oft ist die Zuordnung von Systementwicklungskapazitäten zu Geschäftsbereichen starr und steht damit im Widerspruch zu der sachlich begründbaren Zuordnung von Kapazitäten aufgrund der im Portfolio (Strategie) gesetzten Entwicklungsprioritäten.
- Eine Projektorganisation, die neben der Aufbauorganisation des Unternehmens existiert, hat sich in vielen Fällen als wirksames Instrument zur erfolgreichen und effizienten Realisierung von Systemprojekten erwiesen. Je nach Größe des Unternehmens kann die Projektorganisation unterschiedlich tief gestaffelt sein. Zur Integration von geschäftlicher und technischer Sichtweise ist in jedem Fall ein Beirat, eine Vorstandskommission oder ein Lenkungsausschuß an der Spitze der Projektorganisation erforderlich, der auch über Prioritäten entscheidet und eventuelle Konflikte löst.

4.3 Flankierende Maßnahmen der Unternehmenssteuerung

Strategie, Systeme und Struktur lassen sich — wie in den vorausgegangenen Abschnitten gezeigt — so ausrichten, daß sie in die gleiche Richtung wirken. Daneben gibt es einige weitere Aspekte einer ganzheitlichen Führung des Systembereichs, die sich ebenfalls an einem gemeinsamen Ziel orientieren sollten: Selbstverständnis, Spezialfähigkeiten, Stammpersonal und Stil.

- **Selbstverständnis:**
  Sieht sich die EDV-Abteilung in der eher passiven Rolle eines Ausführenden oder in einer aktiven Fördererrolle, d. h. ist sie Know-how-Katalysator, bietet sie Anstöße für Innovation, und fördert sie aktiv den Dialog mit den Fachbereichen?
- **Spezialfähigkeiten:**
  Erfüllen Fach- und Spezialkenntnisse (z. B. im Projektmanagement) heutige und künftige Anforderungen? Welche DV-Kenntnisse, welche Unternehmenskenntnisse sind zu entwickeln, inwieweit kann durch entsprechende Rotation zwischen Fachabteilungen und DV der Know-how-Transfer in beiden Richtungen verbessert werden?
- **Stammpersonal:**
  Entsprechen Zahl und Qualifikation des Personals heutigen und künftigen Erfordernissen? Inwieweit ist das gegenwärtige Ausbildungs- und Qualifikationsprofil der DV-Abteilung überhaupt transparent?
- **Stil:**
  Fördern Kommunikation und Führung Produktivität und Motivation? Ist ausreichend Innovationsbereitschaft vorhanden?

5 Schlußbemerkung

Umfang und Qualität der Systemunterstützung bestimmen mehr denn je den Erfolg von Unternehmen, weil sie einerseits die Wirksamkeit der Strategie im Markt und zum anderen die operative Effizienz entscheidend beeinflußt. Grundsätzlich wird das Potential von Informationstechnologien und Systemen eigentlich nur durch das eigene Vorstellungsvermögen begrenzt. Die Qualität der Entscheidungen über das „Wo", das „Wie" und das „Wann" des Technologieeinsatzes bestimmt das Erfolgspotential aufeinander abgestimmter Geschäfts- und Systemstrategien. Dieses Potential für Aufbau und Sicherung nachhaltiger Wettbewerbsvorteile zu nutzen, verlangt deshalb harte Denkarbeit und Disziplin in der Umsetzung.

Literatur

[1] CASH, JAMES I. JR., F. WARREN McFARLAN, JAMES L. McKENNEY: *Corporate Information Systems Management*, Irwin, Homewood, Illinois 1988[2].

[2] DANIEL, D. RONALD: Management Information Crisis, in: *Harvard Business Review*, Sept. / Okt. 1961.

[3] ROCKART, JOHN F.: Chief Executives Define Their Own Data Needs, in: *Harvard Business Review*, März / April 1979.

Auftragsdurchsteuerung im Industriebetrieb

von Ulrich Palm und Werner Jakob

Wieland-Werke AG, Ulm

1   Einleitung

1.1   Voraussetzungen des Projektes „Auftragsdurchsteuerung"

Begriffe wie Systemgestaltung, Systemorganisation, Strukturierung und Systemaufbau, Entscheidungsunterstützung und rechnergestützte Entscheidungsfindung, die Themen zahlreicher wissenschaftlicher Untersuchungen sind, waren wesentliche Punkte bei der Realisierung des Projektes Auftragsdurchsteuerung. Daher finden sich diese Begriffe in die Praxis eingebettet in den vorliegenden Ausführungen wieder.

Wissenschaft und Praxis verbinden sich hier in erfolgversprechender Weise. Dies wird gerade nach der Realisierung einer Gesamtlösung, wie sie die Auftragsdurchsteuerung darstellt, deutlich. Wenn die mit dem Auftrag verbunden gewesenen und zu integrierenden Teilaufgaben betrachtet werden, so waren zum Gelingen des

Projektes aus vielen unterschiedlichen Fach- und Sachgebieten praktisches und theoretisches Wissen unbedingte Voraussetzungen. Notwendig war auch das Erkennen organisatorischer Zusammenhänge, hierarchischer Abhängigkeiten und die daraus abzuleitende Folgerung, neue und bessere Strukturen zu bilden. Wichtig war das Wissen um die Abstimmung und Wirkung von Verantwortung und Kompetenz; erforderlich war auch die Ehrlichkeit und Aufrichtigkeit in der Darstellung der — oft gegensätzlichen — Unternehmensziele und Mitarbeiterinteressen.

Genauso wichtig waren aber auch Spezialkenntnisse, wie etwa des Devisengeschäftes, der Ablauforganisation, der Metalldeckungsproblematik, der Zollvorschriften, der Versandabwicklung, auch der mathematischen Planungsmodelle für Kapazitätsbelegung, Material- und Zeitbedarfsrechnungen, das Beachten und zuerst überhaupt das Erkennen der Sonderfälle, aber auch der unterschiedlichen Aussage von Kundenadresse, Lieferanschrift und Rechnungsanschrift, die Abwicklung von Teillieferungen und Beipackpositionen. Manches davon mag fast banal klingen. Eine praxisnahe und von jedermann anwendbare Lösung muß aber alles beachten. Wenn beispielsweise 500 kg Bleche an eine Kundenadresse geliefert werden sollen, die nur das Postfach enthält, dann kann der Spediteur dort seine Ware nicht loswerden. Wenn ein Auftrag in mehreren Teillieferungen an verschiedene Lieferorte auszuliefern ist, dann muß die Zuordnung mehrerer Lieferadressen zu einem Auftrag und zu den richtigen Teillieferungen im System vorgedacht sein. In jeder Bearbeitungsstufe muß vom Rechner erkannt werden können, welche der gespeicherten Daten er für den betreffenden Fall zuzuordnen hat. Wenn vom Kundenauftrag X dem Auftrag Y desselben Kunden aus Rationalisierungsgründen etwas beigepackt werden soll, so muß auch diese Möglichkeit organisiert und im System maschinell nachvollziehbar sein.

So werden eine Fülle von scheinbar unwesentlichen Details zu Faktoren, die — wenn nur wenige davon nicht beachtet werden — ein ganzes System zum Einsturz bringen können. Diese Vielzahl an notwendigen Voraussetzungen kann kein Einzelner in sich vereinen, deshalb ist die Zusammensetzung der Projektteams aus geeigneten Mitarbeitern Basis für den Erfolg, und erst Teamgeist und Erfolgswille sind Garanten für ein nachher funktionierendes und akzeptiertes System. In der Praxis reicht nämlich das reine Spezialwissen nicht aus. Nur in Teamarbeit, in Zusammenarbeit von Spezialisten, Theoretikern und Praktikern, lassen sich die anstehenden Aufgaben lösen.

1.2 Die Wieland-Werke AG

Zunächst soll die Auftragsdurchsteuerung eines Industriebetriebs vorgestellt werden, wie sie in den Wieland-Werken, einem NE-Halbzeugwerk, realisiert wurde. Dazu sind noch einige wenige Begriffe zu erklären, um das weitere Verständnis zu erleichtern:

NE steht für Nicht Eisen. Die Wieland-Werke verarbeiten vorwiegend Kupfer und Kupferlegierungen (also Messing). Die Erzeugnisse sind sogenanntes Halbzeug, das der Weiterverarbeitung in anderen Industriezweigen dient.

Die Wieland-Werke AG beschäftigt ca. 4.000 Mitarbeiter. Die Hauptverwaltung befindet sich in Ulm, einem 1982 neu erbauten Werk. Hier findet auch die Produktion von Sondererzeugnissen (Lagerbuchsen, Rippenrohre für den Fahrzeugbau, Kondensatoren etc.) statt. Das größere Werk steht in Vöhringen. Dort werden Preß-Zieh- und Walz-Erzeugnisse produziert. Für Fertigung und Vertrieb sind die drei Geschäftsbereiche Preß-Zieh-Erzeugnisse, Walz-Erzeugnisse und Sonder-Erzeugnisse dem Vorstand gegenüber verantwortlich.

Datenverarbeitung wird seit 1942 im kaufmännischen Bereich betrieben. Seit 1962 sind elektronische Datenverarbeitungsanlagen eingesetzt. 1973 folgte der Aufbau der technischen Datenverarbeitung in Vöhringen, und heute besteht zwischen den Werken Ulm und Vöhringen ein Rechnerverbund. Es besteht ein weitläufiges Rechnernetz, in das auswärtige Werklager, Verkaufsbüros, inländische Tochterwerke und auch eine Auslandstochter eingebunden sind.

Da Außenstehenden *wieland*spezifische Begriffe wie Metalldeckung, Abschlußbestandsführung, Devisenmeldung und Bonitätskontrolle möglicherweise wenig sagen, dazu jeweils eine kurze Erklärung:

1.3 *Wieland*spezifische Begriffe

Metalldeckung:

Zur Herstellung eines Kundenerzeugnisses werden Metalle benötigt (z. B. Kupfer, Zink, Zinn, Nickel). Diese Metalle müssen gekauft werden. Der Preis an den Kunden beinhaltet deshalb die Metallkosten und den Bearbeitungspreis. Der bei der Auftragserteilung dem Kunden zugesagte Preis enthält den am Auftragstag gültigen Metallpreis. Folglich muß sich unser Unternehmen auch zu diesem Preis mit Metall eindecken, da sonst bei einer späteren Metalldeckung und gestiegenen Metallpreisen entweder ein Verlust enstehen würde oder der dem Kunden zugesagte Preis erhöht werden müßte. Früher mußte jeder Verkäufer bei jedem Auftrag einen sogenannten Deckungszettel an die Metalldeckung schicken. Im neuen System wird mit der Auftragsaufgabe automatisch ein entsprechender Datensatz an die Metalldeckung gemeldet. Die Metalldeckungsrechnung wird dann maschinell durchgeführt.

Abschlußbestandsführung:

Kunden tätigen mit uns Abschlüsse über bestimmte Mengen, die sie in einem bestimmten Zeitraum abnehmen. Diese Mengen erhalten unsere Kunden zu einem vorher vereinbarten Preis, so daß sie von Metallpreisschwankungen (vor allem natürlich von Erhöhungen) frei sind. Dieses Metall muß — wie bei der Deckungsrechnung bereits erläutert — „eingedeckt" werden. Zusätzlich muß aber über solche Abschlüsse auch eine Abschlußbestandsführung mit dem Ziel erfolgen, zu erkennen, welche Menge der Kunde noch auf seinen Abschluß beziehen kann. In der Auftragsdurchsteuerung ist gewährleistet, daß mit der Auftragsaufgabe die Abbuchung dieses

Auftrags automatisch vorgenommen wird. Der Verkäufer erhält am Bildschirm einen Hinweis, wenn durch seinen Auftrag der Abschluß überschritten wird. Früher mußte der Verkäufer seine Abschlüsse manuell verwalten.

Devisenmeldung:

Werden Aufträge erfaßt, die in Fremdwährung zu fakturieren sind, so wird der Auftragswert in dieser Währung sofort vom Rechner ermittelt und ein Datensatz als Devisenmeldung abgesendet. Da sich der Preis für den Kunden aus dem Devisenkurs am Tag der Auftragserteilung ergibt, müssen Devisen kursgesichert werden, um von möglichen Kursverlusten verschont zu bleiben. Auch dafür war früher eine handschriftliche Meldung an die Devisensicherungsstelle nötig.

Bonitätskontrolle:

Für viele Kunden ist ein Kreditlimit festgelegt. Bei jeder Auftragserfassung wird daher der Bonitätskontrolle der Auftragswert mitgeteilt. Dort wird festgestellt, ob der Kunde für den erteilten Auftrag zahlungsfähig oder kreditwürdig ist. Bei bekannt guten und zahlungsfähigen Kunden entfällt diese Prüfung, weil die Daten dieser Kunden ein entsprechendes Merkmal aufweisen. In Zweifelsfällen kann die Bonitätskontrolle einen Auftrag sperren oder entsprechende Merkmale vergeben, die Aufträge vor Beginn der Fertigung oder vor Auslieferung an den Kunden noch einmal automatisch zur Überprüfung vorlegen. Früher mußte von jeder Auftragsbestätigung ein Exemplar an die Bonitätskontrolle geschickt werden. Dabei mußte der Sachbearbeiter den Auftragswert manuell ermitteln. Auch diese Nebentätigkeit entfällt heute.

Soweit die notwendigen und einleitenden Erklärungen, so daß wir uns nun dem eigentlichen Thema zuwenden können: Der Vorstand der Wieland-Werke hatte der Organisationsabteilung die Aufgabe gestellt, alle Funktionen — von der Auftragsannahme bis zum Versand der Ware — in einem geschlossenen System neu zu organisieren. Dazu wurde das Projekt Auftragsdurchsteuerung gestartet.

1.4 Anforderungen an die Auftragsdurchsteuerung

Ein Projektteam sollte die gesamte Auftragsabwicklung rechnergestützt, wo immer möglich also automatisch und dennoch — wenn notwendig — vom Menschen beeinfluß- und lenkbar, in einen nahtlosen, sich selbst überwachenden und geschlossenen Ablauf bringen.

Das war keine Aufgabe, die andere schon vorher gelöst hatten. Deshalb mußte von den organisatorischen Vorarbeiten bis zu den notwendigen Programmen alles selbst erstellt werden. Lediglich im betrieblichen Bereich existierten einige wenige taugliche Programme, die in das Ablaufgeschehen eingebunden werden konnten, nachdem entsprechende Anpassungen realisiert worden waren.

Zu überprüfen war, ob und — wenn ja — wie die vielen manuellen Tätigkeiten, die einen Auftrag begleiten, vom Rechner übernommen werden konnten. Es sollte ein rechnergesteuerter Ablauf entstehen, wobei nach einer beendeten Tätigkeit die darauf logisch folgende automatisch vom Rechner angestoßen wird. Auch sollten durch bereits bekannte und vorhandene Daten der Ablauf vereinfacht und dafür die neuesten Erkenntnisse der Datenbanktechnik und der Programmierung genutzt werden.

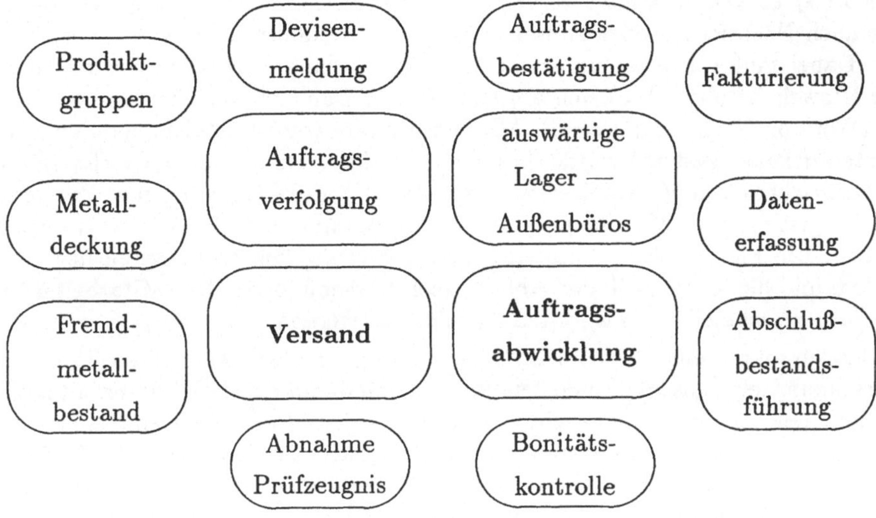

Abbildung 1: *Insellösungen*

Als Ausgangsbasis für unser Projekt lagen bestehende Insellösungen vor (vgl. Abbildung 1), die zum größten Teil EDV-unterstützt funktionierten. Vieles wurde aber noch manuell erledigt. Zu überlegen war deshalb, was entfallen könnte, welche Funktionen vom Rechner übernommen werden könnten und welche — sachlich notwendig — weiterhin vom Sachbearbeiter erledigt werden müßten. Im Mittelpunkt der Aufgaben im kaufmännischen Bereich sollte der Verkäufer stehen, im betrieblichen Bereich sollte dies die neu zu schaffende Abteilung Fertigungsplanung sein.

Im Verkauf befanden sich sogenannte Produktgruppen, die die vom Verkäufer entgegengenommenen Auftragsdaten zur maschinellen Erfassung vorbereiteten und ergänzten. Zum Beispiel wurden dort Fabrikat, Legierung, Härte, Währung, Metalldeckung etc. verschlüsselt. Diese Gruppen sollten ganz verschwinden. Die bestehenden Datenerfassungsstellen in den Verkaufsbereichen sollten ebenfalls eingespart werden. Der Verkäufer sollte selbst die Aufträge am Bildschirm eingeben und verwalten. Die manuellen Tätigkeiten (wie beispielsweise das Ausschreiben der Devisenmeldungen, die Ausfertigung der Metalldeckungszettel, das Führen der Abschlußbestandskonten, aber auch die ständige Auftragsverfolgung durch telefonisches Nachfragen) sollten völlig entfallen und durch ein geschlossenes Auftragsdurchsteuerungs-System übernommen werden. Dafür sollten Datenbanken

(wie z. B. Kundenadreß-, Kunden-Auftrags-, Versand-, Artikel- und Rechnungs-
datenbank) zur Informationsspeicherung und zum Informationsabruf dienen. Ein
sogenanntes Statuskonzept sollte über Stand und Fortschritt jedes Kundenauftrags
Auskunft geben. Diese Informationen sollten am Bildschirm verfügbar sein.

Für die mit der Auftragsdurchsteuerung befaßten Mitarbeiter sollte ein *elektronischer Briefkasten* eingerichtet werden, in den Nachrichten von anderen Mitarbeitern,
aber auch Nachrichten oder Anweisungen von Programmen gestellt werden konnten. Dabei mußte klar zu unterscheiden sein, ob eine Nachricht nur Information
oder Hinweis ist ober ob es sich um eine Aufforderung zu einer bestimmten Tätigkeit (Work-on-Nachricht) handelt. Mit dem Einsatz von CORMES (communication
oriented message system) wurde dieses Ziel erreicht. Damit können rechnergesteu-
ert Nachrichten von Mitarbeiter zu Mitarbeiter, vom Mitarbeiter zum Programm,
vom Programm zum Mitarbeiter und von Programm zu Programm weitergeleitet
werden. Die Flexibilität der Auftragsdurchsteuerung konnte so wesentlich erhöht
werden, und die Automatik des Ablaufs bleibt beeinflußbar. Der Mitarbeiter kann
also auch maschinell zu Tätigkeiten aufgefordert werden.

Im Betrieb sollten eine maschinelle Grobplanung, eine rechnergestützte Einsatzter-
minrechnung, eine anschließende Feinplanung und damit eine EDV-unterstützte Pro-
duktionssteuerung und -überwachung erreicht werden. Auftragszusammenfassungen
und Fertigungsoptimierung waren ebenfalls angestrebte Ziele. Zu jeder Zeit sollte
es möglich sein, sich am Bildschirm anzeigen zu lassen, wo welcher Auftrag mit
welchem Arbeitsgang in Bearbeitung ist.

Die Auftragsdurchsteuerung ist als geschlossene Lösung mit allen Zielsetzungen realisiert worden (vgl. Abbildung 2). Vom Beginn des Projektes bis zu seiner Realisie-

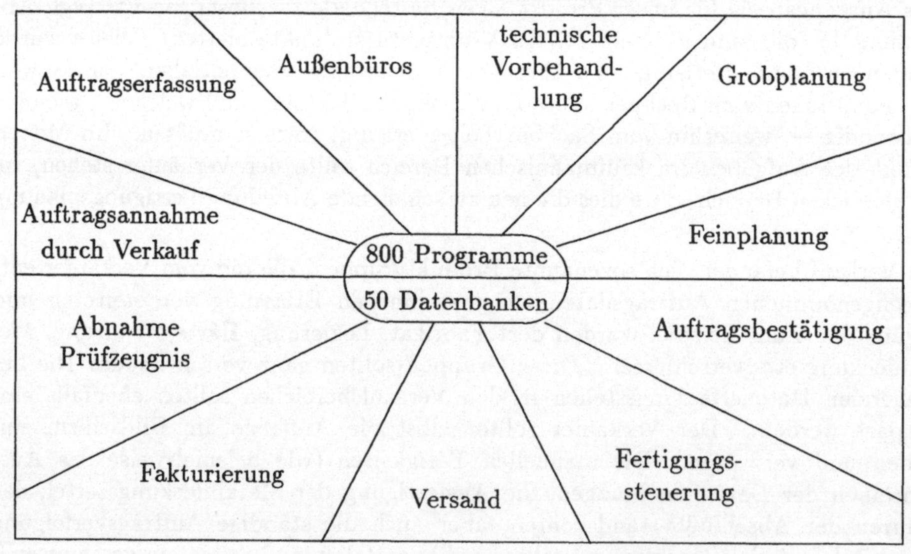

Abbildung 2: *Auftragsdurchsteuerung als geschlossene Lösung*

rung sind fünf Jahre ins Land gegangen. Insgesamt wurden über 800 Programme und
50 Datenbanken im kaufmännischen und betrieblichen Bereich erstellt. Damit ist
ein insbesondere jederzeit auskunftsbereites Ablaufsystem installiert worden, ohne
das sich schon heute niemand mehr die Arbeit vorstellen kann.

Nach dieser Einstimmung nun zu einigen wesentlichen Details dieses Systems: Um
das im Hause befindliche Know-how zur Auftragsdurchsteuerung auszuschöpfen,
wurden Projektgruppen mit Mitarbeitern aus Fachabteilungen, aus der technischen
und kaufmännischen Datenverarbeitung und aus der Organisationsabteilung gebildet.

2 Die Auftragsdurchsteuerung

2.1 Projektteam und -ablauf

Die Aufgabenstellung, die vorgegebenen technischen und betriebswirtschaftlichen
Ziele mit einem möglichst reibungslosen und wirtschaftlichen Projektablauf zu erreichen, machte eine umfangreiche Projektstruktur erforderlich. Das Gesamtprojekt
wurde aufgeteilt auf je eine Projektgruppe Vertrieb, Fertigungsplanung und Be-
triebsdatenerfassung. Aufgrund der Aufgabenfülle mußten diese Gruppen ihrerseits
in weitere fünfzehn Teilprojektgruppen untergliedert werden.

Durch die komplexe Projektstruktur kam der Koordination der Teilprojekte große
Bedeutung zu, die durch Projektsitzungen in einer Strukturkommission und durch
geeignete Projektplanungs- und -kontrollinstrumente erreicht wurde. Die verwendeten Instrumente waren OPUS (Online-Projekt-Unterstützungs-System), OPSS
(Online-Project-Support-System) und AS (Application System). Von Anfang an
war klar, daß das neue Ablaufgeschehen, das in den einzelnen Teilprojekten entwickelt wurde, nur schrittweise eingeführt werden konnte. Dazu wurde ein Netzplan
erstellt, der die logischen Abhängigkeiten der einzelnen Phasen berücksichtigte. Die
Instrumente hier waren CPM (Critical Path Method) und die Netzplan-Überwa-
chung.

Eine Tagung im Februar 1983 war die Geburtsstunde der Auftragsdurchsteuerung.
Dort wurden dem Vorstand sowie den Bereichs- und Abteilungsleitern der System-
vorschlag zur Auftragsdurchsteuerung und der Grundgedanke zur neuen Führungs-
struktur im Betrieb vorgestellt. Weitere Meilensteine des Projektablaufs waren
dann:
- Feinterminierung im Januar 1984,
- Arbeitsgangrückmeldung im Januar 1984,
- Lagerauftragsverwaltung im Mai 1984,
- Fertigungsauftragsverwaltung im Oktober 1984,
- die Anbindung der auswärtigen Lager im April 1985,
- Versanddisposition Inland und technische Vorbehandlung im Mai 1985,
- Versanddisposition Ausland im März 1986,

- Fakturierung Ausland im Oktober 1986,
- Grobplanung im November 1986,
- Fakturierung Inland im April 1987 und
- Materialdisposition im Dezember 1987.

2.2 Realisierung des Projektes

Alle Ziele konnten mit der damals bestehenden Aufgabenverteilung der Mitarbeiter nicht erreicht werden. Es waren deshalb nicht nur Änderungen in der Ablauforganisation, sondern auch in der Aufgabenverteilung im Betrieb und Vertrieb und damit in der Struktur des Unternehmens notwendig.

Kaufmännischer Bereich

Der bisher bestehende, auf Einzeltätigkeiten abgestellte Ablauf wurde in verschiedenen Funktionen aufgehoben. So gibt beispielsweise der Verkäufer heute seine Aufträge selbst auf und verwaltet sie auch. Tätigkeiten, wie etwa das Führen von Karteien oder Bestandsführungen, werden jetzt vom Verkäufer System-unterstützt selbst übernommen. Damit ist der Verkäufer aber nicht zur Datenerfassungskraft degradiert. Im Gegenteil: Viele EDV-Programme und abgespeicherte kunden- und artikelbezogene Daten erleichtern seine Arbeit. Diese Verlagerung von Tätigkeiten — von Servicestellen weg und hin zu den Verkäufern — hat dazu geführt, daß die Mitarbeiter im Vertrieb wesentlich mehr Artikel- und Produktkenntnisse besitzen als früher. Sie sind damit für die Kunden zu kompetenteren Gesprächspartnern geworden und auch deshalb bessere Gesprächspartner, weil sie über den laufenden Auftrag, den Kunden selbst, die gesamten Geschäfte eines Kunden und über den Markt am Bildschirm aktuelle Informationen erhalten.

Natürlich mußten gerade bei der Änderung dieser Aufgabenverteilung auch psychologische Hemmnisse überwunden werden. Durch Schulung und schrittweise Einführung der neuen Arbeitsweisen sind aufgetretene Anfangsprobleme inzwischen längst beseitigt. Durch Gruppengespräche und permanente Information motivieren wir unsere Mitarbeiter und erreichen so die notwendige Akzeptanz des Systems. Vorschläge für Programmerweiterungen und -verbesserungen aus den Reihen der Anwender zeigen, daß dies der richtige Weg ist. Die Mitarbeiter im Vertrieb haben schnell eingesehen, daß ein rechnerüberwachter und logisch richtiger Ablauf für sie vorteilhaft ist. Tätigkeiten, die bisher manuell durchgeführt wurden und zeitlich nacheinander abliefen (wie Metalldeckung, Devisenmeldung, Abschlußbestandsführung und Bonitätskontrolle) werden heute vom Rechner parallel abgewickelt. Das bringt Zeitgewinn und verläßlichere Ergebnisse.

Besonders offensichtliche Verbesserungen haben sich bei der Abwicklung von Lageraufträgen ergeben. Am Bildschirm ist prüfbar, in welchem Zeitraum ein vom Kunden gewünschter Artikel vorrätig ist. Dies wird durch eine physische und dispositive maschinelle Lagerbestandsführung ermöglicht. Ein vom Vertrieb aufgegebener Lagerauftrag steht im Lager sofort als Auftrag zur Verfügung. Unmittelbar nach der

Auftragseingabe am Bildschirm kann der Ausdruck eines Lagerentnahmescheins veranlaßt werden. Das System ist so konzipiert, daß Lagerauftragsaufgabe im Verkauf und Auslieferung der Ware an den Kunden am gleichen Tag möglich sind. Früher waren dazu mindestens drei Tage nötig. Unsere Lösung führte bei verbessertem Lieferservice zu deutlich gesunkenen Fertiglagerbeständen.

Das alles gilt nicht nur für den Verkaufsinnendienst. Über Datenleitungen sind auswärtige Werklager und Verkaufsbüros an das Rechnernetz angebunden. Damit wurde eine bisher bestehende Informationslücke geschlossen, so daß auf die Bestände aller Lager Zugriff besteht — gleichgültig an welchem Ort sie sich (in der Bundesrepublik) befinden.

Fertigungsbereich

Die Tätigkeiten der Arbeitsvorbereitung und der Disposition wurden in der neuen Abteilung Fertigungsplanung zusammengefaßt. Es handelt sich hierbei um eine Stabsstelle für die Geschäftsbereichsleiter. Für diese Stabsstellen wurde eine Vielzahl von EDV-Programmen geschaffen. Sie machen heute zum Beispiel folgendes möglich:

– Es wird maschinell geprüft, ob der vom Kunden gewünschte Artikel bereits gefertigt wurde. Wenn das der Fall ist, läuft die gesamte weitere Bearbeitung bei der Definition des technischen Artikels und der Zuordnung des Arbeitslohns voll maschinell ab.

– Ausgehend vom Kundenwunschtermin wird der Produktionsstart- und Fertigungstermin maschinell errechnet. Dabei wird vom Rechner geprüft, ob das zum Starttermin notwendige Vormaterial und die Maschinenkapazität bei allen Arbeitsplätzen, die vom Auftrag betroffen sind, zur Verfügung stehen. Dies ist ein wichtiger Beitrag zur „Termintreue".

– In der Materialdisposition wird maschinell ein Bestellvorschlag für das zum Auftrag notwendige Vormaterial erstellt. Damit entfallen die manuelle Materialbedarfsrechnung und die manuelle Erfassung der Bestelldaten.

– Die Feinplanung zeigt die Terminsituation aller Aufträge, die unmittelbar vor der Fertigung stehen oder in Produktion sind, und zwar unter Berücksichtigung der zugesagten Termine und des aktuellen Geschehens in der Fertigung. Während bisher der aktuelle Auftragsstand nur durch persönliche Recherchen vor Ort festzustellen war, kann er heute am Bildschirm abgefragt werden.
Neben den vielfältigen Informationen zum Auftrag und zu den Arbeitsplätzen bietet das Feinplanungssystem auch die Möglichkeit, die Bestände vor den einzelnen Anlagen zu steuern und zu kontrollieren. Damit erreichen wir eine weiteres Ziel, nämlich die wesentliche Reduzierung der Kapitalbildung durch Verringerung der teuren Umlaufmetallbestände. Eine Produktionsplanung mit solch entscheidenden Vorteilen einzuführen, ist in einem Halbzeugwerk besonders wichtig. Dort müssen nämlich der Materialfluß und der Material- und Zeitbedarf in zweierlei Richtungen geplant werden: Damit ein Kundenauftrag erfüllt werden kann, muß eine bestimmte Menge an Vormaterial verfügbar sein. Benötigt das Erzeugnis mehrere Bearbeitungsstufen, so muß die Planung jede einzelne Stufe bis

zurück zur Gießerei berücksichtigen. Dort verschwindet der Kundenauftrag in der Zusammenfassung mit vielen anderen Aufträgen. Von der Gießerei ist dann noch einmal über jede Bearbeitungsstufe vorwärts zu planen, bis hin zur abliefernden Werkstatt. Erst dort und erst mit dem letzten Arbeitsgang wird die individuelle Kundenbestellung dann tatsächlich gefertigt.

– Die Aktualität und Aussagefähigkeit der Auftragsdurchsteuerung steht und fällt mit einer schnellen Auftrags- und Arbeitsgangrückmeldung. Aus dieser Erkenntnis heraus wurde der aktuellen Rückmeldung von Auftrags- und Arbeitsgangdaten besondere Aufmerksamkeit gewidmet. Die notwendigen Daten werden am Leitstand über den Bildschirm zurückgemeldet und stehen so dem Rechner sofort zur Verfügung. Um die Aktualität der Rückmeldedaten noch zu verbessern, soll bei Schwerpunktanlagen die Rückmeldung direkt am Arbeitsplatz erfolgen.

Arbeitsgruppe und Strukturänderung

Auf der unteren Ebene der Unternehmensstruktur wurden Arbeitsgruppen eingeführt. Sie sind die kleinste selbstverantwortliche Leistungsgemeinschaft an den Produktionsanlagen. Mit einem darin mitarbeitenden Gruppenführer konnte das Führungspersonal reduziert werden, denn die Gruppenführer sind an die Stelle der Meister getreten. Die Arbeitsgruppen ermöglichen eine bessere Nutzung von Betriebsmitteln, Arbeitszeit und Mitarbeiterqualifikation, die Förderung der Arbeits- und Leistungsgemeinschaft und die Stärkung der Verantwortlichkeit für das Arbeitsergebnis.

Die Aufgabe der Arbeitsgruppe besteht darin, optimale Produktion und Qualität zu gewährleisten sowie kleinere Reparaturen selbst durchzuführen. Durch den Einsatz solcher Arbeitsgruppen war es uns möglich, die Anzahl der Führungsebenen im Betrieb von bisher fünf auf drei zu verringern (siehe Abbildung 3).

Zusätzliche Anforderungen

Während der Planung und Einführung der Auftragsdurchsteuerung sind neue, zusätzliche Anforderungen hinzugetreten. Zum Beispiel:

– Just in Time-Lieferungen an Kunden (darunter versteht man die Bereitstellung des richtigen Materials in der richtigen Menge am richtigen Ort zum vom Kunden bestimmten Zeitpunkt),
– der Wunsch nach kontinuierlicherem Materialfluß mit dem Ziel, den Bestand an versandbereiter Ware möglichst niedrig zu halten,
– die Forderung nach einem schnelleren, möglichst papierlosen Informationsfluß (dabei muß der Informationsfluß schneller sein als der Materialfluß) und
– der Ruf nach einer rechnergestützten, die ganze Fertigung begleitenden Qualitätskontrolle. Am Ende soll ein mit der Ware an den Kunden zu übergebendes Qualitätszeugnis oder Abnahme-Prüfzeugnis maschinell erstellt werden.

Selbst diese Forderungen sind heute erfüllt. Ein Beweis dafür, wie flexibel unser Auftragsdurchsteuerungssystem ist, das bewußt aus vielen aufeinander abgestimmten Programmen modular konzipiert wurde.

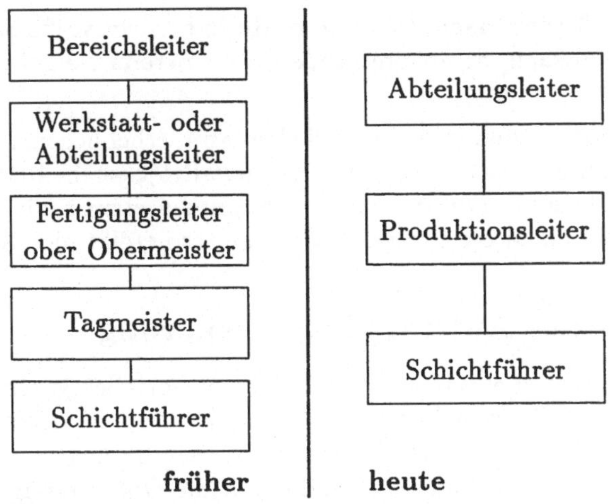

Abbildung 3: *Führungsebenen*

Versandabwicklung

Auch die Neuorganisation der Versandabwicklung wurde in unser Projekt integriert. Die Lösungen im Versand lassen sich kurz folgendermaßen beschreiben:

- Das Kernstück der heutigen Versandabwicklung ist die Disposition mit Hilfe der Datenverarbeitung.
- Durch die Rückmeldung der Werkstatt wird versandfertige Ware in die Versand-Datenbank gestellt.
- Der Disponent kann sofort am Bildschirm die Ladung für den Spediteur zusammenstellen.
- Mit der Disposition entsteht automatisch der Ausdruck des Ladescheins.
- Durch einen Knopfdruck an der Bildschirmtastatur wird die maschinelle Versandpapierschreibung gestartet.
- Ist dem System die Ware als *versendet* gemeldet, dann erfolgt damit automatisch der Anstoß zur Fakturierung.

Damit ist heute schon folgendes erreicht: eine wesentliche Beschleunigung der Versandabwicklung, eine spürbare Reduzierung der Frachtkosten, 30 % Personaleinsparungen im Versand und eine wesentlich schnellere Rechnungslegung, wobei die Rechnung zeitgleich mit der Ware unser Haus verläßt. Der Zahlungseingang wird dadurch wesentlich beschleunigt. In einer Erweiterung des neuen Versandkonzeptes sollen künftig die Spediteure selbst den Versand der Ware disponieren. Die notwendigen Daten erhalten sie dann mittels Datenfernverarbeitung von unseren Rechnern. Damit wird fertiges Material kontinuierlicher versendet und die Versandabteilung nochmals spürbar entlastet. Die bisher aus Gründen der Flexibilität notwendige Zusammenarbeit mit etwa vierzig Spediteuren kann dann auf zwölf reduziert werden. Auch dies trägt zu einer Vereinfachung der Arbeit bei. Ein beabsichtigter

Nebeneffekt ist, daß selbst dann, wenn unser Rechner nicht verfügbar ist, Ware weiterversendet werden kann, da ankommende LKWs bereits die notwendigen Papiere mitführen.

Projekte dieser Größenordnung sind natürlich nur mit erheblichem Aufwand zu realisieren. Scherzhaft war zunächst vom „Jahrhundert-Projekt" die Rede. Bedenkt man aber, daß 5 Jahre lang in unterschiedlicher Zusammensetzung mindestens 20 Mann gleichzeitig intensiv für dieses Projekt tätig waren, so ergibt dies 100 Mann/Jahre.

2.3 Vorteile der Auftragsdurchsteuerung

Diesem Aufwand steht aber ein ganzes Bündel von Vorteilen gegenüber, von denen wir die wichtigsten noch einmal zusammenfassend aufführen möchten:
- Integration aller Sachgebiete durch die geschlossene Lösung;
- optimale Auftragszusammenfassung und damit die Optimierung der Fertigung;
- präziser, sicherer, schnellerer und rechnergestützter Ablauf;
- jederzeit am Bildschirm abrufbare aktuelle Informationen über Auftrag, Kunden, Arbeitsplatz, Bestände und Metall- und Devisen-Situation und damit wesentlich höhere Transparenz — auch als Grundlage für schnelle und fundierte Unternehmensentscheidungen;
- verbesserte Termintreue durch maschinelle Planungsverfahren und rechnergestützte Auftragsverfolgung;
- Reduzierung der Kapitalbindung durch Abbau von Durchlauf- und Fertigmaterialbeständen;
- Personaleinsparungen durch Wegfall manueller Tätigkeiten und Routinearbeiten.

Es lassen sich noch weitere — wenn auch nicht quantifizierbare — Vorteile erkennen:
- wesentlich verstärktes Verantwortungsgefühl des Verkäufers für *seinen* Auftrag, den er vom Zeitpunkt seiner Eingabe ins System über alle Phasen der Fertigung hinweg bis zur Auslieferung an den Kunden am Bildschirm verfolgen und steuern kann;
- gegenseitiges Verständnis für die Arbeit und auch für Probleme und Schwierigkeiten der Kollegen durch die Kenntnis des Gesamtablaufs; das führt zum
- totalen Abbau früher doch vorgekommener Schuldzuweisungen sowie zu einer
- weiteren Verbesserung des Betriebsklimas;
- Zusammenwachsen zu einer großen Leistungsgemeinschaft durch die Kenntnis der Zielvorstellungen;
- Förderung des unternehmerischen Denkens und Handelns durch Änderung der Aufgabenverteilung und Übertragung von mehr Eigenverantwortlichkeit aber auch mehr Kompetenz auf den Mitarbeiter;
- daraus resultiert ein sichtbare Anwachsen des Engagements der Mitarbeiter;
- vermehrtes Einbringen von Verbesserungsvorschlägen und zusätzlicher Ideen durch die Anwender; dies führt zur
- Bekundung des festen Willens der Mitarbeiter, gegenüber der Konkurrenz im Vorteil sein zu wollen.

Richtig konzipierte und akzeptierte Systeme können somit auch die Wertvorstellungen der Mitarbeiter über Arbeit und Leistung positiv beeinflussen und für das Unternehmen zu einem unschätzbaren Vorteil werden.

Unsere Auftragsdurchsteuerung ist in die Zukunft orientiert und dazu geschaffen, auch eine künftige Kapazitätsausweitung abzufangen, ohne sofort mit mehr Personal reagieren zu müssen. Sie ist offen für zukünftige Anforderungen, wie sie beispielsweise der zunehmende Rechnereinsatz in der Produktion verlangt. Die zu erwartenden Erfordernisse des Marktes mit immer mehr und schnellerer Kommunikation mit Kunden und Lieferanten, mit Banken und Spediteuren, können abgedeckt werden. Zur Zeit werden die ersten Online-Verbindungen zu Kunden und Lieferanten hergestellt und damit eine papierlose Bestellung und Auftragsannahme ermöglicht — ein großer Wettbewerbsvorteil im Markt.

3 Schlußbemerkungen

3.1 Datenschutz und -sicherheit

Die Erfordernisse des Datenschutzes sind selbstverständlich beachtet. Zugang zu Informationen haben nur dazu berechtigte Mitarbeiter. Persönliche Paßwörter und abgestufte Berechtigungscodes verhindern einen unberechtigten Zugriff auf Daten von innen und außen.

Der Sicherheit der Daten wird größte Beachtung geschenkt. Täglich werden die Datenbanken gesichert und auf Magnetbändern im Datenschutzraum sowie in ausgelagerten Datentresoren archiviert.

3.2 Informationssystem

Mit der Auftragsdurchsteuerung ist ein Informationssystem geschaffen worden, das den Geschäftsbereichsleitern und dem Vorstand bisher nicht zugängliches Detailwissen am Bildschirm zur Verfügung stellt, das die Umsatzentwicklung der Gegenwart und der Vergangenheit, ob auf Erzeugnisse oder auf Länder bezogen, ob auf Branchen oder Metallegierungen aufgeteilt, sichtbar macht und das rechtzeitig Trends aufzeigt, die gefördert werden können oder denen gegengesteuert werden kann. Damit stehen der Unternehmensführung aktuelle Informationen aus dem Vertrieb, aus der Produktion und aus der Kostenrechnung zur Verfügung, die in Verbindung mit erstellten Hochrechnungen aus diesem Datenmaterial schnelle und fundierte Entscheidungen ermöglichen.

3.3 Ausblick

Derzeit wird an der Einrichtung von DISCUS (Data Interchange System for Communication with Universal Support) gearbeitet: Dabei handelt es sich um ein für beliebige Teilnehmer offenes System zum elektronischen Datenaustausch zwischen

Geschäftspartnern. Dieses System bietet den Vorteil, einen multilateralen Datenaustausch mit Firmen unterschiedlicher Kommunikationsverfahren und unterschiedlicher Hardware-Systeme zu ermöglichen. Ein sogenanntes Clearing Center übernimmt dabei den Empfang und die Weiterleitung der Daten an die Partner, ohne daß der laufende Rechenzentrumsbetrieb beeinträchtigt wird.

Zukünftig werden sich dadurch folgende Vorteile ergeben:

- Kunden können papierlos Aufträge erteilen und ihre Abrufe darauf elektronisch aufgeben.
- Es fällt deshalb keine weitere manuelle Dateneingabe an.
- Der Kunde kann an seinem Bildschirm — soweit ihm dazu die Berechtigung erteilt wird — direkt im System *nachschauen*, wie weit seine Abrufe oder Aufträge in der Fertigung sind.
- Berechtigte Kunden können an ihren Bildschirmen Lagerbestände abfragen.
- Bei Lieferanten kann papierlos bestellt werden.
- Bestimmte Speditionsfirmen können sich versandfertige Waren anzeigen lassen.
- Einige Spediteure können als Frachtführer die zu versendende Ware disponieren und in eigener Regie andere Spediteure für den *Nachlauf* (nämlich die Weiterbeförderung bis zum Kunden) bestimmen.
- Der Zahlungsverkehr mit Banken kann ebenfalls elektronisch abgewickelt werden.

Teil IV

Perspektiven von Systemen

Informationsmanagement: Gegenstand und organisatorische Konsequenzen

von Wolfgang Schüler

Universität Bielefeld

1 Einführung

Informationsmanagement — ist das nicht eines jener kurzlebigen Schlag- und Modewörter, die vor allem der Journalismus braucht, um in einer ständig steigenden Flut von an die Zielgruppe der Manager gerichteten Publikationen noch Aufmerksamkeit zu erregen? Kann derlei Gegenstand ernsthafter betriebswirtschaftlichtheoretischer Überlegungen, geschweige denn unternehmerischer Praxis sein?

Die Frage ist — möglicherweise entgegen dem ersten Eindruck — durchaus zu bejahen, und die Begründung der Antwort ist das Thema des vorliegenden Beitrags. Zu klären haben wir dabei zunächst den Inhalt des Begriffs, also den Gegenstand von Informationsmanagement. Auf dieser Grundlage aufbauend sind dann organisatorische Konseqenzen sowohl für die Einordnung dieser Funktion als auch für die Gestaltung des Unternehmens zu erörtern.

2 Der Gegenstand des Informationsmanagements

Ausgangspunkt unserer Erörterung ist eine neue Sicht, eine neue Einschätzung der Bedeutung von Information für das Unternehmen, auf die wir zweifellos erst durch die rasante technische Entwicklung der letzten Jahre im Bereich der Informationsverarbeitung und -übertragung gestoßen worden sind. Die neue Sicht nimmt Information sowohl als Produktionsfaktor wie auch in den Produkten und in allen dazwischen liegenden Gliedern der Wertschöpfungskette wahr.

Beginnen wir bei den Produktionsfaktoren, die in den betrieblichen Transformationsprozessen zu neuen Gütern und Dienstleistungen kombiniert werden. Die klassischen Produktionsfaktoren aus betriebswirtschaftlicher Sicht sind Betriebsmittel, Werkstoffe und Arbeit. Von Information ist in diesem Schema, das sich schließlich bis in den Aufbau der Gewinn- und Verlustrechnung hinein verfolgen läßt, nicht die Rede.

Allerdings unterscheidet bereits GUTENBERG zwei Ausprägungen des Faktors Arbeit, nämlich eine elementare und eine dispositive Variante. Der dispositiven Arbeit rechnet er alle Tätigkeiten der Geschäftsleitung wie zum Beispiel Planung, Organisation usw. zu. Im Kern handelt es sich dabei um Steuerungsaufgaben, die ihrerseits detaillierter betrachtet werden sollten — ähnlich wie GUTENBERG selbst nicht bei den volkswirtschaftlichen Produktionsfaktoren Kapital und Boden stehen geblieben ist, sondern, tiefer ins Detail gehend, Güter- und Finanzwirtschaft getrennt und den finanzwirtschaftlichen Transformationsprozeß dieser Faktoren in Betriebsmittel einer gesonderten Analyse zugewiesen hat.

Jeder einzelne Steuerungsakt aber ist seinerseits ein Prozeß der Umsetzung von Informationen in Entscheidungen. Jeder güterwirtschaftliche Leistungsprozeß wird so durch einen Steuerungsprozeß begleitet, in dem, wie in der Abbildung 1 skizziert, aufgrund von Beobachtungen und Messungen alle seine freien Variablen (z. B. Zeit, Ort, Quantität, Qualität, Intensität usw.) bestimmt werden.

Bei dieser Betrachtung erweist sich Information auf zweifache Weise als Produktionsfaktor. Offensichtlich stellt sie zum einen den „Rohstoff" von Entscheidungen dar im Sinne einer Willensbildung auf der Basis eines Bildes der Sachlage. Information reduziert Ungewißheit. Je vollständiger die Information ist, desto klarer wird die Situation, umso leichter fällt die Entscheidung. Dies führt zu einem Konzept der Meßbarkeit von Information: was der Entscheidungsträger über einen Parameter, den er nicht kontrollieren kann, der aber gleichwohl das Entscheidungsresultat beeinflußt, weiß, findet Ausdruck in einer subjektiven Wahrscheinlichkeitsverteilung. Größte Ungewißheit stellt sich dann als Gleichverteilung, Gewißheit als Ein-Punkt-Verteilung dar. Hat der Entscheidungsträger darüber hinaus eine Nutzenfunktion formuliert, so kann Information in diesen Kategorien auch bewertet werden — grob gesprochen als Differenz der Nutzenerwartung von Entscheidungen mit und ohne diese Information (vgl. [2]).

Noch überzeugender aber wirkt wohl die zweite Feststellung, derzufolge es Substitutionseffekte zwischen den beiden in der Abbildung 1 dargestellten Prozessen gibt.

Das traditionelle Verhalten zur Bewältigung von Ungewißheitssituationen besteht offensichtlich in der Vorhaltung zusätzlicher Ressourcen. So haben beispielsweise alle Arten von Lagern vor allem eine Pufferfunktion, mit der die Produktions- beziehungsweise Lieferbereitschaft auch in Situationen der Ungewißheit sichergestellt werden soll; Kapazitätsreserven in Maschinenparks dienen ähnlichen Zwecken.

Gerade am Beispiel der Lagerhaltung aber wird der eben apostrophierte Substitutionseffekt besonders deutlich: durch aufwendigere Informationsverarbeitung kann

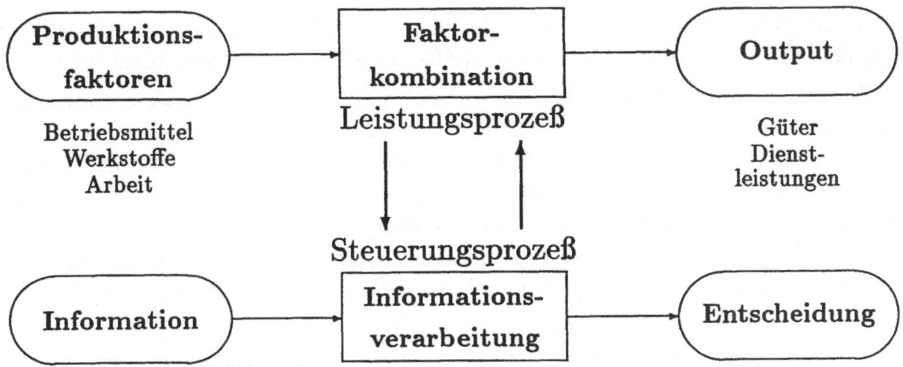

Abbildung 1: *Information als Produktionsfaktor*

offensichtlich die Kapitalbindung in den Lagern ohne Schmälerung der Lieferbereitschaft drastisch gesenkt werden. Im Extremfall vermag die informationsgesteuerte „Just in time"-Zulieferung die Lagerhaltung völlig zu ersetzen. Der Wert der Information läßt sich in solchen Situationen ohne weiteres in Mark und Pfennig ausdrücken. Ihre Eigenschaft, ein der Bewirtschaftung nicht nur zugängliches, sondern auch bedürftiges Gut zu sein, steht außer Frage.

Wichtig erscheint gerade in diesem Zusammenhang noch der Hinweis, daß mit dem Einsatz von Informationsverarbeitungskapazitäten keineswegs nur die Investition in Gerätschaften der Informations- und Kommunikationstechnik gemeint ist, sondern daß es zugleich darum geht, die Methoden der modernen, quantitativen Betriebswirtschaftslehre und ihrer Nachbardisziplinen zu nutzen. Vielfach können diese Methoden ihr Potential erst im Verein mit den neuen technischen Möglichkeiten voll entfalten.

Aufmerksamkeit verlangen Information und die Techniken und Methoden ihrer Verarbeitung und Nutzung auch als Produktkomponente beziehungsweise Basis neuer Produkte. In solchem Zusammenhang wird gern von Information als strategischem Wettbewerbsfaktor beziehungsweise strategischer Waffe gesprochen.

Beispiele, in denen die Integration von steuernden Chips in Produkte zu einer Verbesserung beziehungsweise radikalen Veränderung ihrer Funktionsweise geführt haben, sind inzwischen — von der Uhr über die Waschmaschine bis zum Anti-Blockiersystem (ABS) im Auto — überaus zahlreich. Neue Produkte gehen oft von der Idee aus, dem Kunden Informationsdienste bereitzustellen, die mit der ursprünglich angebotenen „Hardware" mitunter nur noch in losem Zusammenhang stehen.

Ein nicht selten fruchtbarer Gedanke besteht darin, das Interesse nicht mehr auf den einzelnen Umsatzakt zu beschränken, sondern auf die gesamte Kundenbeziehung zu richten, die über die Zeit hinweg zu verfolgen und zu pflegen ist. Manchenorts hat erst dieser Leitgedanke dazu geführt, das über das ganze Haus hinweg verstreute Wissen über den Kunden zu bündeln und im Hinblick auf seine möglichen Wünsche auszuwerten.

Für das Informationsmanagement ergibt sich daraus vor allem die Frage, wie Ansatzpunkte für seine Aktivitäten einigermaßen systematisch aufzuspüren seien.

Dazu bietet die einschlägige Literatur inzwischen zahlreiche Verfahrensvorschläge an, von denen hier nur jener von PORTER und MILLAR ([5]) genannt sei, der die Brücke zwischen den beiden bereits angesprochenen Punkten — Faktor und Produkt — spannt: man überprüfe, so empfehlen die Autoren, die gesamte im Unternehmen abgewickelte Kette wertschöpfender Aktivitäten (primärer und sekundärer Art) daraufhin, wo durch den Einsatz von Informations- und Kommunikationstechniken die Effizienz der eigenen Prozesse erhöht und der Nutzen des Kunden gesteigert werden könnte.

Wenn wir oben argumentiert haben, daß es nunmehr möglich sei, früher zur Vorbeugung gegen Risiken aufgebaute Slack-Ressourcen jetzt durch verstärkten Einsatz von Informationsverarbeitungskapazitäten zu substituieren, so wäre an dieser Stelle die Suche nach solchen Slack-Ressourcen als weitere Verfahrensempfehlung angebracht.

Der Gegenstand des Informationsmanagements ist also um einiges weiter zu fassen als der der traditionellen Datenverarbeitung. Es geht um die verantwortliche Gestaltung der betrieblichen Informationswirtschaft im weitesten Sinn — von ihrer Konzeption im Sinn einer Unterstützung der strategischen Unternehmensziele bis zur Realisation unter den üblichen Effizienzgesichtspunkten, wie sie für alle betrieblichen Funktionen gelten.

3 Organisatorische Konsequenzen

Aus den vorhergehenden Erörterungen sind organisatorische Konsequenzen in zweierlei Hinsicht zu ziehen. Zu fragen ist einerseits nach den Folgerungen für die Unternehmensgestaltung, zum andern nach der organisatorischen Einordnung des Informationsmanagements als Funktion in den Aufbau des Unternehmens.

Am Beginn der Auseinandersetzung mit der ersten Frage muß der Hinweis stehen, daß ihre Beantwortung nicht mehr einfach an die Spezialisten delegiert werden sollte. Der Grund liegt in der Abhängigkeit der organisatorischen Konzeption von der Unternehmensstrategie. Die Einsicht „structure follows strategy" greift Platz.

In solcher Situation wäre eine in die Entwicklung der Unternehmenspolitik normalerweise nicht eingeschaltete Fachabteilung mit der Aufgabe der Erstellung eines organisatorischen Gesamtkonzepts überfordert. Interessanterweise allerdings trifft man dieses Problem heute in der Praxis oft schon mit umgekehrtem Vorzeichen an: Aufgeschlossene Fachabteilungen wissen, häufig unterstützt durch entsprechende Literatur, daß sie zumindest intensiver Mithilfe der Geschäftsleitung bedürften, sehen aber keine Möglichkeit diese zu erlangen. Nicht selten scheint hier ein Wissensdefizit auf Seiten der Führungskräfte zu bestehen.

Im übrigen ist die methodische Analogie zwischen der Entwicklung organisatorischer Lösungen einerseits und entsprechender Anwendungssoftware andererseits — beziehungsweise das Ineinandergreifen beider Aufgaben — zu betonen. Für beide

Zwecke ist ein auf ganzheitlicher Sicht beruhendes, also Insellösungen vermeidendes Problemlösungsverfahren zu empfehlen, das bei der Strategiefestlegung beginnt, daraus operationale Ziele ableitet und schließlich Maßnahmen zu deren Realisation entwirft.

Dabei bezieht sich der ganzheitliche, integrative Aspekt sowohl auf Funktionen als auch auf Daten. Die neuen technischen Möglichkeiten „verteilter" Datenverarbeitung mit gegebenenfalls vernetzten, intelligenten Geräten auch am einzelnen Arbeitsplatz erlauben es, Aufgaben organisatorisch zusammenzufassen, die zuvor in viele Einzelschritte zerlegt waren und ein zeitraubendes, koordinationsbedürftiges Hin- und Herwandern des Arbeitsgutes von einem Platz zum andern bedingten. Der organisatorische Gesichtspunkt hat nun Vorrang vor dem technischen; die organisatorisch zweckmäßige und sinnvolle Gestaltung einer Aufgabe und ihrer Erledigung scheitert nicht mehr an den Einschränkungen des technisch Machbaren.

Auch hinsichtlich der Datenhaltung hat der Integrationsgedanke herausragende Bedeutung. Das Problem, in ein und demselben Unternehmen zahllose Datenbestände mit hohem Redundanzgrad und beträchtlichem Pflegeaufwand überhaupt nur zu überblicken, wird inzwischen als das „Jahrhundertproblem der Informatik" bezeichnet (vgl. [6]).

Seine Lösung wird in der Schaffung einheitlicher, unternehmensweit gültiger Datenmodelle gesehen, die zwar zentral verwaltet werden, aber nicht unbedingt eine zentrale Speicherung aller Datenbestände erfordern. Die Führung nominell inhaltsgleicher Bestände an verschiedenen Stellen sollte ebenso ein Ende haben wie etwa die Situation, in der die Vertriebsabteilung eines mit Auftragsfertigung arbeitenden Unternehmens ihre Lieferzusagen nach Faustregeln machen muß, weil sie die aktuelle Kapazitätsauslastung und Planung der Produktion nicht kennt — ein Beispiel, das in dieser oder einer anderen Form möglicherweise gar nicht so selten vorkommt.

Hinsichtlich der organisatorischen Einordnung des Informationsmanagements als betrieblicher Funktion kann es keine einfach-eindeutigen Ratschläge geben. Geholfen wäre mit einer bloßen Umbenennung (und gegebenenfalls Beförderung) des Leiters der DV-Abteilung wohl ebenso wenig wie mit der generellen Einrichtung von Vorstandsressorts für diese Aufgabe.

Hilfreich ist hier eher die Empfehlung, sich an der Bedeutung der Informations- und Kommunikationstechnologie für das jeweilige Unternehmen zu orientieren. Einen Bezugsrahmen für solche Orientierung hat MCFARLAN ([4]) bereits für die Analyse der Frage vorgeschlagen, inwiefern ein Unternehmen die Entwicklung der Informations- und Kommunikationstechnologie überhaupt bewußt verfolgen muß. Dieser „awareness framework" ist denkbar einfach: Es wird eine Vier-Felder-Matrix angelegt, deren eine Dimension die Bedeutung gegenwärtiger Anwendungen dieser Techniken für das Unternehmen mißt, während die andere die strategische Bedeutung möglicher zukünftiger Applikationen im Informations- und Kommunikationsbereich festhält; beide Dimensionen kennen nur die Ausprägungen „niedrig" und „hoch".

So einfach ein solches Schema auch sein mag, es vermittelt immerhin eine erste Differenzierungsmöglichkeit. Ein Unternehmen, das sich in dem bezüglich beider Dimensionen als „hoch" bewerteten Matrixfeld positioniert, wird sicher eher daran denken müssen, das Informationsmanagement als eigenen Aufgabenbereich in der Geschäftsleitung zu institutionalisieren als eines, das beide Dimensionen bei sich selbst als „niedrig" ausgeprägt einschätzt.

Aber auch in jenem Fall, in dem sich solche Institutionalisierung nicht empfiehlt, ist die Geschäftsleitung sicher gut beraten, wenn sie die Verantwortung für die weitere Beobachtung der Entwicklung in diesem Bereich an gegeigneter Stelle organisatorisch anbindet.

Hinsichtlich der Anordnung der übrigen, vor allem auch personellen Ressourcen zeichnet sich ein Wandel der zentralen DV-Abteilung zum „information center" ab, wie es zum Beispiel MARTIN ([3]) propagiert, einer Einrichtung also, die den Benutzern nahe steht und sie bei der weitgehend selbständigen Konzeption und Durchführung ihrer Anwendungen nur noch unterstützt, statt sie weitgehend selbst zu verantworten.

4 Schlußbemerkung: Personelle Konsequenzen

Wer sich mit den Auswirkungen eines systematisch betriebenen Informationsmanagements befaßt, stößt sehr schnell auch auf die Frage nach den personellen beziehungsweise personalpolitischen Konsequenzen, und zwar in verschiedener Hinsicht.

Angesprochen seien hier davon nur zwei Aspekte. Der eine ist der Hinweis auf die Notwendigkeit, Kenntnisstand und Motivation der Mitarbeiter im Hinblick auf den Einsatz der Informations- und Kommunikationstechniken nach Kräften zu fördern, hinsichtlich der eigenen Vorhaben eine offene Politik zu treiben und Überzeugungsarbeit zu leisten. Solches Verhalten wird sich nicht nur beim täglichen Einsatz dieser Techniken und Verfahren, sondern beispielsweise auch dort auszahlen, wo die Zustimmung des Betriebsrats zur Führung bestimmter Dateien erforderlich ist.

Eine andere in diesem Zusammenhang gern gestellte Frage ist die nach den personalpolitschen Konsequenzen der Rationalisierung. Dabei wird implizit unterstellt, daß ein systematisch betriebenes Informationsmanagement beinahe zwangsläufig in Personalfreisetzungen münden müsse.

Solche Zwangsläufigkeit darf jedoch nicht unterstellt werden. Gerade hier ist noch einmal auf die Verklammerung mit der Unternehmensstrategie zu verweisen. Eine Komponente solcher Strategie kann sehr wohl die Absicht sein, ein im Unternehmen vorhandenes Potential voll zu nutzen. Und selbst eine Organisationsberatung und -gestaltung, die solche Absicht sehr ernst nimmt, ist denkbar (vgl. [1]).

Literatur

[1] MACKENZIE, K. D.: *Organizational Design. The Organizational Audit and Analysis Technology*, Norwood, N. J., 1986.

[2] MARSCHAK, J.; RADNER, R.: *Economic Theory of Teams*, New Haven, London 1972.

[3] MARTIN, J.: *Manifest für die Informationstechnologie von morgen*, Düsseldorf, Wien 1985.

[4] McFARLAN, F. W.: Information technology changes the way you compete, in: *Harvard Business Review* 1984, 98 – 113.

[5] PORTER, M. E.; MILLAR, V. E.: Wettbewerbsvorteile durch Information, in: Harvard Manager 1/1986, original: How information gives you competitive advantage, in: *Harvard Business Review* 1985, 149 – 160.

[6] VETTER, M., *Strategie der Anwendungssoftware-Entwicklung. Planung, Prinzipien, Konzepte*, Stuttgart 1988.

Schwachstellen und Konstruktionsprizipien beim Systemdesign

von Klaus Spremann und Peter Reichling

Universität Ulm

1	Integration bestehender Informationssysteme
2	Assoziation und Interpretation
3	Benutzernähe
4	Dokumentenverwaltung
5	Ergonomische Systemgestaltung

Zusammenfassung

Dieser Beitrag identifiziert fünf grundsätzliche Schwachstellen, die in der Praxis immer wieder anzutreffen sind. Aus dem Befund konkreter Beratungsprojekte werden Konstruktionsprinzipien für den System-Bau abgeleitet. Typische Realisierungen werden beispielhaft erläutert.

1 Integration bestehender Informationssysteme

Eine erste Schwierigkeit, die sich wiederholt bei der Gestaltung von Informationssystemen zeigt, ist die mangelnde Kompatibilität: In vielen Unternehmen sind beim System-Bau nur Insellösungen geschaffen worden, denn seinerzeit existierten keine Normen für Schnittstellen zwischen den Kompenenten eines umfassenden Systems. Die Einzelbausteine sind daher nicht oder zumindest nur bedingt kompatibel.

Unternehmen verfügen oft über verschiedene, unterschiedlich stark ausgebaute Informationssysteme, zwischen denen ein synergetisches Zusammenwirken fehlt. Andererseits sind die Teilkomponenten als Partiallösungen für Partialprobleme so perfekt eingespielt, daß sie ungern aufgegeben werden, um sie in ein globales System einzubinden. So hat jeder sein Kleinstinformationssystem nach individuellen Bedürfnissen gebastelt, ohne daß er übergeordnete Gesichtspunkte der Schnittstellenformulierung angemessen berücksichtigen hätte können, weil solche übergeordneten Gesichtspunkte seinerzeit noch gar nicht formuliert waren.

Als erste Schwachstelle erkennen wir also:
Insellösungen lassen sich aufgrund ihrer mangelnden Kompatibilität häufig nicht
zu einem übergeordneten Gesamtsystem integrieren.

Beispielsweise wurden erfolglose Investitionen im Bereich des Computer-integrated
Manufactoring (CIM) häufig unter Beschaffbarkeitsaspekten geplant. Aus Rendite-
gesichtspunkten wurden zunächst diejenigen Bereiche für eine CIM-Investition als
besonders geeignet angesehen, bei denen eine hohe Kostenreduktion zu erwarten war.
Nun mag der Kauf einzelner, standardisierter CIM-Produkte kurzfristig günstig erscheinen, langfristig baut er aber nur Insellösungen auf, die aufgrund mangelnder
Kompatiblität sowohl der Hard- als auch der Software zu den enorm hohen Kosten einer später nötigen Integration führen. Hinzu kommt, daß gerade so wichtige
Erfolgsfaktoren wie Qualität und Flexibilität durch isolierte Systeme nur wenig unterstützt werden. Eine CIM-Strategie als umfassende und integrative Lösung ist
eben nicht standardisiert zu erwerben, sondern bedarf einer für jedes Unternehmen maßgeschneiderten Konzeption, die die verschiedensten Ebenen aus optimalen
Fertigungsverfahren und Produkdesign sowie aus menschlicher Kreativität und automatisierte Produktion kombiniert.

Ein generelles Konstruktionsprinzip für das Design von Informationssystemen
könnte daher etwa heißen:
Überlege zunächst geeignete Normen und definiere einen Schnittstellenplan, auch
wenn vorerst nur eine Teillösung angestrebt wird. Gestaltungsstrategien müssen
zukünftige Anforderungen an das System berücksichtigen.

Die Gestaltung computergestützter Informationssysteme kann nach unterschiedlichen Strategien erfolgen (Abbildung 1; vgl. [5]).

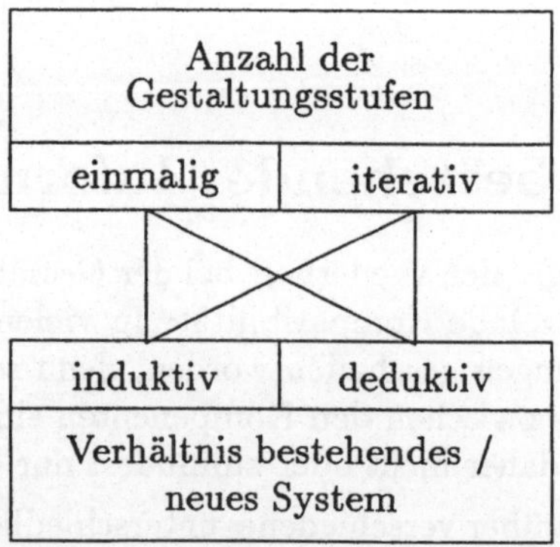

Abbildung 1: *Gestaltungsstrategien für Informationssysteme*

Der Vorteil einer einmaligen Gestaltungstrategie ist ihre kurzfristige Realisierbarkeit;
bei ständig veränderten Systemanforderungen stellen sich solche „billigen" Lösungen

jedoch als zu starr heraus. Ein iterativer Gestaltungsprozeß ist immer dann notwendig, wenn das Unternehmen und damit sein Informationssystem Veränderungen unterworfen sind. Insbesondere schlecht-strukturierte Problemstellungen erfordern diese stufenweise Entwicklung.

Bei einer induktiven Gestaltungsstrategie stellt ein bereits vorhandenes Informationssystem die Grundlage für das neue System dar. Der Systementwurf kann sich hier auf Modifikationen beschränken, verlangt aber wenig komplexe, wohlstrukturierte Fragestellungen und weitgehend determinierte Verfahren. Vorteile sind insbesondere die Akzeptanz der Benutzer, die bereits das bestehende System kennen, und die unproblematische Umstellung auf das neue System. Deduktiv gestaltete, also an der Unternehmensaufgabe und den Anforderungen des Benutzers angelehnte Systeme erlauben dagegen neue, schlecht-strukturierte und instabile Fragestellungen und können Mängel in der Systemkonzeption aufzeigen.

Neue Entwicklungstendenzen, schlecht-strukturierte Probleme, hohe Komplexität der Aufgaben und flexible Verfahren verlangen daher Systemkonzeptionen, die nach einer iterativen und deduktiven Gestaltungsstrategie entworfen werden.

Den möglichen Nutzen solchermaßen integrierter Lösungen beschreibt Abbildung 2 (vgl. [10]).

Leistungssteigerung	Kostenreduktion
mehr Transparenz	Wegfall manueller Tätigkeiten
weniger Routinetätigkeiten	keine Datenredundanz
eindeutige Kompetenzzuweisung	geringerer Speicherplatzbedarf
Flexibilitätssteigerung	Bestandssenkung
Qualitätssteigerung	Verkürzung der Durchlaufzeit
verbesserter Service	bessere Kapazitätsauslastung

Abbildung 2: *Nutzenpotentiale integrierter Lösungen*

2 Assoziation und Interpretation

Gemeldete Daten müssen interpretiert werden. Ein Meldesystem allein nützt wenig, wenn es die Unternehmensführung nur mit Einzelheiten überschüttet und das erforderliche Wissen (Hintergrundinformationen) weder simultan mitgeliefert noch durch eine parallele Meldung ins Gedächtnis zurückgerufen und bewertet werden kann.

Daten und das Wissen zur Beurteilung dieser Daten sind zwei unterschiedliche Kategorien von Informationen, die selten mit der erforderlichen Parallelität behandelt werden. Zusätzlich ist es erforderlich, daß jedem Datensatz die *Assoziation* mitgeliefert wird, vor welchem Hintergrund er gesehen werden soll.

Hier kristallisiert sich die zweite Schwachstelle heraus:
Informationssysteme versäumen es bei der Meldung von Datensätzen vielfach,
erforderliche Hintergründe und Assoziationsmöglichkeiten zu liefern, um dem Benutzer Interpretationshilfen zu geben.

Beispielsweise erhalten in einem mit uns kooperierenden Unternehmen die mittleren Führungsebenen im Rahmen der dezentralen Ergebnissteuerung monatlich eine
im Rechnungswesen generierte, komprimierte Darstellung der Bilanz- und GuV-
Situation ihrer untergeordneten Geschäftsbereiche. Diese Übersicht enthält neben
den aktuellen Daten kumulierte Werte, einen Zeitvergleich sowie Hochrechnungen als
Planvorgaben. Jedoch werden weder der Abschluß größere, isoliert zu betrachtender
Einzelgeschäfte noch außerordentliche Entwicklungen als Hintergrundinformationen
mitgeliefert.

Hier macht es wenig Sinn, einer Führungskraft etwa mitzuteilen, der Umsatz eines
Geschäftsbereichs sei gegenüber dem Vorjahr um 10 % gesunken, wenn aufgrund
einer besonderen Situation in diesem Marktsegment tatsächlich Umsatzeinbußen in
Höhe von 20 % zu erwarten waren. Das Sinken um 10 % stellt also kein Alarmsignal
im Sinne einer Frühwarnung dar, sondern ist vielmehr als Erfolg zu werten.

Hier fehlt ein System, daß die Datenflut aufbereitet, reduziert und parallel dazu
Hintergrundinformationen liefert, so daß Signale auch korrekt interpretiert werden
können.

Ein deduzierbares Konstruktionsprinzip kann also lauten:
Informationssysteme müssen ihre Dialogpartner automatisch auffordern, Bedeu-
tungsklassen zu wählen, die wiederum dem System ermöglichen, auf vorhandene
Interdependenzen zu anderen Fragestellungen hinzuweisen und assoziierbares Hintergrundwissen zu liefern. Nur so können Entscheider den gesamten Entschei-
dungskomplex überschauen.

Bei der Reorganisation einer Privatklinik konnten wir dieses Konstruktionsprinzip
hilfreich anwenden. Als ein zentraler Punkt stellte sich dabei das Telefonmanage-
ment heraus:

In einer Privatklinik ist der erste Telefonkontakt mit Patienten von entscheidendem
Werbepotential. Wenn etwa ein Patient anruft und einen Termin wünscht, sind eine
Vielzahl von Interdependenzen und Bewertungen zu berücksichtigen:
- Vielleicht war er schon einmal in dieser Klinik, so daß diese Information bereits
  zu Beginn des Gesprächs zur Verfügung stehen muß.
- Wenn ein Termin vereinbart wird, der Patient aber wünscht, daß zu diesem Termin
  ein Arzt, der ihn schon einmal untersucht oder operiert hat, wieder anwesend ist,
  so sollte sich diese Arzt nicht zufällig im Urlaub befinden. Das System muß also
  mit einer Datei über die Anamnese unterlegt werden.
- Hinzu kommen spezielle Zimmerwünsche: Vielleicht hat sich der Patient bei einem
  früheren Aufenthalt über das Eckzimmer beschwert, so daß er nicht wieder in

192

diesem Zimmer untergebracht werden sollte.

Diese Hintergrundinformationen müssen beim ersten Telefonkontakt parat sein, so daß sich der Patient angemessen betreut fühlt und auch dem Erfolg der medizinischen Behandlung entsprechend entgegen sieht.

Hier finden sich fünf interdependente Planungsbereiche: die Patientendatenbank, der Zimmerbelegungsplan, der Terminplan für Operationen, der Urlaubsplan sowie später die Berichterstattung und Abrechnung. Diese Teilpläne in Verbindung zu bringen, bedeutet folgendes: Aufgrund des Telefongesprächs erhält der Patient die Option, einen Klinikaufenthalt zu einem bestimmten Termin beginnen zu können, wobei er erst im Verlauf des nächsten Monats über die Ausübung der Option entscheidet. Während dieses Zeitraums sind die Urlaubspläne gesperrt und können nicht kurzfristig geändert werden. Nur wenn der Patient seine Option ausübt, kann es zu keinen Änderungen kommen; gibt er sie aber zurück, so werden die entsprechenden Tage wieder frei. Hier handelt es sich um ein komplexes, interdependentes System, das zunächst sehr flexibel erscheint, jedoch zur Starrheit neigt, wenn zum Beispiel ein Arzt seine Urlaubspläne ändern möchte. Dann müßte berücksichtigt werden, welche Zusagen bereits getroffen wurden und wo Verschiebungen möglich sind. Das vorangestellte Konstruktionsprinzip hat sich bei der Verbesserung des Systems der Privatklinik als hilfreich bewährt.

3 Benutzernähe

Eine dritte Schwierigkeit heutiger Informationssysteme ist die zu geringe Harmonie zwischen verfügbaren Daten und möglichen Fragen. Häufig werden an Unternehmen, aber auch an andere Organisationen, die über Informationssysteme verfügen, von außen Fragen herangetragen. Leider stellt sich jedoch oft heraus, daß durch ein Informationssystem zwar eine große Datenmenge bereit steht, aber eben nicht diejenigen Daten, die diese Fragen geeignet beantworten können.

Hier können wir die dritte Schwachstelle identifizieren:
Informationssysteme werden zwar oft unter Aspekten der praktischen Verwendbarkeit konstruiert, leider betont dieser Gesichtspunkt aber zu sehr eine schnelle Fertigstellung und vernachlässigt die Anforderungen, die ein möglicher zukünftiger Benutzer an die Wissensbasis stellen kann.

In unserem Institut beschäftigen wir uns beispielsweise derzeit im Rahmen eines Forschungsprojektes mit der Frage, welche Ursachen für die Volatilität von Futureskursen genannt werden können. Um Zeitreihen analysieren zu können, wurde eine relationale Datenbank mit Kursen von Terminkontrakten aufgebaut. Hierzu nahmen wir eine Klasseneinteilung vor und wählten aus jeder Klasse Repräsentanten. In der Klasse der pflanzlichen Produkte waren dies Weizen, Kaffee und Zucker. Bei Vorarbeiten entdeckten wir aber, daß die serielle Korrelation der Schwankungen von Futureskursen bei Weizen und Baumwolle — Baumwolle war nicht explizit betrachtet worden — völlig unterschiedlich ausfällt. Möglicherweise spielt hier die Tatsache eine Rolle, daß Weizen in beiden Hemisphären angebaut wird und so die Terminkontrakte eine höhere Volatilität aufweisen als Kontrakte für Baumwolle, die nur in der nördlichen Hemisphäre gewonnen wird.

Als Konstruktionsprinzip leiten wir etwa ab:

Normen, Schnittstellen und Muster, die Bearbeitungseinheiten von Daten und Wissen darstellen, dürfen nicht gleichsam am grünen Tisch geplant werden, sondern müssen in Zusammenarbeit mit potentiellen Nutzern der Datenbank erörtert werden.

Als Beispiel für eine Realisierung dieses Konstruktionsprinzips kann die „Ulmer Textbank" der Universitätsabteilung für Psychotherapie betrachtet werden. Bei der Erstellung einer Datenbank über psychogene Erkrankungen wird hier nach dem Prinzip „Redundanz" vorgegangen, das heißt alle in dieser Abteilung mit Patienten geführten Gespräche werden als Text gespeichert. So steht auch für zukünftige Forschungsfragen entsprechendes Datenmaterial zur Verfügung.

Wenngleich dieses Beispiel schon als extrem angesehen werden kann, so muß doch einschränkend gesagt werden, daß das Redundanz-Prinzip zwar jede Selektion ausschließt, aber schlechterdings keine Aufhebung konzeptbedingter Restriktionen bewirken kann. So können wichtige Informationen, die sich etwa aus der Gestik, Mimik oder Emotionalität des Patienten gewinnen lassen, kaum durch die Speicherung der Gesprächstexte allein einer späteren Auswertung zugänglich gemacht werden.

4 Dokumentenverwaltung

Die zunehmende Verbreitung moderner Konstruktions- und Fertigungsverfahren fordert eine geschlossene CAD-CAM-CIM-Kette. Im heutigen Ablauf der Zeichnungserstellung und -archivierung ist aber Papier das meistgenutzte Speichermedium.

Dies führt zur vierten Schwachstelle:
Papier als Speichermedium zu benutzen, bedeutet einerseits einen Bruch in der Kommunikationskette und andererseits einen hohen Aufwand der Dokumentenverteilung und -aufbewahrung mit langsamem Zugriff und großem Platzbedarf.

Beispielsweise zieht ein von uns beratenes Unternehmen seine strategischen Wettbewerbsvorteile vor allem aus der vertikalen Integration, die die breite Palette von der Rohstoffgewinnung bis hin zum Verkauf an den Endverbraucher abdeckt.

In den Bereichen der rechnergestützten Konstruktion und der Fertigung ist der heute noch übliche Ablauf der Zeichnungserstellung, -verteilung und -archivierung vorzufinden, in dem Papier als Speichermedium dient. So ergibt sich das Bild, daß im Ingenieurbüro leistungsfähige CAD-Center die Zeichnungserstellung unterstützen, während gleichzeitig die Dokumentenverwaltung langsam, umständlich und mit großem Platzbedarf verbunden ist.

Ein Konstruktionsprinzip kann hier lauten:

Informationssysteme müssen so um Verwaltungssysteme gebaut werden, daß ein automatisierter Zugriff auf Dokumente möglich bleibt.

Da vermutlich auch zukünftig die Anforderungen an die Dokumentenverwaltung weiter steigen werden, wird ein System benötigt, das einerseits Schnittstellen zur CAD-Technik aufweist und andererseits große Datenmengen, wie sie gerade bei Zeichnungen anfallen, speichern kann. Einsatzmöglichkeiten bieten sich hier für optische Speicherplatten, insbesondere für die sogenannte Worm-Platte (Write once read mostly; vgl. [6]). Ein weiterer Bestandteil solcher Dokumentenspeicherungssysteme ist eine Datenbank, die den Dokumentenzugriff von verschiedenen Arbeitsplätzen aus sicherstellt, gleichzeitig müssen Bilder und zugehörige Daten miteinander verarbeitet werden (Abbildung 3).

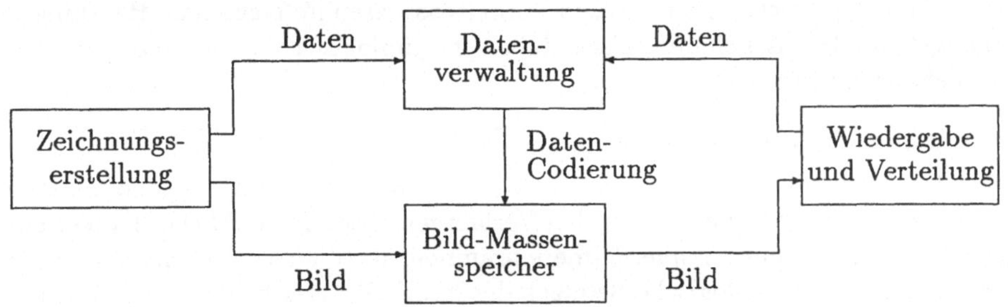

Abbildung 3: *Dokumentenverwaltungssystem*

5 Ergonomische Systemgestaltung

Ein zunehmender Teil der Wertschöpfung in der Bundesrepublik vollzieht sich an Arbeitsplätzen, die mit Dienstleistung, Verwaltung und Planung befaßt sind und kurz als „Bürotätigkeit" zu beschreiben sind. Der Einzug von Kommunikations- und Informationstechniken im Büro und die Einführung integrierter Planungs-, Bearbeitungs- und Abrechnungssysteme verändern die Arbeitsumgebung des Menschen massiv.

Wenn früher beispielsweise im Büro mit Karteien, Briefen und Mitteilungen gearbeitet wurde, konnte ein Mitarbeiter seinen Kollegen anrufen und ihn unter Schilderung eines Bedeutungshintergrundes dazu veranlassen, den einen oder anderen Vorgang für einen gewissen Zeitraum unbearbeitet zu lassen. Solche Ermessensspielräume sind bei vielen computergestützten Systemen jedoch eliminiert. Das System determiniert und diszipliniert die Tätigkeiten des menschlichen Bedieners in einer vielfach unterschätzten Weise. Dadurch entstehen Akzeptanzprobleme auf einer ganz neuen Ebene. Es geht nicht mehr darum, ob das technische Gerät ergonomisch gestaltet ist, sondern darum, ob das System dem menschlichen Nutzer Arbeits- und Gestaltungsspielräume ermöglicht, die dem psychologischen und sozialen Hintergrund entsprechen.

> Als fünfte Schwachstelle ist festzuhalten:
> Oft sind zwar technische Einrichtungen ergonomisch gestaltet, nicht aber die Software und die Systeme, mit denen der Nutzer ebenso konfrontiert ist wie mit der physischen Gestaltung des Arbeitsplatzes.

Viele der heutigen, integrierten Systeme erfüllen diese Ergonomieanforderung nicht. So kommt es dazu, daß sich Mitarbeiter über den Bildschirm, die Tastatur und andere Äußerlichkeiten beklagen, wo es in Wirklichkeit um das zu stringente System geht, welches ihnen jeden Ermessungsspielraum nimmt. Die Gestalter des Systems müssen, um die Akzeptanz der Informationstechnik im Büro zu erhöhen, deshalb mehr auf die psychischen und sozialen Verhaltensweisen im bisherigen Handling von Vorgängen Rücksicht nehmen, ohne dabei ein „unlogisch" arbeitendes System in Kauf nehmen zu müssen.

> Das entsprechende Konstruktionsprinzip verlangt also:
> Informationssysteme müssen ebenso wie die technischen Geräte ergonomisch gestaltet sein. Die Systeme müssen den Verhaltensweisen menschlicher Nutzer entgegenkommen, Ermessensspielräume einräumen, flexibler und nachgiebiger reagieren, ohne dabei die logische Sequenz der Bearbeitungsschritte zu verlassen.

Geeignete Kommunikationsmöglichkeiten des Menschen mit dem jeweiligen Informationssystem können durch Gestaltungsspielräume für Softwareergonomien bereitgestellt werden ([7]). Notwendig ist die Abbildung der gewohnten Arbeitsumgebung auf dem Rechner. Jedoch kann die Komplexität von Aufgabenstellungen an der direkten Schnittstelle des Benutzers mit dem System durch die Schaffung neuer Gestaltungsfreiräume nur bedingt zum Verschwinden gebracht werden. Das aus der Arbeitsstrukturierung bereits bekannte Gedankengut muß auf die Softwareergonomie für Büroarbeitsplätze übertragen werden.

Literatur

[1] GRIESE, JOACHIM: Istanalyse betrieblicher Informationssysteme, in: HANSEN, HANS ROBERT (Hrsg.): *Entwicklungstendenzen der Systemanalyse*, München, Wien 1978.

[2] HAHN, D.; STEIMETZ, D.: Gesamtunternehmensmodelle als Entscheidungshilfen im Rahmen der Zielplanung, strategischen und operativen Planung; in: HAHN, DIETGER; TAYLOR BERNARD (Hrsg.): *Strategische Unternehmensplanung*, Würzburg, Wien 1980.

[3] HEINRICH, LUTZ J.: *Informationsmanagement*, München, Wien 1987.

[4]   HÖHN, SIEGFRIED: Der Einsatz der Informationstechnik für Planung und Kontrolle, in: *Zeitschrift für Betriebswirtschaft* 55 (1985) 5, 515 – 541.

[5]   HOFFMANN, FRIEDRICH: *Computergestützte Informationssysteme*, München, Wien 1984.

[6]   MEYER, BERND: Optische Speicherplatten für Mikrofilm-Aufsteiger, in: *Handelsblatt* vom 24.05.1989 / Nr. 98.

[7]   POLTKE, MARTIN: Information als kritische Ressource, in: HENZLER, HERBERT A. (Hrsg.): *Handbuch Strategische Führung*, Wiesbaden 1988, 353 – 378.

[8]   SALTON, GERARD; MCGILL, MICHAEL J.: *Information Retrieval — Grundlegendes für den Informationswissenschaftler*, Hamburg, New York 1987.

[9]   SCHEER, AUGUST-WILHELM: DV-gestützte Planungs- und Informationssysteme im Produktionsbereich, in: KAY, ROBERT (Hrsg.): *Management betrieblicher Informationsverarbeitung*, München, Wien 1983, 165 – 188.

[10] SCHOLTENS, CAROLINE; RÖSSLER, GÜNTER: Faktoren, die kaum zu quantifizieren sind, wie Qualität und Flexibilität, sind die wertvollsten, in: *Handelsblatt* vom 30.05.1989 / Nr. 101.

Informationsmanagement durch semantische Datenbanksysteme

von Hans Czap
Universität Trier

Zusammenfassung

Um Möglichkeiten und Grenzen der derzeitigen und einer künftigen Computerunterstützung der Unternehmensführung aufzuzeigen, wird zunächst der Informationsbedarf betrieblicher Bereiche hinsichtlich Quantität und Strukturierbarkeit charakterisiert. Die typischen Merkmalsausprägungen dieses Bedarfs werden mit den charakteristischen Möglichkeiten unserer derzeitigen Technologie zur Bereitstellung von Informationen kontrastiert. So lassen sich die grundsätzlichen Defizite aufzeigen. Als wichtigstes Resultat erweist sich, daß der Informationsbedarf weder der gehobeneren Führungsebenen des Betriebes kategorisierbar oder schematisierbar ist noch — und zwar in wachsendem Maße — der der operativen Ebene. Die derzeitigen Datenbanksysteme und Dokumentenverwaltungssysteme ermöglichen diesbezüglich keine befriedigende Informationsversorgung. Deswegen stoßen sie hier an die Grenzen ihrer Verwendbarkeit. Sie sind kein geeignetes Instrument für eine Computerunterstützung der Unternehmensführung.
Semantische Datenbanksysteme ermöglichen eine objektorientierte, bereichsübergreifende Sicht auf die betrieblichen Informationseinheiten. Designprinzipien für Aufbau und Struktur der Speicherobjekte werden vorgestellt. Ihre Berücksichtigung unterstützt ein Informationsmanagement, auch wenn der Informationsbedarf spontan entsteht oder hinsichtlich Qualität und Quantität nicht vorhersagbar ist.

1 Betriebliches Informationsmanagement

Das Führen eines Betriebes kann als ein Prozeß verstanden werden, bei dem sich Anpassungs- und Gestaltungsstrategien abwechseln. Der Anpassungsprozeß überwiegt dann, wenn sich die Unternehmung mit veränderten, von ihr nicht beeinflußbaren Größen konfrontiert sieht. Der Gestaltungsprozeß setzt eine unmittelbare Einflußmöglichkeit auf die Parameter des betrieblichen Geschehens und seine Umwelt voraus. Beide Strategien finden sich in der betrieblichen Realität mit unterschiedlicher Ausprägung.

In beiden Fällen wird Information benötigt: Information über die tatsächliche betriebliche Situation und Information über die zu erwartenden Auswirkungen eingeleiteter Maßnahmen.

Die Bedeutung der Information als notwendiges Mittel einer Betriebsführung ist allgemein anerkannt. Sie findet ihren Niederschlag in der Qualifizierung von Information als Produktionsfaktor oder in globalen Charakterisierungen, die von dem Übergang des Industriezeitalters in ein Informationszeitalter sprechen.

Nun ist Information kein konkretes Gut, das wie ein physisches Gut gesammelt und gespeichert werden kann. KOSIOL spricht von einem immateriellen Realgut ([12]). Damit ist nur wenig über das Wesen von Information ausgesagt. Dies wird — je nach wissenschaftlichem Standpunkt — unterschiedlich gesehen. Damit bleibt unklar, wodurch sich der Nutzen von Information beziehungsweise von mehr Information begründet.

Beispielsweise wird in der mathematischen Informationstheorie Information als der Neuigkeitswert einer Nachricht angesehen. Folglich kann die gleiche Nachricht, also die gleiche Datenübertragung, bei verschiedenen Personen oder betrieblichen Stellen eine unterschiedliche Information zur Folge haben. Dieser Sachverhalt, daß die gleiche Meldung je nach Empfänger eine unterschiedliche Bewertung erfährt, ist unmittelbar einsichtig. Die Wertschätzung einer Nachricht aber ausschließlich an ihrem Gehalt an Unbekanntem zu orientieren, kann der betrieblichen Realität nicht gerecht werden. Der Neuigkeitswert einer Nachricht hat keinen Bezug zur Bedeutung, der Konsequenz oder möglichen Verwendung dieser Nachricht. Er entzieht sich einer Nutzenbetrachtung. Deswegen hat diese mathematische Informationstheorie keine größere betriebswirtschaftliche Beachtung erfahren.

Im Gegenteil, in der betriebswirtschaftlichen Literatur ist es üblich, Information als die Bedeutung einer übermittelten Nachricht aufzufassen (vgl. [14]) oder sogar noch enger gefaßt als „zweckorientiertes Wissen"(siehe [11]). Die Frage, wer, wann, mit welcher Häufigkeit, welcher Aktualität, welchen Daten und welcher Datenaufbereitung versorgt werden muß, welche Daten für wen, gegebenenfalls auf Anfrage, bereitzustellen sind, an welche Stellen eingehende Informationen zu verteilen sind und welche Information für wie lange und welchen Zweck beziehungsweise welches Ereignis zu speichern sind, wird damit zu einem zentralen betriebswirtschaftlichen Problem. Diese Fragen machen den Kern eines betriebswirtschaftlichen Informationsmanagements aus (vgl. [20]). Unter Berücksichtigung des Sachverhaltes, daß Information eine verbrauchbare Ressource ist, hat sich das Informationsmanagement im Spannungsfeld von Informationsfrequenz, Informationsgeschwindigkeit, Informationsmenge und Informationsqualität[1] zu bewähren. Der organisatorische Rahmen eines Informationsmanagements setzt die Ermittlung des Informationsbedarfs einzelner betrieblicher Stellen sowie die Bestimmung der Möglichkeiten und Wege einer bedarfsgerechten Informationsbereitstellung voraus. Dies ist bei den betrieblichen Bereichen, die durch eine hohe Stabilität ihrer Abläufe gekennzeichnet sind, mit einem überschaubaren Aufwand möglich. Demzufolge beinhaltet ein Informationsmanagement auf den betrieblichen Ebenen, die sich durch Routinetätigkeiten beziehungsweise durch einen hohen Wiederholungsgrad der Abläufe auszeichnen, keine besonderen Herausforderungen oder Probleme.

Je mehr jedoch Tätigkeitsmerkmale wie Spontanität, Ideenreichtum, Nichtvorhersehbarkeit und damit insgesamt geringe Wiederholbarkeit von Abläufen den einzelnen Arbeitsplatz auszeichnen, desto diffuser wird der vorhersagbare Informationsbedarf. Stellen der Unternehmensführung zeichnen sich in hohem Maße durch die genannten Attribute aus. Ihr Informationsbedarf ist komplexer Natur und häufig nicht schematisierbar beziehungsweise kategorisierbar. Desto schwieriger gestaltet sich auf den Führungsebenen das Informationsmanagement.

Im klassischen Industriebetrieb mit Serienproduktion werden einzelne Stellen nach dem Prinzip der Arbeitsteilung eingerichtet. Entsprechend finden sich auf der Ebene der operativen Abläufe vergleichsweise gut kategorisierbare Informationsanforderungen. Dem konnte durch die herkömmliche betriebliche Datenverarbeitung in befriedigender Art und Weise Rechnung getragen werden.

Doch ist, wie im folgenden Kapitel 2 gezeigt wird, diese Grundannahme einer Kategorisierbarkeit des Informationsbedarfs nicht länger gegeben. Damit wird einem herkömmlichen EDV-unterstützten Informationsmanagement die Basis in den Bereichen entzogen, in denen es bislang unangefochten seine Vorteile ausspielen konnte. Unsere bisherigen Datenverarbeitungstechnologien stoßen folglich an die Grenzen ihrer Verwendbarkeit. Dies wird in Kapitel 3 gezeigt. Ein grundsätzlich neuer Ansatz bezüglich Art und Struktur der Speicherungsobjekte und des Zugriffs auf sie wird notwendig. Er wird in Kapitel 4 ansatzweise vorgestellt. Kapitel 5 schließlich wendet sich der Frage zu, wie der Übergang auf diese künftigen Systeme in der Praxis bewältigt werden kann.

2 Informationsbedarf

Die Notwendigkeit von Richtlinien und Regeln zur Erfassung, Verteilung, Speicherung und Verwaltung von Informationen ist nicht bestritten. Sie begründet sich in zunehmendem Maße auch über den wachsenden Informationsbedarf betrieblichen Stellen, sowohl in qualitativer als auch in quantitativer Hinsicht. Anhand einiger Beispiele wird zunächst die Zunahme dieses Informationsbedarfs plausibel gemacht.

---

[1]Zu diesen Begriffen vgl. [21] und die dort angegebene Literatur.

In einem zweiten Abschnitt wird für den Bereich der operativen Entscheidungen aufgezeigt, daß bezüglich des Kriteriums „Strukturierbarkeit" ein Wandel im Aufgabenspektrum stattfindet.

2.1 Quantitative Änderung des Informationsbedarfs

Unternehmensinterne und -externe Ursachen, beide sicherlich nicht unabhängig voneinander, lassen sich anführen, wenn man nach Gründen für die Zunahme betrieblicher Komplexität fragt. Da zur Komplexitätsbewältigung Information benötigt wird, geben diese Gründe auch eine Antwort auf den wachsenden Informationsbedarf.

So kann man beispielsweise eine Unternehmung als gesellschaftliche Institution betrachten, deren unternehmerische Entscheidungen nicht unabhängig von gesellschaftlichen Normen und Werturteilen gefällt werden können. Die gesellschaftlichen Ziele (Umweltschutz, Verbraucherschutz, Datenschutz, Mitbestimmung und dergleichen mehr) führten und führen zu einer Flut von Gesetzen, Verordnungen und Normen, deren Bestimmungen im konkreten Einzelfall einen erheblichen Informationsbedarf verursachen. Dieser kann bei einer immer dynamischer werdenden Umwelt durch die herkömmliche Form unter Verwendung des Informationsträgers „Papier" beziehungsweise „Buch" nicht adäquat befriedigt werden.

Der Informationsbedarf einerseits induziert eine Informationspflicht andererseits. Aus Sicht der Betriebe ist dabei nicht nur an die Buchführungspflicht und daraus folgende Detailregelungen zu denken, sondern auch an Warnungen vor unerwünschten Auswirkungen von Produkten beziehungsweise deren mögliche Fehlbedienung. Daß dies im Einzelfall zu einem erheblichen Aufwand führen kann, ist beispielsweise im Bereich der Pharma-Industrie unmittelbar einsichtig. So schätzt der Verband der Chemischen Industrie, daß pro Neuzulassung eines Arzneimittels in der Bundesrepublik Deutschland ca. 200.000 Seiten Testberichte erforderlich sind.[2]

Der zuletzt angesprochene Bereich einer Produktinformation ist nur ein Teilaspekt des wesentlich umfangreicheren Gebietes „Produktdokumentation", an dem der grundsätzliche Wandel im Informationsbedarf verdeutlicht wird. Zur Produktdokumentation werden alle Schriftstücke, Tabellen, Zeichnungen etc. gerechnet, die einen unmittelbaren Bezug zu dem jeweiligen Produkt haben. Zu denken ist unter anderem an Vorschriften über die Verpackung und den Transport, an Benutzerhandbücher, aus denen Einsatz und Verwendung des Produktes hervorgehen, an Reparaturanleitungen, Wartungsempfehlungen, Verhalten bei Betriebsstörungen, Ungefährlichkeitsnachweise, Hinweise auf Nebenwirkungen und der gleichen mehr.

Daß es sich im Rahmen einer Produktdokumentation um ein beträchtliches Informationsvolumen handeln kann, das es zu speichern und zu verwalten gilt, kann den folgenden Beispielen entnommen werden (siehe [7]):

---

[2]Verband der Chemischen Industrie, A. AREND: Erklärung auf der Pressekonferenz der Gesellschaft für Terminologie und Wissenstechnik vom 14.07.87.

- Bei der Entwicklung einer neuen Version des Telefonvermittlungssystems der Siemens-AG in den achtziger Jahren entstanden Dokumentationsunterlagen mit einem Umfang von ca. 70.000 Seiten, dabei wurden mehrere Tausend neue Begriffe geprägt([19]).
- Im Bereich der chemischen Industrie gibt es zur Zeit ca. 8 Mio Substanzen. Jährlich wird dieser Bestand um 250.000 neue Verbindungen erweitert(vgl. [10]), die nicht nur für sich, sondern auch in ihrem Verhältnis zu anderen Substanzen dokumentiert werden müssen.
- Bei der Beschaffung eines handelsüblichen Personal Computers wurden dem Autor 2.978 Seiten Dokumentation (teilweise zweisprachig) für die Hardware und zugehörige Basissoftware mitgeliefert. Diese Unterlagen beinhalten nur Information für den Endbenutzer.

Die Zunahme der Produktdokumentation ist eine unmittelbare Folge der Herstellung sehr komplexer Produkte. Die hochindustrialisierten Länder in Europa sowie Japan und die USA sind volkswirtschaftlich auf ein betriebliches Leistungsangebot angewiesen, dessen Herstellung ein hochentwickeltes technisches Verständnis voraussetzt. Diese Erzeugnisse sind in ihrer Verwendungsmöglichkeit, hinsichtlich Wartung und Reparatur und auch ihrer Erzeugung nicht selbst erklärend. Informationen zu den einzelnen Aspekten des Produktes sind ein notwendiger und untrennbarer Bestandteil des Produktes selbst.

Die Unterlagen, die bezüglich eines Produktes entstehen, sind recht vielfältig und beziehen sich auf unterschiedliche Phasen der Produkterstellung beziehungsweise unterschiedliche Aufgaben. Beispielsweise werden im Konstruktionsbereich eine Vielfalt von produktdarstellenden Modellen unterschieden. Genannt werden unter anderem (vgl. [22]):
- Aufgabenmodelle, die durch eine Beschreibung in natürlicher Sprache repräsentiert werden.
- Funktionsmodelle, zu deren Darstellung Symbole benutzt werden (z. B. Schaltpläne bei elektronischen Bauteilen).
- Geometriemodelle (Drahtmodelle, Flächenmodelle, Volumenmodelle, Schnitte etc.), deren Darstellungsmedium Zeichnungen beziehungsweise Punkteraster sind.
- Rechenmodelle, die mittels Spline-Funktionen, durch finite Elemente oder durch Rechenprogramme gebildet werden.
- Teilemodelle, dargestellt durch die Stückliste.
- Fertigungsmodelle, repräsentiert durch die Arbeitspläne und NC-Programme.

Diese Beispiele zeigen zum einen das beträchtliche Volumen, das bei Dokumentationsaufgaben bewältigt werden muß und zum anderen die große Vielfalt, die einzelne Dokumente hinsichtlich ihrer Struktur und Aufgaben besitzen. Die Unmöglichkeit, ein Schema generell vorgeben zu können, dem alle Dokumentationsaufgaben unterzuordnen sind, macht sich deutlich bemerkbar.

Auch die Änderung der Produktionsstruktur sowie der Marktbedingungen lassen sich als Argument anführen, wenn es gilt, die Zunahme der Komplexität betrieblicher

Vorgänge zu begründen. Zur Bewältigung der wachsenden Komplexität werden
mehr und bessere Informationen benötigt.

In zunehmendem Maße wird nicht mehr für einen anonymen Markt in großen Serien
produziert. Vielmehr ermöglicht der Einsatz moderner Fertigungstechnologien (flexible Fertigungssysteme, Transport- und Handhabungsautomaten, DNC-Maschinen
etc.) den schnellen Wechsel zwischen den herzustellenden Produkten. Die Reduktion der bislang nicht vernachlässigbaren Rüstkosten zu einer bedeutungslosen Größe
durch die moderne Fertigungstechnologie gestattet es den Betrieben, auftragsbezogen in sehr kleinen Losgrößen kundenspezifisch zu fertigen. Durch Variantenbildung
erfährt die Produktpalette eine enorme Ausweitung mit der Konsequenz, daß eine
Vielzahl kundenspezifischer Stücklisten, Arbeitsgänge, Arbeitspläne, Konstruktionszeichnungen, Kalkulationsunterlagen, Ersatzteile etc. gespeichert und verwaltet werden müssen.

Überlagert wird diese Entwicklung durch einen immer kürzer werdenden Innovationszyklus der Produkte. Neue oder geänderte Konstruktionszeichnungen müssen
erstellt werden, neue Stücklisten, Arbeitsgangbeschreibungen, NC-Programme oder
allgemeine Produktdokumentationen generiert werden.

Gleichzeitig kann auf die Information über Konstruktion, Herstellung, Wartung etc.
der Produkte, die nicht länger dem angebotenen Warensortiment angehören, nicht
verzichtet werden, da Gewährleistungs- und Wartungsvereinbarungen gegebenenfalls
eine kurzfristige Ersatzbeschaffung beziehungsweise Ersatzproduktion verlangen.

Die Quantität und Variabilität der zu spreichernden Information hat insgesamt in
beachtlichem Ausmaß zugenommen.

2.2 Qualitative Änderung des Informationsbedarfs

Um die qualitative Änderung der betrieblichen Aufgaben und des damit verbundenen Informationsbedarfs deutlich zu machen, wird die bisherige Informationsversorgung betrieblicher Aufgabenstellungen charakterisiert und dem künftigen Informationsbedarf gegenübergestellt. Diese Analyse kann sich auf die betrieblichen Aufgabenfelder beschränken, die bislang Schwerpunkt einer Informationsbereitstellung
waren und in denen eine qualitative Änderung der Informationsnachfrage absehbar
ist.

Der Bereich der strategischen und taktischen Planung war seit jeher durch einen hohen Anteil halb- beziehungsweise schlecht-strukturierter Entscheidungssituationen
gekennzeichnet. Der spezifische Informationsbedarf entsteht in diesen Entscheidungssituationen spontan und ist damit hinsichtlich seines Umfangs und seiner
Qualität nicht vorhersagbar. DV-technische Hilfsmittel konnten folglich nur in beschränktem Maße zu seiner Befriedigung eingesetzt werden.

Bei strategischen und taktischen Entscheidungen hat sich damit keine grundsätzliche
Änderung der Informationsanforderungen ergeben, so daß die weitere Diskussion auf
den Bereich operativer Maßnahmen eingeengt werden kann.

Auf der operativen Ebene finden wir Administrations- und einfachere Dispositions-
aufgaben(vgl. [16]). Gegenstand dieser Ebene ist die Bewältigung und Verarbeitung
der betrieblichen Massendaten.

Entscheidungstheoretisch handelt es sich dabei um die Lösung sogenannter „wohl-
strukturierter" Probleme. Dieser Problemtypus faßt Entscheidungssituationen zusammen, die durch folgende Merkmale charakterisiert sind (vgl. [13,18]):
- Die Ziele, die es zur Problemlösung zu beachten gilt, sind bekannt und nicht
  konfliktär. So ist zum Beispiel das Ziel einer Gehaltsabrechnung, daß diese korrekt
  ist.
- Die benötigten Inputdaten, und damit die zur Problembeschreibung benötigte
  datenmäßige Repräsentation der Realität, lassen sich spezifizieren und stehen zur
  Verfügung.
- In gleicher Weise ist das anzuwendende Lösungsverfahren vorgegeben beziehungs-
  weise bekannt.
- Schließlich bedarf es keiner gesonderten Ansätze und Überlegungen, um andere
  Lösungsalternativen zu entwickeln und zu bewerten.

Typische Aufgaben dieser Ebene sind etwa die Lagerverwaltung, Kundenauftrags-
verwaltung, Buchführung und Arbeitsvorbereitung, soweit bei letzterer komplexere
Methoden zur Maschinenbelegung ausgeklammert werden.

Der Informationsbedarf dieser Aufgabentypen läßt sich bezüglich seiner Art und
Struktur recht gut charakterisieren:
- Die Informationselemente besitzen durchwegs eine einfache Struktur. Beispielsweise wird das Informationsobjekt Kunde zerlegt in Kundennummer, Kunden-
  name, Kundenanschrift etc., wobei Kundenanschrift sich weiter zergliedert in die
  bekannten Bestandteile einer Adresse. In gleicher Weise bestehen die Informationselemente eines Lagerverwalters aus den einzelnen Einträgen in der Artikel-
  stammdatei, also den Informationskategorien Artikelnummer, Artikelbezeichnung,
  Einzelpreis, Lagerort und dergleichen mehr.
- Die einzelnen Tätigkeiten der betrachteten Ebene sind durch einen hohen Wiederholungsgrad gekennzeichnet. Entsprechend spiegelt sich eine Informations-
  struktur in einer Vielzahl unterschiedlicher Einzelausprägungen wider. Jedem
  Kunden beziehungsweise jedem Artikel entspricht ein Eintrag in einer entsprechenden Datenbank, wobei alle Kundeneinträge dem gleichen Schema Kunde genügen
  beziehungsweise alle Artikeleinträge dem Schema Artikel.
- Pro Stelle oder Aufgabenbereich besteht ein spezifischer Informationsbedarf, wobei eine Überschneidung mit anderen Bereichen zwar nicht gänzlich vermieden
  werden kann, aber entsprechend der klassischen funktionsorientierten Gliederung
  der Betriebe auf das unvermeidbare Minimum beschränkt wird.

Zusammenfassend ergibt sich somit: Der Informationsbedarf der einzelnen betrieblichen Funktionen auf der operativen Ebene ist im klassischen Industriebetrieb von
vornherein beschreibbar. Er ist funktionsspezifisch schematisiert, wobei das Schema
eine grundsätzlich einfache Struktur aufweist und sich in einem hohen Wiederholungsgrad konkreter Einträge widerspiegelt.

Die Zunahme des oben beschriebenen quantitativen Informationsbedarfs hat jedoch qualitative Konsequenzen, die es im folgenden näher zu beleuchten gilt:

Die Betonung der Kundenindividulität in der Produktion von Gütern bewirkt eine projektorientierte Betrachtungsweise des Produktionsprozesses. Wie ausgeführt, müssen ad hoc Stücklisten erstellt beziehungsweise modifiziert werden, Arbeitspläne bestimmt, Konstruktionszeichnungen angefertigt und NC-Programme generiert werden. Die Strukturvielfalt der dazu im Einzelnen benötigten Informationseinheiten nimmt folglich bei gleichzeitig abnehmendem Wiederholungsgrad einzelner Einträge zu.

Gleichzeitig bedingt die Strukturvielfalt eine Unübersehbarkeit der gespeicherten Informationen. Dies hat beispielsweise in der Konstruktion die unangenehme Folge, daß ähnliche oder gleiche Teile wiederholt konstruiert werden und damit produziert und verwaltet werden müssen. Die Folgekosten, die durch funktionsgleiche, aber verschieden benannte beziehungsweise identifizierte Teile entstehen, addieren sich im Laufe der Jahre zu beträchtlichen Summen.[3] Zu ihrer Vermeidung bedarf es eines Zugriffs auf gespeicherte Informationen über inhaltliche Kriterien. Die Strukturvielfalt erzwingt assoziative Zugriffsmechanismen. Betrachtet man die verschiedenen, im Konstruktionsbereich Anwendung findenden, produktbeschreibenden Modelle, so wird in anschaulicher Art und Weise deutlich, daß es keine einheitlichen Schemata geben kann, die dieser Vielfalt und der vorgefundenen Strukturkomplexität gerecht werden können. Eine a priori Kategorisierbarkeit der Informationseinheiten ist nur noch in Teilbereichen gegeben.

Auch ein weiterer Aspekt tritt bei einer mehr projektorientierten Betrachtungsweise in den Vordergrund, nämlich die Dynamik des betrieblichen Geschehens: Produkte, und damit die vielfältige Information über sie, unterliegen einem ständigen Wandel. Der Wechsel von Bauteilen, der Austausch von Komponenten, die Modifikation einer Konstruktionszeichnung bewirken korrespondierende Änderungen in der Stückliste, in den Fertigungsunterlagen, in den Reparatur- und Wartungsanleitungen, in den allgemeinen Produktbeschreibungen. Der technologische Wandel beschleunigt die Dynamik dieses Prozesses und verlangt nach besonderen Mechanismen zur Sicherstellung der Konsistenz aller entsprechenden Dokumentationsunterlagen. Dabei erweisen sich herkömmliche manuelle Methoden angesichts des Fehlens einer zentralen Kontrollinstanz, die alle erforderlichen Folgeänderungen überblickt, als ungeeignet.

Erforderlich ist eine neue Sicht, bei der das einzelne Erkenntnisobjekt, also etwa ein spezielles Produkt, ein spezifischer Kunde, in seinen vielfältigen Facetten informationstechnisch abgebildet wird unter Bewahrung der grundsätzlichen Zusammengehörigkeit. Wurde oben von Aufgabenmodellen, Funktionsmodellen, Geometriemodellen, Rechenmodellen und dergleichen gesprochen, so sind dies alles unterschiedliche Facetten ein und desselben Produktes, auf das sich diese Sichtweisen beziehen.

---

[3]Zu diesbezüglichen Kostenüberlegungen vgl. [15].

Der bisherige Informationsbedarf operativer Stellen konnte als funktionsspezifisch schematisiert charakterisiert werden. Wie ausgeführt, wird jedoch eine objektorientierte, funktionsübergreifende Betrachtungsweise erforderlich. Diese bedingt einen entsprechenden Informationsbedarf, der damit nicht kategorisierbar ist, zeitlich variabel und von hoher Strukturkomplexität. Diese Situation war und ist seit eh und je typisch für den Bereich halb- beziehungsweise schlecht-strukturierter Entscheidungen, die bislang dem Aufgabenbereich „Unternehmensführung" vorbehalten waren.

3 Hilfsmittel einer Informationsbereitstellung

Nachdem im vorhergehenden Kapitel die Änderung des Informationsbedarfs deutlich gemacht wurde, stellt sich die Frage, inwieweit unsere derzeitigen EDV-technischen Hilfsmittel diesem gewandelten Bedarf Rechnung tragen. Dazu sind Datenbanksysteme und Dokumentenverwaltungssysteme nach der Art ihrer Speicherobjekte zu kennzeichnen.

3.1 Datenbanksysteme

Betriebswirtschaftliche Aufgabenstellungen, insbesondere administrativer Art, stellen den typischen Einsatzbereich herkömmlicher Datenbanksysteme dar. Dies ist historisch leicht erklärbar, da die Probleme einer Stücklistenverwaltung den Ausschlag zur Konstruktion von Datenverwaltungssystemen gaben.

Inhalte von Datenbanksystemen sind durch eine feste, vorgegebene Struktur gekennzeichnet. Die Verwaltung einer Vielzahl gleich strukturierter Objekte bei vergleichsweise wenig unterschiedlichen Strukturausprägungen ist charakteristisch.

Der hohe Wiederholungsgrad einer vorgegebenen Struktur legt es nahe, die Strukturinformation von den einzelnen Informationsobjekten zu trennen. Dies bedeutet, daß die Bedeutung der einzelnen Einträge nur über die in der sogenannten Data-Description-Table abgelegte Strukturinformation erschlossen werden kann.

Auf Grund dieser kurzen Charakterisierung der im Einsatz befindlichen Datenbanktechnologie wird bereits deutlich, daß ein komplexer Informationsbedarf durch diese Systeme nicht zufriedenstellend zur Verfügung gestellt werden kann. Aufgaben der Unternehmensführung hätten ansonsten auch schon längst eine wesentlich bessere Unterstützung erhalten.

3.2 Dokumentenverwaltungssysteme

Datenbanksysteme orientieren sich an dem Strukturobjekt „Tabelle". Im Vergleich dazu finden wir bei Dokumentenverwaltungssystemen das Speicherungsobjekt

„Text", das aus Sicht der EDV die Trivialstruktur „Folge von Zeichen" hat. Damit ist es nahezu strukturlos. Der Grund für diese fehlende formale Struktur von Texten besteht in ihrer unterschiedlichen Länge und vor allem in der Vielfalt der möglichen Inhalte, die eine Schematisierung nicht zuläßt. Deswegen müssen Texte mit Hilfsinformationen wie bibliographische Angaben, Schlüsselwörter, Deskriptoren und dergleichen mehr versehen werden. So komplettiert, machen sie das eigentliche Speicherungsobjekt eines Dokumenten-Retrieval-Systems aus.

Diese Hilfsinformationen orientieren sich am einzelnen Wort. Damit erfolgt ein Zugriff auf gespeicherte Dokumente über Benennungen. Einzelne Worte sind jedoch nicht in der Lage, den Bedeutungsinhalt eines Dokumentes adäquat wiederzugeben. So verursacht die Homonymie, die Verwendung gleicher Benennungen für verschiedene Sachverhalte, das Aufzeigen irrelevanter Dokumente und führt zu einer ungenügenden „Precision". Neben der „Precision" gilt der Begriff „Recall" als Gütemaß für ein Dokumenten-Retrieval-System (siehe [1,17]). Unter „Recall" wird der Anteil der bezüglich einer Anfrage gefundenen relevanten Dokumente bezeichnet. Ein ungenügender „Recall" wird vor allem durch die Bedeutungsgleichheit (Synonymie) beziehungsweise Ähnlichkeit von verschiedenen Benennungen eines Sachverhaltes verursacht.

Die Begriffe „Precision" und „Recall" zeigen, daß die Informationsbereitstellung durch ein Dokumenten-Retrieval-System mit systembedingten Mängeln behaftet ist. Sie gehen jedoch an einer wesentlichen Problematik vorbei: Ein Dokumenten-Retrieval-System vermag allenfalls eine indirekte Informationsbereitstellung zu leisten. Aufgrund einer Anfrage wird nicht die gewünschte Information geliefert, sondern die Dokumente, von denen das System glaubt, daß sie die gewünschte Information enthalten. Letztlich bleibt das Durchsuchen der Dokumente nach ihrem tatsächlichen Inhalt dem Anfragenden nicht erspart.

Dokumenten-Retrieval-Systeme ermöglichen zwar die Verwaltung unterschiedlicher, hochkomplexer Speicherobjekte. Es gelingt dies aber nur dadurch, daß vorhandene Strukturunterschiede vernachlässigt werden. Eine differenzierende Auswahl auf Grund eines spezifizierten Informationsbedarfs kann deswegen nicht erfolgen.

Ein inhaltsorientierter Zugriff wird nicht unterstützt. Ein qualitativ hochwertiger Informationsbedarf kann zwar prinzipiell befriedigt werden, der Aufwand dafür ist jedoch beträchtlich. Dies hat zur Folge, daß ein spontan entstehendes Informationsbedürfnis, das eine umgehende Informationsbereitstellung verlangt, nicht gestillt werden kann.

3.3 Defizite herkömmlicher Technologien

Faßt man die bisherigen Überlegungen zusammen, so ergeben sich folgende Schlußfolgerungen:

1. Herkömmliche Datenbanksysteme unterstützen eine funktionsorientierte arbeitsteilige Organisationsstruktur, bei der die einzelnen Stellen einen wenig komplexen Informationsbedarf haben, dieser sich jedoch durch eine hohe Abfragefrequenz auszeichnet.

2. Herkömmliche Dokumentenverwaltungssysteme haben zum Ziel, einen hochkomplexen Informationsbedarf zu unterstützen. Angesichts einer ungenügenden Benutzerunterstützung beim Wiederauffinden von Dokumenten und angesichts einer allenfalls indirekten Informationsbereitstellung ist der Retrievalprozeß fehleranfällig und aufwendig. Dieser Aufwand ist nur gerechtfertigt, wenn es sich um einen Informationsbedarf besonderer Bedeutung handelt. Als Instrument einer Entscheidungsunterstützung mit häufigem Informationsbedarf, der möglicherweise aus verschiedenen Einzelangaben zusammengesetzt werden muß, sind Dokumentenverwaltungssysteme ungeeignet.

3. Diesen typischen Eigenschaften der vorhandenen DV-Instrumente stehen folgende Anforderungen an eine Informationsversorgung gegenüber:

   - Speicherung und Bereitstellung hochkomplexer Objekte, die durch eine Vielzahl unterschiedlicher Strukturinformationen charakterisiert sind, pro Strukturinformation jeweils einen geringen Wiederholungsgrad aufweisen und auf Grund ihrer komplexen Natur nicht kategorisierbar sind.
   - Diese Speicherungsobjekte sind ihrer Natur nach bereichsübergreifend. Ihre anwendungsbezogenen Aspekte müssen in geeigneten Facetten zusammenfaßbar sein.
   - Facettenspezifisch beziehungsweise anwendungsspezifisch muß ein Zugriff auf diese Objekte über Ähnlichkeitsbeziehungen unterstützt werden.
   - Die Vielfalt dieser Speicherobjekte sowie die geschilderte Änderung der Tätigkeit auch auf der operativen Ebene, machen die Unterstützung einer hohen Abfragefrequenz auf diese Speicherobjekte erforderlich.
   - Die Konsistenzproblematik, also das Halten der Datenbank in einem Zustand, der mit der Realität übereinstimmt, entwickelt sich zu einer zentralen Aufgabe, die in vielen Aspekten Fragen der Qualitätssicherung und Qualitätskontrolle in der Produktion ähnlich ist.
   - Die klassische Unterscheidung in Stamm- und Bewegungsdaten, mit der das dynamische Verhalten der Datenbankinhalte recht gut erfaßt werden konnte, wird der zeitlichen Invarianz der hier betrachteten Speicherobjekte nicht länger gerecht. Eine ausgefeilte Versionenverwaltung wird damit ebenfalls unverzichtbar.

Die Schlußfolgerungen aus dieser Gegenüberstellung liegen auf der Hand: es wird eine neue Datenbank-Technologie benötigt. Moderne Ansätze in der hier beschriebenen Richtung werden unter dem Stichwort „semantische Datenbanksysteme" beziehungsweise „objektorientierte Datenbanksysteme" zusammengefaßt. Ihre spezifischen betrieblichen Anforderungen erfordern die Berücksichtigung besonderer Designprinzipien. Diese sollen im folgenden Kapitel kurz vorgestellt werden:

4 Designprinzipien semantischer Datenbanksysteme für ein modernes Informationsmanagement

4.1 Selbsterklärende Repräsentation

Bei herkömmlichen Datenbanksystemen kann die Bedeutung eines einzelnen Eintrags erst über die Data-Description-Table erschlossen werden, in der die einzelnen Attribute definiert sind. Diese Vorgehensweise ist sinnvoll, solange eine Strukturbeschreibung in einer Vielzahl von Einträgen wiederholt wird. Bei der hier auftretenden Vielfalt unterschiedlicher Strukturen und ihrem gleichzeitig geringen Wiederholungsgrad ist dies nicht sinnvoll. Der einzelne Eintrag muß selbsterklärend sein.

Neben der eigentlichen Nutzinformation wird folglich eine Angabe darüber benötigt, wie, unter welchen Bedingungen, wann und durch wen dieser Eintrag benutzt werden kann. Es handelt sich also um Informationen über die eigentliche Nutzinformation des Eintrags, eine sogenannte Metainformation. Die Objekte unserer Datenbank zergliedern sich damit in Nutzinformation und Metainformation.

4.2 Identifikation und Strukturierung semantischer Einheiten

Selbsterklärungsfähigkeit findet sich in hohem Maße bei Dokumenten, zumindest gilt dies für den auswertenden Menschen. Dokumente setzen sich in der Regel aus vielen unterschiedlichen semantischen Einheiten zusammen. Diese Feinstruktur wird erst bei sorgfältigem Studium eines Dokumentes erschlossen. Beim Einspeichern in ein Dokumenten-Retrieval-System erfolgt keine diesbezügliche Analyse. Fehlt eine Identifizierung von Bedeutungseinheiten, kann natürlich keine gezielte Informationsbereitstellung erfolgen.

Bezeichnet man, unabhängig vom Anwendungsgebiet, die einzelne semantische Einheit als einen Begriff, so stellen Begriffe die Grundeinheiten unseres Datenbanksystems dar. Begriffe lassen sich durch Merkmale charakterisieren, über deren Ausprägungen sind Begriffsbeziehungen darstellbar.[4]

Wird ein gegebener Begriff um ein differenzierendes Merkmal ergänzt, so ergeben sich Unterbegriffe. Beispielsweise kann man den Begriff „Säge" hinsichtlich der Art des Antriebs unterteilen in „Maschinensäge" und „Handsäge". „Säge" wäre der Oberbegriff zum Unterbegriff „Handsäge" beziehungsweise „Maschinensäge". Andere Unterteilungskriterien, die nicht unbedingt auf eine Baumstruktur führen, sind zum Beispiel die von der Stückliste her bekannte Partitionsbeziehung.

---

[4]Zum Wesen eines Begriffs siehe etwa [2,3].

Die Identifikation semantischer Einheiten und ihre Strukturierung ist Voraussetzung eines Zugriffs auf einzelne Speicherobjekte vermöge Ähnlichkeit beziehungsweise Assoziation.[5]

4.3 Implementationsunabhängige Darstellung der benutzernahen Ebenen

Der Aufbau einer semantischen Datenbank für ein modernes Informationsmanagement wird wegen der unterschiedlichen Systematiken zur Strukturierung der einzelnen Einträge erhebliche Kosten verursachen. Die Entscheidung zur Nutzung des hier beschriebenen Instrumentariums setzt deswegen erhebliche organisatorische Umstellungen beziehungsweise Rahmenbedingungen voraus. Dies gilt sowohl was die Strukturierung, Erfassung und Pflege der einzelnen Informationseinheiten und Inhalte der Datenbank betrifft, als auch hinsichtlich der Nutzung der Datenbank im Alltagsgeschäft. Eine Entscheidung zur Einführung einer derartigen semantischen Datenbank kann deswegen nicht ohne weiteres rückgängig gemacht werden.

Die betriebliche Nutzungsdauer eines derartigen Systems ist damit langfristiger Natur. Verglichen mit den derzeitigen kurzen Innovationszyklen der Hardware, ergibt sich eine erhebliche Diskrepanz. Auch führt das wachsende DV-Selbstbewußtsein der einzelnen Anwendungsabteilung zu spezifischen Hardwarelösungen. Daraus leitet sich die Forderung ab, daß für den Anwender eine Systemnutzung unabhängig von den konkreten Hardware- und Basissoftwaregegebenheiten möglich sein muß. Das anvisierte Ziel semantischer Datenbanksysteme, Informationen für die Unternehmensführung bereitzustellen, ist nur verwirklichbar, wenn es gelingt einheitliche Informationsbasen auf verteilten Hardware-Systemen zu implementieren. Die Realisierung einer entsprechenden Systemunabhängigkeit setzt eine geeignete Schichtenarchitektur voraus, bei der die Besonderheiten der Hardware nur auf den unteren Schichten Berücksichtigung finden. Die einzelnen Informationseinheiten müssen bei dieser Architektur zur Unterstützung einer verteilten Repräsentation maschinell interpretierbar sein.

5 Schlußbemerkung

Ein Informationsmanagement durch semantische Datenbanksysteme stellt einen Prozeß dar, dem eine bereichsüberschreitende Entscheidung vorausgeht und der ein neues Verständnis der Möglichkeiten der Informationstechnologie beinhaltet.

Nach heutigem Stand der Entwicklung kann allenfalls die benötigte Basissoftware käuflich erworben werden. Erste diesbezügliche Ansätze, bekannt als konzeptorientierte terminologische Datenbanksysteme, sind verfügbar.

Die Beschaffung einer geeigneten Software stellt aber nur den geringeren Teil der hier beschriebenen Computerunterstützung für die Unternehmensführung dar. Der

---

[5]Eine Systematik von Begriffsbeziehungen findet sich in [4,5].

Hauptaufwand ist auf die Erfassung des betrieblichen Wissens zu legen, auf die Strukturierung und Identifikation der einzelnen Bedeutungseinheiten. Dies kann und wird nur schrittweise erfolgen können und benötigt einen erheblichen zeitlichen Vorlauf, bevor eine Nutzung möglich ist.

Aus den sich bislang im praktischen Einsatz befindlichen terminologischen Datenbanksystemen ist auch ein weiterer Problembereich bekannt. Es bedarf geeigneter organisatorischer Rahmenbedingungen, um die Konsistenz des so aufbereiteten Wissens sicherzustellen.

Dabei muß unterschieden werden, welche Personen und Gruppen für eine spätere Nutzung in Frage kommen oder ob die gesamte Unternehmung betroffen ist. Je größer der ins Auge gefaßte Nutzerkreis, desto sorgfältiger muß die Konsistenz eines neuen Eintrages mit dem in der Datenbank vorhandenen Wissen überprüft werden. Eine schnelle „Ad hoc"-Definition eines Eintrages mag dem persönlichen Informationsbedürfnis Einzelner gerecht werden. Sobald jedoch andere betriebliche Stellen diesen Eintrag im Rahmen ihrer Aufgaben verwenden und er damit die Qualität der Ergebnisse beeinflußt, muß er im Einvernehmen mit den betrieblichen Standards stehen. Jeder Erfassungsvorgang, der nicht ausschließlich für den persönlichen Bereich bestimmt ist, ist ein Standardisierungsakt.

Interpretationskonflikte und Zuordnungsdifferenzen, die bei einer Nutzung durch andere Beteiligte und andere Stellen denkbar wären, sollten möglichst vor Erfassung eines Eintrags ausgetragen werden. Denn später wären Mißverständnisse nicht vermeidbar.

Semantische Datenbanksysteme stellen eine Herausforderung an Wissenschaft und Praxis dar. Sie werden aus Anwendungsabteilungen heraus in größere Bereiche hineinwachsen und damit dann ihrer eigentlichen Aufgabe gerecht werden, bereichsübergreifende Information bedarfsspezifisch zusammenzustellen. Der Unternehmensführung wächst damit ein wichtiges Instrument zur Bewältigung ihrer Aufgaben zu.

Literatur

[1] BOLLMANN, PETER; CHERNIAVSKY, VLADIMIR S.: Probleme der Bewertung von Information-Retrieval-Systemen, in: R. KUHLEN (ed.): *Datenbasen, Datenbanken, Netzwerke. Praxis des Information Retrieval, Bd. 3, Nutzung und Bewertung von Retrievalsystemen*, München, N. Y., London, Paris 1980, 97 – 121.

[2] CZAP, HANS: Neue Ansätze in Terminologie und Wissenstechnik zur Unterstützung von Information und Kommunikation, in: CZAP, HANS und GALINSKI, CHRISTIAN (ed.): *Terminology and Knowledge Engineering. Supplement, Proceedings International Congress on Terminology and Knowledge Engineering*, Frankfurt 1988, 212 – 223.

[3] CZAP, HANS: Wechselnde Betrachtungsweisen des Begriffs vom Begriff, Arbeitspapier, Abtlg. Wirtschaftsinformatik, Universität Trier, 1988, deutsche Fassung von: Aspects évolutifs du concept de concept, erscheint in: Proceedings «*Colloque sur l'Histoire de la Terminologie*», Brüssel 1988.

[4]   CZAP, HANS: Semantische Datenbanksysteme für betriebliche Anwendungen, in: *DOAG-News*, Heft 0, 1988, 22 – 31.

[5]   CZAP, HANS: Terminologische Datenbanksysteme: Notwendigkeit, Aufgaben, konzeptuelle Realisierung, Arbeitspapier, Abtlg. Wirtschaftsinformatik, Universität Trier, 1988, erscheint in: W. LEX (Hrsg.): *Begriffsanalyse und künstliche Intelligenz.*

[6]   CZAP, HANS: Informationsspeicherung und -wiedergewinnung bei terminologischen Datenbanksystemen, in: R. WILLE (Hrsg.): *Studien zur Klassifikation und Ordnung, Bd. 19, Klassifikation und Ordnung*, Frankfurt 1989, 252 – 261.

[7]   CZAP, HANS: Datenbankunterstützung der betrieblichen Dokumentation. Aufgaben und Entwicklungstendenzen terminologischer Datenbanksysteme, in: *Zeitschrift für Betriebswirtschaft*, 59 (1989) 4, 7 – 24.

[8]   CZAP, HANS; GALINSKI, CHRISTIAN (Hrsg.): *Terminology and Knowledge Engineering. Proceedings International Congress on Terminology and Knowledge Engineering*, Frankfurt 1987.

[9]   CZAP, HANS; GALINSKI, CHRISTIAN (ed.): *Terminology and Knowledge Engineering. Supplement, Proceedings International Congress on Terminology and Knowledge Engineering*, Frankfurt 1988.

[10] FELBER, H.: Terminology and Knowledge Engineering, in: CZAP, HANS; GALINSKI, CHRISTIAN (Hrsg.): *Terminology and Knowledge Engineering. Proceedings International Congress on Terminology and Knowledge Engineering*, Frankfurt 1987, 3 – 7.

[11] KNOBLICH, HANS; BESSLER, HARALD: Informationsbetriebe. Eine typologische Studie, in: *Die Betriebswirtschaft* (1985) 5, 560 – 575.

[12] KOSIOL, ERICH: *Die Unternehmung als wirtschaftliches Aktionszentrum — Einführung in die Betriebswirtschaftslehre*, Hamburg 1966.

[13] LUCONI, FRED; MALONE, THOMAS; SCOTT MORTON, MICHAEL: Expert Systems: The Next Challenge for Managers, in: *Information Management* 3 (1986), 6 – 16.

[14] MAG, WOLFGANG: *Entscheidung und Information*, München 1977.

[15] MATARE , JÜRGEN: Wirtschaftlicher Nutzen von Terminologiedatenbanken, in: *Beiträge zur Wissenslogistik, CAT - Computer Aided Translation*, 1. Anwendertreffen, Stuttgart 1987, 22 – 33.

[16] MERTENS, PETER: *Industrielle Datenverarbeitung 1, Administrations- und Dispositionssysteme*, Wiesbaden 1988[7].

[17] MÖHR, MALTE: Benutzerorientierte Bewertung von Information-Retrieval-Systemen, in: R. KUHLEN (ed.): *Datenbasen, Datenbanken, Netzwerke. Praxis des Information Retrieval, Bd. 3, Nutzung und Bewertung von Retrievalsystemen*, München, N. Y., London, Paris 1980, 123 – 156.

[18] NEWELL, ALLEN: Reasoning, Problem Solving and Decision Processes: The Problem Space as a Fundamental Category, in: R. NIKERSON (ed.): *Attention and Performance VIII*, Hillsdale, N. J. 1980.

[19] SCHNEIDER, THOMAS: Terminology: Teaming Up Homo Faber and Homo Linguisticus, in: *Computers and the Humanities* 19 (1985), 103 – 108.

[20] SEIBT, DIETRICH: Information Resources Management, in: P. MERTENS (Hpthrsg.): *Lexikon der Wirtschaftsinformatik*, Berlin u. a. 1987, 180 – 182.

[21] THORMANN, PETER: *Konzepte zur Wahrung der Ordnungsmäßigkeit in Informationssystemen*, Thun, Frankfurt / Main 1984.

[22] VEREIN DEUTSCHER INGENIEURE, Entwurf VDI-Richtlinie Nr. 2221, Methodik zum Entwickeln und Konstruieren technischer Systeme und Produkte, VDI-Gesellschaft Entwicklung Konstruktion Vertrieb, Düsseldorf 1985.

Perspektiven
rechnergestützter Entscheidungsfindung

von Franz J. Radermacher

Forschungsinstitut für anwendungsorientierte Wissensverarbeitung, Ulm

1	Einleitung
2	Themenbereiche rechnergestützter Entscheidungsfindung
3	Zur Entwicklung des Gebietes der „entscheidungsunterstützenden Systeme"
4	Leitlinien zukünftiger entscheidungsunterstützender Systeme
5	Wissensakkumulations- und -transferfunktion
6	Schlußbemerkungen

Zusammenfassung

Rechnergestützte Entscheidungsfindung ist eine Fragestellung von erheblicher wirtschaftlicher Bedeutung. Der vorliegende Text gibt Hinweise zur Entwicklung dieses Gebiets in den letzten zehn Jahren. Darüber hinaus werden Prinzipien diskutiert, die als Leitlinien für zukünftige Systementwicklungen dienen können. Deren Potential und resultierende Formen des Wissenstransfers werden diskutiert. Hinweise auf den Stand von Realisierungen und Entwicklungsarbeiten schließen den Text ab.

1 Einleitung

Rechnergestützte Entscheidungsfindung ist eine Fragestellung von erheblicher wirtschaftlicher Bedeutung und bildet zugleich ein wichtiges Element für eine weitergehende Umsetzung des CIM-Gedankens. Sie korrespondiert zugleich mit einer der herausragenden kognitiven Fähigkeiten des Menschen, nämlich dem Vermögen zur kompetenten Entscheidungsfindung. Der vorliegende Text geht in Kapitel 2 auf die Natur dieser Fähigkeit und die in diesem Zusammenhang auftretenden Probleme ein und identifiziert dabei interessante Aufgabenbereiche, die heute bereits in größerem Umfang Ansatzpunkte für rechnergestützte Entscheidungsfindung bieten. In Kapitel 3 wird dann auf die Entwicklung des Gebietes der „entscheidungsunterstützenden Systeme" eingegangen, welches Wurzeln zum Beispiel im Bereich der Datenbanken und Management-Informationssysteme, der sogenannten Planungssprachen und der Künstlichen Intelligenz besitzt. Als Zielrichtung wird dann eine geeignete Integration dieser Ansätze angestrebt. Hieran schließt sich in Kapitel 4 die Diskussion von sechs Leitlinien für zukünftige Systementwicklungen an, die für die heutigen Forschungen in diesem Bereich charakteristisch sind. Hieraus resultierende Systeme werden notwendigerweise eine über die reine Anwendungsunterstützung hinausgehende Kompetenz besitzen. Hierauf wird in Kapitel 5 in Verbindung mit Aspekten des automatischen Lernens und des beschleunigten Wissenstransfers von der Wissenschaft in die Anwendungen eingegangen. Einige Schlußbemerkungen mit Hinweisen zu entsprechenden Systementwicklungen und Beispielen schließen den Text ab.

2 Themenbereiche rechnergestützter Entscheidungsfindung

Als generelle Einordnung der Aufgabenstellung sei an dieser Stelle betont, daß das Vermögen zur Entscheidungsfindung eine der wichtigsten und stärksten kognitiven Fähigkeiten des Menschen bildet ([24]). Während man häufig von Intelligenz, Bewußtsein, Phantasie und Intuition als zentralen menschlichen Fähigkeiten in bezug auf kognitive Kompetenz spricht, vergißt man häufig, daß die Entscheidungsfähigkeit ähnlich zentral und kognitiv anspruchsvoll ist. Tatsächlich zeigt eine genauere Beobachtung, daß der Mensch überall und permanent im Großen und im Kleinen mit dem Treffen von Entscheidungen beschäftigt ist. Das Leben von Personen und Organisationen stellt sich in dieser Sicht als eine ununterbrochene Kette von immer wieder zu treffenden Entscheidungen dar. Die auftretenden Entscheidungsprobleme sind dabei im allgemeinen durch unvollständige Information gekennzeichnet. Das heißt zum Beispiel, daß die vorhandenen Optionen nicht vollständig bekannt sind, daß die Wirkungen bestimmter Aktionen nur unvollständig abgeschätzt werden können und daß zum Beispiel das Verhalten anderer Partner nicht vollständig transparent ist. Zufallseinflüsse wirken direkt oder indirekt entscheidend mit und bestimmen in die Zukunft hinein, ob Entscheidungen gut oder schlecht waren. Die konkrete Ausprägung dieser Effekte ist dabei nur unvollständig abschätzbar. Hinzu kommt, daß die Präferenzstruktur, bezüglich der man Entscheidungen bewertet, ebenfalls nur teilweise bestimmt ist und sich insbesondere in einer dynamischen Rückkopplung mit dem Prozeß der Umsetzung von Entscheidungen verändern kann. Man denke zum Beispiel an die veränderte Gewichtung von Risikoaspekten und an die veränderte Einschätzung der Frage nach der Bedeutung eines politischen und gesellschaftlichen Konsens, die im Zuge der Einführung der Atomenergietechnik sichtbar geworden sind. Vieles war ursprünglich nicht in der heutigen Problemschärfe gesehen worden, und man muß auch feststellen, daß die heutige Ausprägung dieser Sichten nicht in der Weise aufgetreten wäre, wenn man damals gegen die Kernenergie entschieden hätte. Selbst mancher Kritiker der damaligen Entscheidungen kann daher heute nicht unbedingt sagen, daß man damals eigentlich hätte klüger sein müssen, weil die spezifischen Bedingungen, die die heutige Sicht bestimmen, zu einem großen Teil erst Folgen der Entscheidungen sind, die damals getroffen wurden. Das heißt, man ist in der Entscheidungsfindung teilweise mit komplexen und dynamischen sowie häufig auch rückgekoppelten Prozessen konfrontiert, in denen man immer wieder auf der Basis des Status Quo in eine unsichere Zukunft hinein Entscheidungen wagen muß. (Keine Entscheidung zu treffen, ist dabei natürlich auch eine Entscheidung!) Dabei gibt es einen adäquaten, methodischen Modellierungsrahmen mit ausreichender Information im allgemeinen nicht. Das heißt überspitzt, daß Entscheidungsfindung immer auch etwas mit „Lotterien", also mit Wahlen unter Unsicherheit, zu tun hat. Wenn im folgenden von Entscheidungsunterstützung gesprochen wird, dann werden wegen der genannten großen Unsicherheiten ganze Bereiche gezielt ausgesondert, bei denen eine weitgehende Automatisierung im Augenblick weder möglich noch erstrebenswert ist. Es handelt sich dabei um weitreichende Entscheidungen, zum Beispiel Einführung neuer Technologien, prinzipielle Standortentscheidungen, große Investitionsvorhaben usw. In solchen Fällen sind die Risiken groß, und zugleich sind die normative Basis und der verfügbare Umfang adäquater Modellierung so begrenzt, daß der Aspekt der Übernahme von Verantwortung alle anderen Überlegungen dominiert. Es geht dann vor allem darum, daß die Instanzen, die die Risiken tragen müssen, auch die Verantwortung übernehmen und zwar gerade dadurch, daß sie die Entscheidungen selber treffen. Dabei kann natürlich von Systemen her eine Unterstützung im Sinne einer Beratung geleistet werden, mehr jedoch nicht.

Ein anderer schwieriger Bereich betrifft Entscheidungen, die weniger kompliziert sind als die beschriebenen, bei denen aber statt nur einer Instanz Gruppen von Entscheidungsträgern in den Lösungsprozeß involviert sind. In Situationen mit derartigen, komplexen Interaktionsproblemen kommt als theoretischer Modellierungsrahmen im wesentlichen nur die Spieltheorie in Betracht ([25,27]). Diese Theorie beschreibt formal natürlich insbesondere die großen, in derartigen Situationen bestehenden Freiheitsgrade. Diese Freiheitsgrade ganz oder auch nur teilautomatisiert überbrücken zu wollen, würde zuvor gesellschaftliche Verabredungen voraussetzen, die bisher nicht in Sicht sind.

Wir konzentrieren uns daher im weiteren auf einen eingeschränkten (dennoch für viele Anwendungen charakteristischen) Bereich „mittelschwerer" Entscheidungen, die jeweils nur eine (Haupt-) Entscheidungsinstanz betreffen, die ihrer Natur nach weitgehend operationalisierbar sind und bei denen schließlich unter Umständen durch Verwendung entsprechender methodischer Hilfsmittel Lösungsvorschläge produziert werden können, die einem Menschen in der jeweiligen (unter Umständen durch Zeitknappheit charakterisierten) Situation nicht notwendigerweise einfallen würden. Das könnten zum Beispiel Entscheidungen darüber sein, wie man Geldpakete anlegt, wie man bestimmte Bauprojekte zeitlich plant, wie man den Lagerbestand in einem Lager steuert oder wie man unter Umständen einen Fertigungsbereich weitgehend automatisieren kann. Es gibt in diesem Sinne einen Bereich praktisch bedeutsamer, anspruchsvoller Probleme, in denen bereits heute vieles an rechnergestützter Entscheidungsfindung geleistet werden kann und teilweise auch geleistet wird. Methodisch geht es darum, Ziele, Anforderungen und Wünsche, die der verantwortliche Entscheider besitzt, in einen geeigneten Modellierungsrahmen zu übersetzen. In diesem Modellierungsrahmen wird dann eine Lösung generiert, die dem Entscheider vorgelegt wird. Dieser kann die Lösung akzeptieren oder mit Hinweis auf zusätzliche (bisher nicht formalisierte) Anforderungen zurückweisen. Wesentliche Aufgabe des Systems bleibt der Lösungsfindungsprozeß. Dieser seiner Natur nach kreative, zum Teil aber auch lästige Prozeß der Findung von brauchbaren Lösungen in konkreten Problemfällen, zum Beispiel in Form der Zusammenstellung eines Produktionsprogramms oder der Bestimmung einer Ablaufplanung, kann von einer Systemunterstützung sehr profitieren.

Im folgenden werden wir diesen eingeschränkten Problemrahmen weiter diskutieren. Erwähnt sei hier, daß damit viele Anwendungen, zum Beispiel auf dem Wege zu einer Fabrik der Zukunft und damit einer automatischen Fertigung, erfaßt werden. Gleichzeitig wird mit derartigen Lösungen auch ein wichtiger Schritt getan, der zukünftige, indirekte Möglichkeiten beinhaltet, die man sich heute teils noch kaum vorstellen kann. Hierzu sei darauf hingewiesen, daß es einen weiten Bereich der Entscheidungsfindung gibt, in dem heute Menschen mit großer Findigkeit und höchstem persönlichen Einsatz versuchen, systemimmanente „Nischen" für sich auszunutzen. Zum Beispiel ist ein weiter Bereich dessen, womit Anwälte sich beschäftigen, aus einer höheren Sicht als gesellschaftlicher Prozeß interpretierbar, in dem die Ausnutzung von Lücken oder Unklarheiten in Bestimmungen zugunsten einiger Mitglieder der Gesellschaft auf Kosten anderer Mitglieder gesellschaftlich „verwaltet" wird. Dies ist aufgrund der aufgewendeten intellektuellen Beiträge und angesichts bestehender Regelungsdefizite natürlich eine besonders aufwendige Thematik, führt aber in der Gesamtheit hinsichtlich der erzielten Wirkungen insgesamt zu einem bestimmten Gleichgewichtszustand. Im Zuge einer fortschreitenden Automatisierung wird man vielleicht viele der verursachenden Unklarheiten und Regelungsdefizite auf einer höher angesiedelten gesellschaftlichen Ebene prinzipiell lösen und nachfolgend einfacher automatisieren können. Man wird also zum Beispiel nicht versuchen, das Leistungspotential eines Anwalts zu automatisieren, dafür aber irgendwann einmal viele gesellschaftliche Prozesse so strukturieren, daß man zu ihrer Umsetzung keine Anwälte mehr benötigt, vielmehr statt dessen geeignete Formen der automatischen Konfliktlösung nutzen kann. Insofern geschehen heute in der Automatisierung Schritte in Richtung auf ein Ziel, das in vielem anders aussehen wird als man sich das heute vielfach vorstellt. Als Analogie stelle man sich Überlegungen zur Einführung von PKWs vor zu einem Zeitpunkt, wo es weder PKWs noch Straßen gab. Die Einführung der PKWs macht erst Sinn, wenn es Straßen gibt. Die gemeinsame Realisierung beider Entwicklungen seit Beginn dieses Jahrhunderts zeigt einen andauernden Prozeß, in dem einzelne Schritte Optionen schafften, die dann erlaubten, andere Schritte zu tun. In diesem Sinne sind wir jetzt am Anfang einer Reihe interessanter Automatisierungsschritte. Man wird sich vielleicht in nicht allzu ferner Zukunft noch wundern, wie weit man auf der Basis heute bereits absehbarer Methoden in Richtung auf eine weitgehend automatisierte Ökonomie vorwärts kommen kann. Diese weitgehende Automatisierung ist für viele ein Fernziel. Hier soll im weiteren auf den Status Quo eingegangen werden und dazu vorab etwas zur Historie gesagt werden, also dazu, was im Bereich entscheidungsunterstützender Systeme in den letzten Jahren methodisch passiert ist.

3 Zur Entwicklung des Gebietes der „entscheidungsunterstützenden Systeme"

Zum Bereich der entscheidungsunterstützenden Systeme führen verschiedene Entwicklungslinien. Zunächst einmal das, was man in der Wissenschaft als „entscheidungsunterstützende Systeme" im engeren Sinne bezeichnet. Das ist eine Disziplin, die seit mehr als zehn Jahren existiert ([3]). Sie wurde etabliert von Wissenschaftlern, die zuvor an sogenannten Management-Informationssystemen gearbeitet haben. Solche Informationssysteme waren vor fünfzehn bis zwanzig Jahren ein großes Ziel und eine große Hoffnung. Es zeigte sich allerdings, daß die zu lösenden Aufgaben zäher sind, als man dies im anfänglichen Optimismus glaubte. Als eine wichtige zu leistende Aufgabe erwies sich eine viel stärkere Kopplung dieses Bereiches mit dem Bereich der Datenbanken. Der Beginn des Versuches einer Verschmelzung von Management-Informationssystemen und Datenbanken kann als die Geburtsstunde der entscheidungsunterstützenden Systeme angesehen werden. Mittlerweile ist vieles entstanden; als einfache, aber nützliche Varianten kennen heute viele Anwender solche Systeme wie zum Beispiel Lotus 1-2-3, Symphonie und überhaupt Spreadsheet-Programme im allgemeinen. Sie sind praktisch wichtige Ausflüsse dieser Entwicklung und verdanken einen großen Teil ihrer Wirkung nicht zuletzt der Tatsache, daß sie in dem Moment verfügbar wurden, als der PC allgemein als Hilfsmittel einsetzbar wurde. Vielleicht war das Auftreten des PCs für die Verbreitung dieser Ideen sogar noch wichtiger als das Auftreten des Forschungsparadigmas „entscheidungsunterstützender Systeme". Das weiß man im nachhinein nicht, aber beides hängt miteinander zusammen und hat zu dem großen Erfolg zum Beispiel der Spreadsheet-Programme beigetragen.

Andererseits gibt es aber wegen der praktischen Dominanz derartiger Spreadsheet-Programme eine gewisse Unzufriedenheit in der wissenschaftlichen Begleitung der Entwicklung des Gebiets. Man beschreibt diese Entwicklung mit dem Schlagwort „passive support" ([12]). Das heißt, daß man Systeme hat, denen man Probleme auf standardisierte Weise eingibt und die dann irgendwelche Lösungsvorschläge generieren. Allerdings fehlt weitgehend jede normative Basis, um von Systemseite her „Verantwortung" für diese Lösungsvorschläge übernehmen zu können. Vorschläge werden produziert, bei Unzufriedenheit werden Änderungswünsche in neue Vorschläge umgesetzt usw. Dies kann mehrfach fortgesetzt werden, aber letztlich ist ein derartiges Wechselspiel nur begrenzt oft möglich. Normativ ist dieses Vorgehen daher unbefriedigend, denn man möchte ja in einer Situation, in der unter Umständen potentiell Millionen von Vorschlägen möglich sind, nicht einfach nur aus etwa zehn Vorschlägen den besten auswählen. Vielmehr hätte man gerne eine Garantie dafür, daß in einem normativen Sinne Vorschläge so produziert werden, daß sie hinsichtlich der eigenen subjektiven Zielvorstellungen wirklich gut sind. Das ist heute in den meisten derartigen Systemen allerdings nicht gesichert.

Es gibt einen anderen wissenschaftlichen Bereich, der im Prinzip eine viel weitergehende Unterstützung der angesprochenen Aufgaben ermöglicht. Dies ist das Gebiet der sogenannten Planungssprachen ([23]). Mit solchen Planungssprachen modelliert man zum Beispiel Optimierungsprobleme und Simulationsaufgaben. Sofern die Modellierung adäquat ist, ist ein auf diesem Weg generierbarer Lösungsvorschlag normativ begründet. Es handelt sich dann potentiell um optimale Lösungsvorschläge. Die praktischen Probleme liegen darin, daß das, was als Modellierungsrahmen angeboten wird, häufig die realen Gegebenheiten nur unvollständig abzubilden gestattet. Das heißt also, daß man in ein Modellierungskonzept gezwängt wird, das man entweder akzeptiert — dann ist es oft das falsche Modell — oder nicht akzeptiert, dann steht kein adäquates System zur Verfügung. Ein charakteristisches Beispiel hierfür ist die lineare Optimierung, eine besonders wichtige Anwendungsmethodik. Ihr Einsatz impliziert allerdings im Normalfall, daß alle wesentlichen Problem-Restriktionen und alle auftretenden Zielfunktionen linear sind. In der Realität sind die auftretenden Restriktionen allerdings häufig nicht linear. Also bewegt man sich dann bei Nutzung der linearen Optimierung in einem falschen methodischen Rahmen, und eine optimale Lösung in einem falschen Rahmen ist im allgemeinen keine optimale Lösung für den richtigen Rahmen. Das heißt also, daß man jetzt zwar eine normative Begründung für die gefundene Lösung hat, diese sich aber in Wirklichkeit auf ein anderes als das real gegebene Problem bezieht. Dies ist eine der aktuellen Schwierigkeiten in der Systementwicklung.

Die Zielrichtung, die nun angestrebt wird, besteht in dem Versuch, beide genannten Zugänge miteinander zu verknüpfen. Daß zum jetzigen Zeitpunkt erstmals konkrete Hoffnungen in der genannten Richtung bestehen, liegt nicht zuletzt daran, daß es eine ganze Reihe neuer Hilfsmittel für derartige Entwicklungen gibt. Zu diesen neuen Hilfsmitteln gehören insbesondere expertensystemartige Modellierungsmöglichkeiten, die im Rahmen der KI-Forschung in den letzten Jahren entwickelt worden sind ([7,26]). Dies sind Methoden, um zum Beispiel komplexe Fallunterscheidungen effektiv zu verwalten. Manche Vertreter dieser neuen Ansätze meinen, daß die methodische Beherrschung derartiger komplexer Fallunterscheidungen an sich bereits die bestehenden Probleme löst. Die Vorstellung ist also die, daß man die vorher genannten klassischen Ansätze mit normativem Charakter nicht mehr benötigt. Statt dessen versucht man, das Wissen von Anwendungsexperten geeignet zu erfassen. Man schreibt dann zum Beispiel entsprechende Regeln auf, führt eine heuristische Suche in den Lösungsräumen zu den entsprechenden Problemvarianten durch und hofft auf diese Weise auf gute Lösungen, unter Umständen sogar auf bessere Lösungen, als der Experte selbst sie gefunden hätte. Der in dieser Arbeit vertretene Standpunkt hält die beschriebene Fixierung auf die Vorgehensweise der Anwendungsexperten für nicht wirklich sinnvoll; zum Beispiel gibt es heute in der Fertigung enorme Rationalisierungsreserven, gerade auch über die üblichen Planungsmöglichkeiten der Anwendungsexperten hinaus. Das Ziel muß daher sein, expertensystemartige

Beschreibungen mit spreadsheet-artigen Beschreibungen und planungssprachlichen Beschreibungen zu Systemen neuer Art zu kombinieren. Dies ist die in diesem Text vertretene Zielvorstellung für die Weiterentwicklung entscheidungsunterstützender Systeme .

Das hier verfolgte kognitive Modell ist dann das folgende: Es soll systemmäßig eine Situation nachgebildet werden, in der sich ein Entscheider zu seiner Unterstützung die beste Unterstützung holt, die er haben kann. Das sind zunächst zum Beispiel erfahrene Anwendungsexperten. Hinzu kommt unter Umständen eine Gruppe von Entscheidungstheoretikern, die helfen, die Aufgabenstellung, und insbesondere die Präferenzstruktur, geeignet zu modellieren ([16,27]). Desweiteren kommen Optimierer hinzu, die entsprechend modellierte Probleme in eine geeignete, zur Rechnerunterstützung taugliche Form übersetzen können. Schließlich ist an Fachleute zu denken, die in der Lage sind, leistungsfähige Algorithmen auf entsprechend vernetzten Rechnern einzusetzen. Die Unterstützung ist mehr als die eines einzelnen Anwendungsexperten; hinzu kommt vielmehr die gesamte verfügbare wissenschaftliche und rechentechnische Unterstützung. Dies ist ein Ansatz, den man heute bei großen Entscheidungen schon häufig in Form des Consulting nutzt, beispielsweise bei der kürzlich erfolgten Entscheidung über die Plazierung der US-Atommülldeponie, der Trassenführung bestimmter aufwendiger Überlandleitungen oder überhaupt bei schwierigen Entscheidungen im Bereich der Energiesysteme ([13,17]).

Bei solchen Anwendungen steckt man große Summen in die Entscheidungsberatung durch interdisziplinäre Teams, die die Aufgabe im Sinne dessen, was heute an Unterstützung überhaupt möglich ist, bestmöglich lösen. Die in dieser Arbeit vertretene Zielrichtung besteht nun darin, auch bei kleineren Problemen, bei denen der beschriebene Personalaufwand in Form des Consulting naturgemäß nicht betrieben werden kann, systembasiert eine vergleichbare Unterstützung sicherzustellen. Von einem derartigen System sollte man erwarten, daß es im Rahmen der beschriebenen Zielsetzung das Beste an Unterstützung leistet, was rechnergestützt auf der Basis des heute verfügbaren Know-hows überhaupt getan werden kann.

4 Leitlinien zukünftiger entscheidungsunterstützender Systeme ([10])

<u>Prinzip 1: Unterstützung in der Modellierung</u>

Nach allem, was bisher gesagt wurde, ist Modellierung ein entscheidender Schritt zu jeder Form der Automatisierung und des intelligenten Systemverhaltens ([4,10]). Es wird heute in der Benutzung aufwendiger Hilfsmittel und Umgebungssysteme häufig übersehen, daß das Potential und der kognitive Kern der Systemkompetenz immer bereits in der inneren Modellierung angelegt sind. Jeder Fehler auf der Stufe der Modellierung zieht in der Regel Fehler in den Ergebnissen nach sich. Man benötigt daher eine gesteigerte Betonung des Modellierungsaspekts, sowohl in der Ausbildung als auch in der Systementwicklung. Modellierung bezieht sich hierbei auf das Zerlegen komplexer Probleme in einfachere Teile, auf das geeignete inkrementelle Zusammenfügen von Teilen, auf die Modifikation früher benutzter Modelle, auf die Integration verschiedener Modellkomponenten in einen größeren Rahmen und auf die Verknüpfung ganz unterschiedlicher Modellierungsansätze miteinander. Dies schließt die Modellierung der Dynamik von Prozessen, die Modellierung der Wechselwirkung zwischen verschiedenen Instanzen, die Modellierung von Zufallseinflüssen und im hier behandelten Rahmen der Entscheidungsunterstützung, insbesondere auch die Modellierung von Präferenzen der Systembenutzer beziehungsweise -entscheider, mit ein ([16]). Der letztgenannte Punkt ist deshalb so wichtig, weil es für die meisten Problemstellungen keine allgemein akzeptierte Zielvorstellung gibt. Unglücklicherweise ist es bei den meisten am Markt verfügbaren Systemen so, daß bereits eine bestimmte Zielvorstellung, also ein bestimmtes Optimierungsziel (wie zum Beispiel die Gewinnmaximierung), fest installiert ist. So ist entsprechend das Optimierungsziel der meisten Zeitplanungssysteme in der Bauwirtschaft die Minimierung der Projektdauer. Dies hängt vermutlich mit der Verfügbarkeit eines klassischen Algorithmus zusammen, der eben dieses Optimierungsziel zum Gegenstand hat. Man hat sich mittlerweile dermaßen an entsprechende Systeme gewöhnt, daß die Benutzer kaum mehr daran denken, andere Ziele — die sie tatsächlich im allgemeinen auch haben — überhaupt noch zu formulieren. Solche Ziele könnten beispielsweise in der besonderen Bevorzugung eines Teilprojekts liegen, das aus praktischen, technischen, kapazitiven oder finanziellen Gründen sehr frühzeitig beendet sein sollte. Denkbar sind auch geeignete Abgleiche zwischen einem frühen Ende geeigneter Teilprojekte und einem frühen Ende des Gesamtprojekts. Wesentlich ist, daß je nach Anwendungssituation und je nach Benutzer unterschiedliche Präferenzen, das heißt unterschiedliche Optimierungsziele, zu beachten sind. Ein gutes System sollte in der Lage sein, darauf einzugehen. Dazu muß zunächst aber die Möglichkeit gegeben sein, die Benutzerpräferenzen abzulegen beziehungsweise zunächst überhaupt vom Benutzer zu gewinnen. Erst wenn die betreffende Information verfügbar ist, kann man versuchen, sie in den Prozeß der Lösungsgenerierung mit einzubeziehen. Von praktischen Anwendungen der Entscheidungstheorie her weiß man, daß es möglich ist, entsprechende Präferenzen zu gewinnen, und wie man dies macht ([13]). Die Aufgabe besteht darin, ähnliches für Rechnersysteme zu leisten. Hier sind bestimmte isolierte Ansätze bereits verfolgt worden; genannt seien exemplarisch die Systeme MAUD ([8]) und PREFCALC ([9]).

Prinzip 2: Normative Unterstützung bei der Auswahl von Lösungen

Unter Prinzip 1 wurde der Aspekt der adäquaten Modellierungsmöglichkeiten in den Vordergrund gestellt. Ist einmal ein geeignetes, möglicherweise komplexes mathematisches Modell formuliert, dann stellt sich die Frage der Generierung von Lösungen, die dem Benutzer angeboten werden. Es wurde bereits gegen eine mehr passive

Vorgehensweise argumentiert, die nur darauf angelegt ist, irgendeine Lösung zu generieren und diese dann dem Benutzer vorzulegen.

Gerade bei dem verfolgten Einsatz einer adäquaten Modellierung muß es das Ziel sein, solche Lösungen zu generieren, die in dem vorliegenden Modellierungsrahmen höchstmögliche Präferenz für den Benutzer haben; falls dieses Ziel „höchstmögliche Präferenz" aus Komplexitätsgründen nicht erreichbar ist, so doch zumindest eine hohe Präferenz. Der Benutzer soll also von Beginn an nur mit solchen Lösungen konfrontiert werden, die im Hinblick auf die bereits erfolgte Modellierung erwarten lassen, daß sie eine relativ zu anderen Lösungen hohe Präferenz besitzen. Natürlich kann sich dann bei der Präsentation der Lösung herausstellen, daß der Benutzer dennoch nicht zufrieden ist. Dies kann dann zwei Gründe haben:

Zum einen kann der Benutzer an der vorgelegten Lösung bestimmte Eigenschaften feststellen, die er eigentlich vermeiden will. Damit erhält er Hinweise darauf, daß die ursprüngliche Modellierung den Sachverhalt nicht voll getroffen hat; er kann daher dem System Hinweise darauf geben, wie das gewählte Modell geeignet angepaßt werden kann. Dies sollte dann von der Systemseite weitgehend automatisiert aufgegriffen und durchgeführt werden können.

Natürlich kann sich auch herausstellen, daß unter diesen neuen, verschärften Bedingungen keine Lösungen mehr existieren, daß also vielleicht die Modellierung doch bereits vollständig war, und jetzt nur deutlich wurde, daß der Benutzer mit den zusätzlichen Bedingungen insgesamt zu viel erwartet, also Forderungen stellt, die in ihrer Gesamtheit gleichzeitig nicht erfüllbar sind.

In jedem Fall liefert ein solcher Ansatz die Möglichkeit, normativ basiert entweder schrittweise über Modellanpassungen schließlich zu Lösungen zu kommen, die tatsächlich den Wünschen des Benutzers bestmöglich entsprechen, oder aber den Benutzer mit der Tatsache zu konfrontieren, daß seine Forderungen insgesamt nicht zu erfüllen sind und ihn dann gleichzeitig darin zu unterstützen, durch geeignete Relaxierungen den Weg zum Finden von Lösungen zu bereiten.

<u>Prinzip 3: Nutzung impliziter Information</u>

Mit Blick auf die Prinzipien 1 und 2 ist dann an dieser Stelle festzuhalten, daß eine vollständige Modellierung einer Problemstellung in den Anwendungen häufig nicht zu erreichen ist.

Ein wesentliches Element — sowohl in der Durchführung der Modellierung als auch insbesondere im Dialog mit dem Benutzer — ist grundsätzlich der Zeitfaktor. Da Zeit eine so wichtige Größe ist und jede den Benutzer langweilende Dialogform von Nachteil ist, ist es von besonderer Bedeutung, daß das System auf Hintergrundprozeßebene bereits vom ersten Moment an und zu jedem späteren Zeitpunkt versucht, die Informationen, die bereits vorhanden sind, bestmöglich zu nutzen. Dies bedeutet insbesondere, daß das System versucht, implizit bereits festgelegte

Größen abzuleiten und sich hinsichtlich der noch nicht festgelegten Größen im Rahmen der Dialogführung auf solche konzentriert, die ein besonders großes Potential des Lösungsbeitrages beinhalten. So mag es häufig sein, daß aufgrund weniger Hinweise eines Benutzers aus hunderten, prinzipiell verschiedenen Problemlösungen, die ursprünglich einmal vorhanden waren, tatsächlich nur noch wenige prinzipiell verschiedene Varianten überhaupt übrigbleiben; es kann sehr gut sein, daß das System dies bereits weiß, ohne daß dies dem Benutzer bekannt ist. Man muß in dieser Situation von dem System erwarten, daß es diese Information intern verfügbar macht und insbesondere seine weiteren Fragen auf den verbleibenden Informationsrest konzentriert, also den Dialog genau auf die Fragen fokussiert, die explizit und implizit noch einer Aufklärung bedürfen ([2]). Auf diese Weise wird sichergestellt, daß man aus der verfügbaren Dialogzeit ein Maximum an Information für die anstehenden Problemlösungen gewinnt.

Prinzip 4: Bestmögliche Nutzung vorhandener algorithmischer Methoden

Falls einmal die Modellierung gelungen ist und im Benutzerdialog ein Maximum an adäquater modellspezifischer Information gewonnen wurde, stellt sich die bereits mehrfach angesprochene Frage nach der Generierung von Lösungen. Wie generiert man zu jedem Zeitpunkt, das heißt bei teils noch unvollständiger Modellierung, adäquate Lösungsvorschläge?
Dies ist die Frage nach Operatoren oder Inferenzmechanismen in Modellen. Hierfür ist auf geeignete Optimierungsalgorithmen, geeignete Näherungsverfahren und gegebenenfalls geeignete heuristische Methoden zurückzugreifen. Tatsächlich existiert gerade in dem Bereich der Optimierungsalgorithmen ein Großteil dessen, was die Wissenschaft an Kompetenz für die Behandlung derartiger Fragen in den letzten Jahrzehnten erarbeitet hat. Dabei ist es typischerweise so, daß man für bestimmte Probleme, die man als gutartig bezeichnen kann, schnelle, effiziente Lösungsalgorithmen verfügbar hat. Daneben gibt es andere, als hart bezeichnete Probleme, für die wirklich gute Lösungsmethoden aus prinzipiellen Gründen nicht zu erreichen sind, für die man aber möglicherweise gute Näherungsverfahren und Heuristiken verfügbar hat. Die besondere Schwierigkeit in dem hier vorgestellten Rahmen liegt sicherlich darin, daß eine auf die Realität passende Modellierung der jeweiligen Problemstellung angestrebt wird. Indem man dem Benutzer weitgehende Freiheit in der Formulierung seines Modells einräumen möchte, bewirkt man notwendigerweise, daß die auf diese Weise entstehenden Modelle häufig nicht den speziellen Forderungen genügen, die Voraussetzung für den Einsatz gutartiger, bekannter Lösungsalgorithmen sind. Will man also einem Benutzer nicht einen bestimmten, eleganten und effektiv handhabbaren Modellrahmen (zu dem dann gutartige Algorithmen gehören) aufzwingen, will man ihn also zum Beispiel seine ganz spezifische Präferenzstruktur formulieren lassen, so muß man häufig erwarten, daß für die entstehenden Probleme effiziente Standardalgorithmen nicht verfügbar sind. Dies kann dazu führen,

sich ganz auf die eher globalen heuristischen Ansätze in der neueren KI-Forschung zurückzuziehen und nur noch diese zu verwenden.

Der hier vertretene Standpunkt ist anders. Das Ziel ist, das gesamte algorithmische Methodenwissen geeignet modellspezifisch verfügbar zu machen. Hierzu kann man zum Beispiel eine Blackboard-Architektur benutzen und — bezogen auf eine verfügbare Prozessorlandschaft bei weitgehend paralleler Anwendung verschiedener Methoden — versuchen, ein im allgemeinen nicht glattes Problem mit den vorhandenen algorithmischen Methoden möglichst gut auszuwerten. Hierzu gehört insbesondere eine Kombination von Anwendungen effektiver Optimierungsalgorithmen auf leichte Problemveränderungen, die unter Umständen zu gutartigen Problemstellungen führen, oder beispielsweise der Einsatz heuristischer Methoden oder der Versuch, Lösungen mit Hilfe der Heranziehung geeigneter oberer und unterer Schranken zu ermitteln. Die verschiedenen Ansätze werden über die erwähnte Blackboard-Architektur koordiniert und verwaltet, und man wird versuchen, online durch die Verwendung von statistischen Auswertungsverfahren das System tendenziell dazu zu bringen, situationsspezifisch die verfügbaren Tools in möglichst sinnvoller Weise zur Lösung der Probleme einzusetzen (statistisches Lernen).

Prinzip 5: Erklärungsfunktionen

Einer der wesentlichen Beiträge und Vorteile von expertensystemartigen Ansätzen ist die Bereitstellung von Erklärungsfunktionen. Selbst wenn diese nur Wiedergaben von logischen Schlußfolgerungsketten darstellen, können sie doch im Einzelfall das Vertrauen eines Benutzers in gefundene Lösungen stark erhöhen. Man wird in den hier vorgeschlagenen, sehr viel aufwendigeren Architekturen ähnliches anstreben, wobei dann als Teil von Erklärungen sicherlich auch Verweise auf Modelle, auf eingesetzte Algorithmen, deren Güte und Leistungsverhalten, erzielte Werte aufgetretener oberer und unterer Schranken für die eigentliche Zielfunktion usw. auftreten werden. Sicherlich kann ein Teil der Erklärung dann auch ein Verweis auf bestimmte Theoreme sein, die aussagen, daß Lösungen, die hier aufgeführt wurden, aus bestimmten Gründen bestmögliche Lösungen sind, ohne daß dies dann noch weiter demonstriert werden kann. Dabei erscheint es auch als wichtig, benutzerspezifisch unterschiedliche Alternativen hinsichtlich der Qualität von Erklärungen anzubieten. Im Sinne einer gesellschaftlichen Arbeitsteilung erscheint es ja als sehr sinnvoll, bestimmte Fragen — insbesondere prinzipiell regelbare Fragen über die normative Qualität von Lösungen — Fachleuten zu überlassen und Benutzern nur den Typ von Erklärungen anzubieten, der der jeweiligen Vorkenntnis und dem jeweiligen Informationsbedürfnis entspricht. Dies schließt zum Beispiel den gesamten Bereich von Stabilitätsuntersuchungen bei automatischen Stochastifizierungen deterministischer Modelle ein. Falls keine besonderen Gefahren in Lösungen für deterministische Problemvarianten erkannt werden, wird man einen Benutzer, der möglicherweise nicht einmal mit dem Begriff der mathematischen Wahrscheinlichkeit vertraut ist, nicht

mit diffizilen wahrscheinlichkeitstheoretischen Begründungen dafür, daß das System
weitere Maßnahmen nicht ergriffen hat, konfrontieren wollen.

<u>Prinzip 6: Komfortable Entwicklungsumgebung</u>

Wenn man über komplexe Systeme, wie sie hier beschrieben wurden, nachdenkt,
dann spricht in einer mittelfristigen Perspektive einiges dafür, nicht nur über Ein-
zelsysteme nachzudenken, sondern über Familien derartiger Systeme, die sich mit
der Zeit verändern, anpassen, wachsen und aufgrund eigener Erfahrungen in Form
von Parameterveränderungen (zum Beispiel in Form von statistischer Anpassung)
automatisch bestimmte Modifikationen erfahren. Solche Veränderungen stellen eine
wünschenswerte Form der internen Wissensakkumulation dar und bewirken einen
zusätzlichen Wert für den Anwender. In der Verwaltung solcher Familien von Systemen besteht darüber hinaus auch die Möglichkeit, neuartige Strategien, wie etwa
die Anwendung genetischer Algorithmen ([6,10]), anzuwenden. Hierbei versucht
man, neuartige und bessere Systeme durch eine geeignete, teilweise auch zufalls-
gesteuerte Zusammenfassung von (erfolgreichen) Komponenten einzelner Varianten
derselben Systemfamilie zusammenzusetzen. Solche Prozesse zu realisieren, verlangt
einen noch weitergesteckten, komfortableren Modellierungsrahmen und stellt erhebliche konzeptionelle Anforderungen, die über das hinausgehen, was bis heute in der
Systementwicklung versucht wird.

5 Wissensakkumulations- und -transferfunktionen

In Kapitel 4 wurden sechs Prinzipien formuliert, die eine Basis für zukünftige Systementwicklungen der hier angestrebten Art darstellen können. Dazu sollte man
bemerken, daß eine Realisierung von Anwendungssystemen der beschriebenen Art
notwendigerweise mehr Möglichkeiten beinhalten wird als nur die unmittelbar angestrebte Anwendungsunterstützung.

In derartigen Systemen muß viel Wissen bereitgestellt werden, das dann zugleich
auch für Ausbildungszwecke (Lernhilfen) genutzt werden kann. Zugleich kann man
in ein solches System wissenschaftliche Literatur sachspezifisch ablegen und verwalten, und man kann darüber hinaus in solche Systeme neue verfügbare Algorithmen
integrieren und online in einer Systemumgebung nutzbar machen. Es sei hier die
These gewagt, daß derartige Systeme auf Dauer der für unsere Gesellschaft adäquate
Weg der Transformation von Wissen in Anwendungen sein werden.

Man muß dazu feststellen, daß der Fortschritt in der Algorithmik heute vor allem
Spezialfälle betrifft. Spezialfälle auch schwieriger Probleme erlauben häufig den
Einsatz schneller, guter Lösungsalgorithmen aufgrund der Ausnutzung der jeweiligen speziellen Problemstruktur. Leider ist es so, daß der wissenschaftliche Fortschritt über die algorithmische Behandlung spezieller Problemvarianten kaum mehr

226

in die Anwendungen transformierbar ist, da es sich hierbei um hochgradig spezialisierte Kenntnisse handelt ([18]). In einer Anwendungssituation müßte zudem jemand heute nicht nur über diese Spezialkenntnisse verfügen, sondern im Einzelfall auch in der Lage sein, zu erkennen, ob ein Problem des betreffenden Typs vorliegt. Hierzu bedarf es in der Regel spezieller Erkennungsalgorithmen, die ebenfalls bereits realisiert sein müßten und die natürlich auch einen gewissen Zeitaufwand bedingen. Selbst wenn das vorliegende spezielle Problem erkannt und der neuartige Algorithmus verfügbar ist, ist zu seiner Anwendung in der Regel eine Transformation der Ausgangsdaten in diejenigen speziellen Datenstrukturen erforderlich, die der neue Algorithmus erfordert. Und wenn dann dieser Algorithmus eingesetzt wird, so ist natürlich nicht garantiert, daß er in dem vorliegenden speziellen Einzelfall tatsächlich eine bessere Lösung findet, als es ein anderer verfügbarer Algorithmus tun würde. Angesichts der beschriebenen Schwierigkeiten ist es nicht verwunderlich, daß der große Fortschritt in der Algorithmik in den letzten zehn bis fünfzehn Jahren bis heute einen viel zu geringen Eingang in Anwendungssysteme gefunden hat.

Die heute übliche Art der Wissensvermittlung — sei es über die Publikation von Arbeiten, sei es über die Ausbildung von Studenten — ist für diese Art von Transformationsaufgabe nicht mehr adäquat. Nötig wäre heute vielmehr das Vorhandensein großer Algorithmen- und Modellbanken, in denen das vorhandene algorithmische Wissen verwaltet wird. In solchen Banken würden Identifikationsalgorithmen ebenso wie Lösungsalgorithmen verfügbar sein und darüber hinaus auch Algorithmen zur Transformation benötigter Datenstrukturen ineinander. Ferner würde in solchen Daten- und Modellbanken Buch darüber geführt werden, in welcher Situation der Einsatz welcher algorithmischer Tools besonders vielversprechend ist. Dort könnte auch eine Art Kostenrechnung darüber geführt werden, welche Vorschaltalgorithmen in welchen Situationen welchen Nachfolgealgorithmen vom Aufwand und von den Kosten her wie zuzurechnen wären. Langfristig würden dann algorithmische Neuerungen in solche Umgebungen eingebracht werden können. Die Umgebungen wären in der Lage, unmittelbar auf die neuen Algorithmen zuzugreifen und könnten auch Buch darüber führen, ob und in welchen Situationen sie sich als erfolgreich erwiesen haben. Auf diesem Wege würden Modell- und Algorithmenbanken, das heißt zukünftige Systeme für spezielle Anwendungen, zum Träger und zur Verwaltungsinstanz neuen algorithmischen Wissens werden. Dies wäre ein neuer Weg der Wissenstransformation von der Wissenschaft in die Anwendung, und dieser Weg hätte den besonderen Vorteil, daß Neuerungen unmittelbar, das heißt ohne Zeitverzögerung, wirksam werden könnten und daß zudem die durch solche Neuerungen bewirkten Verbesserungen online überprüft und dokumentiert werden könnten.

An Systemen der beschriebenen Art wird an verschiedenen Stellen gearbeitet. Das Forschungsinstitut für anwendungsorientierte Wissensverarbeitung (FAW) in Ulm verfolgt derartige Ansätze in verschiedenen Projekten. Schwerpunktartig geht es immer darum, geeignete Modellierungen zu unterstützen, dabei auch entscheidungs- und wahrscheinlichkeitstheoretische Aspekte zu berücksichtigen und dann in diesen Modellen durch einen wissensbasierten Einsatz der vorhandenen Algorithmen bestmögliche Lösungen im Sinne der Benutzerpräferenzen zu generieren. Dieses Generieren von Lösungen baut dann wiederum wesentlich auf die Einbringung von vorhandenem Modellierungswissen und algorithmischem Wissen in diesen Bereichen auf. Der Einsatz der Algorithmik erfolgt über Blackboard-Architekturen in verteilten Systemen, macht sich also die vorhandene Prozessorleistung bestmöglich zunutze. In Form von statistischer Rückkopplung wird zugleich eine Form des automatisierten Lernens realisiert, also zum Beispiel die automatische Akkumulation von Wissen darüber, in welchen Situationen welche Modelle oder Tools bestmöglich einzubringen sind. Dabei ist von einer Hierarchie der Lernmöglichkeiten auszugehen. Auf einem einfachen Niveau wird im Rahmen erfolgter Fallunterscheidungen im wesentlichen Statistik darüber geführt, welche Hilfsmittel wie erfolgreich waren, und dann wird zukünftig Rechenzeit in diesen Situationen mit größerer, jeweils angepaßter Wahrscheinlichkeit an früher erfolgreiche Methoden vergeben.

Deutlich komplexer wird die Situation, wenn das Begriffsbildungssystem, also zum Beispiel die Fallunterscheidung der interessanten, gesondert zu behandelnden Subfälle, ebenfalls in Form eines automatisierten Lernens verändert werden soll. Hier geht es auf einer einfacheren Ebene wieder darum, neue Begriffe beziehungsweise Fälle durch Aufspalten beziehungsweise Zusammenfassen früherer Fälle zu erzeugen, etwa dadurch, daß man verschiedene mögliche Sichten, die Fallunterscheidungen induzieren, nun in geeigneter Kopplung simultan betrachtet und dadurch feinere Unterscheidungen, die dem Durchschnitt früherer Spezialfälle entsprechen, erzeugt. Noch komplexer wird es, wenn ganz neue Fälle beziehungsweise Begriffe zu generieren sind, etwa orientiert an Analogieprinzipien. Hierfür gibt es Vorbilder in der Literatur für spezielle Aufgaben in mathematischen Theorien ([19,20]) und ansonsten auch Überlegungen, die an genetischen Vorbildern orientiert sind, also auf der Kombination verschiedener, in Varianten unterschiedlicher Art erprobter Ansätze beruhen, auf die zusätzlich Zufallsmechanismen aufgepfropft sind ([5,6]). Naturgemäß ist die Realisierung von derartigen Lernfähigkeiten mit zunehmend mehr Problemen und Risiken behaftet, je komplexer und je unstrukturierter der Zugang wird. Tendenziell sind auch die Lernprozesse immer weniger effektiv. Insbesondere ist in Situationen, in denen nicht einfach nur vorhandene alte Daten zu Trainingszwecken bearbeitet werden können, sondern insbesondere im Dialog mit dem Benutzer nach Lösungen gesucht werden soll, die Fähigkeit zur Akkumulation von Wissen und zum begleitenden Lernen bei Systemen genauso zeitabhängig wie beim Menschen. Dies spricht nicht dagegen, in den beschriebenen Situationen derartige Versuche zu unternehmen, es dämpft aber von Beginn an übertriebene Erwartungen an Lernparadigmen.

6 Schlußbemerkungen

An dieser Stelle sei mit Hinweisen auf eine Reihe von Publikationen, die die hier vorgestellten Überlegungen thematisieren und die auch Beispiele zur Veranschaulichung enthalten, die Arbeit abgeschlossen. Ein wichtiges Anwendungsgebiet, für das Vorarbeiten vorliegen, die in die Arbeit des FAW (Forschungsinstitut für anwendungsorientierte Wissensverarbeitung, Ulm) einfließen, ist die Ablaufplanung beziehungsweise das Scheduling, sowohl bei Bauprojekten als auch in der flexiblen Fertigung. Fragen der verfügbaren Algorithmen im Scheduling sowie Fragen ihres interaktiven Einsatzes in geeigneten Systemarchitekturen werden in den nachfolgend genannten Arbeiten relativ ausführlich behandelt: [1,2,18,21,22]. Eine umfangreiche Gesamtdarstellung der hier verfolgten Ideenwelt ist in [14,15], sowie dort insbesondere in der Arbeit [10], gegeben. Eine deutschsprachige Fassung einiger grundlegender Ideen findet sich auch in [24]. Schließlich sei auf einen interessanten Sonderband der Annals of Operations Research verwiesen, in dem die hier vertretene Betonung des Modellierungsaspekts und der Integration verschiedener Modellierungsparadigmen eine wichtige Basis bildet und ausführlich diskutiert wird ([11]).

Literatur

[1] BARTUSCH, M.; MOEHRING, R. H.; RADERMACHER, F. J.: Scheduling Project Networks With Resource Constraints and Time Windows, in: *Annals of Operations Research* 16 (1988), 201 – 240.

[2] BARTUSCH, M.; MOEHRING, R. H.; RADERMACHER, F. J.: Design Aspects of an Advanced Model-oriented DSS for Scheduling Problems in Civil Engineering, to appear in *Decision Support Systems* (1989).

[3] BONCZEK, R. H.; HOLSAPPLE, C. W.; WHINSTON, A. B.: *Foundations of Decision Support Systems*, Academic Press, New York, 1981.

[4] DOLK, D. R.; KONSYNSKI, B. R.: Knowledge Representation for Model Management Systems, in: *IEEE Transactions on Software Engineering* SE-10 6. (1984), 609 – 628.

[5] FOGEL, L. J.; OWENS, A. J.; WALSH, M. J.: *Artifical Intelligence through Simulated Evolution*, John Wiley, New York 1966.

[6] GREFENSTETTE, J. J. (ed.): *Proc. Intern. Conf. on Genetic Algorithms and their Application*, The Robotics Institute, Carnegie Mellon University, 1985.

[7] HAYES-ROTH, F.; WATERMAN, D. A.; LENAT, D. B. (eds.): *Building expert systems*, Addison-Wesley, Reading 1983.

[8] HUMPHREYS, P. C. et al.: *A Brief Description of MAUD*, Technical Report, Decision Analysis Unit, London School of Economics and Political Science, 1986.

[9] JACQUET-LAGREZE, E.; SISKAS, J.: Assessing a Set of Additive Utility Functions for Multicriteria Decision Making, The UTA Method, in: *Europ. Journal of Operations Research* 10 (1982), 151 – 164.

[10] JARKE, M.; RADERMACHER, F. J.: The AI Potential of Model Management and Its Central Role in Decision Support, in: *Decision Support Systems* 4 (1988).

[11] JERESLOV, R. G. (ed.): Approaches to Intelligent Decision Support, in: *Annals of Operations Research* 12 (1988).

[12] KEEN, P. G. W.: Decision Support Systems: The new decade, in: MCLEAN, E.; SOL, H. G.: *Decision Support Systems, A Decade in Perspective*, North Holland, Amsterdam 1986.

[13] KEENEY, R. L.: *Siting Energy Facilities*, Academic Press, New York 1980.

[14] KEENEY, R. L.; MOEHRING, R. H.; OTWAY, H.; RADERMACHER, F. J.; RICHTER, M. M. (eds.): Multi-Attribute Decision-Making via OR-Based Expert Systems, in: *Annals of Operations Research*, Special Issue, 16 (1988).

[15] KEENEY, R. L.; MOEHRING, R. H.; OTWAY, H.; RADERMACHER, F. J.; RICHTER, M. M. (eds.): Design Principles of Advanced Decision Support Systems, in: *Decision Support Systems*, Special Issue, 4 (1988).

[16] KEENEY, R. L.; RAIFFA, H.: *Decisions with Multiple Objectives*, John Wiley, New York 1976.

[17] KEENEY, R. L.; RENN, O.; VON WINTERFELDT, D.; KOTTE, U.: *Die Wertbaumanalyse*, München 1984.

[18] LAWLER, E. L.; LENSTRA, J. K.; RINNOOY KAN, A. H. G.: Recent Developments in Deterministic Sequencing and Scheduling, A Survey, in: DEMPSTER, M. A. H. et al. (eds.): *Deterministic and Stochastic Scheduling*, Reidel, Dordrecht 1982.

[19] LENAT, D. B.: On Automated Scientific Theory Foundation, A Case Study Using the AM Program, in: HAYER, J. E.; MICHIE, D.; MIKULICH, L. I. (eds.): *Machine and Intelligence 9*, Halsted Press, New York 1977.

[20] LENAT, D. B.; GUHA, R. V.: The World According to CYC, in: *MCC Technical Report* No. ACA.AI-300-88 (1988).

[21] MOEHRING, R. H.; RADERMACHER, F. J.: Substitution decomposition of discrete structures and connections with combinatorial optimization, in: *Annals of Discrete Mathematics* 19 (1984), 257 – 356.

[22] MOEHRING, R. H.; RADERMACHER, F. J.: Introduction to Stochastic Scheduling Problems, in: NEUMANN, K.; PALLASCHKE, D. (eds.): *Contributions to Operations Research*, 1985, 72 – 130.

[23] PRESSMAR, D. B.: Computergestützte Planung und mathematische Programmierung, in: ISERMANN, H.; MERLE, G.; RIEDER, U.; SCHMIDT, I.; STREITFEDT, L., *Operations Research, Proceedings*, 1986, 22 – 33.

[24] RADERMACHER, F. J.: Entwicklungsperspektiven rechnergestützter Entscheidungsfindung, in: WOLFF, R. (ed.): *Entscheidungsunterstützende Systeme in Unternehmen*, München 1988.

[25] RAUHUT, B.; SCHMITZ, N.; ZACHOW, E.-W.: *Spieltheorie: Eine Einführung in die mathematische Theorie strategischer Spiele*, Stuttgart 1979.

[26] RICHTER, M. M.: *Prinzipien der Künstlichen Intelligenz*, Stuttgart 1989.

[27] VON NEUMANN, J.; MORGENSTERN, O.: *Theory of Games and Economic Behaviour*, University Press, Princeton 1963.

Teil V

Entscheidungsunterstützung

Entscheidungsunterstützungssysteme für mittelständische Unternehmen des Maschinenbaus

von Barbara Ricciardulli und Paul Gromball
Technologie Management Gruppe, München

Zusammenfassung

Dieser Beitrag verfolgt das Ziel, die Aufmerksamkeit des Lesers auf eine Vielzahl kritischer Problemstellungen des Managements von Maschinenbaufirmen zu lenken, die durch ein gesamtheitlich konzipiertes Entscheidungsunterstützungssystem systematisch angegangen werden können.

Wie durch eine von der Unternehmensberatung Technologie Management Gruppe durchgeführte Marktstudie bestätigt wird, ist der Bedarf an computerunterstützten Entscheidungsunterstützungssystemen bedingt durch die verschärfte Wettbewerbssituation beträchtlich gestiegen. Das durch den Einsatz geeigneter Entscheidungsunterstützungssysteme für strategisch wichtige Einsatzbereiche erzielbare Verbesserungspotential ist sehr groß und macht Investitionen in diesem Bereich außerordentlich profitabel. Als Idealkonzept für ein Entscheidungsunterstützungssystem wird die Abbildung aller strategisch relevanten Funktionsbereiche eines Unternehmens in eine realitätstreue, zusammenhängende Struktur dargestellt. Mit dem Entwicklungsprojekt des CDMS (Computerunterstütztes Diagnose und Monitoring System) verfolgt die Technologie Management Gruppe das Ziel, diesem Idealkonzept möglichst nahe zu kommen. Die CDMS-Bausteine sind entsprechend dieser Zielsetzung gestaltet und werden in Kapitel 6 skizziert.

Zwei grundlegende Erkenntnisse sollten beim Einsatz von computerunterstützten Entscheidungsunterstützungssystemen für strategische Fragestellungen eines Unternehmens keinesfalls außer acht gelassen werden:

- Eine richtige strategische Entscheidungsunterstützung kann nur dann gewährleistet werden, wenn sie auf einer sinnvollen und vertrauenswürdigen operativen Basis aufgebaut wird; das heißt operative Fragestellungen und Abläufe sind als erste zu klären.
- Um mit dem Einsatz eines Entscheidungsunterstützungssystems die gewünschte Wirkung erreichen zu können, müssen vorher die Abläufe und Strukturen des Unternehmens durch gut abgestimmte und informatorisch verkettete Managementprozesse gekennzeichnet sein, um dem kritischen Faktor Zeit effizient Rechnung tragen zu können.

1 Einleitung

Der gemeinsame Markt in Europa wird ab 1992 wesentlich stärkeren Wettbewerbsdruck für alle Unternehmen bringen. Insbesondere mittelständische Unternehmen, die den Herausforderungen der wachsenden Komplexität des Zusammenspiels von Markt, Technologie und Wettbewerb entgegentreten wollen, müssen zwangsläufig in interne Planung und externe Beratung investieren.

Die Mehrheit der Maschinenfirmen hat heute noch Schwierigkeiten bei der Planung und Überwachung von Unternehmensfortschritten entlang kritischer strategischer Dimensionen und beim Treffen von Entscheidungen basierend auf den erstellten Analysen.

Die Anforderungen an die Geschäftsleitung sind in den letzten Jahren enorm gestiegen. Die internen administrativen Abläufe meist betriebswirtschaftlicher Art reichen nicht aus, um ein globales Bild des Unternehmens wiederzugeben, das aber für die erforderliche verbesserte Qualität der Entscheidungen unverzichtbar ist. Eine gesamtheitliche Sicht bestehend sowohl aus externen Umweltfaktoren (wie zum Beispiel Informationen über Marktanteile, Marktgröße, Wechselkurse, Preissteigerungsraten usw.) als auch aus unternehmensinternen Informationen (vorwiegend aus den Bereichen Marketing / Vertrieb, Technologie und Finanzen) ist für ein erfolgreiches Management mittelständischer Unternehmen im Investitionsgüterbereich notwendig.

Typischerweise leiden aber die meisten Firmen an mangelnder Kommunikation zwischen den Bereichen Vertrieb, Produktentwicklung und Finanzen. Oft fehlt ein gemeinsames Vokabular, gemeinsame Methoden oder das inhaltliche Verständnis für ein fremdes Aufgabengebiet.

Die Effizienz der gesamten Unternehmung leidet darunter, daß wichtige „bottom line" Informationen nicht in strategische Entscheidungen umgesetzt werden können. Oftmals werden aus diesem Grund externe Berater herangezogen, die basierend auf einer Momentaufnahme des Unternehmens zum Beispiel ein Strategieprogramm entwickeln.

Der wertvolle Know-how-Transfer eines externen Beraters geht allerdings schnell verloren, entweder weil die Geschäftsleitung wechselt oder weil die angewendete Methodik zum Beispiel nicht in Form eines computergestützten Systems vom Unternehmen verinnerlicht wurde. Das Datenmaterial, auf das sich alle Annahmen und Schlußfolgerungen bezogen hatten, ist nicht mehr aktuell, sobald betriebswirtschaftliche, technische, soziale oder politische Änderungen in Kraft treten. Denn ein systematisches Update von Daten wird durch den Einsatz externer Berater meist nicht gewährleistet.

Auf der Suche nach neuen Wettbewerbsvorteilen wird deutlich, daß computerunterstützte Entscheidungsunterstützungssysteme einen entscheidenden Beitrag zur verbesserten Entscheidungsfindung in mittelständischen Unternehmen leisten können. Durch die systematische Sammlung und entscheidungsgerechte Aufbereitung von Daten können Entscheidungsunterstützungssysteme die Gültigkeit von Ergebnissen über die Zeit hinweg sichern. Ein Entscheidungsunterstützungssystem als Kommunikationsmedium und Referenzpunkt ermöglicht eine transparente Aufbereitung von Sachverhalten und führt weiterhin zu abgestimmten Entscheidungen zwischen verschiedenen Bereichen. Die Qualität der Entscheidungen wird sowohl durch eine strukturierte Datenbasis als auch durch mögliche Simulationsläufe entscheidend verbessert. Der Einsatz von Entscheidungsunterstützungssystemen erhöht die Schnelligkeit des Entscheidungsfindungsprozesses bedeutend und hält die Kosten verhältnismäßig niedrig.

2 Handlungsfelder des Maschinenbaus

Der Einsatz von Entscheidungsunterstützungssystemen ist in vielen Bereichen eines Unternehmens denkbar. Eine hohe Effizienzsteigerung durch den Einsatz eines Entscheidungsunterstützungssystems erreicht man, wenn zuerst besonders kritische Themenstellungen abgedeckt werden. Grundsätzlich lassen sich Handlungsfelder in operative und strategische unterteilen. Eine von der Technologie Management Gruppe durchgeführte Studie in der Maschinenbauindustrie zeigt, daß die Behandlung operativer Fragestellungen bei den meisten Unternehmen überwiegen. Erst wenn diese zum größten Teil gelöst sind, ergibt sich eine Verlagerung des Schwerpunktes auf strategische Fragestellungen.

Beispiele typischer Handlungsfelder des Maschinenbaus:
- Vertrieb:
  - Erkennen von Marktchancen;
  - Beurteilen des Wettbewerbsumfeldes;
  - Verbesserung des Anfrage- / Auftrags-Verhältnisses (Trefferquote);
  - Errichtung einer wirkungsvollen Vertriebssteuerung.
- Technologie-Beurteilung:
  - frühzeitiges Erkennen neuer technischer Lösungen und realistische Einschätzung der Grenzen der bestehenden Technologien;
  - Beurteilung der eigenen technologischen Wettbewerbsfähigkeit;

- Bewertung der technischen Möglichkeiten am Markt.
- Strategieentwicklung / Investitionsentscheidungen:
  - Kopplung der eigenen strategischen Potentiale mit den technologischen Möglichkeiten;
  - Erschließung neuer Marktsegmente;
  - Budgetierung der Entwicklungs- und Marktinvestitionen;
  - Straffung des Produktprogramms zur Schaffung freier Ressourcen für Neuentwicklungen.
- Produktivitätsverbesserung:
  - Erkennung von Möglichkeiten zur Produktivitätssteigerung bei weitgehender Nutzung der vorhandenen Maschinen und Einrichtungen;
  - ertragssteigernde „Make or Buy"-Entscheidungen;
  - fertigungsgerechtes Produktdesign;
  - Optimierung des Umlaufvermögens.
- Überwachung der strategischen und operativen Ziele:
  - Identifizierung der erfolgswirksamen Kennzahlen;
  - regelmäßige Abweichungsanalysen und frühzeitige Erkennung von Trends;
  - rechtzeitige Einleitung abgestimmter Gegenmaßnahmen bei Abweichungen von den gesetzten Zielgrößen.

3 Verbesserungspotential durch strategische Unternehmenssteuerung

In den meisten mittelständischen Unternehmen werden strategische und operative Managementaufgaben von den gleichen Führungskräften erledigt. Aus Zeitmangel und Mangel an qualifiziertem Personal werden strategische Entscheidungen häufig nicht mit der gebotenen Systematik und auf Basis unzureichender Informationen getroffen.

Ein Entscheidungsunterstützungssystem für die strategische Unternehmensführung bringt hier folgende Vorteile:
- Schaffung von Transparenz für die persönliche Entscheidungsvorbereitung durch die Verdichtung von Informationen entlang der Unternehmensleistungskette;
- Erhöhung der Entscheidungsqualität durch den Einsatz erprobter Methoden und externer Daten;
- Systematisierung und Organisation entscheidungsrelevanter Informationen, die heute verstreut erhoben und verwaltet werden;
- Förderung innovativer Managemententscheidungen durch das Durchspielen alternativer Handlungsrichtungen.

Aus einem Vergleich der gegebenen Situation der strategischen Unternehmenssteuerung und der Verbesserungen, die durch den Einsatz eines Entscheidungsunterstützungssystems erzielt werden können, läßt sich das erreichbare Verbesserungspotential abschätzen.

236

Als Beispiel wurden mittelständische Unternehmen des Maschinenbaus untersucht. Zunächst wurden für fünf Managementaufgaben die Ziele festgelegt, deren Erreichung durch den Einsatz eines Entscheidungsunterstützungssystems verbessert werden sollten. Anschließend wurde die derzeitige manuelle Vorgehensweise, mit der jede dieser Managementaufgaben erledigt wird, analysiert und mit der Vorgehensweise, bei der die entsprechenden Module eines Entscheidungsunterstützungssystems verwendet werden, verglichen. Das Ergebnis sind die in Abbildung 1 beschriebenen erreichbaren Verbesserungspotentiale je Managementaufgabe. Den Schätzungen wurden deutsche mittelständische Unternehmen aus dem Maschinenbau mit durchschnittlich 400 Mitarbeitern und 80 Millionen DM Jahresumsatz zugrundegelegt.

4 Ermittlung der strategischen Schwachstellen durch eine Unternehmensdiagnose

Das Idealkonzept eines Entscheidungsunterstützungssystems ist die Abbildung aller strategisch relevanten Bereiche eines Unternehmens in ein realitätstreues, zusammenhängendes Gebilde. Durch die Kopplung von Vertriebsmanagement, Technologiemanagement, Strategie und operativer Finanzpotentialplanung innerhalb eines computergestützten Entscheidungsunterstützungssystems kann zum Beispiel eine bevorstehende Produktentwicklung simuliert werden. Deren Auswirkung kann unmittelbar sowohl auf die Marktsituation als auch auf die Ertragssituation, die sich in der Betriebsabrechnung und GuV widerspiegelt, aufgezeigt werden. Weiter würde diese Art eines Entscheidungsunterstützungssystems zu jeder Zeit eine Schwachstellen- und Potentialanalyse des Unternehmens ermöglichen und damit den Entscheidungsträgern den Spielraum für Handlungsbedarf transparenter machen. Setzt man diese Art von Simulationsdenken noch anhand weiterer Beispiele fort, so wird deutlich, daß die Kopplung dieser vier genannten Managementaufgaben der Grundvoraussetzung, die ein funktionsübergreifendes Entscheidungsunterstützungssystem zu erfüllen hat, genügt. Die Realisierung dieses Idealkonzeptes liegt beim gegenwärtigen Entwicklungsgrad von Entscheidungsunterstützungssystemen heute allerdings noch in der Zukunft; erste Ansatzpunkte für Lösungen sind zwar erkennbar (siehe Kapitel 6), doch nach eigener Einschätzung wird es etwa fünf bis zehn Jahre dauern, bis sich dieses Konzept in deutschen Unternehmen auf breiter Basis durchgesetzt haben wird.

Im Gegensatz dazu soll an dieser Stelle ein heute bereits bewährtes Instrument zur Ermittlung strategischer Schwachstellen und Einleitung wirkungsvoller Maßnahmen gezeigt werden, nämlich die Unternehmensdiagnose. Ziel der Unternehmensdiagnose ist es, durch eine eingehende Untersuchung der gegenwärtigen Situation auf die Verbesserungspotentiale und Chancen der Zukunft zu schließen, in der Geschäftsführung darüber Konsens zu erzielen und dann entsprechende Maßnahmen einzuleiten. Gegenstand der Untersuchung ist grundsätzlich das gesamte Unternehmen. Die Unternehmensdiagnose deckt Symptome auf und ermöglicht die Strukturierung der

Manage-ment-aufgaben	Ziel	erreichbares Verbesse-rungspotential durch Ein-satz eines Entscheidungs-unterstützungssystems
Vertriebs-management	Erkennen von Umsatzchancen	• 5 – 20 % Umsatzsteige-rungspotential p. a. • Erhöhung der Treffer-quote um 30 %
Technologie-management	Erkennen von Möglichkeiten zur Ausnutzung von technologiebezo-genen Wettbewerbsvorteilen und frühzeitiges Erkennen technolo-gischer Bedrohungen	• Verbesserung des Dek-kungsbeitrags in Höhe von 10 – 20 % über Produktlebensdauer • „Time to Market" wird um 20 % verkürzt
Strategie	Zuordnung von Ressourcen zur Maximierung der Ertragskraft, basierend auf a) Marktchancen und b) technologisch bedingten Vorteilen	• Beitrag zur langfristigen Ertragsverbesserung in Höhe von 10 – 30 % des Deckungsbeitrags
operative Finanz-potential-planung	Umsetzung der Strategie und der operativen Verbesserungspotentiale in einen Finanzplan, Ableitung der Budgets und Schlüsselkennzahlen für die Überwachung	• 5 – 10 % Deckungs-beitragsverbesserung durch Ausschöpfen der operativen Potentiale • 15 – 30 % vergrößerter Finanzspielraum und Zinseinsparungen • Erhöhung der Kreditwür-digkeit; jährliche Einspa-rung entspricht 1 – 2 MJ
Überwachung und Steue-rung	Überwachung des Soll-Ist-Verlaufs bei den gesetzten strategischen und operativen Zielen der Erfolgs-messung und frühzeitige Warnung bei Soll-Ist-Abweichungen	• 3 – 4 Monate Frühwar-nung; jährliche Einspa-rung entspricht 1 – 2 MJ

Abbildung 1: *Ziele strategischer Managementaufgaben und Verbessserungspotentiale*

Ursachen, was zu einer Abschätzung des konkreten Verbesserungspotentials führt. Diese „Vorstudie" hat sich bei Projekten zur Ergebnisverbesserung als effektiver Einstieg in die Formulierung der funktionalen Aufgaben bewährt.

Die Unternehmensdiagnose als Beratungsprogramm der Technologie Management Gruppe (TMG) ist organisatorisch derart gestaltet, daß unternehmensintern ein Lenkungsausschuß bestehend aus der Geschäftsführung und den Leitern wichtiger funktionaler Bereiche gebildet wird, der mit einer Gruppe von TMG-Beratern zusammenarbeitet. Mit dem Lenkungsausschuß wird das von der TMG entworfene Gerüst für eine Grunddatensammlung auf die Besonderheiten des Unternehmens zugeschnitten. Diese Daten werden mit Analysemethoden bearbeitet, um erste Hypothesen über Verbesserungen aufzustellen und sogenannte Diagnosesitzungen inhaltich vorzubereiten. Die Diagnosesitzungen sind derart ausgelegt, daß zunächst von einer Gesamtperspektive aus funktionale Schwerpunkte gebildet werden. Diese Schwerpunkte werden in der Tiefe analysiert und in funktionsorientierten Arbeitssitzungen mit den Fachleuten des Unternehmens und der TMG bearbeitet. Mit diesem Vorgehen wird sichergestellt, daß in kurzer Zeit eine objektive und abgestimmte Diagnose der Funktionen, der Systeme und Abläufe sowie der strategischen Ausrichtung zusammen mit den betroffenen Entscheidungsträgern erstellt wird. Die Endprodukte sind detaillierte Maßnahmenpläne mit zeitlichen Meilensteinen und Verantwortlichkeiten. Das Verbesserungspotential jedes abgegrenzten Projektes wird ermittelt und den Investitionen gegenübergestellt. Zusammen mit der Geschäftsführung stellt die TMG die Projektauswahl und effektive Organisation aller durchzuführenden Projekte sicher. Damit kann die Geschäftsführung aus einer gesamtheitlichen Sicht die der Situation angemessenen operativen oder strategischen Verbesserungen oder, falls es notwendig ist, sogar kurzfristige Abwehrmaßnahmen einleiten.

Wegen der hier gezeigten hervorragenden Bedeutung der Unternehmensdiagnose als Analyseinstrument für die strategische Unternehmensführung ist die Implementierung dieses Konzeptes in Form eines Entscheidungsunterstützungssystems von besonders großem Interesse.

5 Ausrichtung der Abläufe und Strukturen für wissensbasierte Organisationen

Für technologieintensive Unternehmen wird die effektive Gestaltungsmöglichkeit der strategischen und operativen Managementprozesse immer wichtiger, da der Faktor Zeit in Zukunft eine entscheidende Quelle zur Erzielung von Wettbewerbsvorteilen sein wird. Diese Vorteile sind aber nur durch gut abgestimmte und informatorisch verkettete Managementprozesse zu erreichen. Die Art und Weise, wie Unternehmen den Faktor Zeit, sei es im Vertrieb, in der Produktentwicklung, in der Produktion oder in der Logistik steuern, spiegelt sich in der Wirkung im Wettbewerbsumfeld wider. Die meisten mittelständischen Unternehmen der Maschinenbaubranche sind

durch historisch gewachsene, fest verankerte Strukturen und Abläufe gekennzeichnet. Dadurch werden die Effizienz und die strategische Schwerpunktsetzung stark
beeinflußt. Während die traditionellen Unternehmen daher noch vorwiegend mit
der Steuerung von Kosten und Volumen beschäftigt sind, erzielen führende, innovative Unternehmen Wettbewerbsvorteile durch gezieltes Management des Faktors
Zeit. Innovative Unternehmen haben strategische und operative Managementprozesse installiert, die durch geschlossene Leistungsketten und durchgängige Informa-
tionsflüsse geprägt sind und erreichen damit erhebliche Effizienzsteigerungen. Diese
Ausrichtung der Abläufe und Strukturen ist zunächst rein organisatorischer Art
und von einer Systemunterstützung unabhängig, stellt jedoch einen wichtigen Schritt
für die Realisierung eines gesamtheitlichen Entscheidungsunterstützungssystems zur
Unterstützung kritischer operativer und strategischer Fragestellungen dar. Abbildung 2 zeigt die kritischen operativen und strategischen Entscheidungsbereiche im
Unternehmen sowie deren Hauptinformationsflüsse.

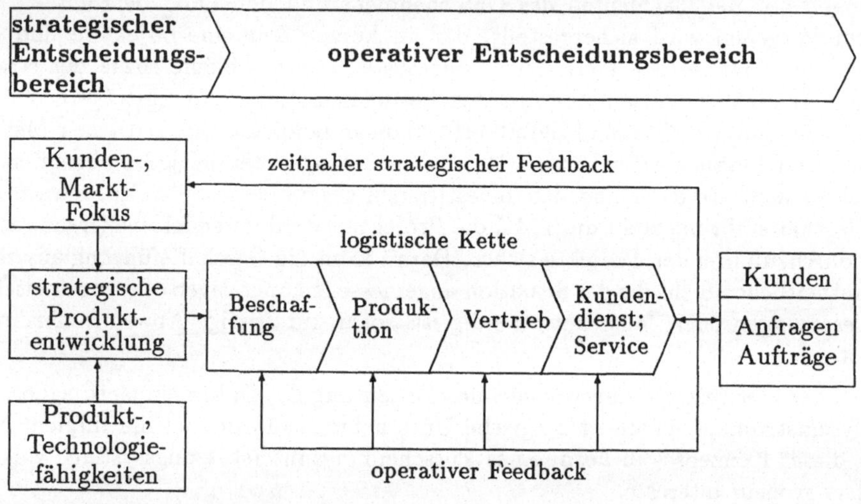

Abbildung 2: *Strategische und operative Entscheidungsprozesse*

6 CDMS — Beispiel einer Systemunterstützung für die Entscheidungsfindung

Durch die Integration von Aufgaben, Abläufen und Mitarbeitern und damit durch
die Errichtung geschlossener Leistungsketten wird das Unternehmen innovativer.
Erneuerungsprozesse laufen dadurch schneller ab und Entscheidungen können aufgrund besserer Informationen getroffen werden. Das CDMS (Computerunterstütztes Diagnose und Monitoring System) unterstützt diese Philosophie, indem es bestehende strategische und operative Managemententscheidungsprozesse unterstützt

beziehungsweise erst ermöglicht.

Abbildung 3 zeigt die Bausteine, aus denen das strategische Entscheidungsunterstützungssystem CDMS entstanden ist. Strategische Konzepte, die EDV-Unterstützung und externe Informationen sind die drei Hauptkomponenten, die CDMS integriert. Hier wird deutlich, daß die Entwicklung eines Entscheidungsunterstützungssystems mit einer derartig komplexen und umfassenden Aufgabenstellung Expertenwissen aus verschiedenen Gebieten erfordert. Das Einbringen der für die Entwicklung von CDMS notwendigen Erfahrung aus den drei zugrundeliegenden Feldern der Strategie, EDV und Marktforschung wurde durch eine internationale Kooperation ermöglicht: die deutsche Unternehmensberatung Technologie Management Gruppe und die amerikanische Softwarefirma Softbridge gründeten für diesen Zweck ein Gemeinschaftsunternehmen. Ziel dieses Unternehmens ist die Entwicklung und Vermarktung von EDV-Systemen zur Unterstützung der Geschäftsführung und der funktionalen Leitungsebene sowohl in strategischen als auch in relevanten operativen Fragestellungen der Bereiche Vertrieb, Entwicklung, Finanzen und Unternehmensplanung. Während die Berater der TMG über das fachliche Know-how der Maschinenbauindustrie verfügten, brachten die Mitarbeiter der Firma Softbridge ihre jahrelangen Erfahrungen bei der Entwicklung von Entscheidungsunterstützungssystemen in dieses Vorhaben ein.

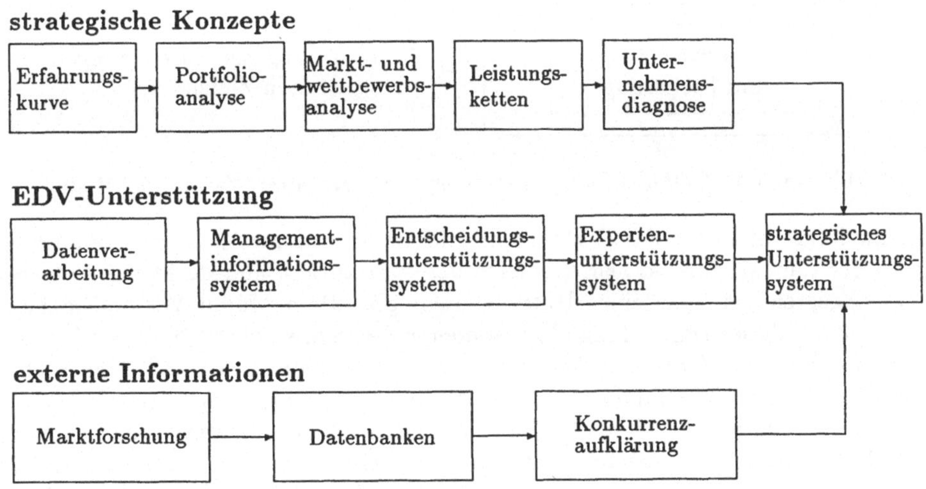

Abbildung 3: *Bausteine, die von CDMS integiert werden*

Im folgenden werden die Struktur des CDMS, die angegangenen Fragestellungen im Unternehmen sowie die durch den Systemeinsatz erzielbaren Vorteile erläutert. Als gesamtheitliches System für die Unterstützung der strategischen und operativen Prozesse besteht das CDMS aus den fünf Modulen (siehe Abbildung 4)

– Vertriebsmanagement,

– Technologiemanagement,

– Strategie,
– operative Finanzpotentialplanung und
– Überwachung und Steuerung.

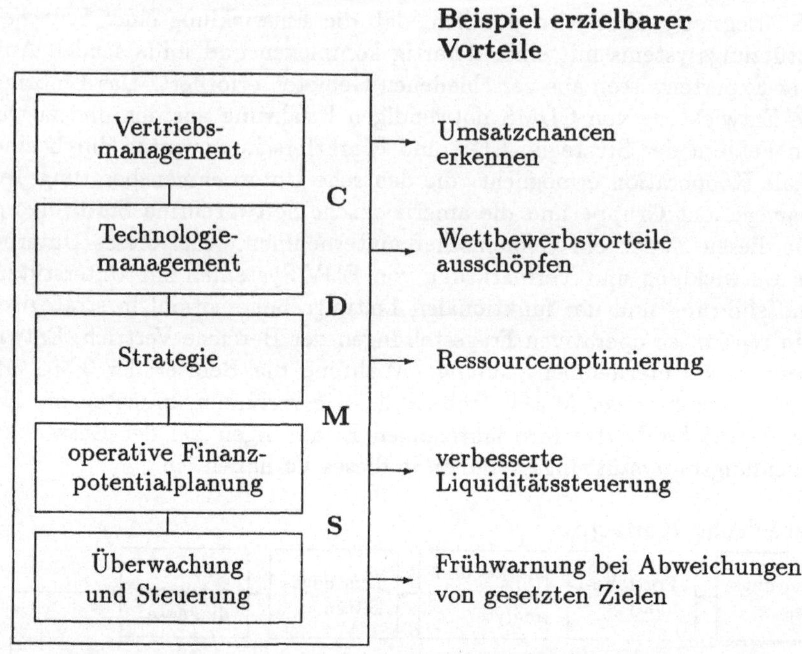

Abbildung 4: *CDMS Module und Beispiele erzielbarer Vorteile je Modul*

Die modulare Struktur des CDMS ermöglicht eine stufenweise Systemeinführung. Jedes der fünf Module ist sehr übersichtlich strukturiert und deckt die Aufgaben eines abgegrenzten Teils eines Unternehmens ab. Dem Modul Vertriebsmanagement soll bei dieser Darstellung ein besonderer Stellenwert eingeräumt werden, und zwar aus folgenden Gründen: Die Arbeitsweise mit dem System läßt eine Vielfalt von Möglichkeiten offen, die anhand des Moduls Vertriebsmanagement als Beispiel erläutert werden sollen. Dieses Modul spielt innerhalb des Gesamtsystems eine zentrale Rolle: Die Daten, die beim Einsatz des Systems von den Außendienstmitarbeitern des Unternehmens systematisch erfaßt werden, stellen äußerst aussagefähige Markt- und Wettbewerbsinformationen dar und sind zum großen Teil derart kritisch, daß sie auch in den weiteren Modulen in verdichteter Form als unverzichtbare Information für die strategische Entscheidungsfindung verwendet werden.

6.1 Modul Vertriebsmanagement

Die Zielsetzung des Moduls Vertriebsmanagement umfaßt die Aufgabenbereiche des Vertriebs einer mittelständischen Maschinenbaufirma. Zu den wichtigsten operativen Aufgaben gehören

- die Erhöhung der Trefferquote,
- die ständige Verfolgung der eingegangenen Anfragen,
- die Steuerung des Vertriebs mit wirkungsvollen Methoden und
- die regelmäßige Erstellung von Status-Berichten wie zum Beispiel Lost-Order-Analysen und Umsatzprognosen.

Diese Aufgaben haben eine kurzfristige Ausrichtung und unterliegen normalerweise dem Funktionsbereich der Außendienstmitarbeiter oder des Vertriebsleiters. Zu den strategischen, mittel- bis langfristig orientierten Aufgabengebieten des Vertriebes zählen

- das Erkennen von Marktchancen (zum Beispiel durch die Identifizierung neuer Anwendungsgebiete für eine bestehende Technologie),
- die Steigerung der Anfragen,
- die Schaffung einer kundenorientierten Ausrichtung des Unternehmens und
- die Entwicklung gezielter Marketingstrategien nach Segmenten.

Alle genannten Aufgabengebiete einer Vertriebsabteilung werden im Modul Vertriebsmanagement durch die systematische Erfassung entscheidungsrelevanter Informationen und durch den Einsatz entsprechender Methoden unterstützt.

Die im Modul Vertriebsmanagement eingesetzten Methoden stützen sich auf eine unternehmensintern aufgebaute Anfragedatenbank (siehe Abbildung 5). Diese enthält Informationen über jede Anfrage, die an das Unternehmen gerichtet wird, und wird von den Außendienstmitarbeitern als Arbeitsmittel für die tägliche Verfolgung der Anfragen benutzt und aktuell gehalten. Diese Informationen beinhalten unter anderem Angaben über

- den Vorgang selbst (Priorität, Art des Angebots, verantwortliche Sachbearbeiter, ...),
- den Kunden (Name, Marktsegment, Region, ...) und
- die angebotene Maschine (technische Daten, Preisaufteilung und Umfang des Angebots, ...).

Weiter werden Informationen mit strategischem Charakter gespeichert, die in Methoden wie der Erfolgsfaktorbewertung oder der Meilensteinplanung verwendet werden. Bei der Erfolgsfaktorbewertung werden eine Reihe firmenspezifisch festgelegter Merkmale, wie etwa Preis, Service und Benutzerfreundlichkeit, vom Außendienstmitarbeiter aus Kundensicht bewertet. Das heißt, daß für die betrachtete Aufgabe die Frage beantwortet werden muß, wie wichtig jeder der Erfolgsfaktoren für den Kunden — bezogen auf den speziellen Anfragefall — ist. Die Erfolgsfaktorbewertung stellt eine wichtige Grundlage dar, einerseits um ein möglichst treffendes Angebot gestalten zu können, andererseits um ein besseres Bild der einzelnen Marktsegmente zu erhalten. Die Meilensteinplanung gibt dem Außendienstmitarbeiter ein Raster vor, das ihn bei der systematischen Verfolgung der in seinem Verantwortungsbereich befindlichen Anfragen oder Angebote unterstützt. Von ihm werden die formenspezifisch festgelegten Meilensteine vom Eingang der Anfrage, der Erstellung des Angebots und aller Zwischenschritte bis hin zur Auftragsverhandlung geplant und mit der

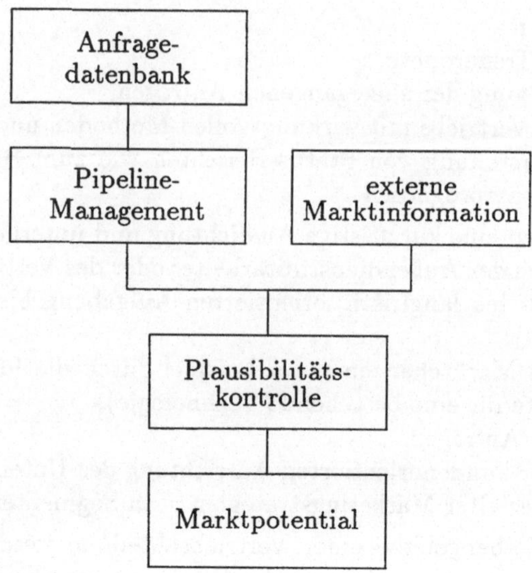

Abbildung 5: *Struktur des CDMS-Moduls Vertriebsmanagement*

Wahrscheinlichkeit einer positiven Auftragsentscheidung bewertet. Über die kurzfristigen Vorteile operativer Art dieser Methode hinaus können auch aus strategischer Sicht Schlußfolgerungen für die Außendienst-Organisation gezogen werden, wie zum Beispiel die Entscheidung für die Einführung eines persönlichen Vorgesprächs zur detaillierten Schilderung des Bedarfsfalls vor der Angebotserstellung.

Die geschilderten Methoden sowie eine Reihe von Abfrage- beziehungsweise Berichterstellungsroutinen sind Bestandteil des Pipeline-Managements innerhalb des Moduls Vertriebsmanagement.

Das Modul Vertriebsmanagement ist derart ausgelegt, daß ein permanenter Daten-Update für die strategischen Entscheidungsinhalte der weiteren Module gewährleistet wird. Die Schnittstelle zum Modul Technologiemanagement ist das sogenannte Marktpotential. Dies ist eine Darstellung aller zur Verfügung stehenden Marktinformationen, die nach den Segmentierungskriterien Branche, Wettbewerb und Region (sowie einem höheren Detaillierungsgrad dieser Dimensionen) abgefragt werden können. Als wichtigste Informationsquelle wird hier die Anfragedatenbank zugrundegelegt. Zur Vervollständigung und weiteren Objektivierung der durch den Außendienst gewonnenen Informationen werden diese einer Plausibilitätsprozedur unterzogen. Dazu werden sie mit veröffentlichten Marktinformationen aus externen Quellen (etwa Verbände) verglichen und um die geschätzte Größenordnung unbekannter Marktsegmente korrigiert.

Die Arbeitsweise des Moduls Vertriebsmanagement und die daraus ableitbaren Schlußfolgerungen sollen im folgenden Fallbeispiel verdeutlicht werden.

Ziel der hier simulierten CDMS-Sitzung soll das Formulieren einer allgemeinen
Marktstrategie für die PKW-Industrie sein. Zunächst betrachten wir die Aufteilung des Gesamtmarktes der PKW-Branche (Abbildung 6). Wir stellen fest,
daß der größte Teil durch die vom Wettbewerb gewonnenen Aufträge verloren geht.
Betrachten wir also diesen Marktabschnitt genauer (Abbildung 7). Wir erkennen,
daß Wettbewerber 3 den größten Anteil aller Aufträge realisiert, und daß seine
Produkte daher den Kundenvorstellungen am nächsten kommen. Da wir eine regio-
nale Strategie entwickeln wollen, interessiert uns, in welchen Regionen das eigene
Unternehmen gegenüber Wettbewerber 3 die gravierendsten Nachteile hat (Abbil-
dung 8) und erkennen, daß das in den USA der Fall ist. Abbildung 9 zeigt für die
Produktgruppe Bohrmaschinen, durch welche Erfolgsfaktoren diese Nachteile aus
Kundensicht bewirkt werden.

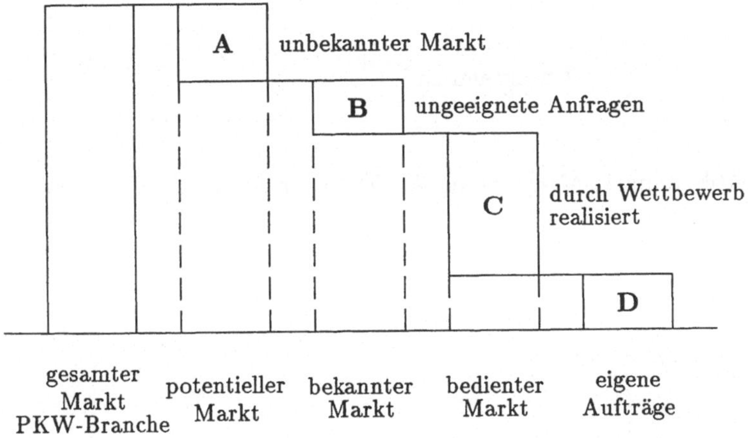

Abbildung 6: *Aufteilung des Gesamtmarktes (Branche: PKW)*

Die Schlußfolgerungen dieser kurzen Analyse lassen sich wie folgt zusammenfassen:
- gegen Wettbewerber 3 verstärkt konkurrieren;
- Marktfokus: USA;
- Auftrag an die Entwicklung: eigene Bohrmaschinen gegen die des Wettbewer-
  bers 3 in puncto Funktionen, Betriebskosten und Kompatibilität untersuchen;
- Auftrag an Marketing / Vertrieb: Vorschläge zur Imageverbesserung erarbeiten;
- Beratung und Service im betrachteten Segment besser aufeinander abstimmen.

Die verbleibenden vier Module des CDMS sollen im folgenden nur kurz skizziert
werden.

6.2 Modul Technologiemanagement

Hauptziel des Moduls Technologiemanagement ist es, eine optimale Ausrichtung der
eigenen Produktpalette zu erreichen. Im einzelnen kann auch hier wie beim Modul

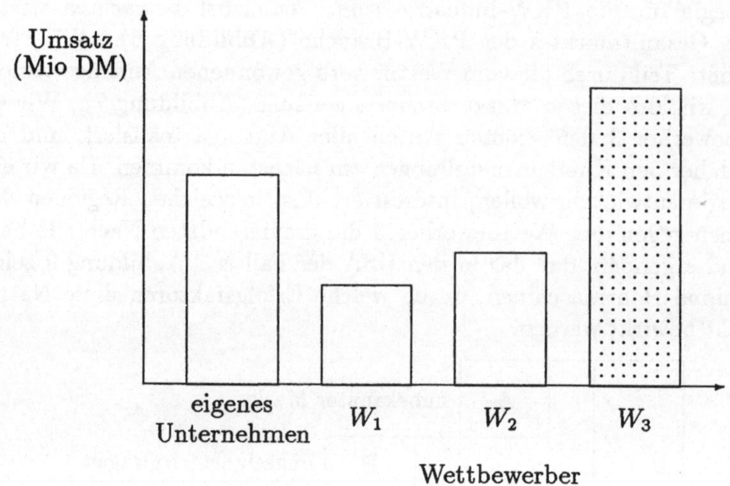

Abbildung 7: *Marktanteile der Wettbewerber in der PKW-Branche*

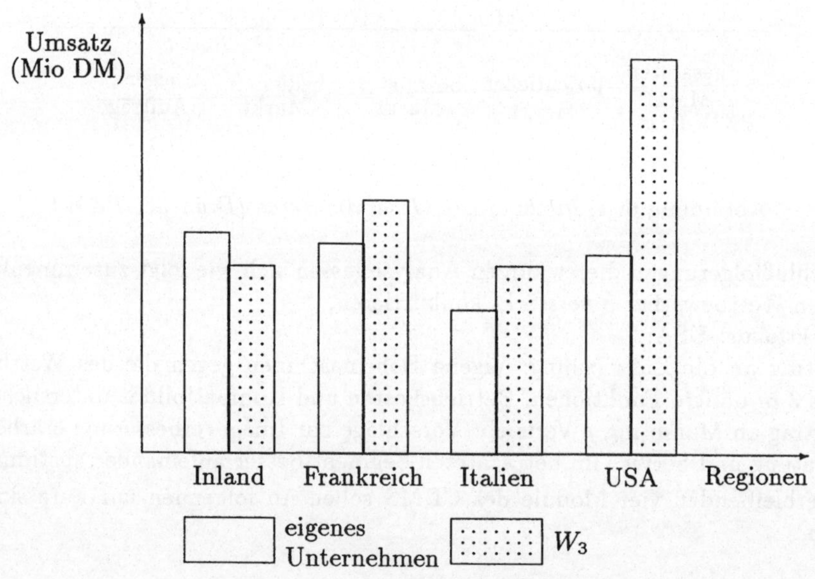

Abbildung 8: *Wo ist W_3 in der PKW-Branche erfolgreich?*

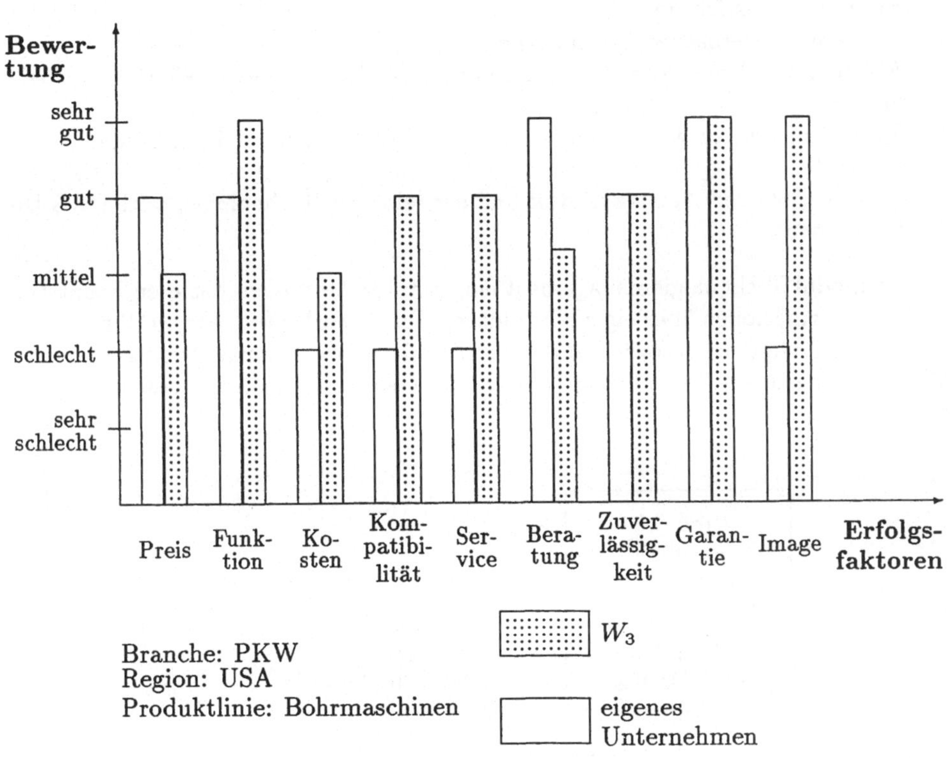

Abbildung 9: *Wie werden unser Produkt und das des Wettbewerbers beurteilt?*

Vertriebsmanagement eine Einteilung in operative und strategische Aufgabenstellungen vorgenommen werden:

– Operative Ausrichtung:
  · Erstellung von produktbezogenen Wettbewerbsvergleichen auf Basis von technischen und marktorientierten Erfolgsfaktoren;
  · Errechnen des Preis- / Leistungsverhältnisses für eigene und fremde Produkte;
  · Regelmäßige Erstellung einer Schwachstellenanalyse der eigenen Produkte;
  · Ableitung von Argumentationshilfen für Beratungsgespräche des Außendienstes.
– Strategische Ausrichtung:
  · Bewertung alternativer Technologien;
  · Ableiten von Auswirkungen auf die Arbeitsinhalte aus potentiellen Technologieformen;
  · Simulation der Auswirkungen neuer Technologieformen auf die einzelnen Marktsegmente;
  · Analyse der Produktattraktivität und der relativen Technologieposition des Unternehmens.

Die im Modul Technologiemanagement eingesetzten Methoden basieren hauptsächlich auf Informationen über eigene Produkte, Wettbewerbsprodukte, verfügbare und zukünftige Technologien sowie auf den im Modul Vertriebsmanagement gewonnenen Marktinformationen. Abbildung 10 zeigt die Grobstruktur des Moduls Technologiemanagement.

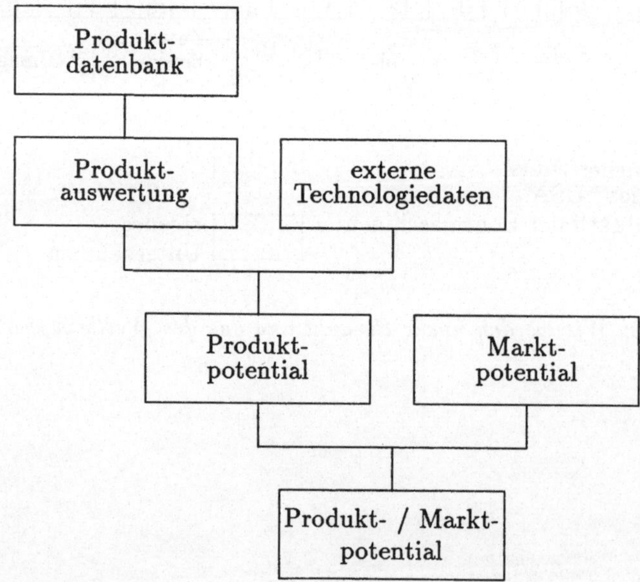

Abbildung 10: *Struktur des CDMS-Moduls Technologiemanagement*

Zur Verdeutlichung der Art von Fragestellungen, die durch den Einsatz dieses Moduls beantwortet werden können, sind hier einige beispielhaft genannt:

- Wie ist meine technologische Fähigkeit im Vergleich zum Wettbewerb, um die für die Kunden wichtigen Erfolgsfaktoren erfüllen zu können?
- In welchen Märkten bin ich mit Produkten vertreten, die dem Wettbewerb überlegen sind, in welchen mit unterlegenen? (Abbildung 11 zeigt die Antwort zu dieser Frage).
- Wie kann ich meine Investitionen für Forschung und Entwicklung auf die einzelnen Produkte verteilen, um die beste Wirkung zu erzielen?
- Wie hoch ist das zukünftige Marktpotential der Technologien, die ich verwende und derjenigen, die ich entwickle?
- Für welche Produkte bringt eine verstärkte Investition in Forschung und Entwicklung die meisten Wettbewerbsvorteile?

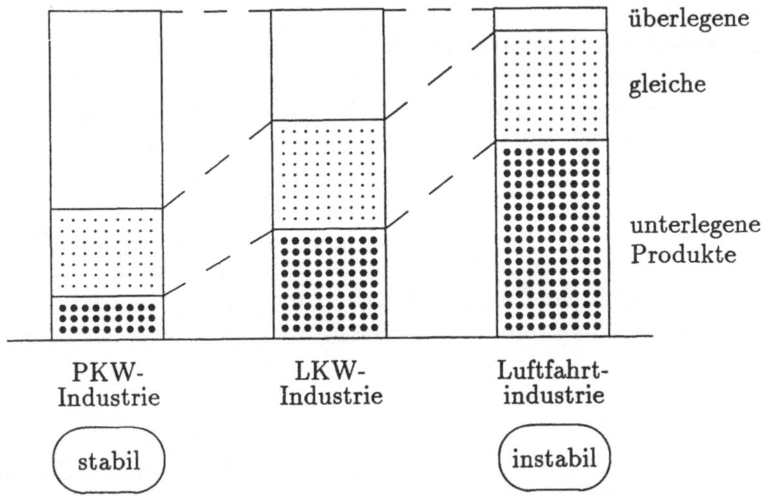

Abbildung 11: *Stabilität der Umsätze*

6.3 Modul Strategie

Im Modul Strategie werden die aus den beiden vorgeschalteten Modulen gewonnenen Erkenntnisse zusammengeführt, um durch die Kopplung von Marktanforderungen, Produktpotential und Renditesituation des Unternehmens eine gesamtheitliche Entscheidungsunterstützung erzielen zu können. Die wesentlichen Erkenntnisse, die aus dem Modul Strategie gewonnen werden können, sind zum einen ein verbesserter Einsatz der vorhandenen Ressoucen und zum anderen die Ableitung strategischer Ziele (siehe Abbildung 12).

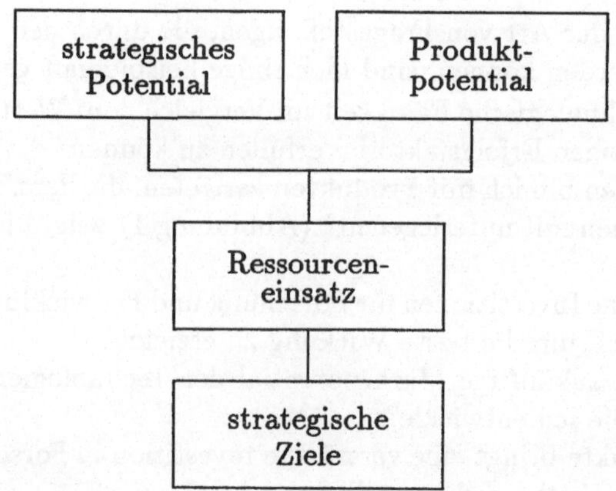

Abbildung 12: *Struktur des CDMS-Moduls Strategie*

Im einzelnen sollen zur Verdeutlichung der Themenstellungen beispielhaft Fragen aufgezählt werden, deren Abhandlung Gegenstand dieses Moduls sind:

- Wie kann ich Ressourcen zuteilen, um ein Maximum an Gewinn zu erreichen?
- Wie kann ich meine strategischen Geschäftseinheiten definieren, um eindeutige Handlungsalternativen zu entwickeln? Welche Alternativen maximieren meine Ziele, etwa den ROI? Wie rentabel ist jede Geschäftseinheit?
- Welchen Effekt haben alternative Segmentierungsmöglichkeiten auf die Renditesituation?
- Wie sind meine Kosten zur Zeit auf die Geschäftseinheiten verteilt?
- Wie kann ich die Wirkung von strategischen Entscheidungen simulieren und meine Intuition testen?
- In welche Geschäftseinheiten soll ich investieren, welche sollen dagegen schrumpfen?

Anhand dieser letzten Frage soll verdeutlicht werden, daß Vorlagen für Entscheidungsunterstützungen durch eine problemorientierte optische Darstellung des Sachverhalts aufgezeigt werden können. So wird zum Beispiel die Methode der Portfoliodarstellung zur Bewertung von Produkten, Märkten oder Renditesituationen je Geschäftseinheit als Basis für die Erzielung strategischer Entscheidungen (wie zum Beispiel die Zuteilung von Ressourcen in Abbildung 13) angewendet.

6.4 Modul Operative Finanzpotentialplanung

Das Modul Operative Finanzpotentialplanung basiert auf einer Übersicht über die historischen betriebswirtschaftlichen Daten des Unternehmens und auf den im Modul Strategie gesetzten strategischen Zielen (siehe Abbildung 14). Aus diesen Ausgangsdaten werden zum einen Zukunftsprojektionen in Form von 5-Jahres- und detaillierteren 1-Jahres-Budgets erstellt und zum anderen operative Kennzahlen ermittelt. Diese ermöglichen sowohl eine Bewertung des Unternehmens im Vergleich zum

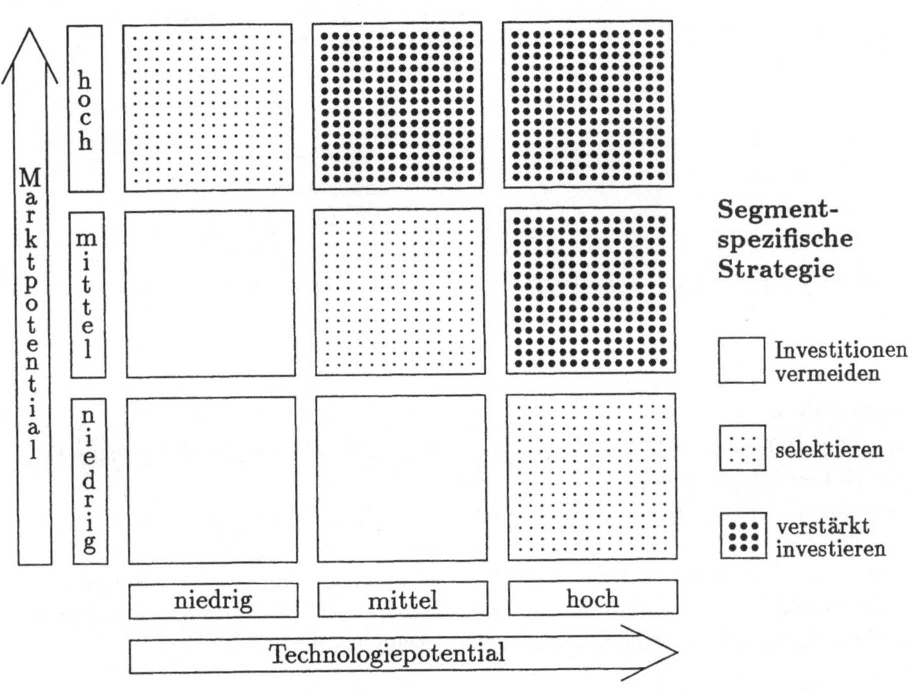

Abbildung 13: *Positionierung innerhalb der Entscheidungsmatrix*

Branchendurchschnitt als auch ein frühzeitiges Erkennen von Entwicklungstrends und damit das Ableiten von möglichen Gegenmaßnahmen.

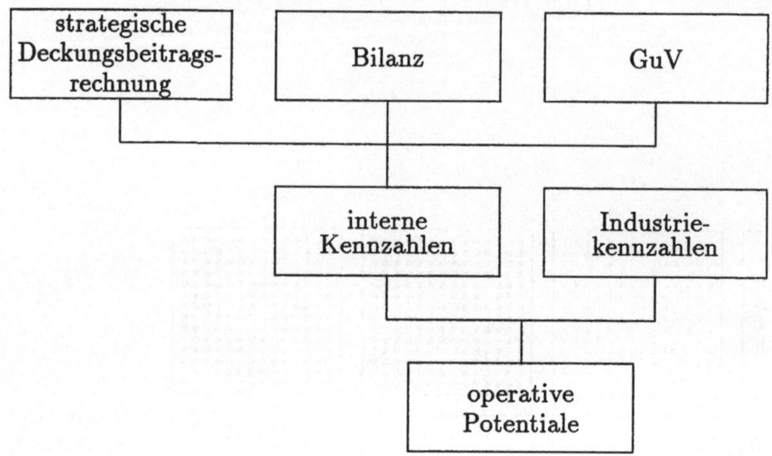

Abbildung 14: *Struktur des CDMS-Moduls Operative Finanzpotentialplanung*

Beispiele für Fragestellungen, die durch das Modul Operative Finanzpotentialplanung abgedeckt werden:

- Was läßt sich aus der historischen Entwicklung der Gewinn- und Verlustrechnung des Unternehmens ableiten?
- Wie lassen sich die strategischen Ziele in operative Budgets umsetzen?
- Welche sind die Schlüsselkennzahlen, die jeden Monat zu überwachen sind?
- Wie entwickelt sich die Produktivität meines Unternehmens im Vergleich zum Branchendurchschnitt, und welche Maßnahmen muß ich ergreifen, um einer eventuellen negativen Entwicklung entgegentreten zu können?

Abbildung 15 zeigt eine mögliche Antwort des CDMS auf die zuletzt genannte Frage.

6.5 Modul Überwachung und Steuerung

Das Modul Überwachung und Steuerung baut auf den anderen Modulen des CDMS auf und dient als Frühwarnungs- beziehungsweise Kontrollinstrument. Hier werden die erreichten Ist-Werte permanent verfolgt und den in den Modulen Strategie und Operative Finanzpotentialplanung gesetzten Zielen gegenübergestellt. Auf diese Art können segmentspezifische (Branchen-, Produkt, ...) Betrachtungen der monatlichen beziehungsweise seit Jahresbeginn kumulierten Abweichungen gemacht werden (Abbildung 16) und bei Bedarf entsprechende Maßnahmen eingeleitet werden.

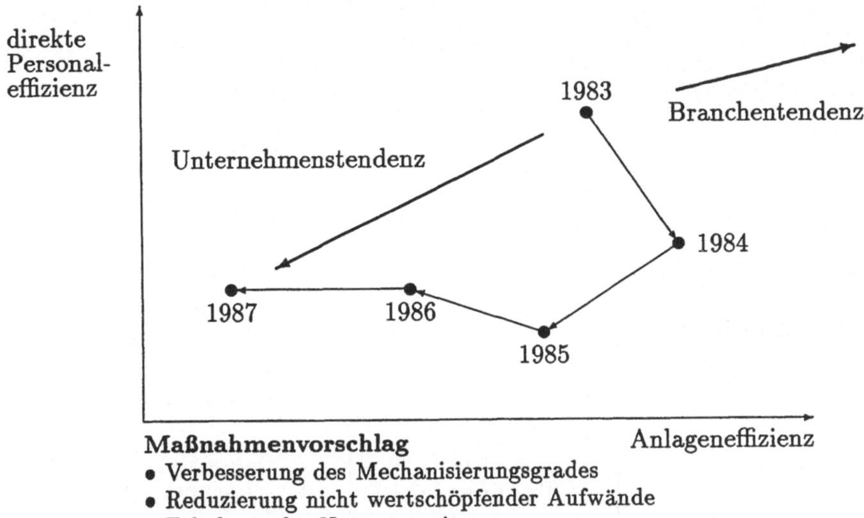

Abbildung 15: *Produktivitätsentwicklung in der Produktion*

7 Schlußfolgerungen

Entscheidungsunterstützungssysteme für strategische Fragestellungen werden sich in mittelständischen Unternehmen des Maschinenbaus voraussichtlich innerhalb der nächsten fünf bis zehn Jahre zum verbreiteten Management-Tool entwickeln. Vertriebsorientierte Systeme sollten sinnvollerweise als erste eingeführt werden, da die über einen längeren Zeitraum erfaßten Informationen eine wichtige Grundlage für spätere Systemaufbaustufen darstellen. Dadurch könnte sichergestellt werden, daß die außerordentlich wichtigen, durch den Außendienst erfaßten Marktinformationen von Anfang an im Entscheidungsprozeß berücksichtigt werden. Heute werden bereits vereinzelt Entscheidungsunterstützungssysteme, die ein abgegrenztes Aufgabengebiet abdecken, für das strategische Management eingesetzt, wie zum Beispiel die Verfolgung von eingegangenen Anfragen. Es ist zu erwarten, daß in den kommenden Jahren immer mehr solcher „Insellösungen" entstehen werden. Zeitlich etwas versetzt werden dann auch gesamtheitliche oder zumindest funktionsübergreifende Lösungen auf den Markt kommen, deren Konzept und Philosophie anhand eines Beispiels im Rahmen dieses Beitrags vorgestellt wurden.

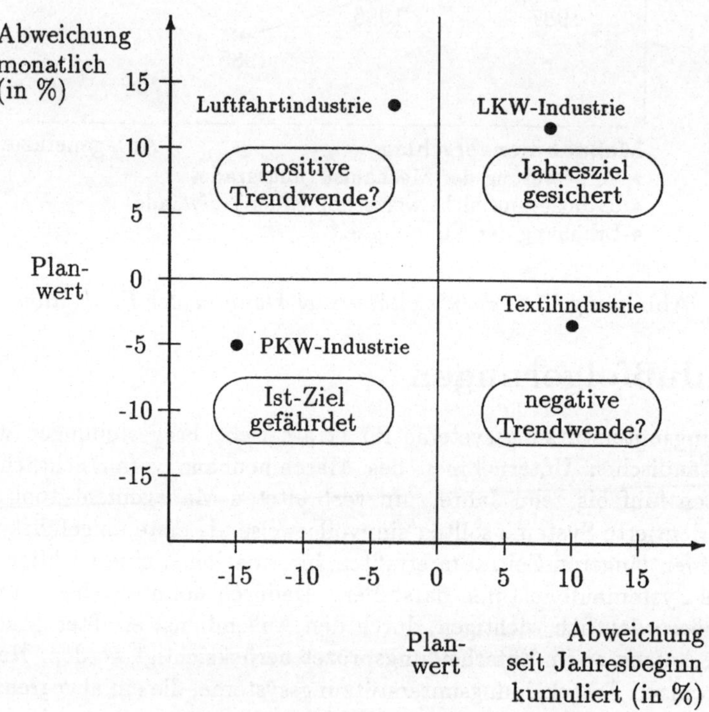

Abbildung 16: *Analyse der Zielabweichung*

Expertensysteme zur Unterstützung der strategischen Planung

von Reinhart Schmidt

Christian-Albrechts-Universität zu Kiel

Zusammenfassung

Strategische Planung beinhaltet eine Problemlösung, bei der neben quantitativen Aspekten besonders qualitative Sachverhalte berücksichtigt werden müssen. Diese Sachverhalte sind schlecht strukturiert und unscharf, weshalb Entscheidungsunterstützungssysteme das Fachwissen und die Erfahrung von Experten integrieren sollten, damit weniger erfahrene Entscheidungsträger oder Berater bessere Entscheidungen treffen können. In diesem Beitrag werden Aufbau und Bedeutung von wissensbasierten Systemen für die strategische Planung beschrieben und existierende Systeme beziehungweise Ansätze dargestellt. Eine kritische Würdigung führt zu der Entwicklung eines abschließend dargestellten Metasystems zur wissensbasierten strategischen Planung.

1 Problemstellung und Vorgehensweise

Die Computerunterstützung von operativen Entscheidungen wird durch Entscheidungsunterstützungsysteme (DSS) immer mehr vorangetrieben. Dagegen fällt die Computerunterstützung strategischer Entscheidungen deutlich ab. Dies liegt an der Tatsache, daß die strategische Planung vor allem durch qualitative Sachverhalte geprägt wird, die einer Computerunterstützung schwerer zugänglich sind. Die in den letzten Jahren stürmisch angewachsenen Anwendungsansätze der Künstlichen Intelligenz (AI) ermöglichen nun grundsätzlich auch die Unterstützung strategischer Entscheidungen, indem wissensbasierte Systeme auf Basis von Expertenwissen entwickelt werden.

In diesem Beitrag wird im Anschluß an begriffliche Abgrenzungen zunächst die Bedeutung von Expertensystemen für die strategische Planung herausgearbeitet. Sodann werden bisher mehr oder weniger weit entwickelte Systeme zur wissensbasierten Unterstützung der strategischen Planung dargestellt und kritisch gewürdigt. Aufgrund der Kritik an den bisherigen Ansätzen wird ein wissensbasiertes Metasystem entworfen, das alle Phasen des strategischen Planungsprozesses berücksichtigt. Abschließend werden für notwendig erachtete Weiterentwicklungen aufgezeigt.

2 Bedeutung von Expertensystemen für die strategische Planung

2.1 Besonderheiten der strategischen Planung

Unter strategischer Planung versteht man die systematische Herleitung von mittel- und längerfristig einzuschlagenden Strategien, um die Überlebensfähigkeit des Unternehmens zu sichern und das Zielerreichungspotential anderer Zielgrößen zu erhalten. In der Regel wird der finanzielle Erfolg die wesentliche Zielgröße bilden, so daß es um die Auswahl solcher Strategien geht, welche die Aufrechterhaltung des langfristigen Erfolgspotentials eines Unternehmens gewährleisten. Voraussetzung der strategischen Planung ist, daß eine Unternehmensphilosophie (Unternehmensgrundsätze) vorliegt, die den Rahmen für die Entwicklung des strategischen Plans bildet. Diese Entwicklung geschieht in Phasen, die im Idealfall aufeinander folgen, jedoch kommt es in der Realität zu Überlappungen und Rückkopplungen solcher Planungsphasen. Die einzelnen Teilprozesse sind:
- Problemerkennung,
- Umweltanalyse und -prognose,
- Unternehmensanalyse und -prognose,
- Zielbestimmung,
- Strategiebestimmung und
- Plandokumentation.

Bei der Bestimmung der Ziele und der Strategien sind jeweils die Subphasen Bildung, Bewertung und Auswahl zu unterscheiden. Eine Verbindung zwischen Plandokumentation und Problemerkennung besteht dadurch, daß im Anschluß an die Planung die Realisation folgt, so daß eine Abweichungskontrolle vorgenommen werden kann, die zugleich zur Problemerkennung führt.

Im entscheidungstheoretischen Sinne sind in allen Phasen des strategischen Planungsprozesses Einzelentscheidungen zu treffen, wobei die jeweiligen Entscheidungen schlecht strukturiert sind ([3]). Diese Struktur ergibt sich aus der Systemkomplexität

und der Unsicherheit, die insbesondere für langfristige Entscheidungen kennzeichnend ist. Ein Prinzip strategischen Verhaltens ist es daher, die Komplexität von
System, Modell und Aktionen zu reduzieren ([32]). Strategische Unternehmensplanung weist einen hohen Verfahrensbedarf auf, der nur zum Teil durch klassische
Verfahren des Operations Research gedeckt werden kann (vgl. dazu [29]). Solche
Ansätze des Operations Research leiden jedoch in der Regel darunter, daß sie den
qualitativen Charakter und die Unschärfe von strategischen Sachverhalten nicht angemessen berücksichtigen können. Auch gibt es nicht genügend deduktiv ableitbares
Wissen, das in ein Entscheidungsunterstützungssystem für strategische Planungen
eingebaut werden kann. Daher besteht die Notwendigkeit, neue Ansätze für strategische Entscheidungen nutzbar zu machen. Schon vor längerer Zeit ([28]) ist dabei
vorgeschlagen worden, die Prädikatenlogik als Instrument einzusetzen. Dies geschieht heute im Rahmen von Expertensystemen.

2.2 Aufbau von Expertensystemen

Expertensysteme sind computergestützte Systeme, die einem Benutzer für eine von
ihm artikulierte Problemstellung eine Empfehlung geben, die auf dem Wissen und
der Erfahrung eines oder mehrerer Experten beruht. In Abbildung 1 ist der Aufbau
eines solchen Systems beschrieben.

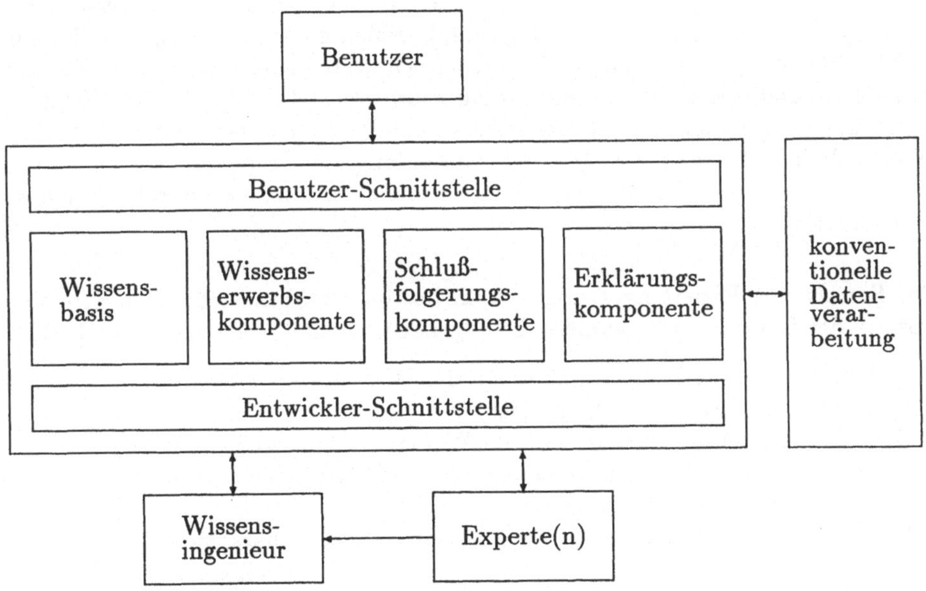

Abbildung 1: *Aufbau eines Expertensystems*

Die einzelnen Komponenten des Expertensystems erfüllen die folgenden Funktionen:

- Die Benutzer-Schnittstelle soll dem in EDV-Dingen wenig erfahrenen Benutzer erlauben, mit dem System zu kommunizieren.
- Die Entwickler-Schnittstelle ist erforderlich, damit das System durch den Experten selbst oder durch Vermittlung über einen Wissensingenieur in benutzerfreundlicher Weise Wissen erwerben kann.
- Die Wissenserwerbskomponente schafft die Verbindung zwischen Entwickler-Schnittstelle und Wissensbasis.
- Die Wissensbasis enthält das für einen abgegrenzten Problembereich für relevant gehaltene Wissen, wobei zwischen deklarativem und prozeduralem Wissen zu unterscheiden ist.
- Anfragen des Benutzers werden durch eine Schlußfolgerungskomponente (Inferenzkomponente) verarbeitet.
- Die von dem System gezogenen Schlüsse können dem Benutzer über eine Erklärungskomponente begründet werden.
- Zur konventionellen Datenverarbeitung kann eine Verbindung im Hinblick auf Daten und Programme hergestellt werden.

Die Entwicklung eines Expertensystems wird durch den Einsatz spezieller Entwicklungsumgebungen, Expertensystem-Shells oder Programmiersprachen (Prolog, Lisp) sehr erleichtert, selbst wenn grundsätzlich eine Programmierung in einer höheren, prozeduralen Programmiersprache möglich ist. Im letztgenannten Fall ist jedoch in der Regel eine solche Fülle von Programmbefehlen zu verarbeiten, daß sich eine herkömmliche Programmierung verbietet. Auch wäre in einem solchen Fall eine anwenderfreundliche Programmanpassung kaum möglich. Erst die Schaffung von Entwicklungsumgebungen und Expertensystem-Shells hat dazu geführt, daß sich Wissenschaft und Praxis verstärkt der Anwendung von Techniken der Künstlichen Intelligenz zugewandt haben. Für einen Überblick sei auf die Literatur verwiesen (z. B. [10,15]).

Der Einsatz von Expertensystemen ist an bestimmte Voraussetzungen gebunden, wozu in der Literatur insbesondere die folgenden erwähnt werden (vgl. z. B. [19]):

- In dem Anwendungsbereich muß es auf das Wissen, das Urteilsvermögen und die Erfahrung von Experten ankommen.
- Experten müssen in der Lage sein, ihr Wissen systematisch darzustellen.
- Die Problemlösung ist im allgemeinen nicht deduktiv ableitbar, es muß also eine Heuristik eingesetzt werden.
- Der Problembereich muß im Umfang beschränkt, also abgrenzbar sein.

Es ist oben schon auf die besondere Struktur strategischer Planungsprobleme hingewiesen worden, so daß nun die Anwendung des Expertensystemansatzes auf strategische Planungsprobleme erörtert werden kann.

2.3 Einsatz von Expertensystemen für die strategische Planung

Um die Notwendigkeit und Zweckmäßigkeit des Einsatzes von Expertensystemen für die strategische Planung beurteilen zu können, empfiehlt es sich in Anlehnung an [2], zwischen unterschiedlichen Formen der Planungsaufgabe einerseits und der Strukturiertheit von Problemen andererseits zu unterscheiden. Unterteilt man die Planungsaufgaben in operative, taktische und strategische Aufgaben und die Probleme in strukturierte, halb strukturierte und unstrukturierte, so lassen sich durch Kombination diese Ausprägungen neun verschiedene Arten von Planungsaufgaben kennzeichnen. Zur Bewältigung dieser Aufgaben stehen zur Verfügung:
– herkömmliche EDV,
– Entscheidungsunterstützungssysteme (DSS) sowie
– Expertensysteme (ES beziehungsweise in der Weiterentwicklung ES*).
Abbildung 2 zeigt, für welche Kombination von Planungsform und Problem welche Entscheidungstechnologie relevant ist (vgl. [2]). Man erkennt deutlich, daß im Bereich der strategischen Planung selbst bei strukturierten Problemen die Entscheidungsunterstützungssysteme an ihre Grenze stoßen und daß nur Expertensysteme für eine schlechtere Strukturierung von Entscheidungen zur Lösung der Planungsprobleme in diesem Bereich herangezogen werden können.

Planungsaufgabe	Problemstruktur		
	strukturiert	halb strukturiert	unstrukturiert
operativ	EDV	ES	ES*
taktisch	EDV / DSS	ES / DSS	ES*
strategisch	ES / DSS	ES*	?

Abbildung 2: *Entscheidungstechnologien*

Es steht inzwischen außer Frage, daß der Expertensystemansatz nicht nur zur Weiterentwicklung von Entscheidungsunterstützungssystemen und zur Beherrschung des Informationsmanagements nützlich ist, sondern daß er auch zur Erhöhung von Wettbewerbsvorteilen Verwendung finden kann (vgl. [1]). Es sind daher existierende Ansätze darzustellen, und es ist zu überprüfen, welchen Nutzen Expertensysteme im Bereich der strategischen Planung schon bieten können.

3 Darstellung und Kritik bisheriger Ansätze

Bei den folgenden Ansätzen handelt es sich um solche, in denen wissensbasiert unter Verwendung eines Inferenzmechanismus Schlüsse gezogen werden. In nur wenigen Fällen sind die Systeme dabei so weit entwickelt, daß sie auch praktisch eingesetzt werden. Oft handelt es sich nur um einen Prototyp, bei dem die Wissensbasis noch erheblich ausgedehnt und einer Validierung unterzogen werden muß.

CASA: Computer Aided Strategy Audit

Das System CASA (vgl. [17]) ist an der TU Berlin entwickelt worden und wird
von einer führenden Unternehmensberatungsgesellschaft inzwischen im Rahmen der
Mittelstandsberatung eingesetzt.

Im Rahmen eines Dialogs teilt der Benutzer (Berater) dem System zunächst allgemeine Unternehmensdaten mit, die in einem weiteren Dialog mit den Mitarbeitern
des betroffenen Unternehmens dazu verwendet werden, strategische Geschäftseinheiten (SGE) zu bilden. Die dann durchzuführenden Analysen betreffen die Un-
ternehmenskultur, Markt- und Wettbewerbs- sowie Kosten- und Ergebnisanalysen.
Aus diesen Teilanalysen werden „Analyse-Hypothesen" erzeugt, die dann zu strategischen Gesamtaussagen führen.

Im gegenwärtigen Stadium handelt es sich schwerpunktmäßig um ein strategisches
Diagnosesystem, das schrittweise in Richtung von Empfehlungen (Therapie) aus-
gebaut werden wird. Weil die Benutzeroberfläche und erst recht die Regeln nicht
bekannt sind, läßt sich das System unter wissenschaftlichen Gesichtspunkten nicht
würdigen. Es wird nur berichtet, daß das System häufig eingesetzt worden sei und
zu einer nennenswerten Reduzierung der Kosten einer Unternehmensberatung für
mittelständische Unternehmen geführt hätte.

DECIDEX

Das in Frankreich entwickelte System DECIDEX (vgl. [14]) dient der Bewertung
alternativer Vorgehensweisen bei der Einführung neuer Produkte. Wesentliche Aufgabe des Expertensystems ist es, die Konsistenz von Einschätzungen eines Produkts
im Hinblick auf unterschiedliche Kriterien zu beurteilen. Dabei wird auf eine Datenbank zurückgegriffen, die Protokolle früherer Entscheidungen in Form von Textbau-
steinen enthält. Es handelt sich also um die Bewältigung eines kleinen Ausschnitts
aus dem gesamten strategischen Planungsprozeß.

ICS: Integrated Consulting System

Das am Stanford Research Institute entwickelte System ICS (vgl. [34]) bezweckt eine
Prognose des Marktes aus einem Teilbereich der chemischen Industrie (Polyolefine)
auf Basis einer Konkurrenzanalyse. Das relevante Wissen wird in Form von sechs
Frames abgebildet:
- Markt,
- Markt / Technologie,
- Technologie,
- Technologie / Unternehmen,
- Unternehmen,
- Unternehmen / Markt.

Als Ergebnis erhält man die Angebots- und Nachfragematrix der Branche für einen
längerfristigen Zeitraum.

Aus einem Teilexpertensystem A (Marktanforderungen und Marktstellung) sowie
aus einem weiteren Teilsystem B (Anspruchsniveau und Marktabdeckung) wird ein

mathematisches (!) Modell generiert, das zur Ermittlung des Absatzes für jedes Unternehmen in jedem Marktsegment führt (Abbildung 3, vgl. [4]). Anschließend wird in einem Teilsystem C die Lösung im Hinblick auf Hypothesen überprüft, und es wird im Rahmen eines Teilexpertensystems D eine Identifizierung von Strategien versucht.

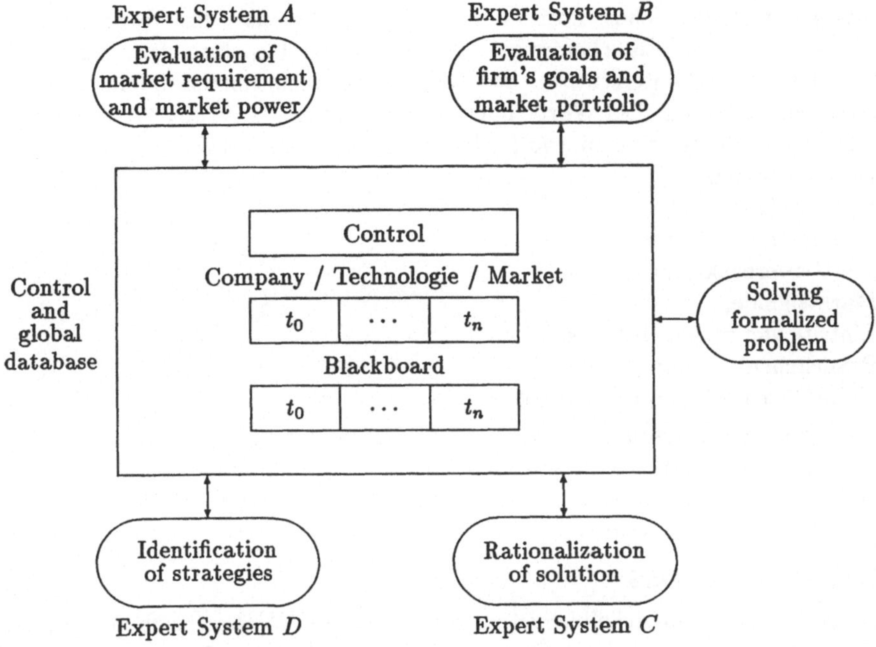

Abbildung 3: *Struktur des Systems ICS*

MSA: Marketing Strategy Assistant

Das System MSA ist in [3] primär unter Forschungsgesichtspunkten entwickelt worden. Seine Aufgabe besteht darin, im Rahmen eines Marketing-Simulationsspiels einen Spieler zu ersetzen. Damit kann in einem kontrollierten Experiment überprüft werden, inwieweit ein Expertensystem geeignet ist, einen Entscheidungsträger zu substituieren. MSA benutzt dabei den Output von COMPETE, der nach jeder Runde des Unternehmensspiels ausgegeben wird, um daraus eine strategische Entscheidung herzuleiten. Basis dafür sind die PIMS-Studien und der Portfolio-Ansatz. In den Regeln werden numerische Werte, die aus dem Unternehmensspiel als Ergebnis hervorgegangen sind, als Schwellenwerte für die herzuleitenden Konsequenzen verwendet. Es bleibt dabei unklar, wie der zahlenmäßige Input für die nächste Runde des Unternehmensspiels erzeugt wird, wenn die resultierende Regel eine Bandbreite für eine Entscheidungsvariable vorschreibt; wahrscheinlich ist mit Zufallszahlen gearbeitet worden.

MSA ist als Ansatz interessant, weil durch Abwandlung des reinen Expertensystems unterschiedliche Mensch-Maschine-Kombinationen in ihrer Leistungsfähigkeit getestet werden können.

SAES: Situation Assessment Expert System

Das von GOUL und anderen ([6]) geschaffene System SAES bezweckt eine Evaluierung der strategischen Position eines Unternehmens. Im Vordergrund steht dabei das Ziel, den Entscheidungsträger durch das Expertensystem nicht zu ersetzen, sondern zu unterstützen. Deshalb stehen auch konventionelle Mittel, zum Beispiel ein elektronisches Wörterbuch, zur Verfügung. Das aus 475 Regeln bestehende Expertensystem ist in zwölf „Hefte" (Folders) eingeteilt:

- Diagnosefragen,
- Kapazitätspolitik,
- Käufer und Anbieter,
- Wettbewerbsaktionen,
- Marktsignale,
- Eintritt von neuen Unternehmen,
- Branchenentwicklung sowie
- Hefte über fünf Branchentypen.

Die Autoren legen besonderen Wert auf den Entwicklungsaspekt eines Expertensystems und haben in diesem Zusammenhang zehn „Daumenregeln" entwickelt. Diese betreffen die Beziehungen zwischen Entscheidungsträger, Experten, Wissensingenieur und Expertensystem.

SAM: Sales Mix DSS

Das als Prototyp entwickelte System SAM wird in [13] beschrieben. Die Besonderheit besteht darin, daß für den Entscheidungsträger zunächst ein lineares Programm im Hinblick auf die optimale Produktmischung durchgerechnet wird. Dann wird versucht, die erhaltene Lösung unter qualitativen Aspekten zu würdigen und eine Abwandlung des Modells vorzuschlagen. Dabei wird auf den PIMS-Ansatz, Portfolio-Modelle und den Ansatz der Geschäftsfeldkurve zurückgegriffen.

Die Besonderheit dieses Systems liegt in der Verwendung eines Expertensystems für die postoptimale Analyse, woraus sich eine neue Modellbildung ergeben kann. Außerdem handelt es sich um eine interessante Verbindung des herkömmlichen Entscheidungsunterstützungssystem-Ansatzes unter Verwendung von mathematischen Modellen und Grafik-Unterstützungen mit dem Expertensystem-Ansatz.

SCAI: Strategy Checking by Artificial Intelligence

Das in [26] beschriebene System SCAI bezweckt, verschiedenste Informationsquellen zu verknüpfen: Firmen-Datenbanken, empirische Studien, theoretische Analysen, Erfahrungsberichte und subjektive Managementerfahrungen.

Ein erstes Ziel des Systems besteht daher in der Auffindung problemrelevanter Texte in Dokumenten-Datenbanken. Dabei werden folgende acht Wissensbausteine verwendet:

- Verzeichnis der strategischen Variablen (Ziele und Erfolgsfaktoren),
- Wertebereiche der strategischen Variablen,
- Abhängigkeitsbeziehungen zwischen strategischen Variablen,
- Wirkungsmechanismen der Abhängigkeitsbeziehungen (lineare Wirkung, allgemeine Wirkungsfunktion, Kontingenztabelle),
- Faktenwissen,
- Sicherheit der Information,
- Dokumentationstexte,
- Quellenverweise.

Ein zweites Ziel besteht in der Bewertung des Erfolgspotentials von Geschäftsfeld-Strategien. Die Bewertungen scheinen dabei stark vorstrukturiert und eingeschränkt zu sein, weshalb es sich eher um ein herkömmliches Entscheidungsunterstützungssystem handeln dürfte.

SESBV: Sourcenet Expert / Decision Support System for Business Venturing

Auch bei dem in [4] dargestellten System SESBV handelt es sich primär um ein Informationssystem, das eine Masse von strategischen Variablen für 4.000 Unternehmen aufnehmen und eine Auswertung im Hinblick auf ein mögliches Engagement in solchen Unternehmen ermöglichen soll. Der Umfang an gespeicherten Informationen ist allerdings vorbildlich und beeindruckend. Die Ausprägungen der einzelnen Variablen werden benutzt, um einen Score-Wert zu ermitteln, wobei die Gewichte im Rahmen eines Delphi-Panels ermittelt wurden. Dabei werden folgende Datenbereiche einbezogen:
- Organisation / Personal,
- Marktanalyse,
- Unternehmensstrategie / -politik,
- Technologie,
- Produkte,
- Marketing / Vertrieb.

Von einem Expertensystem kann hier wohl nicht gesprochen werden, da zwar die Urteile von Experten über die einzelnen Variablen der Unternehmen in das System eingehen, die Recherchen jedoch in herkömmlicher Weise betrieben werden. Dennoch ist das System erwähnenswert, weil gezeigt wird, welche Daten offenbar über einen großen Kreis von Unternehmen für strategische Zwecke erfaßt werden können. Damit steht eine ausgezeichnete Datenbasis für Regelkonstruktionen und -überprüfungen zur Verfügung.

SIS: Strategic Intelligence System

Das an der University of Michigan entwickelte System SIS ist mit Hilfe der Entwicklungsumgebung KEE geschaffen worden (vgl. [11]). Ziel ist es gewesen, ein Metasystem zur Verbindung von Wissensbereichen, die jeweils ein Expertensystem umfassen, zu erzeugen. Dabei werden Daten über Aktionen, Ereignisse und Ergebnisse verwendet. SIS soll erlauben, daß bereichsbezogene Regeln unter Berücksichtigung der Ergebnisse in anderen Bereichen abgewandelt werden können. Aufgrund unzureichender Dokumentation kann das System nicht näher beurteilt werden.

STRATASSIST

Das System STRATASSIST wurde 1985 an der Georgia State University entwickelt (vgl. [7]). Ziel des Systems ist es, auf Basis einer strategischen Analyse Strategieempfehlungen auszusprechen, die auf Empfehlungen beruhen, wie sie von PORTER in seinem Buch „Competitive Strategy" ([21]) entwickelt wurden.

Die Besonderheit von STRATASSIST besteht in einer stärker natürlichsprachlich orientierten Schnittstelle, über die der Benutzer Antworten zu bestimmten Sachverhalten sprachlich artikuliert. Sodann wird eine Interpretation der Eingabe vorgenommen, und es wird eine Zuweisung eines Wertes zwischen 0 und 1 erzeugt. Die 52 Regeln des Prototyps leiten Strategieempfehlungen ab, die allerdings — da auf dem Buch von PORTER aufgebaut wird — vergleichsweise allgemein gehalten sind. Das System ist nicht nur auf der Eingabeseite auf unscharfe Sachverhalte eingestellt, sondern auch bei den auszugebenden Empfehlungen wird ein Sicherheitsfaktor zwischen 0 und 1 angegeben.

Die Basierung auf den Empfehlungen von PORTER hat den Vorteil, daß recht gut durch Experimente festgestellt werden kann, inwieweit ein Entscheidungsträger bei auf PORTER basierenden Fallstudien von einem Expertensystem profitiert. GREENHALL kann zeigen, daß Personen, die dieses System nutzen, signifikant besser als ohne das System entscheidende Personen abschneiden ([7]).

Eine Verbesserungsmöglichkeit sieht der Autor in einer grafischen Unterstützung, auch unter Verwendung von Farben. Dadurch soll erreicht werden, daß der Benutzer noch mehr Strukturierungshilfe für die Entwicklung von Strategien erhält.

STRATEX

Das an der Universität Erlangen-Nürnberg entwickelte System STRATEX basiert auf dem Portfolio-Ansatz und bezweckt die Ableitung von Normstrategien ([12,19,20]).

Eine Beurteilung der Technologieattraktivität und Ressourcenstärke führt zu einer Einordnung der Technologie für ein Geschäftsfeld, die Beurteilung der Marktattraktivität und Wettbewerbsposition erlaubt eine Einschätzung des Marktes des entsprechenden Geschäftsfeldes. Durch Kombination von neun möglichen Technologie- und neun möglichen Marktsituationen ergibt sich eine Matrix mit 81 Detailstrategien. Diese werden mit Grundstrategien und Zusatzstrategien abgeglichen, so daß eine spezielle „Gesamtstrategie" hergeleitet werden kann (Abbildung 4, vgl. [19]). Hierin ist ein wesentlicher Vorteil zu sehen, weil so das allgemeine, von der Literatur her bekannte Wissen mit firmenspezifischem Wissen kombiniert werden kann.

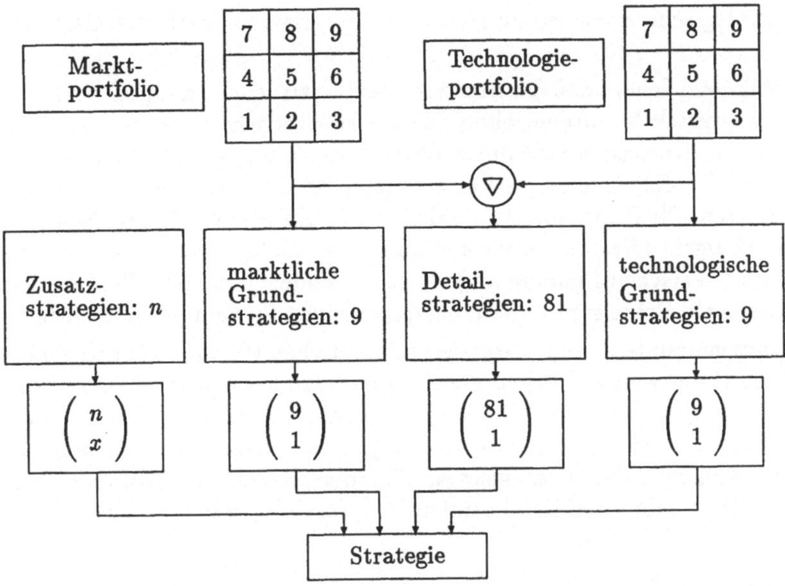

Abbildung 4: *Strategiebestimmung mit dem System STRATEX*

Die dem Benutzer gestellten Fragen sind in Form eines Fragebaums organisiert, wobei numerische Urteile des antwortenden Benutzers in diskrete Wertklassen transformiert werden.

Eine verfahrensmäßige Besonderheit liegt bei STRATEX darin, daß sowohl eine Implementierung auf Basis von Prolog als auch unter Verwendung des Expertensystem-Tools HEXE erfolgt ist. Es zeigt sich, daß beide Formen der Realisierung ihre Vor- und Nachteile haben (vgl. dazu im einzelnen [19]).

4 Ein Metasystem der wissensbasierten strategischen Planung

4.1 Berücksichtigung von Teilprozessen der strategischen Planung

Die geraffte Darstellung der Eigenarten bisheriger Expertensysteme oder Expertensystem-Ansätze für die strategische Planung hat gezeigt, daß die methodischen Ansätze und die Inhalte solcher Systeme recht unterschiedlich sind. Inhaltlich scheint es das Hauptbestreben zu sein, auf Basis einer strategischen Analyse strategische Empfehlungen auszusprechen. Dabei wird in allen gefundenen Ansätzen jedoch die stillschweigende Annahme gemacht, daß das Zielsystem des Entscheidungsträgers gegeben ist. Diese Annahme widerspricht der Lehre von der strategischen Planung, wonach strategische Entscheidungen sowohl die Ziele als auch die Alternativen betreffen.

Diese Kritik zeigt schon, daß die Ansätze offenbar zu schnell auf praktische Verwendbarkeit hin entwickelt wurden, ohne daß der theoretische Unterbau genügend breit angelegt wurde. Dies ist gerade unter Weiterentwicklungsgesichtspunkten problematisch, weshalb im folgenden zwar nur ein erster Ansatz auf Basis einer existierenden Expertensystem-Shell präsentiert werden kann; ein solcher Ansatz macht aber jedem, der ein eigenes System entwickelt oder anwendet, deutlich, welche Problembereiche der strategischen Planung ausgeklammert oder über spezielle, im allgemeinen nicht artikulierte Prämissen in dem entsprechenden System berücksichtigt wurden.

Die eingangs genannten Teilprozesse der strategischen Planung können als Planungsphasen bezeichnet werden, wobei oben schon erwähnt wurde, daß diese Phasen sich überlappen können oder daß Rückkopplungen möglich sind, bevor eine nächste Phase gestartet wird. Die geäußerte Hauptkritik, daß eine Ableitung von Strategien aus Analysen den strategischen Planungsprozeß unvollkommen beschreibt, wird einsichtig, wenn man die folgenden Teilprozesse (Planungsphasen) unterscheidet:

1. Problemerkennung,

2. Umweltanalyse und -prognose,

3. Unternehmensanalyse und -prognose,

4. Zielbestimmung (Bildung, Bewertung und Auswahl),

5. Strategienbestimmung (Bildung, Bewertung und Auswahl),

6. Zielerfüllung und Dokumentation.

Aus dieser Aufzählung erkennt man, daß insbesondere die Phasen der Problemerkennung, der Zielbestimmung sowie der Zielerfüllung und Dokumentation bisher unzureichend oder gar nicht vertreten sind.

4.2 Einsatz der Expertensystem-Shell KPS / Prolog

Die am Institut für Betriebswirtschaftslehre der Universität Kiel entwickelte Expertensystem-Shell KPS / Prolog ist für die Behandlung strategischer Planungsprobleme gut geeignet, weil die Benutzerschnittstelle sich an natürlichsprachlichen Erfordernissen orientiert, indem der Benutzer seine Problemstellung in Form von Sprachbrocken auch auf Synonymbasis artikulieren kann. Außerdem können recht frei Regeln definiert werden, die sich auf geordnete oder ungeordnete Wertausprägungen von Objekten beziehen, wobei im Fall geordneter Werte noch zwischen numerischen und nichtnumerischen Ausprägungen unterschieden werden kann (vgl. [31]). Ein weiterer Vorteil liegt darin, daß externe Daten und Programme mit KPS / Prolog verbunden werden können (vgl. dazu [20]).

Das Ziel der Bestrebungen ist eine stark computerunterstützte Problemlösung (Abbildung 5, vgl. [31]), bei der das Problem durch den Benutzer artikuliert wird und dann Lösungsvorschläge geboten werden, die man im Fall der aus mehreren Phasen bestehenden strategischen Planung auch dadurch erhalten kann, daß ein bestimmtes Sub-Expertensystem aufgerufen wird. Insofern besteht eine Ähnlichkeit zu dem System SIS (siehe oben).

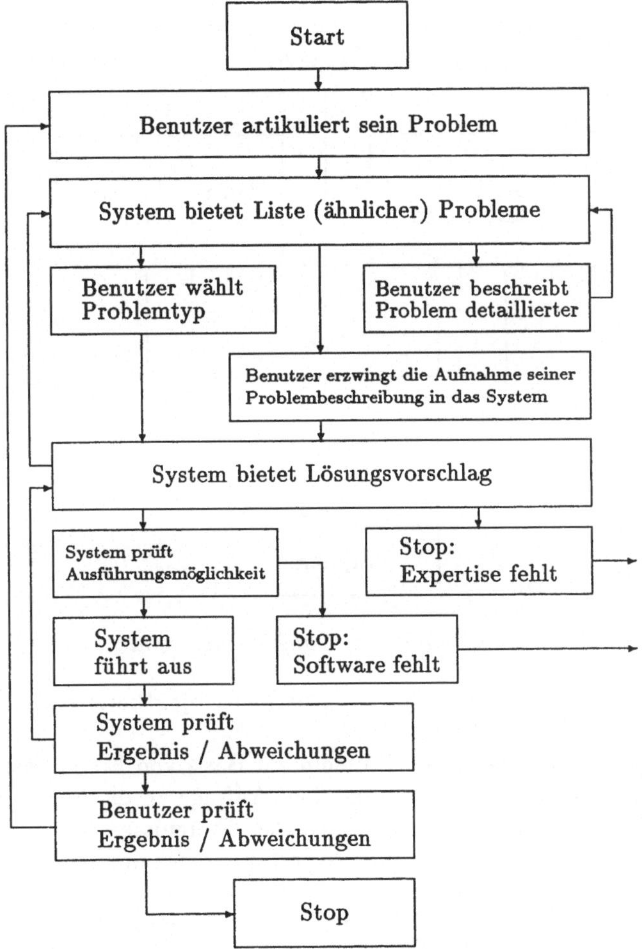

Abbildung 5: *Ablauf eines Problemlösungsprozesses*

4.3 Wissensrepräsentation für die strategische Planung

Die Unterscheidung zwischen deklarativem und prozeduralem Wissen in KPS / Prolog führt für die Anwendung auf dem Gebiet der strategischen Planung zu einer

Schaffung verschiedener Bereiche (Domänen). Auf diese Domänen wird im Rahmen
der Planungsphasen Bezug genommen. Die Bereiche enthalten Objekte, um deren
Verbindung es in den Planungsphasen geht (vgl. Abbildung 6).

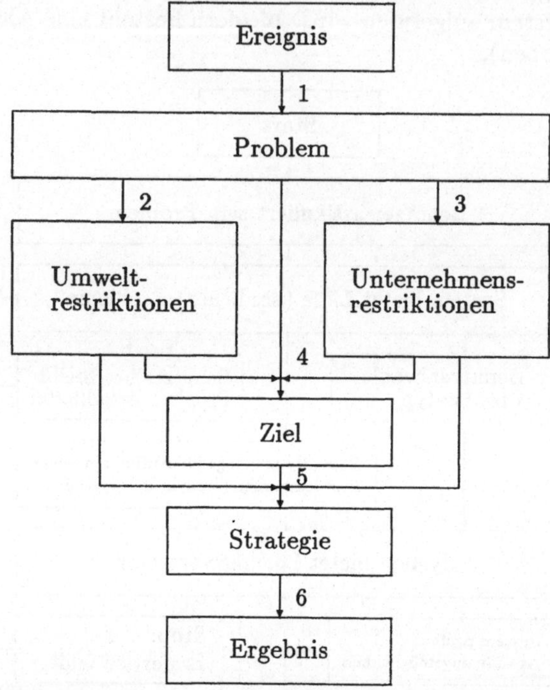

Abbildung 6: *Verbundenheit von Objekten der strategischen Planung*

Die Planungsphasen scheinen als Regeln zwischen Objektbereichen auf (vgl. Abbildung 7).

- In der Planungsphase 1 wird ein Problem auf Basis von Ereignissen identifiziert:
  Die Problemerkennung besteht also in einer Anfrage an die Regel „Ereignis wirft
  Problem auf" unter Vorgabe eines bestimmten Ereignisses.
- In der Phase 2 wird eine Umweltanalyse und -prognose durchgeführt, die offenbar
  problemabhängig zu betreiben ist.
- Die gleiche Vorgehensweise gilt für die Unternehmensanalyse und -prognose in
  der Phase 3. In beiden Fällen werden durch Regelanfragen die entsprechenden
  Restriktionen für das anstehende strategische Planungsproblem ermittelt.
- Die Planungsphase 4 betrifft die Zielbestimmung, wobei in diesem Fall die Umweltrestriktionen, die Unternehmensrestriktionen und das Problem zu beachten
  sind, um angemessene Ziele zu bestimmen.
- Erst auf der Basis von Zielen, Umweltrestriktionen und Unternehmensrestriktionen kann eine sinnvolle Strategie in Phase 5 abgeleitet werden, wobei eine
  solche Strategie auf die Umweltrestriktionen und die Unternehmensrestriktionen

zugeschnitten sein und die Strategie für das Ziel als geeignet erscheinen muß.

– Schließlich kann dann in einer Phase 6 hergeleitet werden, welches Ergebnis im Sinne von Zielerfüllung sich aus einer gewählten Strategie ergibt. Dieses Planergebnis wird bei einer späteren Kontrolle heranzuziehen sein.

```
1 : EREIGNIS <wirft> PROBLEM <auf>
2 : UMWELTRESTRIKTION <ist bei> PROBLEM <zu beachten>
3 : UNTERNEHMENSRESTRIKTION <ist bei> PROBLEM <zu beachten>
4 : ZIEL <ist bei> PROBLEM <unter> UMWELTRESTRIKTION <und>
    UNTERNEHMENSRESTRIKTION <angemessen>
    a : ZIEL <ist bei> UMWELTRESTRIKTION <realistisch>
    b : ZIEL <ist bei> UNTERNEHMENSRESTRIKTION <realistisch>
    c : ZIEL <basiert auf> PROBLEM
5 : STRATEGIE <ist zur Erreichung von> ZIEL <unter> UMWELT-
    RESTRIKTION <und> UNTERNEHMENSRESTRIKTION <sinnvoll>
    a : STRATEGIE <ist auf> UMWELTRESTRIKTION <abgestimmt>
    b : STRATEGIE <ist auf> UNTERNEHMENSZUSTAND <abgestimmt>
    c : STRATEGIE <ist für> ZIEL <geeignet>
6 : STRATEGIE <hat> ERGEBNIS <zur Folge>
```

Abbildung 7: *Planungsphasen als Regeln zwischen Objektbereichen*

Der Planungsprozeß läuft üblicherweise gerichtet ab: Er startet mit einem Ereignis und endet mit einem Ergebnis. Die Regeln, die einzelne Planungsphasen in KPS / Prolog repräsentieren, sind jedoch auch anders als oben beschrieben umgekehrt einsetzbar. Damit kann etwa auch eine Fragestellung der Form „Unter welchen Voraussetzungen ist eine bestimmte Strategie sinnvoll?" behandelt werden. Hier zeigt sich der Vorteil des allgemeinen regelbasierten Ansatzes mit KPS / Prolog.

Auf die Einbindung des Realisationsprozesses wurde verzichtet; es ist aber klar, daß eine solche Erweiterung im Sinne eines Planung, Realisation und Kontrolle umfassenden Systems den allgemeinsten Ansatz darstellen würde. Der Einstieg in die Kontrolle ist indirekt über die Phase 1 vorgenommen worden, wenn ein Ereignis zur Überschreitung von Schwellenwerten führt, wodurch ein Problem erkannt wird.

Die Bezeichnungen der Regeln zwischen den Objektbereichen sind in Abbildung 8 so wiedergegeben, wie sie sich dem Benutzer am Bildschirm präsentieren. Durch die Angaben in Blockschrift wird deutlich, daß sich hinter einem Objektbereich die verschiedensten Objekte verbergen können, für die das Erfülltsein von Regeln überprüft werden soll. Die Bezeichnungen der Regeln sind dabei in Abbildung 8 in spitze Klammern eingeschlossen.

Abbildung 9 zeigt ein Beispiel einer Regeldefinition, die sich der Benutzer am Bildschirm ansehen kann. Auch im Rahmen von Begründungen ist eine solche strukturierte Regelwiedergabe implementiert.

Die Wissensbasis für eine Anwendung in der strategischen Planung kann gemäß Abbildung 10 als externe Datenbasis in Prolog-Syntax definiert werden, wobei der

Die Anzahl von zweistelligen Regeln ist: 7

Die Bezeichnungen sind:

1: <EREIGNIS> <wirft> <PROBLEM> <auf>
2: <UNTERNEHMENSSITUATION> <ist> für <PROBLEM> <relevant>
3: <UMWELTSITUATION> <ist bei> <PROBLEM> <relevant>
4: <ZIEL> <ist für> <UNTERNEHMENSSITUATION> <angemessen>
5: <ZIEL> <ist bei> <UMWELTSITUATION> <realistisch>
6: <STRATEGIE> <ist> für <ZIEL> <geeignet>
7: <STRATEGIE> <hat> <ERGEBNIS> <zur Folge>

Return drücken

Abbildung 8: *Anzeige von Regeln des Expertensystems*

EREIGNIS <wirft> PROBLEM <auf>,
    falls
'Rendite-Abweichung' von EREIGNIS 'ist mindestens'
'Rendite-Schwelle'   von PROBLEM
    und
'Sicherheits-Abweichung' von EREIGNIS 'ist mindestens'
'Sicherheits-Schwelle'   von PROBLEM
    und
'Wachstums-Abweichung' von EREIGNIS 'ist mindestens'
'Wachstums-Schwelle'   von PROBLEM.

Abbildung 9: *Wiedergabe von Regeldefinitionen am Bildschirm*

Benutzer diese Syntax nicht beherrschen muß, sondern die Prolog-Struktur über eine Editierhilfe automatisch in dieser speziellen Form erzeugt werden kann. Auch ist es machbar, diese Fakten aus vorhandenen externen Datenbeständen zu extrahieren.

```
ebenezahl(1)
bereichzahl(7)
ebenetext(1,"-")
bereichtext(1,"EREIGNIS")
attribut(1,1,["Rendite","Sicherheit","Wachstum"])
objekt(1,1,"Geschäftsjahr 19..",["niedrig","mittel","hoch"])
wertebreich("Rendite",["irrelevant","niedrig","mittel","hoch"])
zweibezzahl(9)
mehrbezzahl(3)
zweibeztext(1,"wirft auf")
mehrbeztext(3,["ist zur Erreichung von","unter","und","sinnvoll"])
zwei(1,1,2,["Rendite","Sicherheit","Wachstum",],
          ["ist mindestens","ist mindestens","ist mindestens"])
mehr(3,[6,3,4,5],[8,9,6])
synonym(1,"Rendite",["Rendite-Abweichung"])
```

Abbildung 10: Auszug aus der Wissensbasis

Sofern der Benutzer im Dialog mit dem System sein jeweiliges Teilproblem als Anfrage an eine Regel beschrieben hat, werden alle die Regel erfüllenden Objektkombinationen auf dem Bildschirm angezeigt. Oft wird sich ergeben, daß der Benutzer sein Problem nicht adäquat formuliert hat oder daß für sein Problem keine Lösung vorhanden ist. Dem Benutzer kann gegebenenfalls dadurch weitergeholfen werden, daß KPS / Prolog auch anzeigt, warum bestimmte Objektkombinationen nicht in Frage kommen. Dies kann bei dem Benutzer schnell zu der Einsicht führen, daß er sein Problem wohl „falsch" formuliert hat. Wird der Benutzer durch die Auskunft des Systems nicht zufriedengestellt, so kann die dokumentierte Benutzeranfrage dem Wissensingenieur für eine Erweiterung der Wissensbasis konkrete Hinweise geben. Längerfristig wird dieses Lernen maschinell geschehen können.

Die Wissensbasis kann auch unter Zuhilfenahme der Literatur erstellt werden; es sei etwa auf [9,21,22,23,24,25,32] verwiesen.

Für den Bereich der strategischen Planung existieren umfangreiche elektronische Datenbasen, Computerprogramme für Einzelanwendungen sowie Entscheidungsunterstützungssysteme (vgl. etwa MAGRA ([27]) sowie den Überblick bei [8,16,18]). Eine Verbindung zu diesen externen Daten oder Programmen ist dadurch möglich, daß von dem Expertensystem externe Dateien angelegt werden, die den Dateninput für die danach aufzurufenden Retrieval- oder anderen Ausführungsprogramme bilden. Nach Ausführung solcher Programme kann zu dem Expertensystem zurückgekehrt werden.

5 Schluß

Die strategische Planung stellt einen interessanten Anwendungsbereich für Expertensysteme dar, weil das aus der Literatur zu entnehmende betriebswirtschaftliche Wissen um Expertenwissen angereichert werden muß. Außerdem sind die Sachverhalte der strategischen Planung eher qualitativ als quantitativ, wodurch die für die operative Planung typische Abarbeitung von Algorithmen in den Hintergrund tritt. Vielmehr sind auf Basis der Linguistik und Logik zu entwickelnde Ansätze gefragt.

In diesem Beitrag wurde gezeigt, daß eine ganze Reihe von Ansätzen existiert, die allerdings nur einen Ausschnitt des gesamten strategischen Planungsprozesses abdecken. Deshalb wurde ein allgemeiner Rahmen in Form eines Metasystems beispielhaft mit Hilfe der Expertensystem-Shell KPS / Prolog abgebildet. Die Allgemeinheit des Ansatzes geht dabei zwangsläufig zu Lasten der konkret ableitbaren Aussagen eines solchen Systems. Die Überbrückung der Kluft zwischen theoretischer Fundierung einerseits und einem „But it works" andererseits bleibt eine Herausforderung für Wissenschaft und Praxis auch in diesem betriebswirtschaftlichen Anwendungsbereich.

Literatur

[1] BARKOCY, BRIAN E.; BLANNING, ROBERT W.: Expert Systems in Industry: Actual and Potential Applications, in: TURBAN E.; WATKINS, P. R. (Hrsg.): *Applied Expert Systems*, Amsterdam et al. 1988, 231 – 250.

[2] CLIFFORD, JAMES; JARKE, MATTHIAS; LUCAS, HENRY C.: Designing Expert Systems in a Business Environment, in: PAU, L. F. (Hrsg.): *Artificial Intelligence in Economics and Management*, Amsterdam 1986, 221 – 231.

[3] CROSS, GEORGE R.; FOXMAN, ELLEN R.; KISHORE; NANADA; SHERELL, DANIEL L.: A Marketing Strategy Assistant, in: KRALLMANN, H. (Hrsg.): *Expertensysteme im Unternehmen*, Berlin 1986², 75 – 83.

[4] DEAN, BURTON V.: Toward an Expert / Decision Support System in Business Venturing, in: TURBAN, E.; WATKINS, P. R. (Hrsg.): *Applied Expert Systems*, Amsterdam et al. 1988, 185 – 203.

[5] GOUL, MICHAEL: On Building Expert Systems for Strategic Plan ners, in: *Information & Management* 12 (1987), 131 – 141.

[6] GOUL, M.; SHANE, B.; THONGE, F.: „The Design of an Expert Subsystem for a Decision Support System with an Application to Strategic Planning", in: *Proceedings of the Eighteenth Annual Hawaii International Conference on Systems Sciences*, 1985, 446 – 457.

[7] GRENN-HALL, N.: A Fuzzy Decision Support System for Strategic Planning, in: SANCHEZ, E.; ZADEH, L. A. (Hrsg.): *Approximate Reasoning in Intelligent Systems, Decision and Control*, Oxford, Frankfurt 1988, 77 – 90.

[8] GREENWOOD, PAUL; THOMAS, HOWARD: A Review of Analytical Models in Strategic Planning, in: *Omega* 9 (1981), 397 – 417.

[9] HANSSMANN, FRIEDRICH: *Quantitative Betriebswirtschaftslehre*, München 1982.

[10] HAYESROTH, FREDERICK; WATERMAN, DONALD A.; LENAT, DOUGLAS B.: *Bulding Expert Systems*, Reading 1983.

[11] HUMPERT, B.; HOLLEY, P.: Expert-Systems in Finance-Planning, in: *Expert Systems* 5 (1988), 78 – 101.

[12] KRAETZSCHMAR, G. K.; PLATTFAULT, E.: Unterstützung der Strategiefindung im Rahmen der Unternehmensplanung mit Hilfe eines in Prolog implementierten wissensbasierten Systems, in: *Arbeitspapiere Informatik-Forschungsgruppe VIII*, Erlangen-Nürnberg 1987.

[13] LEE, JAE K.; LEE, HO G.: Interaction of Strategic Planning and Shortterm Planning: An Intelligent DSS by the Post-Model Analysis Approach, in: *Decision Support Systems* 3 (1987), 141 – 154.

[14] LEVINE, P.; MAILLARD, J. CH.; POMEROL, J. CH.: Un Systéme «Intelligent» Pour l'Aide à la Decision Strategique, in: ROSS, J. (Hrsg.): *Proceedings of the IFAC International Conference on Economics and Artificial Intelligence*, Aix-en-Provence 1986, 153 – 155.

[15] MERTENS, PETER; BORKOWSKI, VOLKER; GEIS, WOLFGANG: *Betriebliche Expertensystem-Anwendungen — Eine Materialsammlung*, Berlin, Heidelberg, New York 1988.

[16] MORECROFT, JOHN D. W.: Strategy Support Models, in: *Strategic Management Journal* 5 (1984), 215 – 229.

[17] MÜLLERWÜNSCH, MICHAEL: Computerassistierte Strategie, Audit — ein wissensbasiertes System zur Strategieberatung, in: *Information Management* 4 (1989) 2, 26 – 30.

[18] NAYLOR, THOMAS H. (Hrsg.): *Corporate Strategy*, Amsterdam 1983.

[19] PLATTFAULT, EBERHARD: *DV-Unterstützung strategischer Unternehmensplanung*, Berlin, Heidelberg, New York 1988.

[20] PLATTFAULT, E.; KRAETZSCHMAR, G.; MERTENS, P.: STRATEX — ein prototypisches Expertensystem zur Unterstützung der strategischen Unternehmensplanung, in: *Strategische Planung* 3 (1987), 71 – 103.

[21] PORTER, MICHAEL E.: *Competitive Strategy: Techniques for Analyzing Industries and Competitors*, New York, London 1980.

[22] PORTER, MICHAEL E.: *Competitive Advantage: Creating and Substaining Superior Performance*, New York, London 1985.

[23] PRESCOTT, JOHN E.; GRANT, JOHN H.: A Manager's Guide for Evaluating Competitive Analysis Techniques, in: *Interfaces* 18 (1988) 3, 10 – 22.

[24] PÜMPIN, CUNO: *Management strategischer Erfolgspositionen: das SEP-Konzept als Grundlage wirkungsvoller Unternehmungsführung*, Bern, Stuttgart 1986.

[25] ROBENS, HERBERT: *Modell und methodengestützte Entscheidungshilfen zur Planung von Produkt-Portfoliostrategien*, Frankfurt, Bern, New York 1986.

[26] RUHLAND, JOHANNES; WILDE, KLAUS: Experten-System für strategische Planung, in: *Die Unternehmung* 4 (1987), 266 – 273.

[27] SCHLEPPEGRELL, J.: *Personal Computer als Führungsinstrument zur Unterstützung von Planungsaufgaben und Managemententscheidungen*, Braunschweig (ohne Jahresangabe).

[28] SCHMIDT, REINHART: Sprachorientierte Planungssysteme, in: BROCKHOFF, KLAUS; KRELLE, WILHELM (Hrsg.): *Unternehmensplanung*, Berlin, Heidelberg, New York 1981, 49 – 61.

[29] SCHMIDT, REINHART: Strategische Unternehmensplanung und Operations Research, in: *Operations Research Proceedings 1981*, Berlin, Heidelberg, New York 1982, 356 – 368.

[30] SCHMIDT, REINHART: Zur Verbindung von wissensbasierter Modellierung und What-if-Planung, in: *Operations Research Proceedings 1989*.

[31] SCHMIDT, REINHART; RALFS, DIRK: KPS / Prolog — Ein Problemlösungssystem auf Basis von Turbo Prolog, in: *Manuskripte aus dem Institut für Betriebswirtschaftslehre der Universität Kiel*, Nr. 225, Dezember 1988.

[32] SCHOLZ, CHRISTIAN: *Strategisches Management*, Berlin, New York 1987.

[33] SIMON, HERBERT A.; NEWELL, ALLEN: Heuristic Problem Solving. The Next Advance in Operations Research, in: *Operations Research* 6 (1958) 110.

[34] SYED, JAFFER R.; TSE, EDISON: An Integrated Consulting System for Competitive Analysis and Planning Control, in: ERNST, C. J. (Hrsg.): *Management Expert Systems*, Reading 1988, 183 – 207.

Entscheidungsunterstützungssysteme zur Kreditbewertung auf der Basis der Theorie der unscharfen Mengen

von Wolfgang H. Janko, Andreas Geyer-Schulz und Alfred Taudes

Wirtschaftsuniversität Wien

1	Methoden und Probleme der computerunterstützten Entscheidungsfindung bei der Kreditvergabe
2	Die Theorie der unscharfen Mengen als Grundlage betriebswirtschaftlicher Bewertungsverfahren
3	Ein Programmsystem zur Unterstützung der Kreditprüfung im Konsumentenkreditgeschäft
4	Ökonomische Nutzeffekte eines Entscheidungsunterstützungssystems zur Kreditbewertung

Zusammenfassung

Dieser Beitrag behandelt eine auf der Theorie der unscharfen Mengen beruhende Methode zur Entscheidungsunterstützung bei der Kreditvergabe. Basierend auf einer Analyse des empirisch beobachteten Entscheidungsverhaltens bei der Kreditwürdigkeitsprüfung zeigen wir zwei bei der Verwendung herkömmlicher Verfahren zur Bestimmung der Kreditwürdigkeit entstehende Probleme auf: die Unmöglichkeit der Modellierung der Verknüpfung von Teilaspekten in erfahrungsorientierten Entscheidungen und die unbefriedigende Berücksichtigung subjektiver Einschätzungen. Darauf aufbauend wird ein diesen Anforderungen gerecht werdendes hierarchisches Bewertungssystem auf der Basis der Theorie der unscharfen Mengen diskutiert und ein einfacher Beispielprototyp entwickelt.

1 Methoden und Probleme der computerunterstützten Entscheidungsfindung bei der Kreditvergabe

Die Kreditvergabe zählt zu den wesentlichen Entscheidungen eines Finanzdienstleistungsbetriebs; besonders in wirtschaftlich angespannten Situationen kann eine

verfehlte Politik in diesem Bereich den Bestand des Unternehmens nachhaltig gefährden. Nun sind Kreditentscheidungen aber nicht einfach zu strukturieren. Ihr Aus-
gang hängt von so unterschiedlichen Faktoren wie der Finanzsituation der Betriebe
beziehungsweise dem Konsumverhalten der Haushalte, dem Wettbewerb unter den
Kreditgebern und der Zahlungsmoral der Schuldner ab. Außerdem werden Kreditentscheidungen gewöhnlich unter Unsicherheit oder Ungewißheit getroffen, das
heißt ein Teil der gewünschten Informationen ist nur „ungenau" oder gar nicht
verfügbar.

Ziel dieser Arbeit ist die Entwicklung eines Programmsystems, das die Kreditprüfung
unterstützt. Das vorgestelle Modell beruht auf der Theorie der unscharfen Mengen, einer Erweiterung in den klassischen Vorstellungen der Mengenlehre, deren
Einsatz zum Aufbau von Expertensystemen und Entscheidungsunterstützungssystemen immer weitere Verbreitung findet. Neben einer kurzen Behandlung der
theoretischen Grundlagen werden die Vorteile der Verwendung dieser Theorie in der
Kreditprüfung im Gegensatz zu den traditionellen quantitativen Verfahren diskutiert. Weiter demonstrieren wir die Anwendungsmöglichkeiten des auf Basis dieser
Theorie entwickelten Programmsystems anhand eines einfachen Beispiels aus der
Kreditprüfung von Konsumentenkrediten und diskutieren die Vorteile, die ein Finanzdienstleistungsbetrieb aus der Verwendung eines derartigen Systems erzielen
kann.

Um unser Untersuchungsgebiet abzugrenzen, wollen wir uns eines entscheidungstheoretischen Modells der Kreditvergabe bedienen. Nimmt man zwei relevante Umweltzustände an — der Kreditwerber ist kreditwürdig, der Antragsteller ist dies
nicht — und erlaubt zwei Handlungsalternativen — Kreditvergabe oder Ablehnung
des Antrags —, so ergibt sich die in Abbildung 1 dargestellte Entscheidungsmatrix. Die Einträge in der Matrix geben die Konsequenzen der Entscheidungen je
Umweltzustand an. Gegenstand dieser Arbeit ist die Bestimmung des Grades der
Kreditwürdigkeit beziehungsweise des Risikos des Kreditgebers.

Umwelt Aktion	Antragsteller kreditwürdig	Antragsteller nicht kreditwürdig
Antrag annehmen	Gewinn	Verlust
Antrag ablehnen	entgangener Gewinn (= Verlust)	0

Abbildung 1: *Entscheidungsmatrix*

In der Entscheidungstheorie bekannte Risikomaße sind das PRATT-ARROW Risikomaß und das MARKOWITZsche Risikomaß (vgl. [1]). Um diese Maße anhand eines
Beispiels zu demonstrieren, nehmen wir an, daß als Nutzenfunktion $u(w) = \ln(w)$
ermittelt worden sei. Unsere Risikosituation verspreche einen Gewinn von 5 Geld-

einheiten mit Wahrscheinlichkeit $0,8$ und einen Gewinn von 30 Geldeinheiten mit Wahrscheinlichkeit $0,2$. Wir erhalten als Erwartungswert des Nutzens

$$(1) \qquad E(u(w)) = 0,8 \times \ln(5) + 0,2 \times \ln(30) = 1,97$$

und als Nutzen des Erwartungswertes

$$(2) \qquad u(E(w)) = \ln(0,8 \times 5 + 0,2 \times 30) = 2,30.$$

Das „Sicherheitsäquivalent", das ist jener Betrag, den wir höchstens bereit wären für die Teilnahme an einer derartigen Risikosituation zu bezahlen, beträgt dann:

$$(3) \qquad \xi = u^{-1}(E(u(w))) = 7,17.$$

Der Erwartungswert aus dieser Risikosituation ist

$$(4) \qquad E(w) = 0,8 \times 5 + 0,2 \times 30 = 10.$$

Die MARKOWITZsche Risikoprämie beträgt dann $10 - 7,17 = 2,83$.

Diese Maß ist offenbar von der absoluten Höhe von w und von der Verteilung von w abhängig. Darum haben PRATT und ARROW ein anderes Risikoaversionsmaß vorgeschlagen. Bezeichnen wir mit $u'(w)$ die erste Ableitung der Nutzenfunktion nach w und mit $u''(w)$ die zweite Ableitung, dann erhalten wir für die Risikoprämie nach PRATT and ARROW:

$$(5) \qquad \text{RPA} = -0,5 \times \sigma^2 \times \frac{u''(w)}{u'(w)}$$

Beide Maße verlangen also die Kenntnis der Nutzenfunktion des Kreditgebers. Das MARKOWITZsche Maß ist lageabhängig. Darüber hinaus ist die Nutzenfunktion von einem kollektiven Entscheider festzulegen. Selbst individuelle Nutzenfunktionen ändern sich im Laufe der Zeit. Dementsprechend schwierig ist die Feststellung einer Nutzenfunktion für einen Kreditgeber.

Ein weiteres Problem bei der Operationalisierung dieses Ansatzes ist die Festlegung der Wahrscheinlichkeitsverteilung, mit der die Umweltzustände eintreten. Diese hängen von einer Reihe von Faktoren ab, wobei auch persönliche Einschätzungen bei der Praxis der Kreditvergabe eine wesentliche Rolle spielen, da oft keine objektiv meßbaren Daten vorliegen (Bilanzverfügbarkeit, Gesprächseindruck, ...). Bei der Verwendung derartiger Faktoren als erklärende Variable in traditionellen ökonometrischen Modellen geht dann gewöhnlich die diesen „Messungen" eigene individuelle Beurteilung und Gewichtung von Kombinationen verloren (vgl. [17]). Sogar bei den meßbaren Faktoren ist Vorsicht geboten: die vorhandenen Beobachtungen entstehen nicht aus Experimenten im naturwissenschaftlichen Sinn. Oft sind keine Informationen über abgelehnte Fälle verfügbar, wodurch Verzerrungen in der Beurteilung verursacht werden können. Anzustreben ist daher ein Ansatz, der flexibel genug ist, um auch komplexe, subjektiv bewertete Entscheidungsregeln im Modell erfassen zu können, und der auch Unschärfen bei der Messung der erklärenden Variablen darzustellen vermag.

2 Die Theorie der unscharfen Mengen als Grundlage betriebswirtschaftlicher Bewertungsverfahren

Anstatt Wahrscheinlichkeiten zur Angabe des Kreditrisikos heranzuziehen, schlagen wir vor, ein auf der Theorie der unscharfen Mengen beruhendes „Möglichkeitsmaß", das den Grad der Zugehörigkeit des Kreditwerbers zur unscharfen Menge der „kreditwürdigen Antragsteller" angibt, zu verwenden. Die Theorie der unscharfen Mengen geht von der traditionellen Mengenlehre aus. Der Wertebereich der charakteristischen Funktion wird dabei von der diskreten Menge $\{0,1\}$ auf das geschlossene reelle Intervall $[0,1]$ erweitert. Genauer ausgedrückt sei E eine Menge und x ein Element von E, eine unscharfe Teilmenge A der Grundmenge E ist eine Menge geordneter Paare ([7]):

$$(6) \qquad A = \{(x, m_A(x))\} \quad \forall x \in E,$$

wobei $m_A(x)$ den Zugehörigkeitsgrad des Elements x zu A darstellt. $m_A(x)$ ist auf das geschlossene reelle Interval $[0,1]$ beschränkt ([15]). Betrachten wir als Beispiel die Menge E aller Männer. Eine unscharfe Teilmenge A von E sei die Menge aller „großen" Männer, x bezeichnet einen bestimmten Mann und $m_A(x)$ ist seine Zugehörigkeit zu A.

Ein derartiges Maß beruht auf schwächeren Annahmen als der traditionelle Wahrscheinlichkeitsbegriff, insbesondere ist Additivität nicht verlangt, das heißt die Summe der Möglichkeiten eines Ereignisses und dessen Komplementärereignisses kann größer als 1 sein. Nun ist die „Kreditwürdigkeit" ein abgeleiteter, abstrakter und nicht direkt beobachtbarer Begriff. Bei Verwendung eines traditionellen Ansatzes wird die Zusammensetzung dieses Begriffs zum Beispiel in Form einer Regressionsgleichung als Funktion einzelner Einflußfaktoren modelliert, in der Theorie der unscharfen Mengen erfolgt die Ableitung eines abstrakten Begriffs durch Verknüpfung von unscharfen Mengen einer niedereren Hierarchiestufe. In unserem Anwendungsfall könnte etwa die „Kreditwürdigkeit" auf Faktoren wie „persönliche Eignung", „erbrachte Sicherheiten" und „Finanzierungskraft", die wiederum als unscharfe Mengen modelliert werden können, zurückgeführt werden. Die grundlegenden Mengenoperationen werden wie folgt definiert:

Negation (vgl. [15]):

$$(7) \qquad m_{\bar{A}}(x) = 1 - m_A(x).$$

$m_{\bar{A}}$ bedeutet „nicht A".

Vereinigung und Durchschnitt definieren wir als ([15]):

$$(8) \qquad m_{A \cup B}(x) = \max\{m_A(x), m_B(x)\},$$

und

$$(9) \qquad m_{A \cap B}(x) = \min\{m_A(x), m_B(x)\}.$$

Um Modelle menschlicher Entscheidungsverfahren zu erstellen, wurde noch eine Reihe von weiteren Entscheidungsregeln entwickelt (vgl. [4]). Außer diesen verallgemeinerten „Und / oder"-Verknüpfungen existieren zusätzliche Verknüpfungen zur Modellierung von Phrasen wie „im Durchschnitt", also zur Aggregation von Teilmodellen (vgl. [14,16,17]).

Mit Hilfe der Theorie der unscharfen Mengen kann man die in der Kreditvergabepraxis verwendeten Aggregationsoperationen modellieren. Weiter kann nun auch die Unschärfe bei der subjektiven Bestimmung der Einflußfaktoren durch den Kreditsachbearbeiter erfaßt werden, da diese ja als unscharfe Mengen dargestellt werden.

Soll ein System zur Bewertung der Kreditwürdigkeit auf der Basis der Theorie der unscharfen Mengen operational sein, darf der Benutzerdialog nicht in Form von Zugehörigkeitsgraden abgewickelt werden. Vielmehr muß dieser mittels natürlichsprachlicher Ausdrücke möglich sein. Man benötigt also Techniken zur Transformation zulässiger natürlichsprachlicher Ausdrücke in eine entsprechende interne Repräsentation als unscharfe Mengen, auf denen dann die oben vorgestellten unscharfen Mengenoperationen definiert sind. Die Semantik dieser Operationen besteht in Verfahren zur Transformation des sich ergebenden Zugehörigkeitsgrads zur Menge der kreditwürdigen Bewerber in eine quasinatürlichsprachliche Formulierung. Diese Problemstellungen sind Gegenstand des Einsatzes der Theorie des unscharfen Schließens, die den Begriff der linguistischen Variable und Regeln für die Zusammenfassung von Sätzen und Schlußverfahren umfaßt.

Der Begriff einer linguistischen Variablen beschreibt, wie reale Objekte, Variable und ihre Werte verbunden sind. Eine linguistische Variable wird durch ein Quintupel definiert ([9]):

(10) $$\{A, T(A), U, G, M\}.$$

A bezeichnet hiebei eine linguistische Variable, wie zum Beispiel „Größe" in Abbildung 2, und $T(A)$ sei der Wertebereich der verbalen Werte von A (z. B. {groß,mittel,klein,...}). Jeder einzelne Wert von A stellt eine unscharfe Teilmenge über einer Grundmenge dar. „Groß" in Abbildung 2 wird daher intern als unscharfe Teilmenge dargestellt. G ist die Definition einer formalen Vorschrift (Grammatik), die die Namen der Werte von A erzeugt. U ist eine semantische Regel, die jedem sprachlichen Wert X von A eine Bedeutung $M(X)$ zuordnet, das heißt eine unscharfe Teilmenge über der Grundmenge.

Zusammengesetzte Ausdrücke werden durch die Grammatik G definiert. Bindewörter, die in unserer Grammatik erklärt sind, werden durch die Mengenoperationen auf unscharfen Mengen — wie oben eingeführt — modelliert. Umstandswörter wie „einige, sehr, ziemlich,..." können zum Beispiel durch die Standardbildverarbeitungsoperationen Dilation, Konzentration und Intensivierung implementiert werden (siehe [4]). Die Zusammenfassung von zulässigen Sätzen wird durch die Operationen auf unscharfen Mengen, die wir vorhin definiert haben, realisiert. Unscharfe Inferenzregeln wie der „verallgemeinerte Modus Ponens" und der „verallgemeinerte Modus Tollens" werden zur Abbildung von Hypothesen über das Verhalten eines Modells verwendet (vgl. [3]).

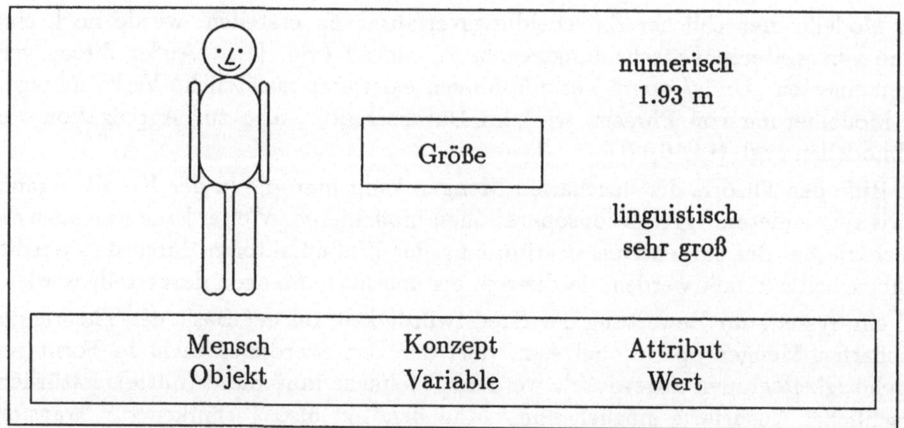

Abbildung 2: *Linguistische Variable*

Wir verwenden einen in [13] entwickelten rekursiven Algorithmus, um unscharfe Teilmengen in sprachliche Aussagen abzubilden (vgl. hierzu auch [12]). Die Grundidee dieses Algorithmus besteht darin, ein Distanzmaß zu benutzen. Damit bestimmen wir die kleinste Abweichung zwischen einer gegebenen unscharfen Menge und den unscharfen Mengen, die quasinatürlichsprachlichen Ausdrücken in einem Wörterbuch entsprechen, das die gebräuchlichsten Phrasen, die in $T(A)$ gebildet werden können, enthält.

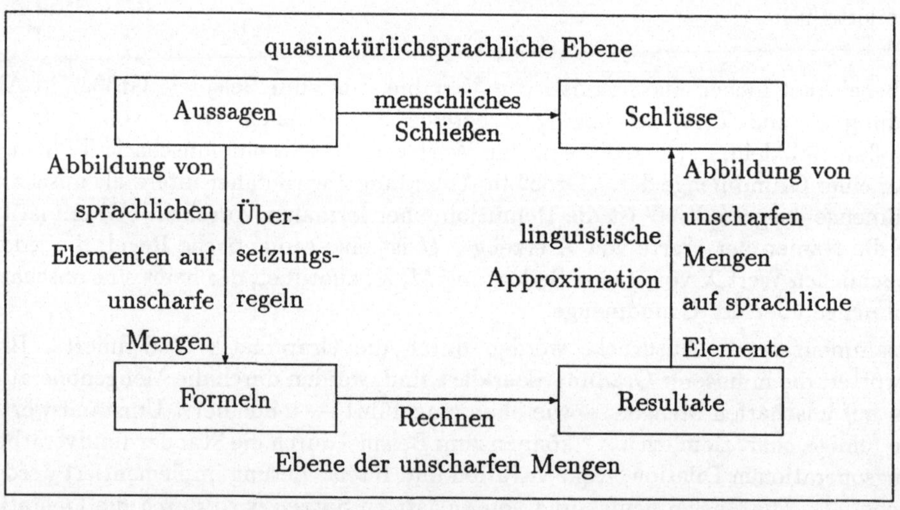

Abbildung 3: *Natürlichsprachliche Berechnungen*

Unscharfes Schließen basiert daher auf folgenden Überlegungen: die Aussagen, die in einer quasinatürlichsprachlichen Regelbasis abgelegt sind, werden in unscharfe Mengen abgebildet, das heißt die Semantik von sprachlichen Ausdrücken wird durch unscharfe Mengen dargestellt. Durch Evaluation dieser Formeln nach der Theorie der unscharfen Mengen wird ein Ergebnis berechnet, und um schließlich eine sprachliche Schlußfolgerung zu erhalten, wird dieses wieder zurück auf die natürlichsprachliche Ebene übersetzt.

Zusammenfassend noch einige Bemerkungen zur Operationalisierung des Konzepts: Um ein Entscheidungsunterstützungssystem auf der Basis der Theorie der unscharfen Mengen zu erstellen, sind also folgende Schritte notwendig:

1. Erstellen eines Strukturmodells durch Aufbau der Begriffshierarchie.

2. Festlegung der Zugehörigkeitsfunktionen für die Begriffe auf der untersten Hierarchieebene.

3. Bestimmung der Struktur der Verknüpfungsoperationen.

4. Messen der Gewichte der einzelnen Faktoren.

5. Empirische Validierung des erstellten Modells.

Der erste Schritt kann im Rahmen von Befragungen der Kreditsachbearbeiter vorgenommen werden. Die Zusammenarbeit der so eingerichteten Arbeitsgruppe erfolgt nach den Regeln einer kreativen Problemlösungsmethode, wie zum Beispiel des Brainstormings (vgl. [10]). Zu beachten ist hierbei, daß für den Erfolg der ersten Sitzungen die Atmosphäre der Kritikfreiheit entscheidend ist, das heißt jede Wertung der Vorschläge muß unterbleiben. Weitere Zusammentreffen dienen dann der Systematisierung der Begriffe in einer Hierarchie. Diese Hierarchie definiert die Struktur des Entscheidungsverfahrens.

Der zweite Schritt ist auf jene Einflußfaktoren anzuwenden, für die kaum objektiv bestimmbare Kennzahlen vorliegen (z. B. die Beurteilung eines Bürgen). Die Bestimmung der Zugehörigkeitsfunktionen kann durch sukzessives Variieren der Intervalle der Grundmengen im Rahmen einer Befragung der Kreditsachbearbeiter und unter Heranziehung existierender Vorschriften (manuelle Bewertungsbögen, schriftlich niedergelegte Vorgangsweisen etc.) erfolgen.

Für den dritten Schritt stellt die Theorie der unscharfen Mengen eine Reihe von Operatoren zur Verfügung, deren Eignung durch hypothetische Fallbeispiele und Rückgriff auf vergangene Entscheidungen ermittelt werden kann.

Der vierte Teil kann zum Beispiel durch die Methode der sukzessiven Differenzierung (siehe [17]) erfolgen, in deren Rahmen der Entscheidungsträger für jede hierarchische Ebene einen Balken in einer graphischen Darstellung so in Stücke teilt, daß jede Teilfläche die relative Bedeutung der Teilbegriffe auf dieser Ebene darstellt.

Die Überprüfung der Adäquatheit des Ansatzes kann durch statistisches Testen, ob die Abweichungen zwischen den ex post durch das Modell ermittelten und den beobachteten Kreditwürdigkeiten statistisch nicht signifikant sind, erfolgen. Hierzu stehen eine Reihe von statistischen Verfahren zur Verfügung (vgl. [2]).

3 Ein Programmsystem zur Unterstützung der Kreditprüfung im Konsumentenkreditgeschäft

Anregungen für die Implementierung des nun näher behandelten Beispiels zur Unterstützung der Kreditvergabeentscheidung bei Konsumentenkrediten entstanden im Rahmen eines Projekts, das die Verbesserung des Kreditprüfungsverfahrens einer österreichischen Großbank zum Ziel hatte. In einem ersten Analyseschritt wurde mittels der vorhandenen Kreditdaten versucht, ein einfaches Verfahren auf der Basis von Logit-Modellen zu schaffen. Die dadurch erhaltenen Parameterschätzungen stellten sich aber anläßlich von Gesprächen mit den Kreditsachbearbeitern als verzerrt und unrealistisch heraus:

- Die Parameter der mittleren Altersgruppe wurden als zu niedrig empfunden, da diese Personen voll erwerbstätig sind und daher sehr kreditwürdig sein sollten.
- Die Bewertung des Sicherheitsaspekts erfolgt nach Max-Min-Regeln.
- Bei der Kombination der Submodelle gewinnt der Sicherheitsaspekt bei steigendem Kreditrahmen gegenüber dem Persönlichkeitsteil an Bedeutung.

Als Grund für das erste Problem wurde die Nichtberücksichtigung der abgelehnten Fälle ermittelt: die geltenden Vorschriften hatten die Kreditwerber mittleren Alters bevorzugt, so daß sich dadurch eine höhere Ausfallsquote für diesen Personenkreis ergab. Die anderen Schwierigkeiten waren Folgen der unterstellten, zu einfachen Aggregationsvorschrift der Logit-Modellierung.

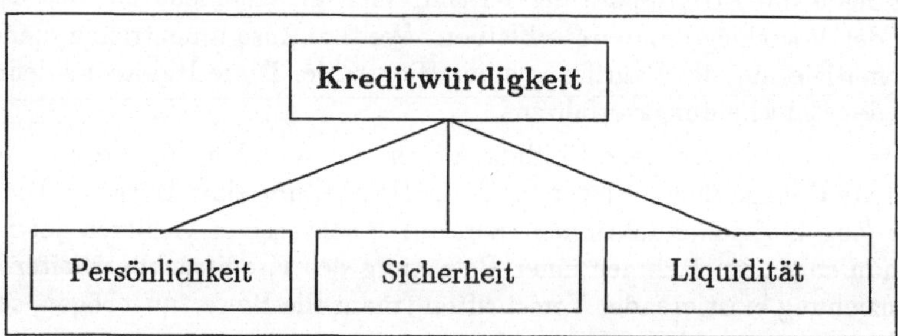

Abbildung 4: *Konzeptionelles Modell*

Aufgrund dieser Erfahrungen wurde ein Modell auf der Basis der Theorie der unscharfen Mengen erstellt. Als Teile des Strukturmodells wurden ein Persönlichkeitsmodell, ein Sicherheitsmodell und ein Liquiditätsmodell identifiziert (siehe Abbildung 4), eine Gliederung, die auch in der Literatur in ähnlicher Art mehrfach verwendet wird (siehe [11,17]). Der Persönlichkeitsteil wurde durch ein durch die Hinzunahme der abgelehnten Kreditfälle korrigiertes Logit-Modell operationalisiert, der Liquiditätsaspekt durch das Verhältnis von monatlich verfügbarem Einkommen zum Kreditrahmen eingebracht. Als schwieriger und zeitraubender stellte sich die Modellierung des Sicherheitsaspekts heraus.

Das konzeptionelle Modell konnte rasch erstellt werden (siehe Abbildung 5), und durch das Studium von Fallbeispielen konnten drei Klassen von Sicherheiten erkannt werden: Sicherheiten, die die gesamte Sicherheit des Kredits nicht erhöhen, Sicherheiten, die diese erhöhen und additive Sicherheiten.

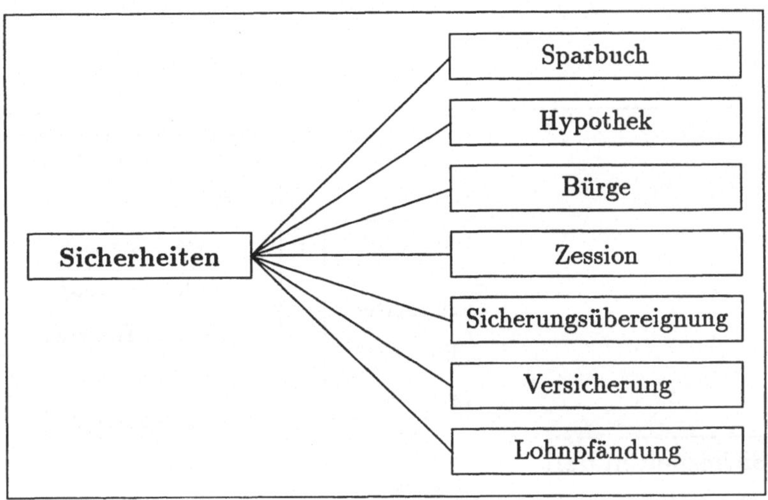

Abbildung 5: *Konzeptionelles Modell — Sicherheitsaspekt*

Als Operatoren in den Klassen wurden daher der Maximum-Operator, der Vereinigungsoperator und der beschränkte Summenoperator gewählt; die entsprechenden Operatoren für die Verknüpfungen zwischen den Klassen (siehe Abbildung 6, a und b bezeichnen dabei den Zugehörigkeitsgrad der Argumente).

Bei der Aggregation der Teilmodelle wurde schließlich noch der Abhängigkeit der Gewichtung vom Kreditrahmen Rechnung getragen, so daß sich das in Abbildung 7 dargestellte System ergab.

Das hier vorgestellte Modell eines Expertensystems für die Kreditwürdigkeitsprüfung wurde mit einem speziell für unscharfe Regelsysteme entwickelten Interpreter (siehe [4]) implementiert.

Die Abbildungen 8, 9 und 10 enthalten einen Teil der Regelbasis für das oben beschriebene Entscheidungsunterstützungssystem, in Abbildung 11 wird beispielhaft ein Benutzerdialog mit wenigen Regeln für dieses Demonstrationsbeispiel dargestellt.

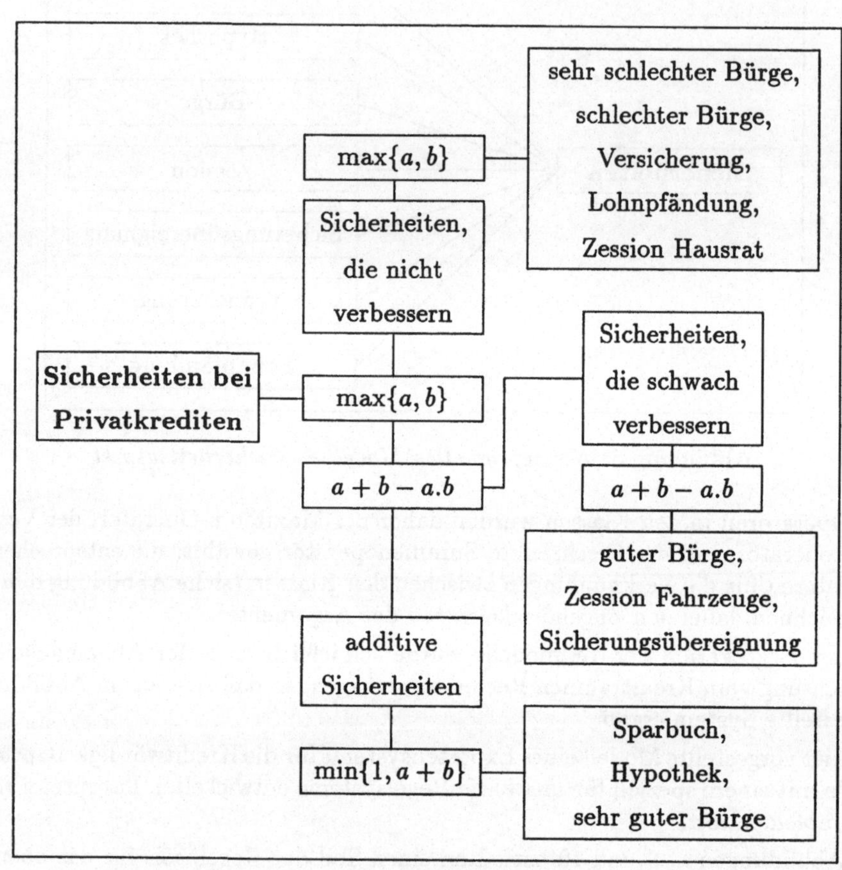

Abbildung 6: *Verknüpfungsoperatoren für Sicherheiten*

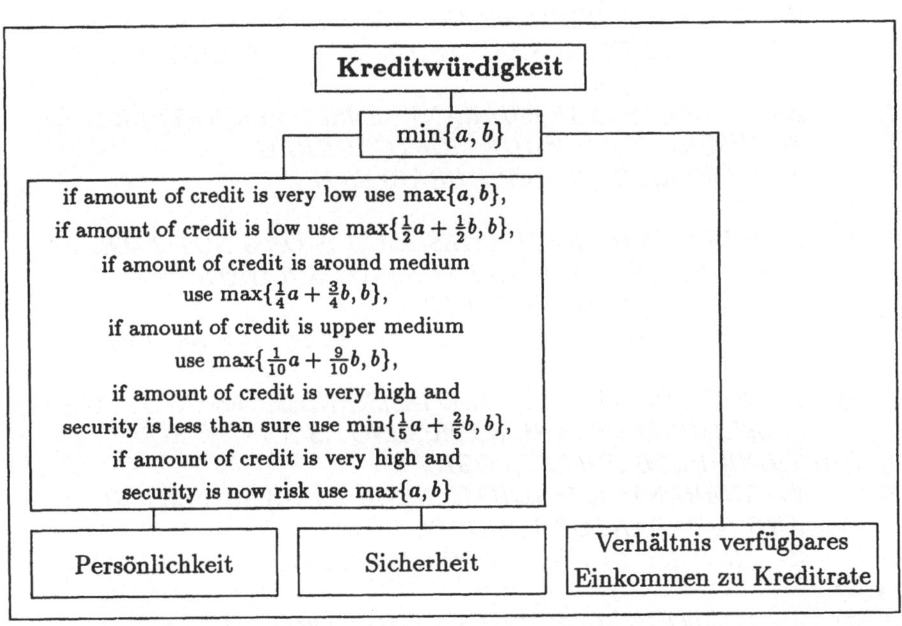

Abbildung 7: *Gesamtsystem*

∇   Z←SECURITY;S_AND;S_OR;S_NOT;S_O;S_IF;S_IS;S_IMPLIES;
         S_IAND;S_IOR;S_INOT;S_RAND;S_ROR
[1]   THINK MAX_LOGIC
[2]   Z←NOT_ENHANCING_SECURITIES O ENHANCING_SECURITIES
∇

∇   Z←NOT_ENHANCING_SECURITIES;S_AND;S_OR;S_NOT;S_O;
         S_IF;S_IS;S_IMPLIES;S_IAND;S_IOR;S_INOT;S_RAND;S_ROR
[1]   THINK MAX_LOGIC
[2]   Z←GUARANTOR IF GUARANTOR ISLOWER RATHER LOW
[3]   Z←INSURANCE O WAGE_MORTGAGING O
         TRANSFER_CONSUMER_DURABLES O Z

∇   Z←ENHANCING_SECURITIES;S_AND;S_OR;S_NOT;S_O;S_IF;
         S_IS;S_IMPLIES;S_IAND;S_IOR;S_INOT;S_RAND;S_ROR
[1]   THINK PROBABILITY_LOGIC
[2]   Z←ADDITIVE_SECURITIES O NOT_ADDITIVE_SECURITIES

∇   Z←NOT_ADDITIVE_SECURITIES;S_AND;S_OR;S_NOT;S_O;S_IF;
         S_IS;S_IMPLIES;S_IAND;S_IOR;S_INOT;S_RAND;S_ROR
[1]   THINK PROBABILITY_LOGIC
[2]   Z←GUARANTOR IF (GUARANTOR ISLOWER VERY HIGH)
         AND (GUARANTOR ISHIGHER HIGH)
[3]   Z←TRANSFER_CARS O PROTECTIVE_CONVEYANCE O Z
∇

∇   Z←ADDITIVE_SECURITIES;S_AND;S_OR;S_NOT;S_O;S_IF;
         S_IS;S_IMPLIES;S_IAND;S_IOR;S_INOT;S_RAND;S_ROR
[1]   THINK BOUNDED_LOGIC
[2]   Z←GUARANTOR IF GUARANTOR ISHIGHER HIGH
[3]   Z←SAVINGS_ACCOUNT O MORTGAGE O Z
∇

Abbildung 8: *Regelbasis zur Bewertung von Sicherheiten*

∇ *CREDIT_DECISION_MAKING;S_AND;S_OR,S_NOT;S_O;S_IF;*
S_IS;S_IMPLIES;S_IAND;S_IOR;S_INOT;S_RAND;S_ROR
[1] *THINK MIN_LOGIC*
[2] *CREDITWORTHINESS←(PERSONALITY_SECURITY) O*
(LIQUIDITY)
[3] *'CREDITWORTHINESS:' (LABEL CREDITWORTHINESS)*

∇

∇ *Z←PERSONALITY_SECURITY;S_AND;S_OR;S_NOT;S_O;S_IF;*
S_IS;S_IMPLIES;S_IAND;S_IAND;S_IOR;S_INOT;S_RAND;S_ROR
[1] *THINK META_LOGIC*
[2] *Z←PERSONALITY O SECURITY*

∇

Abbildung 9: Regelbasis Gesamtmodell

∇ *Z←META_LOGIC;RULE1;RULE2;RULE3;RULE4;RULE5;RULE6;*
S_AND;S_OR;S_NOT;S_O;S_IF;S_IS;S_IMPLIES;S_IAND;
S_IOR;S_INOT;S_RAND;S_ROR
[1] *THINK FUZZY_LOGIC*
[2] *RULE1←MAX_LOGIC USED IF CREDIT IS VERY LOW*
[3] *RULE2←W50_LOGIC USED IF CREDIT IS LOW*
[4] *RULE3←W25_LOGIC USED IF CREDIT IS AROUND MEDIUM*
[5] *RULE4←W10_LOGIC USED IF CREDIT IS UPPER MEDIUM*
[6] *RULE5←W20_LOGIC USED IF (CREDIT IS VERY HIGH) AND*
(SECURITY IS NOT VERY HIGH)
[7] *RULE6←MAX_LOGIC USED IF (CREDIT IS VERY HIGH) AND*
(SECURITY IS VERY HIGH)
[8] *Z←CHOOSE RULE1 RULE2 RULE3 RULE3 RULE4 RULE5 RULE6*

∇

Abbildung 10: Regelbasis Metaebene

```
          ENTER_CREDIT_APPLICANT
      AMOUNT OF CREDIT:HIGH
      LIQUIDITY:LOW
      PERSONALITY:MEDIUM
      GUARANTOR:AROUND UPPER MEDIUM
      INSURANCE:VERY LOW
      WAGE MORTGAGING:UNDEFINED
      TRANSFER OF CONSUMERS DURABLES:UNDEFINED
      TRANSFER CARS:UNDEFINED
      PROTECTIVE CONVEYANCE:LOW
      SAVINGS ACCOUNT:MEDIUM
      MORTGAGE:UNDEFINED
              CREDIT_DECISION_MAKING
      CREDITWORTHINESS:RATHER LOW
```

Abbildung 11: *Benutzerdialog*

4 Ökonomische Nutzeffekte eines Entscheidungsunterstützungssystems zur Kreditbewertung

Welche Vorteile kann nun ein Finanzdienstleistungsbetrieb durch die Verwendung eines derartigen Programmpakets erzielen? In der Regelbasis sind die Vergaberichtlinien klar und eindeutig festgelegt. Die Interpretation natürlichsprachlicher Ausdrucke ist eindeutig und kann auf Grund von Erfahrungen jederzeit korrigiert werden. Erfahrungsverwertungsmechanismen können in das System eingebracht werden und erlauben eine maschinelle Anpassung des natürlichsprachlichen Modells. Durch die Möglichkeit der Bereitstellung derartiger Systeme bei Hilfsstellen der Entscheidungsstellen kann eine Vorbeurteilung von Kreditwerbern erfolgen und wertvollere Arbeitszeit gespart werden. Dadurch können sich die Kreditsachbearbeiter stärker auf Problemfälle konzentrieren und an der Verfeinerung der Prüfungsmethode arbeiten. Das System fördert dabei die Technik des „Management by Exception", indem das Management primär mit der Festlegung und Überprüfung der Regeln und der kritischen Fälle befaßt ist. Die klare Systemstruktur unterstützt die Trennung der Verantwortung für folgende Bereiche:
- Erstellung und Überwachung der Kreditvergaberichtlinien und
- Bestimmung der Kreditwürdigkeit im Einzelfall.

Die Entwicklung einer gemeinsamen akzeptierten Beurteilung der Kreditwürdigkeit durch die Mitarbeiter wird einfacher, da das System zwar subjektive Schätzungen zuläßt, aber gleichzeitig den Bearbeiter zur Spezifikation seiner Entscheidungsgrundlagen in Form von Zugehörigkeitsfunktionen zwingt. Die Kreditentscheidungen werden dadurch transparent, leicht nachvollziehbar und einfach darstellbar — Faktoren, die überdies noch die Entscheidungsverbesserung durch Lernen und die Einschulung neuer Mitarbeiter erleichtern.

Literatur

[1] COPELAND, THOMAS E.; WESTON, J. FRED: *Financial Theory and Corporate Policy*, Addison-Wesley, Reading 1988.

[2] FISZ, MAREK: *Wahrscheinlichkeitsrechnung und mathematische Statistik*, Berlin 1973.

[3] GEYER-SCHULZ, ANDREAS: *Unscharfe Mengen im Operations Research*, Diss., VWGÖ, Wien 1986.

[4] GEYER-SCHULZ, ANDREAS: Fuzzy Rule — Based Expert Systems, in: KRAEMER, JAMES R.; BERRY, PAUL C. (eds.): *APL Techniques in Expert Systems*, ACM SIGAPL, Syracuse 1988.

[5] GOODMAN, IRWIN R.: Fuzzy Sets as Random Level Sets: Implications and Extensions of the Basic Result, in: LASKER, G. E. (ed:): *Applied Systems and Cybernetics Volume VI*, Pergamon Press, New York 1981.

[6] JUDGE, GEORGE G.; GRIFFITHS, WILLIAM E.; HILL, R. CARTER; LEE, TSOUNG-CHAO: *The Theory and Practice of Econometrics*, John Wiley & Sons, New York 1981.

[7] KANDEL, ABRAHAM: *Fuzzy Mathematical Techniques with Applications*, Addison-Wesley, Reading 1986.

[8] KAUFMANN, ARNOLD: *Introduction to the Theory of Fuzzy Subsets Volume I*, Academic Press, New York 1975.

[9] KICKERT, WALTER J. M.: *Fuzzy Theories on Decision Making*, Martinus Nijhoff Social Sciences Division, Leiden 1978.

[10] SCHLICKSUPP, HELMUT: *Kreative Ideenfindung in der Unternehmung: Methoden und Modelle*, Berlin 1977.

[11] SCHMOLL, ANTON: Theorie und Praxis der Kreditprüfung, in: *Österreichisches Bankarchiv* 31 (1983) 3, 5 und 6.

[12] SCHMUCKER, KURT J.: *Fuzzy Sets, Natural Language Computations and Risk Analysis*, Computer Science Press, Rockville 1984.

[13] WENSTOP, FRED: Quantitative Analysis with Linguistic Variables, in: *Fuzzy Sets and Systems* 4 (1980), 99 – 115.

[14] WERNERS, BRIGITTE: *Interaktive Entscheidungsunterstützung durch ein flexibles mathematisches Programmierungssystem*, München 1984.

[15] ZADEH, LOTFI A.: Fuzzy Sets, in: *Information and Control* 8 (1965), 338 – 353.

[16] ZIMMERMANN, HANS J.; ZYSNO, P. V.: Latent Connectives in Human Decision Making, in: *Fuzzy Sets and Systems* 4 (1980), 37 – 51.

[17] ZIMMERMANN, HANS J.; ZYSNO, P. V.: Ein hierarchisches Bewertungssystem für die Kreditwürdigkeitsprüfung im Konsumentenkreditgeschäft, in: *Die Betriebswirtschaft* 42 (1982) 3, 403 – 418.

[18] ZIMMERMANN, HANS J.; ZYSNO, P. V.: Decisions and Evaluations by Hierarchical Aggregation of Information, in: *Fuzzy Sets and Systems* 10 (1983), 243 – 260.

Ein Finanzierungsexpertensystem für das Herstellerleasing

von Hans U. Buhl

Universität Karlsruhe

Zusammenfassung

Zunächst werden die unternehmensstrategischen Aspekte des Herstellerleasings behandelt. Aufgrund steuerlicher, finanztechnischer und produktstrategischer Vorteile des Leasings im Vergleich zum Verkauf der Wirtschaftsgüter zeigt sich unter schwachen Voraussetzungen eine allgemein gültige Vorteilhaftigkeit. Aus der Darstellung der Vielfalt möglicher Herstellerleasing-Varianten, die der Hersteller zur Unterstützung seiner unternehmensstrategischen Ziele einsetzen kann, wird die Notwendigkeit und Komplexität des zum erfolgreichen Vertrieb dezentral erforderlichen Wissens deutlich. Auf dieser Basis wird über ein Expertensystem-Projekt berichtet, das dafür konzipiert ist, einen Beitrag zur Ausweitung des Herstellerleasing-Geschäftes eines Investitionsgüter-Herstellers zu leisten.

1   Einleitung

Typisch sowohl für die Praxis des Leasings in der Bundesrepublik als auch für einen Großteil des betriebswirtschaftlichen Schrifttums ist die Behandlung des Dreieckverhältnisses zwischen dem Hersteller eines Wirtschaftsgutes, einem dieses erwerbenden, wirtschaftlich selbständigen Leasinggebers sowie einem dieses nutzenden

Leasingnehmers. Eine umfangreiche Literatur befaßt sich mit betriebswirtschaftlichen Analysen aus der Sicht des Leasinggebers beziehungsweise des Leasingnehmers (vgl. [2,3,8,11,12,14]).

Demgegenüber soll hier zunächst der Fall analysiert werden, daß ein Hersteller alternativ zum Verkauf seiner Produkte diese ohne Zwischenschaltung einer unabhängigen oder abhängigen Leasinggesellschaft selbst verleast. Typisch für dieses Herstellerleasing ist, daß die Anschaffungs- und Herstellungskosten der Leasinggüter (HK), mit welchen sie bei Vermietung / Leasing zu aktivieren sind, kleiner als die Verkaufspreise (VP) der Wirtschaftsgüter sind. Von diesem Zusammenhang

$$(1) \qquad\qquad HK < VP$$

soll im folgenden grundsätzlich ausgegangen werden, wenn von Herstellerleasing die Rede ist.[1]

Nachfolgend wird in Kapitel 2 aufgezeigt, daß im wesentlichen aufgrund von drei Vorteilen
- steuerlicher Art,
- bezüglich der Unternehmensfinanzierung und
- produktstrategischer Art

Herstellerleasing vorteilhafter als der Verkauf der Produkte des Herstellers ist. Diese allgemeinen Vorteile werden dargestellt am Beispiel der abgezinsten Bezahlung aller Leasingraten zu Vertragsbeginn.

Nach der Darstellung dieser unternehmensstrategischen Vorteile des Herstellerleasings wird in Kapitel 3 die Vielfalt möglicher Leasing-Vertragsvarianten aufgezeigt, welche der Hersteller zur Unterstützung seiner unternehmensstrategischen Ziele auswählen und anbieten kann. Aus deren Vielfalt und Komplexität — insbesondere in steuerlicher Hinsicht — wird klar, daß zum erfolgreichen Vertrieb sowie zur erfolgreichen Vertragsverwaltung eines solch komplexen Herstellerleasing-Angebots wesentlich mehr Kenntnisse als beispielsweise für die Realisierung einfacher Verkaufsgeschäfte erforderlich sind.

Auf dieser Basis wird in Kapitel 4 über ein Expertensystem-Projekt aus der Investitionsgüterindustrie berichtet, dessen Ziel es gerade ist, die für den erfolgreichen Vertrieb solcher Herstellerleasing-Angebote erforderlichen Kenntnisse situationsspezifisch dezentral zur Verfügung zu stellen. Konklusionen aus Konzept und Projekt in Kapitel 5 schließen die Arbeit ab.

2 Unternehmenstrategische Vorteile des Herstellerleasings

Die steuerlichen Vorteile des Herstellerleasings sind grundlegend für die nachfolgenden Kapitel; deshalb beschäftigen wir uns zunächst mit den steuerlichen Aspek-

---

[1]Dieser Zusammenhang muß natürlich nicht nur für Hersteller gelten. Demzufolge gilt diese Finanzanalyse nicht nur für Hersteller im engeren Sinne.

ten des Herstellerleasings verglichen mit der Verkaufssituation. Wie bereits einleitend erwähnt, betrachten wir den Leasingspezialfall, daß alle Leasingraten für die Grundmietzeit n abgezinst am Anfang in Höhe von eVP zu bezahlen sind. Steuerlich müssen Leasinggeber und Leasingnehmer diese Einmalzahlung linearisieren, das heißt auf die n Perioden Grundmietzeit in Höhe von $\frac{e}{n}VP$ verteilen. Dies bedeutet, daß der betrachtete Leasingspezialfall steuerlich genauso wirkt wie ein normaler linearer (nachschüssiger) Leasingvertrag.

Nach Darstellung der Notation und Annahmen in Abschnitt 2.1 werden zunächst in Abschnitt 2.2 aus Sicht des Herstellers (Leasinggebers) die unterschiedlichen Cash-Flow-Effekte und unternehmensstrategischen Implikationen der Verkauf / Leasing-Alternative diskutiert. Abschnitt 2.3 beinhaltet eine Erörterung der Leasingvorteilhaftigkeit im Vergleich zum Kauf aus Sicht des Kunden (Leasingnehmers) sowie den Nachweis des systematischen Fiskus-Cash-Flow-Barwertnachteils, wenn Hersteller und Kunde Leasinggeschäfte realisieren.

2.1 Notation und Annahmen

(A1) Produkteigenschaften:

Wir betrachten ein leasingfähiges materielles Wirtschaftsgut mit Anschaffungs- und Herstellungskosten HK, Verkaufspreis $VP > HK$ und betriebsgewöhnlicher Nutzungsdauer N, über welche linear abgeschrieben wird.

(A2) Leasingannahmen:

Die Grundmietzeit des Leasingvertrages beträgt $0 < n < N$ Perioden, die Höhe der abgezinsten Leasingraten, die zum Zeitpunkt $t = 0$ fällig sind, ist eVP. Für steuerliche Zwecke müssen Leasinggeber (Hersteller) und Leasingnehmer (Kunde) diese Einmalzahlung linear auf die n Perioden verteilen, das heißt der Steueraufwand beziehungsweise -ertrag ist $\frac{e}{n}VP$ zu jedem Zeitpunkt $t = 1, \ldots, n$.

(A3) Sonstiges:

Der konstante Ertragsteuersatz für Leasinggeber und Leasingnehmer ist $s \in (0,1)$, der gemeinsame Kalkulationszins in der Nach-Steuer-Cash-Flow-Welt ist $i \in (0,1)$. Es wird zunächst angenommen, daß das Wirtschaftsgut zum Zeitpunkt $t = n$ (nach Ablauf der Grundmietzeit) wertlos ist und verschrottet wird. Offensichtlich hat es bei linearer (pro rata temporis) AfA zu diesem Zeitpunkt noch einen Restbuchwert von $\frac{N-n}{N}$ des urpsrünglichen Aktivierungswertes.

Dieser Restbuchwert führt über einen außerordentlichen Aufwand zu einer Steuergutschrift, welche im Falle des Verkaufs beim Kunden und im Falle des Herstellerleasings beim Hersteller berücksichtigt werden muß.

(A4) Als Bewertungskriterium beziehungsweise Entscheidungskriterium für die
Kauf / Leasing-Entscheidung, wird der mit dem Kalkulationszins i berechnete Barwert der Projekt-Cash-Flow-Wirkungen nach Steuern verwendet. Als
Alternative 1 wird jeweils Kauf betrachtet und als Alternative 2 Leasing /
Einmalzahlung.

2.2   Die Herstellersicht

Verkauft der Hersteller ein Wirtschaftsgut mit Anschaffungs- / Herstellungskosten
HK und Verkaufspreis VP bei einem Ertragsteuersatz von s, der zum Zeitpunkt
$t = 0$ zahlungswirksam werden soll, so beträgt der zugehörige Cash-Flow-Barwert
nach Steuern

$$(2) \qquad H_1 = (1 - s)(VP - HK).$$

Dieser Wert ergibt sich selbstverständlich auch beim Verkauf an eine Leasinggesellschaft, die ihrerseits das Wirtschaftsgut an den Kunden verleast. Deshalb wird
dieser Fall nachfolgend nicht gesondert betrachtet, sondern unter „Verkauf an Kunden" subsumiert.

Bei direktem Herstellerleasing über $n < N$ Perioden mit Einmalzahlung der abgezinsten Raten in $t = 0$ erhält man hingegen

$$(3) \qquad H_2 = eVP - HK - s\left(\frac{e}{n}VP - \frac{HK}{N}\right)\sum_{t=1}^{n}(1 + i)^{-t} + R,$$

wobei R den abdiskontierte Resterlös nach Steuern darstellt. Das Investitionsgut
hat zum Zeitpunkt n noch einen (Hersteller-) Aktivierungswert von $\frac{N-n}{N}HK$. Sollte
es entsprechend unserer worst case-Annahme zum Zeitpunkt n wertlos sein, erhält
man einen Barwert der (Verschrottungs-) Steuergutschrift von

$$(4) \qquad R = s\frac{N - n}{N}HK(1 + i)^{-n}$$

und es gilt folglich

$$(5) \qquad H_2 = eVP(1 - \frac{s}{n}b_n) - HK(1 - \frac{s}{N}b_n) + s\frac{N - n}{N}HK(1 + i)^{-n},$$

wobei

$$(6) \qquad b_n = \sum_{t=1}^{n}(1 + i)^{-t} = \frac{1}{i}(1 - (1 + i)^{-n}); \; b_n < n.$$

Bisher wurde bei der Analyse der Cash-Flow-Barwerte jeweils nur Verkauf oder
Leasing eines Wirtschaftsgutes an einen Kunden betrachtet.

Ein zukunftsorientierter Unternehmer wird unternehmensstrategisch aber natürlich
weiterdenken und mögliche Nachfolgegeschäfte in seine Überlegungen miteinbeziehen. In dieser Hinsicht gibt es zwischen Verkauf und Leasing typische Unterschiede
im Kundenverhalten:

294

- Beim Kauf eines Produktes wird der Kunde das Wirtschaftsgut im Regelfall mindestens über die betriebsgewöhnliche Nutzungsdauer N nutzen, insbesondere dann, wenn er es gemäß der „goldenen Finanzierungsregel" auch über diesen Zeitraum fremdfinanziert hat. Bei vorzeitigem Verkauf / Verschrottung / Rückgabe hat er in diesem Fall sowohl das Problem der Begründung eines eventuellen außerordentlichen Aufwandes als auch der vorzeitigen Darlehenstilgung. Häufig wird er — soweit Kapazitätsgründe dem nicht gegenüberstehen — eine Ersatzbeschaffung über N soweit hinausschieben, bis die Grenzkosten des Gebrauchtgutes höher als die Vollkosten der Ersatzinvestition werden.
- Bei Leasing mit Grundmietzeit $n < N$ wird der Hersteller typischerweise eine Kauf- oder Verlängerungsoption anbieten, die hinreichend teuer ist, um barwertmäßig langfristig eine Amortisation des Kaufpreises einschließlich Kosten und Zinsen sicherzustellen. Ist die Kauf- oder Verlängerungsalternative im Verhältnis zum Leasing einer Ersatzinvestition relativ teuer, wird der Kunde typischerweise sich zu diesem Zeitpunkt für das Nachfolgegeschäft entscheiden.

Typischerweise wird der Hersteller also bei Verkauf seiner Produkte alle $N + X$ Perioden ein Nachfolgegeschäft realisieren, bei Leasing alle $n < N$ Perioden. Realisiert er alle $T = N + X$ Perioden ein Verkaufsgeschäft, so ergibt sich langfristig ein Cash-Flow-Barwert nach Steuern von

$$
(7) \qquad
\begin{aligned}
H_1^n &= (1-s)(VP - HK)\sum_{t=0}^{\infty}\left((1+i)^T\right)^{-t} \\
&= (1-s)(VP - HK)\left(1 - (1+i)^{-T}\right)^{-1}
\end{aligned}
$$

Realisiert er hingegen alle n Perioden ein Leasinggeschäft, beträgt dieser Barwert

$$
(8) \qquad
\begin{aligned}
H_2^n &= \left(eVP(1 - \tfrac{s}{n}b_n) - HK(1 - \tfrac{s}{N}b_n + s\tfrac{N-n}{N}HK(1+i)^{-n}\right) \\
&\quad \times (1 - (1+i)^{-n})^{-1}.
\end{aligned}
$$

Es läßt sich leicht errechnen, daß Leasing besser als Verkauf ist, das heißt $H_2^n \geq H_1^n$, wenn

$$
(9) \qquad
e \geq \frac{\frac{1-(1+i)^{-n}}{1-(1+i)^{-T}}(1-s)(VP - HK) + HK\left(1 - \frac{s}{N}b_n - s\frac{N-n}{N}(1+i)^{-n}\right)}{VP\left(1 - \frac{s}{n}b_n\right)}
$$

Beispiel 1: Bei $e = 1$, das heißt wenn die Leasing-Einmalzahlung gleich dem Verkaufspreis des Wirtschaftsgutes ist, ist aufgrund der Identität des Zahlungsflusses Kunde $\rightarrow$ Hersteller und der späteren sukzessiven Versteuerung des Rohgewinnes $(VP - HK)$ sowie für $n < T$ häufigerer Nachfolgegeschäfte Leasing offensichtlich bei positivem Zins $i > 0$ barwertmäßig günstiger als Verkauf.

Die interessante Frage ist daher: Um wieviel kann e kleiner als 1 sein, um dennoch äquivalent zu Verkauf zu sein? Allgemein beantwortet dies Ungleichung (9), exemplarisch das nachfolgende Beispiel:

Verkaufspreis	VP	=	100
Herstellungskosten	HK	=	50
Betriebsgewöhnliche Nutzungsdauer	N	=	10
Standzeit bei Verkauf	T	=	12
Grundmietzeit = Standzeit bei Leasing	n	=	9
Ertragsteuersatz	s	=	0,6
Kalkulationszins	i	=	0,1

Für diese Werte ergibt Ungleichung (9) speziell $e \geq 0,785$, das heißt, dann genügt bei Leasing eine Einmalzahlung in Höhe von 78,5 % (entsprechend einem Rohgewinn von 21,5, also 43 % gegenüber Verkauf), um Leasing besser als Verkauf zu 100 % zu machen.

Man könnte vermuten, daß dieses deutliche Ergebnis nur eine Folge der langen Standzeiten von 9 – 12 Perioden verbunden mit dem sehr hohen Kalkulationszins nach Steuern $i = 0,1$ ist. Das nachfolgende Beispiel zeigt jedoch, daß dies allenfalls zum Teil so ist.

Beispiel 2: Es sei wie bisher $VP = 100$, $HK = 50$, $s = 0,6$, jedoch $T = N = 4$ und $n = 3$ (also Standzeitverkürzung durch Leasing ebenfalls 25 %) und $i = 0,04$ (nach Steuern, also 10 % vor Steuern). Dann ergibt sich aus Formel (9) eine Verkaufs-Cash-Flow äquivalente Einmalzahlung von $e \geq 0,849$, das heißt nun genügt eine Einmalzahlung in Höhe von knapp 85 %, um Leasing besser als Verkauf zu machen.

Wie Ungleichung (9) allgemein und die Beispiele exemplarisch zeigen, ist für den Hersteller aufgrund steuerlicher und produktstrategischer Vorteile eine Leasing-Einmalzahlung von zum Beispiel 90 % im allgemeinen deutlich besser als ein Verkauf zu 100 %.

Interessanterweise gilt dies jedoch auch für die Liquidität des Unternehmens: Allgemein steht bei Verkauf eines Produktes zu VP mit Herstellungskosten HK nach Steuern in $t = 0$ eine Liquidität von $(1 - s)(VP - HK)$ zur Verfügung; bei Leasing / Einmalzahlung eine Liquidität von $eVP - HK$; in jeder nachfolgenden Periode $t = 1, \ldots, n - 1$ dagegen ist eine Steuerzahlung in Höhe von

$$(10) \qquad S_t = s\frac{e}{n}VP - \frac{HK}{N}$$

zu leisten. Die Anfangsliquiditätswirkung ist bei Leasing / Einmalzahlung daher offensichtlich besser als bei Verkauf, wenn

$$(11) \qquad e > 1 - s\frac{VP - HK}{VP},$$

das heißt die Leasing-Einmalzahlung darf höchstens den Wert 1 um das Produkt aus Steuersatz und Rohgewinnsatz unterschreiten, um bezüglich Anfangsliquidität in $t = 0$ nicht schlechter als bei Verkauf des Produktes zu werden. Typischerweise wird man jedoch e wesentlich höher wählen, nämlich so, daß zu **jedem** Zeitpunkt $t = 1, \ldots, n$ die Liquidität bei Leasing besser als bei Verkauf ist.

Betrachten wir hierzu das nachfolgende Beispiel mit den Zahlenwerten des vorhergehenden Kapitels:

Beispiel 3: Sei $VP = 100$, $HK = 50$, $T = 10$, $i = 0,1$, $s = 0,6$ und bei Leasing $e = 0,9$ und $n = 9$, so erhält man für Verkauf und Leasing des ersten betrachteten Geschäfts die beiden Zahlungsreihen (ohne Zinsen):

$t =$	0	1	2	3	4	5	6	7	8	9
Verkauf	20	0	0	0	0	0	0	0	0	0
Leasing	40	-3	-3	-3	-3	-3	-3	-3	-3	0

Barwert: - 16

Die Steuerzahlungen von -3 in $t = 1, \ldots, 8$ ergeben sich aus Periodenerträgen von 10 und AfA-Aufwand von 5 bei Ertragsteuern von 60 %. In $t = 9$ ergibt sich aufgrund des außerordentlichen Aufwands von 5 ein Periodengewinn von 0 und mithin keine Steuerzahlung.

Ohne Zinsen wäre die Liquidität bei Leasing in $t = 7$ um eine Einheit geringer; bei einem Zins nach Steuern von 4,24 % ist Leasing aber bereits in allen Zeitpunkten inklusive $t = 8$ und $t = 9$ liquiditätsmäßig günstiger als Verkauf; bei dem angenommenen Zins von 10 % ergibt sich in $t = 9$ ein Liquiditätsvorteil von 9,42, welcher zum Barwertvorteil bei $i = 0,1$ in $t = 0$ von 4 korrespondiert.

Als Fazit aus Beispiel 3 halte man fest, daß trotz eines 10 %-igen Umsatzverzichts bei Leasing der Liquiditätseffekt zu jedem Zeitpunkt wesentlich günstiger als bei Verkauf ist. Hierbei wurde noch nicht berücksichtigt, daß der Hersteller auch mit häufigeren Nachfolgegeschäften im Falle des Leasings rechnen und einen Vorteil aus den zur Verfügung stehenden Rücklaufgebrauchsgütern ziehen kann. Beispielsweise kann er diese gezielt in solchen Wettbewerbssituationen anbieten, in welchen er mit einem Neugeschäft keine oder nur sehr geringe Erfolgschancen hat.

Ein Ergebnis des Abschnitts 2.2 ist, daß aufgrund steuerlicher, produktstrategischer und Unternehmensfinanzierungsvorteile für den Hersteller Leasingangebote mit Barwert / Einmalzahlungshöhe von 80 – 90 % im allgemeinen deutlich vorteilhafter als Verkäufe zu 100 % sind — trotz des damit verbundenen Umsatz- und Rohgewinnverzichts.

2.3 Die Kunden- und Fiskussicht

Wie in Abschnitt 2.2 deutlich wurde, ist für den Hersteller Leasing auch dann eine steuerlich interessante Alternative zum Verkauf, selbst wenn er dabei deutlich weniger als den Verkaufspreis erlöst.

Versprechend ist daher eine Finanzanalyse eines solchen Angebotes im Vergleich zu Kauf aus Sicht des Kunden. Kauft der Kunde das Wirtschaftsgut zum Kaufpreis

VP, so aktiviert er zunächst diesen Wert. Annahmegemäß schreibt er in jeder Periode $\frac{VP}{N}$ steuerwirksam ab und macht bei Wertlosigkeit / Verschrottung nach n Perioden einen außerordentlichen Aufwand in Höhe von $\frac{N-n}{N}VP$ steuerlich geltend.

Der Barwert des Projekt-Cash-Flows ist deshalb bei Kauf aus Kundensicht

$$(12) \qquad \begin{aligned} K_1 &= -VP + s\frac{VP}{N}\sum_{t=1}^{n}(1+i)^{-t} + s\frac{N-n}{N}VP(1+i)^{-n} \\ &= -VP\left(1 - \frac{s}{N}\left(\frac{1}{i}\left(1-(1+i)^{-n}\right) + (N-n)(1+i)^{-n}\right)\right). \end{aligned}$$

Im Falle von Leasing mit Einmalzahlung aller abgezinsten Raten in $t=0$ in Höhe von eVP hat er in jeder Periode einen linearisierten Steueraufwand von $\frac{e}{n}VP$. Es ergibt sich daher hierfür

$$(13) \qquad K_2 = -eVP + s\frac{e}{n}VP\frac{1}{i}\left(1-(1+i)^{-n}\right).$$

Offensichtlich ist für den Kunden Leasing barwertmäßig günstiger als Kauf, wenn $K_2 \geq K_1$. Die Frage ist daher aus Kundensicht: Wie hoch darf die Einmalzahlung e bei Leasing höchstens sein, damit $K_2 \geq K_1$ gerade noch gilt? Dazu muß gelten:

$$(14) \qquad e \leq \frac{1 - \frac{s}{N}\left(b_n + (N-n)(1+i)^{-n}\right)}{1 - \frac{s}{n}b_n}.$$

Beispiel 4: Für die Werte aus Beispiel 1, nämlich $N=10$, $n=9$, $s=0,6$ und $i=0,1$ ergibt sich $b_n = 5,759$ und mithin $e \leq 1,021$. Dies bedeutet, daß aus Kundensicht in unserem Beispiel die Leasing-Einmalzahlung sogar 2 % höher als der Verkaufspreis sein kann und trotzdem Leasing besser als Kauf ist! Der Grund hierfür liegt darin, daß bei Verkauf über die betriebsgewöhnliche Nutzungsdauer abgeschrieben werden muß (mit außerordentlichem Aufwand bei der angenommenen Wertlosigkeit des Wirtschaftsgutes vor Ablauf), wohingegen bei Leasing die Einmalzahlung steuerlich linear auf die kürzere Grundmietzeit verteilt wird.

Wie Vergleiche der Ungleichungen (9) und (14) allgemein sowie der Beispiele 1 und 4 exemplarisch zeigen, gibt es im allgemeinen ein Intervall beträchtlicher Größe, in welchem eine Leasing-Einmalzahlung festgelegt werden kann, um für Hersteller und Kunde besser als ein Verkauf zu 100 % zu sein. Einigen sich demzufolge die Vertragspartner auf einen Wert im Innern des Intervalls, so profitieren beide vom Leasing.

Es ist daher naheliegend, die Wirkungen von Kauf und Leasing abschließend aus Fiskussicht zu untersuchen. Offensichtlich ist bei gleichem Ertragsteuersatz s von Hersteller und Kunde die Höhe der Leasing-Einmalzahlung aufkommensneutral, da der Hersteller ertragswirksam versteuert, was der Kunde aufwandswirksam geltend macht.

Bei Kauf wird jedoch der Rohgewinn des Herstellers sofort versteuert, und der Kunde schreibt auf Basis des Verkaufspreises ab, das heißt der Fiskus Cash-Flow-Barwert ergibt sich zu

$$(15) \quad F_1 = s(VP - HK) - s\frac{VP}{N}\left(\frac{1}{i}\left(1 - (1+i)^{-n}\right) + (N-n)(1+i)^{-n}\right).$$

Im Falle von Leasing ergibt sich für den Fiskus aufgrund der Aktivierung / AfA des Herstellers auf HK-Basis ein Cash-Flow-Barwert von

$$(16) \quad F_2 = -s\frac{HK}{N}\left(\frac{1}{i}\left(1 - (1+i)^{-n}\right) + (N-n)(1+i)^{-n}\right).$$

Wegen $F_1 > F_2$ ergibt sich die absolute Höhe des Fiskusnachteils bei Leasing im Vergleich zu Kauf aus

$$(17) F_1 - F_2 = s(VP - HK)\left(1 - \frac{1}{N}\left(\frac{1}{i}\left(1 - (1+i)^{-n}\right) + (N-n)(1+i)^{-n}\right)\right).$$

Beispiel 5: Für $VP = 100$, $HK = 50$, $N = 10$, $n = 9$ und $s = 0,6$ sowie $i = 0,1$ ergibt sich $F_1 - F_2 = 11,45$, das heißt das Finanzamt subventioniert barwertmäßig Leasing im Vergleich zu Kauf mit 11,45 % nach Steuern (unabhängig von der Höhe der Leasingraten).

Ergebnis:
Es gibt eine substanzielle steuerliche Vorteilhaftigkeit des Leasings, die mit der Höhe des Steuersatzes s, des Rohgewinns, der betriebsgewöhnlichen Nutzungsdauer, der Leasingvertragslaufzeit sowie mit dem Zins monoton steigt. Hauptgrund hierfür ist die Vermeidung der sofortigen Gewinnversteuerung im Falle des Leasing.

Die bisherigen Ergebnisse wurden gemäß Annahme (A3) unter zwei restriktiven Voraussetzungen erzielt, nämlich:
- daß das Produkt am Ende der Leasinggrundmietzeit n wertlos ist, das heißt der Restwert $RW = 0$,
- daß in jeder Periode ein Anteil $\frac{1}{N}$ des Aktivierungswertes linear (pro rata temporis) abgeschrieben wird.

In [1] wurde hierzu gezeigt, daß weder ein Restwert $RW > 0$ noch beschleunigte Abschreibung noch ein Verkauf des Wirtschaftsgutes am Vertragsende an den Leasingnehmer zum Hersteller-Restbuchwert wesentliches an der Subventionierung des Leasings durch den Fiskus ändert.

3 Herstellerleasing-Vertragsvarianten

Aus Kapitel 2 wurde deutlich, daß eine systematische steuerliche Vorteilhaftigkeit von Herstellerleasing im Vergleich zu Verkauf dazu führt, daß für Hersteller und Kunden unter schwachen Voraussetzungen solche Leasinggeschäfte wesentlich günstiger als Verkaufsgeschäfte sind. Neben diesen steuerlichen Vorteilen sprechen für einen Hersteller auch wichtige unternehmensstrategische Gründe dafür, einen möglichst großen Anteil seiner Produkte zu verleasen.

Dazu bieten sich dem Hersteller unterschiedliche Handlungsalternativen an, beispielsweise:

– aggressive Leasingkonditionen durch Weitergabe eines Teils des Herstellerleasing-Steuervorteils mit der Folge, daß aus Sicht des betriebswirtschaftlich rational entscheidenden Kunden Leasing im Fremd- oder Eigenfinanzierungsvergleich regelmäßig am günstigsten abschneidet;

– hinreichend viele Leasingvertragsvarianten, um sicherzustellen, daß für möglichst viele Kundensituationen die am besten passende Leasingvertragsform angeboten werden kann; im Gegensatz zur Erstgenannten spielen bei dieser Handlungsalternative qualitative Kundenvorlieben, Flexibilitätswünsche und unterschiedliche Risikoeinstellungen eine große Rolle.

Schon diese beiden beispielhaft genannten Handlungsalternativen sind konfliktierend, weil eine Vielzahl flexibler Vertragsvarianten für Vertrieb und Verwaltung komplex und mithin teuer ist, was offensichtlich die Möglichkeit zur Kalkulation aggressiver Leasingkonditionen einschränkt. Welche von beiden für den Hersteller erfolgversprechender ist, läßt sich allgemein sicher nicht belegen. Weit verbreitet im Leasingmarkt der Bundesrepublik ist aber mit Sicherheit die zweite Handlungsalternative; Hauptgründe hierfür sind nach Kenntnis des Autors:

– die in [1] ausführlich diskutierte, seltene Verbreitung des echten Herstellerleasings,

– die große Bedeutung der genannten qualitativen Aspekte gegenüber betriebswirtschaftlich fundierten Determinanten bei Investitions- und Finanzierungsentscheidungen in der Bundesrepublik,

– die Tatsache, daß umfassende Leasingpreisreduzierungen sich direkt im Unternehmensergebnis auswirken, wohingegen die Einführung zusätzlicher Vertragsformen zumindest kurzfristig ergebniswirksam meist weniger ins Gewicht fällt — auch aufgrund des typischerweise hohen Fixkostenanteils in deutschen Unternehmen.

Auch bei dem Hersteller für Investitionsgüter, für welchen der Autor die in Kapitel 4 beschriebene Konzeption und Entwicklung eines Finanzierungsexpertensystems leitet, wurde ein flexibles Angebot verschiedenster Finanzierungsformen geschaffen, dessen Komplexität für den (Finanzierungs-) Vertrieb durch das Expertensystem-Projekt besser nutz- und beherrschbar werden soll.

Nachfolgend sollen einige wesentliche Leasing-Finanzierungsvertragsvarianten skizziert werden:

3.1 Vollamortisationsverträge

Kennzeichnend für die Vollamortisierungsverträge nach [4] ist die Voraussetzung, daß

(V1) der Barwert der Leasingraten für $t = 1, \ldots, n$ (Einmalzahlungshöhe) mindestens gleich dem Herstellungskosten-Aktivierungswert zuzüglich sonstiger Kosten des Herstellers ist.

Sollen die geleasten Wirtschaftsgüter steuerlich dem Leasinggeber zugerechnet werden (wirtschaftliches Eigentum), ist entscheidend, daß

(V2) die unkündbare Grundmietzeit n im Intervall $[\frac{4}{10}N, \frac{9}{10}N]$ liegt und

(V3) eine eventuell Kauf- oder Verlängerungsoption mindestens auf Höhe des
(pro rata temporis) linearen Restbuchwertes des Herstellers oder des unter
Umständen niedrigeren gemeinen Wertes vereinbart ist.

Man beachte, daß (V1) und (V3) für Herstellerleasing sehr viel weniger restriktiv sind, als sie dies für eine wirtschaftlich selbständige Leasinggesellschaft wären.
Deshalb hat auch bei letzteren Vollamortisationsleasing in den letzten Jahren zunehmend an Bedeutung verloren.

Ist (V1) nicht erfüllt, liegt kein Finanzierungsleasing im Sinne von [4] vor, und die
Zurechnung des Wirtschaftsgutes erfolgt daher nach [6] im Regelfall ebenfalls beim
Hersteller (vgl. [14]).

Ist hingegen (V1) erfüllt, jedoch (V2) oder (V3) (oder beide) nicht, so wird das
Wirtschaftsgut steuerlich dem Kunden als Leasingnehmer zugerechnet; dies bedeutet, daß der Kunde als wirtschaftlicher Eigentümer den Leasinggegenstand in seiner
Handels- und Steuerbilanz ähnlich wie bei Kauf und Kreditfinanzierung behandelt.
Der Hersteller als Leasinggeber hingegen zeigt dieses Leasinggeschäft ähnlich wie
bei Verkauf des Wirtschaftsgutes.

Zusammenfassung:

Ist

– (V1) nicht oder (V1), (V2) und (V3) erfüllt, so erfolgt die Zurechnung beim
  Leasinggeber;
– (V1) erfüllt, aber (V2) oder (V3) nicht, so erfolgt die Zurechnung beim Leasingnehmer.

Die Zurechnung beim Kunden ist für diesen zum Beispiel in den folgenden Fällen
interessant, wenn er als wirtschaftlicher Eigentümer

– Investitionszulagen nach dem Investitionszulagengesetz erhalten kann,
– erhöhte Absetzungen / Sonder-AfA zum Beispiel nach dem Beschäftigungsförderungsgesetz oder dem Berlin-Förderungsgesetz in Anspruch nehmen kann,
– aus sonstigen bilanziellen oder Rechnungslegungsgründen aktivieren möchte.

Bereits im Rahmen von Vollamortisationsverträgen kann der Hersteller daher nachstehende Varianten anbieten (vgl. Abbildung 1) — abhängig davon, bei wem die
Zurechnung erwünscht ist.

Man beachte, daß auch beliebige Kombinationen der Varianten (Li), (Ki) und (Vi)
möglich sind. Für eine Zurechnung des Wirtschaftsgutes beim Kunden (Leasingnehmer) genügt in der Regel, daß eine der Varianten zur Kundenzurechnung führt —
auch dann, wenn alle übrigen Vertragsbestandteile für eine Zurechnung beim Hersteller (Leasinggeber) sprechen. Folglich sind für die 192 in Abbildung 1 konkret
angegebenen Vollamortisationsvertragsvarianten in der Regel einfache Zurechnungsaussagen möglich.

Bezeichnung	Variante	Zurechnung
(L1)	Laufzeit $< \frac{4}{10}N$	Kunde
(L2)	Laufzeit $\in [\frac{4}{10}N, \frac{9}{10}N]$	Hersteller
(L3)	Laufzeit $> \frac{9}{10}N$	Kunde
(K1)	Kaufoption $\geq$ linearer Restbuchwert	Hersteller
(K2)	Kaufoption $<$ linearer Restbuchwert	Kunde
(K3)	Kaufoption $\geq$ Marktpreis	Hersteller
(K4)	Kaufoption $<$ Marktpreis	Kunde
(K5), (K5'),...	Kombinationen aus (K1) und (K3),	Hersteller
	z. B. Kaufoption = min {linearer Restbuchwert, Marktpreis}	
	oder Kaufoption = max {linearer Restbuchwert, Marktpreis}	
(K6), (K6'),...	Kombinationen aus (K2) und (K4),	Kunde
	z. B. Kaufoption = min {linearer Restbuchwert, Marktpreis} $-\epsilon$	
	oder Kaufoption = max {linearer Restbuchwert, Marktpreis} $-\epsilon$	
(Vi), $i = 1,\ldots,6$	Dieselben Zurechnungsfolgen haben entsprechend den Kaufoptionen kalkulierte Verlängerungsoptionen.	

Abbildung 1: *Vollamortisationsvertragsvarianten*

3.2 Teilamortisationsverträge

Im sogenannten Teilamortisationserlaß ([5]) sind die folgenden drei Vertragstypen skizziert:

(T1) Teilamortisationsvertrag mit Andienungsrecht,

(T2) Teilamortisationsvertrag mit Mehrerlösbeteiligung,

(T3) kündbarer Vertrag,

und es sind Kriterien angegeben, die für Zurechnung beim Leasinggeber hinreichend sind. Kennzeichnend für die Verträge (T1), (T2) und (T3) ist, daß

(K1) die unkündbare Grundmietzeit n im Intervall $[\frac{4}{10}N, \frac{9}{10}N]$ liegt (V2),

(K2) der Barwert der Leasingraten während der Grundmietzeit geringer als die Anschaffungs- und Herstellungskosten zuzüglich sonstiger Kosten ist (durch eine eventuelle Abschlußzahlung ist aber sichergestellt, daß der Leasinggeber insgesamt zumindest alle seine Kosten vom Leasingnehmer erstattet bekommt),

(K3) der Leasinggeber an der Chance der Wertsteigerung des Wirtschaftsgebers partizipiert,

(K4) der Leasingnehmer das volle Risiko der Wertminderung des Wirtschaftsgutes trägt.

In der Leasingpraxis sind diese Verträge mit den unterschiedlichsten Bezeichnungen teilweise in reiner Form und teilweise kombiniert verbreitet. Auf Details hierzu sei auf [5] verwiesen. Darüber hinaus werden in der Praxis zunehmend Verträge angeboten, bei welchen (K4) nicht oder nicht in vollem Umfang zutrifft, das heißt der Leasinggeber übernimmt einen Teil des sogenannten Restwertrisikos. Meist sind diese Verträge so gestaltet, daß sie aufgrund der „allgemeinen Bewertungsgrundsätze" ebenfalls dem Leasinggeber zugerechnet werden.

Ohne dies nun hier im Detail skizzieren zu können, sei abschließend darauf hingewiesen, daß auch bei den Teilamortisationsverträgen und ihren Abwandlungen eine dreistellige Zahl von Varianten gestaltbar und ein Großteil davon auch verbreitet ist.

Bereits recht komplex sind die rechtlichen Restriktionen sowie die Beachtung der handels- und steuerrechtlichen Folgen dieser Leasing- / Finanzierungsvertragsvarianten, deren Kenntnis erforderlich ist, um
- die geeignetsten Varianten für das Herstellerleasing-Angebot auszuwählen und diese zu verwalten sowie
- um am Markt erfolgreich gegen die Vielzahl anderer Leasing- / Finanzierungsvarianten zu konkurrieren.

Wesentlich komplexer wird das notwendige Wissen aber dadurch, daß es bei Investitionsgütern nicht nur relativ einfache Neugeschäfte, sondern auch wesentlich komplizierte Finanzierungen von Erweiterungsinvestitionen, Anbauten, Austausch- und Gebrauchtgeschäften usw. gibt.

Mit diesem Überblick dürfte deutlich geworden sein, daß typischerweise weder im Vertrieb noch in der Verwaltung eines Herstellers eine Person über alles notwendige und wünschenswerte Wissen verfügen kann und mithin der situationsspezifische erfolgreiche Wissenszugriff ein Kernproblem beim Herstellerleasing darstellt. Damit ist die Grundlage geschaffen für das nachfolgende Kapitel.

4 Ein Finanzierungsexpertensystem-Projekt

Hintergrund für das Finanzierungsexpertensystem-Projekt war die Zielsetzung des Herstellers, aus den oben genannten und anderen unternehmensstrategischen Gründen einen möglichst großen Anteil des Investitionsgüterabsatzes zu verleasen anstatt zu verkaufen und durch Leasing zusätzliches Absatzpotential zu erschließen. Auf diesem Hintergrund war die Grundidee die Entwicklung eines dezentral verfügbaren Expertensystems, welches zunächst den (Finanzierungs-) Vertrieb abhängig von der speziellen Kunden- und Wettbewerbssituation bei der Auswahl des chancenreichsten Herstellerleasing-Finanzierungsangebotes unterstützt und hierfür Argumentationshilfen zielgerichtet zur Verfügung stellt.

Folglich handelt es sich bei dem Finanzierungsexpertensystem-Projekt um ein Beratungsexpertensystem, worunter hier und im folgenden ein Programmsystem verstanden werden soll, das bezogen auf ein eng abgegrenztes Sachgebiet „ähnliche

Beratungsfähigkeiten" aufweist wie ein menschlicher Experte. Ähnlich ist hier aus gutem Grund in Anführungszeichen geschrieben, da es angesichts des derzeitigen und absehbaren Entwicklungsstandes wissensbasierter Systeme von vornherein ausgeschlossen wurde, menschliche Lernfähigkeiten, Kreativität und ähnliches für das Finanzierungsexpertensystem-Projekt anzustreben. Andererseits darf aber auch nicht übersehen werden, daß es mit einem Expertensystem möglich ist (korrekte Regeln und Fakten vorausgesetzt), menschliche Schwächen wie Vergeßlichkeit, falsche Deduktionen, Verwendung ungesicherten oder falschen Wissens etc. auszuschließen. Mithin kann die Beratung durch ein Expertensystem gegenüber der durch Menschen auch beträchtliche Vorteile aufweisen; für das Finanzierungsexpertensystem-Projekt entscheidend waren die folgenden:

- Wissen und Erfahrung weniger Experten in Zentrale und Niederlassungen werden zeitlich und örtlich unabhängig speziell auf die relevante Kundensituation passend dem Feld zur Verfügung gestellt (auch bei Urlaub, Besprechungen, Wechsel, Telefonbelegung etc.).
- Mißverständnisse und Fehlinterpretationen, wie sie bei Telefonbefragung von Experten insbesondere in Streßsituationen vorkommen und gegebenenfalls größeren Reparaturaufwand erfordern, werden bei der Benutzung des Finanzierungsexpertensystem-Projekts ausgeschlossen beziehungsweise erheblich reduziert.
- Experten werden weniger mit belanglosen, bereits mehrfach beantworteten Standardfragen beschäftigt und haben mehr Zeit für gründliche konzeptionelle Arbeit, die wiederum dem Finanzierungsangebot und dessen Verständnis hilft.
- Das Finanzierungsexpertensystem-Projekt kennt keinen Zeitdruck, keine Emotionen und persönliche Vorlieben, die manchmal die Verfolgung des besten Angebots ausschließen können, vergißt nichts und stellt nur gesichertes, das heißt abgestimmtes Wissen zur Verfügung.
- Anfragen werden einheitlich, transparent und nachvollziehbar beantwortet (Erklärungskomponente), was Akzeptanz und Verständnis der ausgesuchten Finanzierungslösung positiv beeinflußt.
- Experten werden gezwungen, ihr Wissen in Form klarer Wenn-dann-Regeln darzustellen und kennen demzufolge auch die Notwendigkeit, Änderungen über das Finanzierungsexpertensystem-Projekt ohne Telefongespräche oder Briefe „Feldweit" bekannt zu machen.

Während der Entwicklung stellte sich insbesondere der letzte Punkt als äußerst bedeutungsvoll heraus, da man erst durch den Zwang zur Vollständigkeit, Konsistenz und Korrektheit feststellte, wieviel Wissen noch nicht vorhanden, unterschiedlich verstanden oder falsch interpretiert worden war. Mithin ergaben sich die durch das Finanzierungsexpertensystem-Projekt angestrebten Wirkungen der Verbesserung der Kundenberatung und Schulung des Vertriebs zum Teil schon durch Vorabinformationen während der Entwicklung. Im folgenden Abschnitt wollen wir die Vorgehensweise bei der Projektentwicklung ausführlicher behandeln.

4.1 Vorgehensweise bei der Projektentwicklung

Das Finanzierungsexpertensystem-Projekt war von vornherein nicht als Insellösung,
sondern als integraler Bestandteil der konventionellen betrieblichen DV-Umgebung
konzipiert. Eine erfolgreiche Beratung erfordert Zugriff auf Preisdatenbanken für
Investitionsgüter- und Leasingpreise und ist erst dann abgeschlossen, wenn finanzanalytisch nachgewiesen ist, wie bezüglich der Kundenkriterien das bestmögliche
Herstellerleasing-Angebot im Vergleich zu Finanzierungsalternativen des Kunden
abschneidet. Folglich sind im Projekt folgende wesentliche Aufgaben zu bewältigen:

- Integration in konventionelle DV-Umgebung,
- Knowledge Engineering zur Erfassung und Repräsentation des erforderlichen Re-
  gelwissens,
- Bestimmung der kundenoptimalen Herstellerleasingvariante (z. B. auch Laufzeit,
  Zahlungsstrom) und finanzanalytischer Nachweis der Vorteilhaftigkeit.

Für jede dieser drei Aufgaben wurde ein Mitarbeiter ausgewählt, der über besondere
Kenntnisse auf einem der Fachgebiete und über hinreichend gute Kenntnisse auf den
übrigen verfügt, um eine gute Zusammenarbeit innerhalb der Entwicklungsgruppe
und mit den Experten zu gewährleisten.

Während die erste und letzte der oben genannten Aufgaben zum Großteil problem-
spezifisch sind, spielt das Knowledge Engineering typischerweise eine zentrale Rolle.
Denn die Hauptaufgabe bei der Entwicklung eines Expertensystems besteht darin,
das Wissen eines Experten zu erfassen und es auf angemessene Weise zu repräsentieren. Dies wird als Knowledge Engineering, der ausführende Fachmann als Knowledge Engineer bezeichnet.

Die Wissenserfassung (-akquisition) spielt bei der Entwicklung eines Expertensystems eine wichtige, wenn nicht die entscheidende Rolle. Die Wissenserfassung kann
als übergeordnete Phase betrachtet werden, da in jeder Phase der Expertensystementwicklung Wissen benötigt wird. Im Rahmen der heutigen Expertensystementwicklung wird das Wissen meist durch Gespräche zwischen dem Knowledge Engineer
und den Experten ermittelt.

Nach der Wissensakquisition hat der Knowledge Engineer die schwierige Aufgabe,
das erfaßte Wissen in eine adäquate Wissensrepräsentationsform eines Experten-
sytemwerkzeuges zu transformieren. Einer der wichtigsten Aspekte dieser Tätigkeit
ist es, das Fachwissen zu organisieren, das heißt es zu strukturieren, zu formalisieren und in geeignete Konzepte aufzugliedern. Diese Wissensorganisation hat
zum Ziel, die bestehende Differenz zwischen dem erfaßten Expertenwissen und der
späteren Form des Wissens in der Wissensbasis zu überbrücken. Es werden hierbei
Zwischenrepräsentationsformen verwendet, die das Wissen in einer strukturierten,
formalisierten Form wiedergeben und gleichzeitig den Vorteil der Lesbarkeit und
Überschaubarkeit besitzen. Sobald das Wissen in einer Zwischenrepräsentationsform
vorliegt, wählt der Knowledge Engineer ein geeignetes Expertensystemwerkzeug aus
und beginnt mit der Implementierung der Wissensbasis.

Die genannten Tätigkeiten lassen sich, im Gegensatz zur Softwaretechnologie, nicht in streng abgrenzbare Phasen unterteilen, sondern sie sind eher als ein iterativer Prozeß zu betrachten. Dieser Prozeß, der zur Entwicklung der Wissensbasis führt, kann am besten durch eine Schleife dargestellt werden:

1. Unterteilung des Wissens in Konzepte.

2. Strukturierung und Formalisierung einzelner Konzepte.

3. Festlegung der Attribute und Entwicklung der Repräsentationsform.

4. Überprüfung durch die Experten.

5. Bei Auftreten von Problemen Wiederholung der Schritte 1 – 4 (speziell der Schritte 3 und 4).

6. Implementierung.

7. Test und Validierung.

8. Treten beim Test keine Probleme auf, so gilt dieser Teil des Expertensystems als fertig entwickelt. Andernfalls wird zu Schritt 4 zurückgegangen.

9. Sind alle Konzepte implementiert, so ist die Entwicklung des Expertensystems beendet. Andernfalls wird zu Schritt 2 zurückgegangen.

Durch die wechselseitige Erfassung, Repräsentation und Implementierung des Wissens wächst das System aus sich selbst heraus, bis es den Anforderungen der Experten und der Anwender genügt. Dieser Prozeß der iterativen Entwicklung zeigt, daß das Expertensystem inkrementell in Breite und Tiefe wächst.

Der Prototyp sollte allerdings erst dann implementiert werden, wenn ein Teilproblem vollständig strukturiert und formalisiert ist (also in einer Zwischenrepräsentation vorliegt). Erbringt der Prototyp die gewünschte Leistung, so kann mit seiner Erweiterung zu einem vollständigen System begonnen werden.

Formen der Zwischenrepräsentation sind zum Beispiel Baumstrukturen, Attribut-Arbeitsblätter, Entscheidungsbäume und -tabellen sowie Inferenznetzwerke (vgl. [7,9,15]). Die Experten überprüfen das durch diese Repräsentationsformen dargestellte Wissen und bestätigen die Richtigkeit zum Beispiel der in den Entscheidungstabellen aufgeführten Regeln. Es wird also erst nach der vollständigen Erfassung des Wissens eines Teilgebietes, erst nach der Repräsentation dieses Wissens in einer Zwischenrepräsentation und erst nach der Überprüfung des dargestellten Wissens durch die Experten mit der Implementierung begonnen.

Die Notwendigkeit eines *späten* Implementationsbeginns wurde vor allem deshalb hervorgehoben, da nach Überzeugung des Autors ein zu früher Beginn und deshalb zu viele Prototypiterationen neben überzogenen Erwartungen Hauptgrund für das Scheitern vieler Expertensystem-Projekte ist.

Ein weiterer wichtiger Punkt bei der Expertensystementwicklung, der zwar erst im laufenden Betrieb offenbar wird, aber dennoch früh in der Entwicklung Berücksichtigung finden sollte, ist eine leichte Wartbarkeit des Systems. Wenn — wie üblich — einfache Regeländerungen ohne Konzeptänderungen und ohne Schnittstellenimplikationen für die konventionelle DV-Umgebung relativ häufig sind, muß entweder

- ein mit den notwendigen Expertensystemkenntnissen ausgestatteter Mitarbeiter laufend zur Verfügung stehen oder
- eine Regeländerung bei dem implementierten Expertensystem so einfach durchführbar sein, daß ein sowieso vorhandener Mitarbeiter mit Kontakt zu den Experten (etwa aufgrund sonstiger Beratungstätigkeit) diese bewerkstelligen kann, ohne über spezielle Expertensystemkenntnisse zu verfügen.

Beim Finanzierungsexpertensystem-Projekt gab dieser Aspekt den Ausschlag zur Verwendung der IBM-Expertensystemshell ESE (Expert System Environment), die einfache Regeländerungen durch einen normalen Benutzer ermöglicht und darüber hinaus auch Integrationsvorteile aufweist. Nachteil hierbei ist, daß rechenintensive Aufgaben und Datenzugriffe über eine Reihe externer Prozeduren realisiert werden müssen.

4.2   Ergebnis der bisherigen Entwicklung

Innerhalb von drei Monaten Entwicklungszeit mit 10 Mann-Monaten Gesamtaufwand wurde bis Ende 1988 als Stufe 1 des Finanzierungsexpertensystem-Projekts das Teilproblem „Finanzierung von Erweiterungsinvestitionen und Anbauten" vollständig strukturiert, formalisiert und nach der Überprüfung implementiert.

Zunächst wird aufgrund der eingegebenen Kunden- und Wettbewerbsfakten anhand von heuristischen Erfahrungsregeln (fuzzy-if-rules) ein Ranking der Herstellerleasing-Angebote vorgenommen. Bereits hier werden rechtliche, steuerliche, institutionelle und Wettbewerbsaspekte über fuzzy-if-rules berücksichtigt. Anschließend werden in der Ranking-Reihenfolge sukzessive (über backward chaining) sämtliche Voraussetzungen für das betrachtete Ziel-Angebot überprüft, bis eine hinreichend große Zahl
- aufgrund der Erfahrungsregeln guter und
- zulässiger (alle Voraussetzungen sind erfüllt)
Herstellerleasing-Angebote vorliegen. Im dritten Schritt werden diese finanzanalytisch mit Finanzierungsalternativen verglichen und kundengeeignet aufbereitet.

Der letzte Teil, die Erweiterung auf andere Geschäftsarten wie Neuinvestitionen und Austauschgeschäfte sowie die Integration ist in den nächsten zwölf Projektmonaten geplant.

Insgesamt läßt sich sagen, daß sich die Vorgehensweise, als „Prototyp" ein vollständiges Teilproblem exemplarisch durch die erste Stufe eines Expertensystems zu implementieren, zumindest bisher bewährt hat. Sowohl den Endbenutzern als auch der Geschäftsleitung kann auf diese Weise sehr viel besser als mit einem unzulänglichen

Prototyp demonstriert werden, welcher Beitrag von einem solchen Expertensystem zu erwarten ist.

5 Konklusion

In Kapitel 2 wurde gezeigt, daß bereits unter recht schwachen Voraussetzungen Herstellerleasing unternehmensstrategisch für den Hersteller generell vorteilhafter als Verkauf leasingfähiger Investitionsgüter ist. Hauptgrund hierfür sind neben produktstrategischen insbesondere steuerliche Leasingvorteile, die dafür entscheidend sind, daß auch für Kunden Herstellerleasing recht einfach vorteilhaft gestaltet werden kann. Werden vom Hersteller und Kunden anstelle von Verkaufs- Herstellerleasing-Geschäfte realisiert, sinkt das Steueraufkommen des Fiskus sowohl kurzfristig als auch langfristig barwertmäßig.

Kapitel 3 gab einen Überblick über die mögliche und am bundesdeutschen Leasingmarkt übliche Komplexität, deren Kenntnis einerseits für ein vielseitiges, flexibles Herstellerleasing-Angebot genutzt werden kann und andererseits erforderlich ist, wenn man ein solches erfolgreich am Markt anbieten will.

Da der Übergang auf ein solches Herstellerleasing einen beträchtlichen Beitrag zum langfristigen Unternehmenserfolg leisten kann, wurde in Kapitel 4 über ein Finanzierungsexpertensystem-Projekt berichtet. Auf der Grundlage der Konzeption, der Vorgehensweise sowie der bisherigen Erfahrungen der Realisierung des ersten Projektteils läßt sich eine Bewährung des beschrittenen Weges feststellen. Von daher steht zu erwarten, daß das Projekt das Ziel, zur Ausweitung des Herstellerleasing-Geschäfts beizutragen, erreichen wird.

Literatur

[1]   BUHL, HANS: Finanzanalyse des Hersteller-Leasings, in: *Zeitschrift für Betriebswirtschaft* (1989) 4, 421 ff.

[2]   BÜSCHGEN, HANS: Leasing und finanzielles Gleichgewicht der Unternehmung, in: *Schmalenbachs Zeitschrift für betriebswirtschaftliche Forschung* 19 (1967), 625 ff.

[3]   BÜSCHGEN, HANS: Finanzleasing als Finanzierungsalternative. Eine kritische Würdigung unter betriebswirtschaftlichen Aspekten, in: *Zeitschrift für Betriebswirtschaft* (1980) 9, 1028 ff.

[4]   BDF-Schreiben vom 19.04.81: Ertragsteuerliche Behandlung von Finanzierungsleasing-Verträgen über bewegliche Wirtschaftsgüter, in: *Bundes-Steuerblatt* (1971) I, 264 ff.

[5]   BDF-Schreiben vom 22.12.85: Sog. Teilamortisations-Erlaß, in: *Der Betriebsberater* 29 (1976), 172 ff.

[6]   BFH-Urteil vom 26.01.70, in: *Bundes-Steuerblatt* (1970) II, 272 ff.

[7]   HART, ANNA: *Knowledge Acquisition for Expert Systems*, Anchor Branden LTD, Essex 1986, 54 ff.

[8]   KOLBECK, ROSEMARIE: Leasing als finanzierungs- und investitionstheoretisches Problem, in: *Schmalenbachs Zeitschrift für betriebswirtschaftliche Forschung* 20 (1968), 58 – 87

[9] MASSLER, THOMAS: *Entwicklung eines Schulungskurses über Knowledge Engineering*, Diplomarbeit an der Universität Karlsruhe, Institut für Wirtschaftstheorie und Operations Research (1988), 58 – 87

[10] MELLWIG, WINFRIED: Finanzplanung und Leasing, in: *Zeitschrift für Betriebswirtschaft* 9 (1980), 1042 ff.

[11] MELLWIG, WINFRIED: Besteuerung und Kauf- / Leasing-Entscheidung, in: *Schmalenbachs Zeitschrift für betriebswirtschaftliche Forschung* 35 (1983), 782 ff.

[12] MELLWIG, WINFRIED: *Investition und Besteuerung*, Wiesbaden 1985.

[13] ROSE, GERD: Betrieb und Steuer, Grundlagen zur betriebswirtschaftlichen Steuerlehre, Erster Band: *Die Ertragssteuern* 1982, 192 ff.

[14] ROSENBERG, OTTO: Kriterien zur Bestimmung der Vorteilhaftigkeit des Finanzierungsleasings, in: *Schmalenbachs Zeitschrift für betriebswirtschaftliche Forschung* 27 (1975), 170 ff.

[15] SIEGEL, PAUL: *Expert Systems, A Non-Programmer's Guide to Development and Applications*, TAB Professional and Reference Books, Blue Ridge Summit (1986), 51 ff.

PC-gestützte Marktforschung

von Jürgen Hansohm

Universität Gesamthochschule Essen

1	Bedeutung der PC-Unterstützung im Bereich der Marktforschung
2	Datenbasis
3	Marketingfragestellungen
4	Durchführung einer Analyse mit PC-INF*ACT
5	Mögliche Weiterentwicklungen

1 Bedeutung der PC-Unterstützung im Bereich der Marktforschung

Versteht man Marketing als marktorientierte Unternehmensführung, so ist die systematische und planmäßige Erforschung des Marktes eine Voraussetzung für kundengerechtes Verhalten. Die Gewinnung und Analyse von marktorientierten Informationen ist somit Grundlage für die Bestimmung des Marketing-Mix, also der Kombination der Produktpolitik, der Preis- und Konditionenpolitik, der Distributionspolitik und der Kommunikationspolitik.

Bezüglich der Informationsgewinnung kann man zwischen den internen und den externen Informationen unterscheiden. Interne Informationen werden vorwiegend aus dem Rechnungswesen und dem Controlling-Bereich gewonnen, externe können durch Mitarbeiter, Verkäufer, Marktbeobachter, Wettbewerber, Presse etc., vor allem aber von Marktforschungsinstituten gewonnen werden.

Gerade letztere Informationen sind insbesondere für Stäbe zur Vorbereitung von Marktentscheidungen von großer Bedeutung. Angeboten werden von Marktforschungsinstituten vor allem Panel- und Werbedaten (vgl. [4,10]).

Paneldaten:
- Verbraucherpanels (G & I, Gfk, GfM, Infratest etc.)
- Handelpanels (Nielsen, Gfk etc.)
- Spezialpanels (IMS-Ärzte-Panel etc.)

Werbedaten:
- Werbestatistik (S & P-Beobachtung der Hersteller-Werbung, IMP-Beobachtung der Händlerwerbung)
- Mediaanalyse (AGMA, AWA etc.)
- Werbewirkungsanalysen (IVE-Monitor etc.)

Beschränkt man sich auf numerische Daten und hierbei auf die periodisch erhobenen Paneldaten, so sind für das Top- und Middlemanagement wegen des Aggregationsgrades insbesondere Haushaltspanels von Nutzen.

Üblich ist in der Praxis der Erhalt von Daten von einem Marktforschungsinstitut in einem bestimmten Rhythmus — meist alle zwei Monate — in Form eines schriftlichen Berichts. Dies genügt hingegen in mehrerer Hinsicht nicht mehr den betrieblichen Erfordernissen:

- Zwar ist der im allgemeinen sehr umfangreiche Berichtsband den speziellen Kundenwünschen angepaßt, für bestimmte Fragestellungen müssen die Daten dennoch aufbereitet werden. Hierzu werden große Teile des Datenmaterials in verschiedenste Systeme (zum Beispiel in die hausinterne Datenbank, in ein System zur Graphikaufbereitung etc.) neu eingegeben — neu deshalb, weil den Marktforschungsinstituten diese Daten schon maschinenlesbar vorliegen und sie einen erheblichen Aufwand für die Erstellung der kundenbezogenen Berichte betreiben.
- Für eine Reihe von Marketingfragestellungen (zum Beispiel nach der Auswirkung von Sonderpreisaktionen ([11]) oder Verbundkäufen) sind Scannerdaten den traditionellen Handelspanels überlegen. Zwar sind repräsentative elektronische Handelspanels für die Bundesrepublik Deutschland mit einem entsprechenden Anteil von elektronischen POS-Systemen von ca. 4 % selbst bei Lebensmittelbetrieben noch nicht möglich ([13]), dennoch ist eine Entwicklung bei uns wie in den USA mit ca. 46 % „gescanntem" Lebensmittelumsatz zu erwarten. Dies bedingt eine enorme Informationsflut, die ohne ein computergestütztes Informationssystem nicht sinnvoll genutzt und wirtschaftlich bewältigt werden kann.
- Ist für das Lowermanagement eine regelmäßige periodische Berichterstattung möglicherweise noch angemessen, so existiert beim Topmanagement eher der Bedarf an ad hoc-Informationen ([4]). Neben der Beseitigung der oben genannten Schwächen kann im Gegensatz dazu ein mit den Marktforschungsdaten gespeistes Informationssystem
  · die Kreativität, Erfahrung und Intuition eines Marketingmanagers geeignet unterstützen,
  · eine Verknüpfung der Daten ermöglichen und damit beispielsweise aussagekräftigere Kennzahlen ermitteln,
  · Daten für Berichte, Präsentationen, Sales Folders etc. auch graphisch schnell aufbereiten und
  · den Informationsdurchsatz erhöhen und damit beispielsweise schnellere Reaktionen auf Marktveränderungen ermöglichen.

Die meisten bisher eingesetzten Marketinginformationssysteme wie zum Beispiel EXPRESS, ANALECT oder ACUSTAR sind im Betrieb auf der Groß-EDV verfügbar, oder die Firma ist via Terminal an die Groß-EDV einer Marktforschungsfirma angeschlossen und hat auf diese Weise Zugang zu dem System. Da die Benutzeroberfläche bei der Groß-EDV nicht an die Fähigkeiten einer guten Benutzeroberfläche eines Personal Computers heranreicht — man denke beispielsweise an graphische Menüs mit Ikonen — ist im allgemeinen organisatorisch eine Person oder Abteilung zwischen den Manager mit seinem Informationsbedarf und das entsprechende Informationssystem geschaltet. Der Manager artikuliert seine Informationswünsche gegenüber dieser Person oder Abteilung, die aufgrund ihrer Kenntnisse mit dem EDV-System diese Anfrage bearbeitet und die gewünschte Information in Form eines schriftlichen Berichts zurückgibt. Abgesehen davon, daß dies ein langwieriger Prozeß ist, wird die Inspiration des Managers durch diese Art der Nutzung nicht gefördert. Manager lieben es, frei durch die Datenbank zu wandern ([7]), nur so können neue Hypothesen überprüft und ad hoc-Fragestellungen schnell beantwortet werden. Darüber hinaus tritt bei dieser Abarbeitung der Informationswünsche im „Batch" statt im unmittelbaren Dialog kein „Feedback" zwischen Anwender und Informationssystem auf, so daß der Manager nicht lernt, die gesamten Möglichkeiten des Systems zu nutzen.

Ein PC-gestütztes System ist deshalb wesentlich besser in der Lage, den Manager an seinem Arbeitsplatz hinsichtlich seiner täglich zu bewältigenden Marktforschungsaufgaben zu unterstützen, als ein System auf der Groß-EDV. Hinzu kommen noch die vielfältigen Möglichkeiten der Weiterverarbeitung der Daten am PC, so zum Beispiel zur statistischen Aufbereitung, zur Erstellung einer eigenen Datenbank, der Kalkulationsunterstützung mittels eines Spreadsheets etc. (vgl. auch [3]). Dies soll nicht heißen, daß ein PC-gestütztes System nur als ein stand-alone Gerät betrieben werden sollte; eine Vernetzung mit der Groß-EDV erscheint äußerst sinnvoll, die bisher verwirklichten Lösungen sind hingegen leider noch nicht in der Lage, die Unterschiede in der Benutzung zwischen PC und Groß-EDV zu egalisieren ([7]).

Im folgenden soll an einem Beispiel des PC-gestützten Marketinginformationssytem PC-INF*ACT der Markforschungsfirma Nielsen aufgezeigt werden, wie sich typische Marketingfragestellungen mit Hilfe des Systems beantworten lassen und welche Erweiterungen eines solchen Systems aus Benutzersicht wünschenswert wären.

2 Datenbasis

Die von der Firma Nielsen erstellte Datenbasis läßt sich wie in Abbildung 1 in vier logische Dimensionen unterteilen (vgl. [10]).

Datenbasen anderer Marktforschungsinstitute (zum Beispiel GfK) lassen sich ähnlich strukturieren (vgl. [3]).

3 Marketingfragestellungen

Typische Marketingfragestellungen des Managements, die sich mit einem mit oben angegebenen Daten gefüllten Informationssystem schnell und einfach beantworten lassen, sind beispielsweise (vgl. [4,12]):
– Schnelle Information über Einzeldaten (z. B.: Wie hoch war der Umsatz von Produkt P in der Region R in der Periode Februar / März 1987?).

MarKeTs	PRODucts	FaCTs	PERiods
Regionen	Marken	Umsatz	Dez./Jan. 1982
Region 1 (R1)	Marke A in ver-	Absatz	Feb./Mrz. 1982
Region 2 (R2)	schied. Formen	⋮	⋮
⋮	MA1	Endpreise	Okt./Nov. 1982
Distribution	⋮	pro Einheit	Dez./Jan. 1983
Discounter	MA12	⋮	⋮
⋮	Marke B	Lagerbestand	Dez./Jan. 1988 (DJ88)
	MB1	⋮	Feb./Mrz. 1988 (FM88)
	⋮	Gesamtabsatz	Apr./Mai 1988 (AM88)
	MB7	Gesamtumsatz	Juni/Juli 1988 (JJ88)
		⋮	Aug./Sept. 1988 (AS88)
		Einkäufe	Okt./Nov. 1988 (ON88)
		⋮	

Abbildung 1: *Nielsen-Segmente*

- Schnelle Bildung von einfachen Kennzahlen (z. B.: Um wieviel Prozent hat sich der Marktanteil von Produkt P in der Region R in der letzten Periode gegenüber den entsprechenden Perioden des Vorjahres verändert?).
- Zeitliche Entwicklung bestimmter Marken in Teilbereichen (z. B.: Wie hoch war der Absatz der Produkte P_1, P_2 und P_3 im gesamten Gebiet in den jeweiligen Berichtsperioden der letzten Jahre?).
- Trend- und Saisonbereinigungen zur Prognose in die Zukunft, insbesondere auch für den Gesamtmarkt (z. B.: Welcher Umsatz von Produkt P in der Region R wird anhand der Vergangenheitsdaten für den nächsten Berichtszeitraum geschätzt?).
- Soll-Ist-Vergleich mit anschließender Abweichungs- und Schwachstellenanalyse (z. B.: Warum ist bei Marke X eine Stagnation festzustellen und im Gegensatz zum geschätzten Sollwert keine weitere Steigerung zu verzeichnen?).
- Konkurrenzanalyse (z. B.: Wie sieht die Marktanteilsentwicklung bei der Konkurrenzmarke Y aus?).
- Sortimentsanalyse — Konzentration auf die „Renner", Eliminierung der „Penner" (z. B.: Welche meiner Produkte sind A-Produkte (beispielsweise über 10 % Umsatzanteil), welche sind B-Produkte (beispielsweise zwischen 3 % und 10 % Umsatzanteil), welche sind C-Produkte (beispielsweise unter 3 % Umsatzanteil)?).
- Preiselastizitätsberechnungen (z. B.: Wie wirkt ein erhöhter Preis auf Absatz, Umsatz und Marktanteil hinsichtlich sowohl dieses Produktes als auch eines substituierbaren oder komplementären Produktes?).
- Erfolgskontrolle von Verkaufsförderungsaktionen (z. B.: Wie wirken lokale Anzeigen auf Absatz, Umsatz und Marktanteil?).

– Neuprodukteinführung (z. B.: Wie gut sind die Marktchancen für ein neues Produkt, beispielsweise Diätlimonade, beziehungsweise für eine Verpackungsart oder Verpackungsgröße?).

Hinzu kommen noch Fragestellungen, die sich aus der Verbindung mit einer anderen — interne oder externe Daten beinhaltende — Datenbank ergeben. So kann es in Verbindung mit einer Bevölkerungsstatistik beispielsweise von Interesse sein, den Pro-Kopf-Verbrauch eines bestimmten Produkts über den Zeitablauf zu verfolgen, um Anhaltspunkte für Zielgruppen zu finden. Daneben können eine Reihe von anfangs schon erwähnten Aufgaben bewältigt werden, so beispielsweise zur Unterstützung des Verkaufs:

– Daten für allgemeine Informationen des Außendienstes,
– Informationen für Sales Folder,
– Regionalinformationen für Gebietsverkaufsdirektoren oder
– Argumentationshilfe für Verkaufsgespräche.

4 Durchführung einer Analyse mit PC-INF*ACT

Als Beispiel für eine Analyse mit dem System PC-INF*ACT sei die Problemstellung der Sortimentsanalyse mittels ABC-Technik herausgegriffen. Das System wird auf einem PC von der DOS-Ebene mittels Eingabe von `PCINFACT` gestartet. Nach Erscheinen eines Logos mit dem Namen und Hersteller dieses Softwareproduktes erscheint der Bildschirm wie in Abbildung 2.

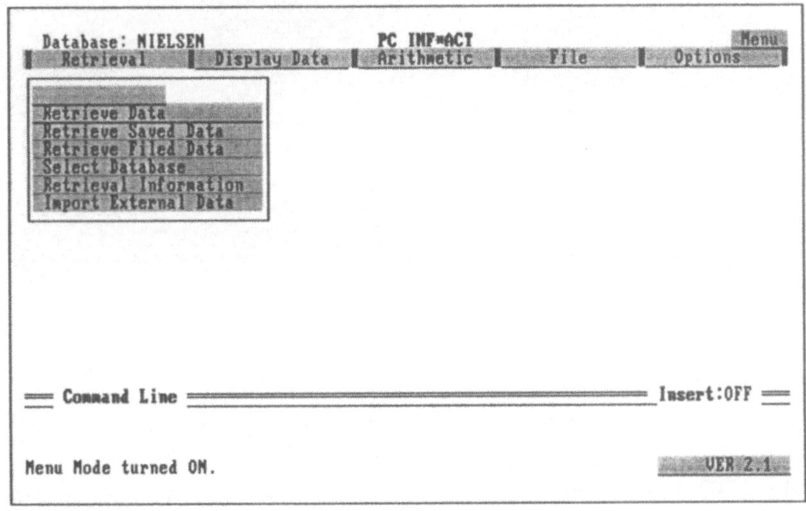

Abbildung 2: *Startbildschirm für Befehlseingabe*

Zuerst muß die gewünschte Datenbasis angegeben werden, dies ist durch die Wahl des Menüpunktes `Select Datebase` hier schon geschehen. Für die Sortimentsanalyse interessieren wir uns für die Umsätze der Marke A im gesamten Gebiet kumuliert über das letzte Jahr. Diese Marke wird in 12 verschiedenen Formen auf dem Markt angeboten und ist in der Datenbank unter dem Namen $MA1, \ldots, MA12$ zu finden. Nach Drücken der F9-Taste gelangt man in die Kommandoebene, in der ein PC-INF*ACT Befehl angegeben werden muß ([9]).

Die Eingabe sei:

```
GET MKT GESAMT
    PROD MA1 MA2 MA3 MA4 MA5 MA6 MA7 MA8 MA9 MA10 MA11 MA12
    FCT UMSATZ
    CUM PER DJ88 THRU ON88
```

Das Schlüsselwort GET bestimmt, daß Informationen aus der Datenbank geholt werden. Hierzu müssen die Dimensionen Märkte (MKT), Produkte (PROD), Fakten (FCT) und Perioden (PER) spezifiziert werden (die Reihenfolge ist beliebig). Spezifiziert sind alle Sorten der Marke MA im gesamten Gebiet, wobei hier der Umsatz interessiert und die Perioden des letzten Jahres von Dezember 1987 / Januar 1988 (DJ88) bis Oktober / November 1988 (ON88) betrachtet werden sollen. Um nicht Einzelwerte, sondern die kumulierten Werte zu erhalten, wird der Befehl CUM benutzt.

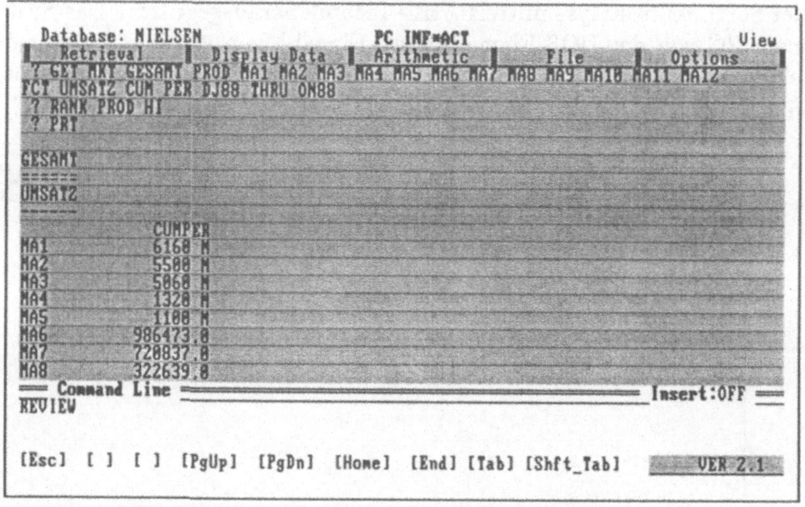

Abbildung 3: *Sortierte Ausgabe der Umsätze*

Für die ABC-Analyse werden diese Daten sinnvollerweise absteigend geordnet und sollten ins Verhältnis zum Gesamtumsatz gesetzt werden. Ersteres kann mittels des Befehls RANK PROD HI geschehen. Hierbei wird eine Rangordnung nach den Produkten, angefangen mit dem höchsten Wert (HI), erstellt. Mit dem Befehl PRT erhält man nun die Daten auf dem Bildschirm (vgl. Abbildung 3). Eine einfachere Methode stellt in diesem Fall allerdings die Ausgabe eines Tortendiagramms dar. Mittels des

Befehls PIE erhalten wir das folgende Tortendiagramm, aus dem unmittelbar abgelesen werden kann, daß $MA1$, $MA2$ und $MA3$ als A-Produkte einzustufen sind mit einem Umsatz von zusammen ca. 76 %, während die fünf Produkte der Marke A $MA8$ bis $MA12$ nur auf einen Umsatz von zusammen ca. 5 % kommen und damit als C-Produkte einzustufen sind. Die B-Gruppe $MA4$, $MA5$, $MA6$ und $MA7$ liegt mit einem Gesamtumsatz von ca. 19 % dazwischen (vgl. Abbildung 4). Nach [3] bringt die „Konzentration auf die starken Produkte mehr als die Beschäftigung mit kleinen und kleinsten Produkten."

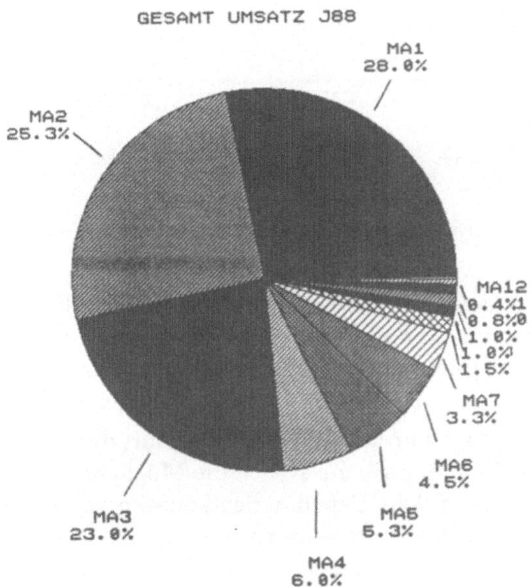

Abbildung 4: *Tortendiagramm der Umsätze*

Wie man an diesem relativ einfachen Beispiel sieht, ist die Benutzung des Systems nicht ohne einen mehr oder minder großen Lernaufwand verbunden, da die entsprechenden Befehlswörter und deren Parameter jeweils gewußt werden müssen. Während der Aufbau der Datenbasis auch bei einem sporadisch mit diesem System arbeitendem Manager als bekannt vorausgesetzt werden darf, ist eine solche Kommandosprache sicher eine Hürde. Bei dem System PC-INF*ACT wurde deshalb der Weg beschritten, nahezu alle Befehle auch durch eine Menüauswahl anwählen zu können. So lassen sich beispielsweise auch arithmetische Operationen von einer Menüleiste aus anwählen, die zugehörigen Parameter werden im Dialog abgefragt und der entsprechende Befehl in der Kommandosprache erscheint zusätzlich auf dem Bildschirm (vgl. Abbildung 5).

Hierdurch wird beim Umgang mit dem System automatisch ein gewisser Lerneffekt erzielt, zumal sich dieser Kommandobefehl auch im nachhinein editieren und damit

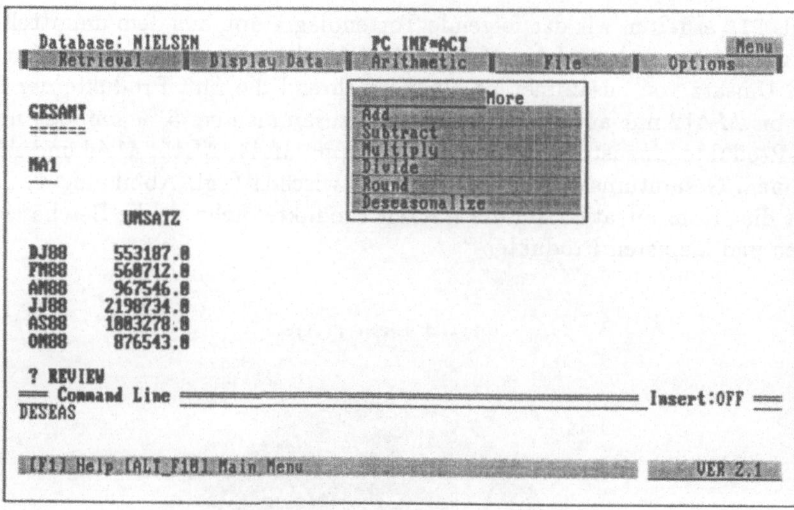

Abbildung 5: *Befehlausgabe im Dialog*

verändern läßt. Man kann den Kommandomodus als den Expertenmodus bezeichnen und den Menümodus als den Modus für den gelegentlichen, aber sachkundigen Benutzer. Als Bedienungsoberfläche liegt PC-INF*ACT damit eine Konzeption ähnlich der des Systems SAMBA für SPSS-Benutzer zugrunde ([8]).

Für den Manager, der nach nur kurzer Einführung mit diesem System arbeiten soll, bietet sich bei PC-INF*ACT noch zusätzlich die Möglichkeit, vorgefertigte Befehlsserien ablaufen zu lassen. Solche Befehlsserien könnten von einem Experten erstellt werden, der Laie, aber auch der sporadische Benutzer von PC-INF*ACT kann dann diese Befehlsserie als Ganzes anwählen und somit eine Analyse schnell durchführen. Ein jedesmal neues Einarbeiten ist damit unnötig. Logischerweise kann durch vorgefertigte Befehlsserien die Flexibilität des Systems nicht ausgeschöpft werden, dennoch lassen sich diese Befehlsserien in gewissen Grenzen variabel halten. So könnte eine Befehlsserie „sortment" etwa wie in Abbildung 6 lauten.

Durch die Befehle GET MKT SCR, GET PROD SCR, GET FCT SCR und GET PER SCR werden jeweils die benötigten Datenfelder vom Benutzer im Dialog abgefragt. Für den Benutzer stellt sich eine Abfrage der in die Analyse einbezogenen Perioden beispielsweise wie in Abbildung 7 dar.

Es ist auch möglich, benutzerspezifische Auswahlmenüs anzugeben und kontextsensitive Hilftexte in einer solchen Befehlsserie mit anzugeben.

5 Mögliche Weiterentwicklungen

Da viele Fragestellungen der Marktforschung eine statistische Auswertung der Daten benötigen, ist die wohl naheliegendste Erweiterung eines Marketinginforma-

```
!  Datenbank, Märkte, Produkte, Fakten und Perioden abfragen *****
TYPE
TYPE
TYPE                      WÄHLE EINE DATENBANK
TYPE

     .

     .
CHG                       (fragt Datenbank im Dialog ab)
TYPE                      WÄHLE EINEN MARKT
TYPE

     .

     .
GET MKT SCR
TYPE                      WÄHLE PRODUKTE
TYPE

     .

     .
GET PROD SCR
TYPE                      WÄHLE SACHINFORMATION
TYPE

     .

     .
GET FCT SCR
TYPE                      WÄHLE PERIODEN
TYPE

     .

     .
GET PER SCR
!   REPORT ERSTELLEN *********
PER CUM(ALL)          (summiert über alle Perioden)
RANK PROD HI          (ordnet alle Werte absteigend)
SAVE TEMPOR           (sichert momentanen Stand)
PROD CUM(ALL)         (ermittelt Gesamtsumme)
SAVE SUMME            (sichert den Summenwert)
GET SAVE TEMPOR       (holt vorher gesicherten Stand zurück)
DIV SAVE SUMME        (teilt durch die Gesamtsumme)
MPY 100               (multipliziert alle Werte mit 100)
PRT                   (zeigt die Ergebnisse am Bildschirm)
REVIEW                (erlaubt ein Hin- und Herblättern der Ergebnisse)
PIE                   (zeichnet ein Tortendiagramm)
```

Abbildung 6: *Befehlsserie „sortment"*

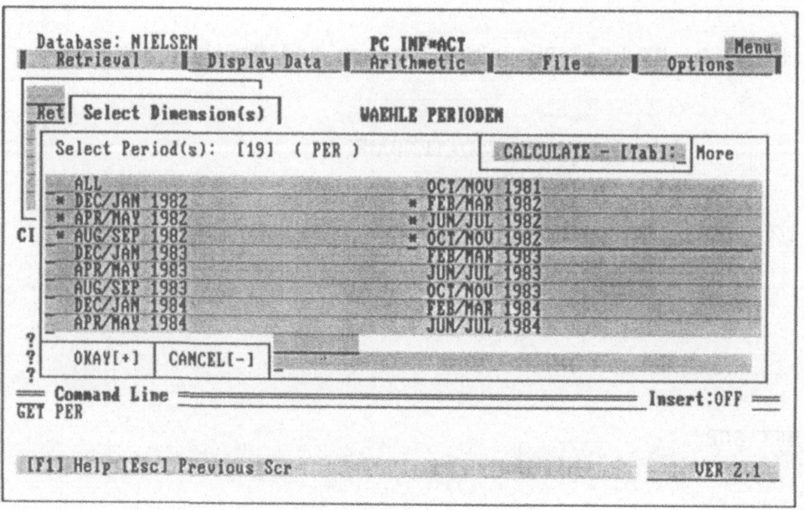

Abbildung 7: *Dialog-geführte Periodenauswahl*

tionssystems wie es zum Beispiel PC-INF*ACT darstellt, das Hinzufügen einer (statistischen) Methodenbank und einer Modellbank. So böte sich bei entsprechender Datenbasis beispielsweise an, neben der schon dargestellten eindimensionalen Sortimentsanalyse eine Sortimentsverbundanalyse mit Hilfe der Methode der multidimensionalen Skalierung (MDS) durchzuführen (siehe [12]). Eine Modellbank kann ferner dazu dienen, Werbewirkungsmodelle zu evaluieren oder Preis-Absatz-Funktionen zu schätzen. Durch den Einsatz von Prognoseverfahren können Abweichungen frühzeitig erkannt werden. Einige Marketinginformationssyteme für die Groß-EDV (z. B. EXPRESS) haben solche Modell- und Methodenbanken integriert; alternativ böte sich an, leistungsfähige Auswertungssysteme (z. B. SAS oder SPSS) durch geeignete Schnittstellen mit einer Marketingdatenbasis zu verbinden. Dies verlangt eine offene Systemarchitektur sowohl auf der Seite des Marketinginformationssytems — PC-INF*ACT besitzt beispielsweise ein auch für andere Programme zugängliches Blackboard-System durch dessen Hilfe Daten ein- und ausgelesen sowie manipuliert werden können — als auch auf der Seite des statistischen Auswertungssystems (z. B. SAS). Durch letztere Möglichkeit steht dem Benutzer ein wesentlich größeres Methodenspektrum zur Verfügung während aufgrund der Schnittstellenproblematik eine integrierte Lösung zum Beispiel einen höheren Benutzerkomfort aufweist.

Eine Verbindung der Datenbank mit einer Modell- und Methodenbank ist aus Anwendersicht allerdings häufig dann nicht ausreichend, wenn keine Unterstützung des Anwenders hinsichtlich der Methodenauswahl und Ergebnisinterpretation zur Verfügung gestellt wird. In der Praxis unterbleibt der Einsatz komplexer statistischer Methoden aufgrund der Unsicherheit des Anwenders leider häufig, und eine durch einen Experten vorgenomme Auswertung widerspricht der vorher dargelegten

Philosophie eines PC-gestützten Systems. Benötigt wird also unter anderem ein auf
Marketingfragestellungen zugeschnittenes statistisches Expertensystem und zwar sowohl als front-end-system zur Methodenauswahl als auch als back-end-system zur
Ergebnisinterpretation anhand der ermittelten Daten (dynamische Interpretations-
hilfe; siehe [8]). Die Problematik, die sich hierbei ergibt, ist zu umfangreich, um
an dieser Stelle erörtert zu werden, weshalb nur auf die Literatur zu diesem Thema
hingewiesen sei (siehe [6] und die dort angegebene Literatur).

Im Gegensatz zu einer schwierigen Erweiterung eines Marketinginformationssystems
durch ein statistisches Expertensystem, ist eine Verbindung des Systems mit einer
Wissensbasis für enger begrenzte Anwendungen relativ einfach zu realisieren. So ist
es für den Manager schon eine große Hilfe, wenn er bei Abfragen oder Berechnungen
sein gewohntes, problembezogenes Vokabular einsetzen kann (z. B. Umsatz oder
Erlös) — auch dann, wenn in der Datenbank aus Platzgründen nur die Daten für
Preis und Menge abgespeichert sind. Bei Abfragen des Begriffes Umsatz wird dieser
dann durch die Wissensbasis in Preis $\times$ Menge aufgelöst. Allgemeiner gesagt wird
die Abfage von Kenngrößen durch einen Funktionsaufruf ersetzt, der seinerseits eine
Datenbankabfrage veranlaßt und gegebenenfalls Berechnungen durchführt. Hierbei
ist im Einzelfall natürlich eine Güterabwägung zwischen Speicherplatzbedarf und
Rechenzeit durchzuführen.

Eine weitere Anwendung eines durch eine Wissenskomponente ergänzten Marketinginformationssystems stellen Ausnahmeberichte mit einer anschließenden Analyse
möglicher Ursachen dar. Ein Beispiel für eine solche Ursachenforschung gibt [12].
Dort wird ein Diagnosemodul zur Erklärung einer Abweichung bei der Kennzahl
Return on Investment (ROI) beschrieben. Ausgehend von der Feststellung, daß der
Return on Investment-Wert unter einem vorgegebenen Schwellenwert liegt, werden
die Kennzahlen des ROI-Baumes (zum ROI-Baum siehe [2]) dahingehend untersucht, ob eine Abweichung dort (zum Beispiel eine zu geringe Umsatzrendite aufgrund eines zu geringen Deckungsbeitrages aufgrund eines zu geringen Umsatzes)
für den zu niedrigen ROI-Wert verantwortlich ist. Ein analoger Analysepfad für
die hier betrachtete Datenbasis könnte beispielsweise zunächst von einem zu geringen Gesamtumsatz für eine Produktgruppe ausgelöst werden, anschließend sowohl
Umsatzabweichungen bezüglich einzelner Produkte innerhalb der Produktgruppe
als auch Umsatzabweichungen auf Teilmärkten oder bezüglich Distributionskanälen
untersuchen und schließlich je nach Ergebnis eine veränderte Preis-, Produkt- oder
Werbepolitik eines Konkurrenten als mögliche Ursache ermitteln.

Ein weiterer Ansatzpunkt möglicher Weiterentwicklungen eines Marketinginformationssystems besteht in der Erweiterung der Datenbasis durch qualitative Bewertungen (z. B. Markenimage, Art der Werbung der Konkurrenz oder Einbeziehung
unscharfer Daten). Dieser erweiterten Datenbasis müssen dann selbstverständlich
entsprechend adäquate Auswertungsmethoden gegenüberstehen. Bislang haben jedoch die Methoden zur qualitativen Datenanalyse (z. B. Clusteranalyse, MDS etc.)
allenfalls sehr rudimentär in statistische Standardsoftware Eingang gefunden. Man
kann aber davon ausgehen, daß in diesem wie in dem Bereich der Unterstützung
durch eine Wissensbasis eine rasche Weiterentwicklung stattfinden wird.

Literatur

[1] BODENDORF, F.: *SAMBA — Ein Methodenbankrahmen um das Statistikpaket SPSS*, Erlangen 1981.

[2] HAHN, D.: Return on Investment, in: GROCHLA, E.; WITTMANN, W. (Hrsg.): *Handwörterbuch der Betriebswirtschaft*, Stuttgart 1976⁴, 3420 – 3428.

[3] HEIDE, G.: *PCs in Marketing und Vertrieb*, München 1986.

[4] HEINZELBECKER, K.: *Marketing-Informationssysteme*, Stuttgart, Berlin, Köln, Mainz 1985.

[5] LILLEGAARD, A.: PC-INF*ACT — Marketing-Analysen mit dem Personal Computer, in: *Nielsen Marketing Trends* (1987) 1, 14 – 16.

[6] LOCAREK, H.: *Wissensbasierte Systeme zur Durchführung statistischer Analysen*, Frankfurt, Bern, New York, Paris 1988.

[7] McCANN, J. M.: *The Marketing Workbench*, Dow-Jones Irwin, Homewood 1986.

[8] MERTENS, P.; BODENDORF, F.: Interaktiv nutzbare Methodenbanken — Entwurfskriterien und Stand der Verwirklichung, in: *Angewandte Informatik* 21 (1979) 12, 533 – 541.

[9] PC-INF*ACT: *User Manual*, A. C. Nielsen Company, Volume I, II.

[10] SIHLER, H.; SCHULZ, R.: Marketing-Informations-Systeme, in: *Marketing Enzyklopädie*, 2. Bd., München 1974, 513 – 527.

[11] SIMON, H.; KUCHER, E.; SEBASTIAN, K.-H.: Scanner-Daten in Marktforschung und Marketingentscheidung, in: *ZfB* 52 (1982), 555 – 579.

[12] ZENTES, J.: *EDV-gestütztes Marketing*, Berlin, Heidelberg 1987.

[13] ZENTES, J.: Neuere Entwicklungen in der Marktforschung: Datengewinnung, in: *Marketing-ZFP* 9 (1987), S. 37 – 42.

Teil VI

Konsequenzen der Informationstechnologie

Wird der Vorstand zum Regierungssprecher seines Computers?[1]

von Dieter Bartmann

Otto-Friedrich-Universität Bamberg

1	Macht durch Computer
2	Machtübernahme der Computer?
3	Die beiden Wissensquellen des Computers
4	Stärken und Schwächen von Anwendungssystemen
5	Beseitigung des Methodendefizits
6	Zielsetzung Basisprobleme
7	Konklusion

Zusammenfassung

Besteht die Möglichkeit, daß sich mit zunehmender Leistungsfähigkeit die Computersysteme zu einer Bedrohung für das Topmanagement entwickeln? Wird in ferner Zukunft der Unternehmensvorstand zum Regierungssprecher seines eigenen Computers? Um diese Fragen ranken sich die nachfolgenden Überlegungen im ersten Teil des Aufsatzes. Es werden Stärken und Schwächen von Anwendungssystemen untersucht. Im zweiten Teil wird auf das Methodendefizit hingewiesen. Die Konsequenz heißt: Methodeninnovation zur Lösung von Problemen an der Unternehmensbasis. Es werden zwei Beispiele angeführt, wie man durch Wissensimport in Form von Methodeninnovationen auf Werkstattebene das Betriebsergebnis spürbar verbessern kann.

1 Macht durch Computer

Wissen gründet sich auf Information. Gemäß dem Sprichwort „Wissen ist Macht" müßte ein computergestütztes Informations- und Planungssystem zu einem deutlichen Machtzuwachs des Unternehmens führen. Stimmt das?

Die ersten Anwendungen der kommerziellen Datenverarbeitung betrafen die Massendatenverarbeitung. Es wurden Tätigkeiten automatisiert, die man bislang sehr

---

[1] Für eine anregende Diskussion und die griffige Formulierung des Themas danke ich meinem Kollegen, dem Philosophen WALTHER ZIMMERLI.

mühsam per Hand durchführen mußte. Der DV-Einsatz erstreckte sich auf einer relativ niedrigen Ebene innerhalb der Unternehmenshierarchie. Nach und nach wurde sie dann zur Lösung von Problemen auf höheren Unternehmensebenen eingesetzt. Zeichnet man den Kurvenverlauf, wie in Abhängigkeit von der Zeit die Datenverarbeitung zur Problemlösung in den verschiedenen Unternehmensebenen herangezogen wurde, erhält man eine typische S-Kurve. In der „Community of the Leading Horses" beginnt sich die Kurve zunehmend abzuflachen. Dort ist der Durchdringungsgrad am höchsten und die DV-Stärke am weitesten entwickelt.

Unter DV-Stärke wird
– zum einen der Grad der Verfügbarkeit aktueller Informationen über die Ist-Zustände des Unternehmens,
– zum anderen das Maß der Zuverlässigkeit dieser Daten,
– zum dritten Umfang und Qualität der Abbildung der Dynamik von Unternehmensvorgängen auf den Computer und
– zum vierten die Fähigkeit zur DV-gestützten kostenorientierten Steuerung bei möglichst geringem Zeitverzug
verstanden.

Die DV-Stärke ist zu einem wichtigen Wettbewerbsfaktor geworden. Innerbetrieblich ist sie sowohl ein Produktionsfaktor als auch ein Inputfaktor für Produktinnovationen. Nach außen wird sie als strategische Waffe eingesetzt.

Innovationsfähigkeit bedeutet die Fähigkeit, technische Neuerungen zu entdecken oder zu entwickeln und gewinnbringend zu nutzen. Letzteres ist entscheidend vom Gestaltungsspielraum und der „Beschleunigungskraft" des Unternehmens, das heißt der Änderungsgeschwindigkeit zur Ansteuerung des Ziels „Innovation bei niedrigen Kosten", und damit von der DV-Stärke abhängig.

Der Einsatz der Datenverarbeitung als strategische Waffe dient dem Aufbau einer Gemeinschaft Anbieter – Kunden zu dem Zweck, den Kunden durch die Realisierung von Synergieeffekten ins gemeinsame Boot zu locken und gleichzeitig durch die Erhöhung der Austrittsbarrieren an sich zu binden. Dies kann durch die Errichtung betriebsübergreifender Informations- und Vorgangsketten geschehen, durch Hardwareausstattung und durch Übertragung von computerintegrierten Organisationsformen auf den Kunden (z. B. durch das Zuverfügungstellen von Programmen). Näheres hierzu findet der Leser in [3].

2 Machtübernahme der Computer?

Spätestens bei der Realisierung des Computer Integrated Manufacturing ist die Integration von Computeranwendungssystemen in die gesamtbetrieblichen Abläufe so hoch, daß es nicht mehr möglich ist, eventuell etwas weniger Computereinsatz mit etwas mehr Organisationskunst und personellem Planungswissen zu kompensieren. Die Planungs- und Steuerungsfähigkeit eines Unternehmens ist zu einer resultierenden Größe geworden, deren unabhängige Variable die DV-Stärke ist.

Computersysteme unterstützen aber nicht nur. Dadurch, daß jede Interaktion zwischen Mensch und Maschine seine Datenspuren hinterläßt, wird sie aktenkundig. Bei den Management Informationssystemen (MIS) der zukünftigen Generation ist dies nicht nur ein Nebeneffekt, sondern eine Hauptfunktion. Der Topmanager baut sich ein Netzwerk von Beziehungen zu Kunden, Lieferanten, Aufsichtsräten, Kollegen, Mitarbeitern, Banken, Universitäten etc. auf und verwendet einen erheblichen Teil seiner Aktivitäten mit der Pflege, Erweiterung und Bereinigung dieser Kontakte. Der „networking" Manager wird das Leitbild der Managementunterstützung sein und die MIS-Forschung wird ihre Hauptaufgabe in der Entwicklung von Konzepten und Systemen für das „Management Information Networking" (MIN) sehen ([1]). Das Beziehungsgeflecht (verknüpft durch Gespräche, Briefe, Arbeitskreise, Delegation von Aufgaben, Durchführung von Kontrollaufgaben, Anforderung von Supports) wird im Computer in Form eines Diagrammes gespeichert. Es läßt Defizite und Stärken eines Managers deutlich erkennen (z. B. Stabilität und Offenheit eines Netzes, mangelnde starke Verbindungen).

Nicht zuletzt aufgrund dieser Entwicklung, die als Bedrohung empfunden werden kann, und auch wegen der Fachfremdheit stehen manche Topmanager dieser neuen Technologie teilweise etwas reserviert und verunsichert gegenüber. Haben sie früher als Chefpiloten das Unternehmensflugzeug mit Unterstützung weniger Instrumente mehr oder weniger auf Sicht gesteuert, so sind sie jetzt in das moderne Cockpit eines Großraumflugzeuges versetzt, wo eine erschreckende Anzahl von Instrumenten, Kontrollampen und Frühwarnsystemen den gesamten Steuerungsprozeß äußerst komplex erscheinen läßt, und außerdem wichtige Teilfunktionen der menschlichen Kontrolle entzogen sind und vollständig automatisiert ablaufen. So ist es verständlich, wenn manche Vorstände und Geschäftsführer am Horizont die Gefahr heraufdämmern sehen, daß mit der Übernahme von Steuerungsfunktionen das DV-System auch in ihrem Aufgabenbereich schrittweise Zuständigkeiten übernimmt. Im ersten Schritt werden die Fakten entweder elementar oder verdichtet in einer gewünschten Berichtsform präsentiert (Reportsysteme, Planungssprachen). Im zweiten Schritt werden Entscheidungsrahmen von disponiblen Größen mitgeliefert. Im dritten Schritt werden die Entscheidungen selbst vorgeschlagen (Decision Support Systems, Expertensysteme) und im vierten Schritt quantitativ so überzeugend begründet, daß die Vorschläge schon fast die Form von Sachzwängen annehmen.

Wird im Endstadium die Unternehmensleitung zum Regierungssprecher des eigenen Computers degradiert?

Die spontane Reaktion auf diese provozierende Frage lautet: hoffentlich nicht. Und es lassen sich sofort zwei Gründe dafür anführen.

Erstens gibt es viele Probleme auf Vorstandsebene, die sich einer strengen Betrachtung entziehen. Ist zum Beispiel die Entscheidung über die Errichtung eines Zweigwerkes zu treffen, dann gilt es, die vordergründig betriebswirtschaftlichen Ziele mit den regional- und sozialpolitischen Gesichtspunkten zu harmonisieren. Man kann derartige Probleme nur ungenügend quantifizieren und rationalen Methoden zugänglich machen (obwohl in der betriebswirtschaftlichen Theorie auch hierzu Konzepte im Rahmen des Multi Criteria Decision Making entwickelt wurden), sondern man braucht zu ihrer Lösung das gewisse Gespühr. Gerade das zeichnet den guten Topmanager aus.

Derartige Probleme wird es immer geben. Jedoch ist ein deutlicher Trend zu sehen: Was früher noch nebelhaft verschwommen war, versucht man heutzutage analytisch zu erhärten. Ein Beispiel sind die Kennzahlensysteme zur Bewertung von Unternehmen. Obwohl von vielen Praktikern als Spielerei abgetan, ist die Kennzahlenanalyse ein wissenschaftlich hochaktuelles Thema. Insbesondere in der Verbindung von statistischen Methoden der Klassifikation und Diskriminanzanalyse mit den Methoden der Künstlichen Intelligenz zur Mustererkennung und Verwertung von Erfahrungswissen verspricht man sich wesentliche Fortschritte. Zur Kreditwürdigkeitsprüfung und Finanzberatung verwenden die deutschen Sparkassen schon seit einigen Jahren ein auf einem immensen Datenmaterial beruhendes, computerisiertes Auswertungssystem zur statistischen Bilanzanalyse (STABIL). Und gerade die gehobenen Unternehmensberatungen operieren mit Kennzahlen und Meßmethoden. Sie bilden deren substantielles Know-how.

Um nicht den Verdacht aufkommen zu lassen, daß das im obigen Argument erfolgte Herausstreichen der unternehmenspolitischen Aufgabenbereiche, wobei die Betonung auf dem Wort politisch liegt, ein Rückzugsgefecht auf eben diese Bereiche darstellt, wird man zweitens einwenden, daß die computergestützten Informations- und Planungssysteme im Augenblick nicht gut genug sind und auch nicht in ferner Zukunft den Qualitätsstandard erreichen, um in der oben angeführten Weise Kompetenzen vom Menschen auf die Maschine zu verlagern.

Zufriedenstellende Lösungen gibt es tatsächlich höchstens in Teilbereichen. Die Versuche, integrierte leistungsfähige Systeme zu schaffen, sind bisher gescheitert. Es ist aber gefährlich, diese Schwäche in die entferntere Zukunft hinein zu extrapolieren. Man muß sich bewußt sein, daß Software im Vergleich zum menschlichen Individuum nahezu unsterblich ist. Selbst der intelligenteste Mensch unterliegt dem Fluch des Alterns und Vergehens. Neue Generationen müssen beim Wissenserwerb stets bei Null anfangen. Dies gilt für Computersysteme nicht. So wie der technische und wissenschaftliche Fortschritt zunimmt, wächst auch die Leistungsfähigkeit derartiger Systeme. Die Rechner werden nie langsamer, sondern höchstens schneller und nach KARL POPPER setzen sich im Sinn eines Evolutionsprozesses langfristig auch die besseren wissenschaftlichen Theorien durch. Betriebliche Informations- und Planungssysteme, die auf wissenschaftlichen Methoden basieren, können also langfristig ebenfalls nicht schlechter, sondern eher besser werden.

Ist es also nur eine Frage der Zeit, bis die computergestützten betrieblichen Anwendungssysteme gut genug sind und vielleicht später den Menschen übertreffen? Im Sicherheitsbereich von Kernkraftwerken und bei der Steuerung von Großraumflugzeugen haben die Automaten den Handlungsspielraum des Menschen bereits wesentlich eingeengt. So sind heute automatische Maßnahmen zur Beherrschung des Störfalls vorgesehen, die das hohe Risiko durch menschliches Verhalten ausschließen sollen ([7]).

Die Antwort lautet also: im Prinzip ja, falls menschliche Intelligenz und Computerintelligenz durch ein und dasselbe Maßsystem vollständig beschrieben werden können. (Letztendlich ist die entscheidende Frage, ob menschliche Intelligenz überhaupt vollständig in Maß und Zahl zu fassen ist. Denn dann ist jeder Zustand und jede Änderung als Punkt beziehungsweise als Abbildung in einem geeignet definierten mathematischen Raum zu beschreiben und kann auf einer Maschine prinzipiell nachgebildet werden.) Andernfalls lautet die Antwort: höchstens teilweise. Es gäbe dann auch bei noch so perfekten Anwendungssystemen immer noch Aufgabenbereiche, in denen das menschliche Vorgehen prinzipielle qualitative Unterschiede zum Handeln des Computers aufweist.

Hier werden Kernfragen des Menschseins berührt. Über das menschliche Gehirn und die sich in ihm vollziehenden Denkprozesse wissen wir noch sehr wenig ([8]). Neuronale Netze und Konnektionismus beschreiben nur die Verdrahtungsmechanismen und das Erkennen von Mustern. Die zerebrale Aktion muß jedoch in ein geistiges Erlebnis umgewandelt werden im Sinne von Merkmalsextraktionsleistungen. Die „Software" des Denkens ist noch weitgehend unerforscht.

Wenn es gelingt, eine Hardwarekopie des menschlichen Gehirns zu erstellen, kann der Rechner potentiell dieselben Leistungen erbringen wie das Gehirn. Dazu benötigt man aber noch die Software, denn sie ist nicht physikalisch realisiert. Die Frage „Wo ist der selbstbewußte Geist lokalisiert?" ist im Prinzip nicht zu beantworten ([8]). Bei der Erstellung der Software steht man vor unüberwindlichen Schranken. Um das menschliche Denken in ein Computerprogramm umzusetzen, muß es formalisierbar sein. Aufgrund der Erkenntnisse der Entscheidungstheorie wissen wir, daß jedes formale Denken auf nicht formalisierten Voraussetzungen beruht. Zwar kann man sie reflektieren und ihrerseits formalisieren, kontrollieren und korrigieren, aber nur um den Preis neuer, nicht formalisierter Grundannahmen. Es gibt keine verläßliche Methode, aus gegebenen Voraussetzungen jeden wahren Schluß zu ziehen. Eine vollständige formale Absicherung des Denkens mit den Mitteln des Denkens ist grundsätzlich unmöglich, das Denken kann sich nicht selbst vollständig begreifen ([2]).

Die Theologie gibt eine eindeutige Antwort: Zwar hat Gott in der Welt alles „geordnet mit Maß, Zahl und Gewicht" (Weisheit 11, 21 und Hiob 28, 25). Aber die Weisheit „ist das Hauchen der göttliche Kraft" (Weisheit 7, 25) und deshalb nicht materieller Natur. SALOMON „verglich ihr keinen Edelstein; denn alles Gold ist gegen sie wie geringer Sand" (Weisheit 7, 9).

3 Die beiden Wissensquellen des Computers

Es fällt leichter, zukünftige Entwicklungen abzuschätzen, wenn man den Wissensgenerierungsprozeß und den Interaktionsmechanismus Mensch – Maschine zu verstehen versucht. Die computergestützten Systeme machen sich zwei Wissensquellen zunutze.

Die Informationsbasis im Unternehmen ist das Faktenwissen. Es besteht aus einem riesigen Zahlenfriedhof, der die Zustände und Änderungen an den Orten des Geschehens, das heißt zum weitaus überwiegenden Teil auf den unteren betrieblichen Ebenen beschreibt. Dieser Informationsbrei übersteigt das menschliche Fassungsvermögen. Die Information muß deshalb aufbereitet werden. Sie wird selektiert und verdichtet. Dies geschieht in der Regel in mehreren Zwischenstufen. Mit dem Selektions- und Verdichtungsprozeß geht aber stets ein Verlust an Information einher. Auch hier gilt das Gesetz, daß durch die Verarbeitung die Entropie zunimmt. Die Verarbeitungschritte sind nicht umkehrbar eindeutig. Nehmen wir als Beispiel die Deckungsbeitragsrechnung. Der Deckungsbeitrag $DB\ I$ (Nettoerlös minus variable Kosten) ist ein Durchschnittswert. Auf das einzelne Fertigteil bezogen ist er aller Wahrscheinlichkeit nach sogar falsch, denn die tatsächlichen variablen Kosten sind sehr stark von der augenblicklichen Situation abhängig. (So kann zum Beispiel das Rohmaterial für das gerade betrachtete Teil billiger als sonst sein, weil der Ausschußanteil in der letzten Anlieferung wesentlich niedriger als der kalkulierte Wert war.) Durch die Reduktion auf den Durchschnittswert gehen sämtliche Einzelinformationen verloren.

Nun ist es aber trotz Datenreduktion und damit Informationsverlust — zum Beispiel bei der Bildung von Durchschnittswerten — dennoch sehr aufschlußreich, statistische Kenngrößen zu verwenden. Nicht nur, weil sie übersichtlicher sind, sondern weil dadurch Information und auch Wissen einer neuen Qualität gegeben ist. Dies entsteht aber nicht aus dem Nichts, sondern stammt aus dem Wissen, auf das sich die Methoden gründen. Das Methodenwissen ist die zweite Wissensquelle.

So ist es möglich, zum Beispiel mittels statistischer Methoden Zusammenhänge herauszudestillieren, die bislang verborgen oder nur verschwommen bekannt waren. Korrelationen können auf Signifikanz getestet werden. In dem vorhin erwähnten Beispiel der Deckungsbeitragsrechnung wird durch die Bildung des Durchschnittswertes aus dem vorliegenden Faktenwissen neues Wissen induziert. Nicht der Durchschnittswert an sich ist die neue Information (im Gegenteil: die Gesamtheit der Einzelwerte birgt mehr Information als durch den Durchschnittswert repräsentiert wird). Neu ist das Wissen, daß es vernünftig ist, bei konstantem Bedingungsrahmen auch zukünftig Deckungsbeiträge in der Nähe dieses Wertes zu erwarten. Dieses Wissen um zukünftige Erwartungen geht weit über das Faktenwissen hinaus.

Dieses statistische Grundwissen ist nicht betriebsspezifisch. Es ist von seiner Natur her exogen und nur durch die Implementierung der Methode endogenisiert. Auf diese Weise erhält man Wissen in Form von Verfügungswissen, das heißt ein Wissen um Ursachen, Wirkungen und Mittel (wie die Dinge zusammenhängen, wie man sie beeinflussen kann, was zukünftig zu erwarten ist). Dieses zusätzlich geschaffene Wissenspotential dient dem Orientierungswissen (warum etwas der Fall ist, was (begründet) der Fall sein soll, und wohin die Reise gehen soll ([5])).

Ob durch die verwendete Methode tatsächlich Wissen induziert wird oder nur Irreführung, hängt von der Methode ab. Wissensgenerierend wirkt eine Methode nur dann, wenn sie schlüssig ist. Das ist sicher der Fall, wenn sie nur Schlußwei-

sen der mathematischen Logik und statistische Regeln verwendet und sich auf das
Axiomengebäude der Entscheidungstheorie gründet. Darüber hinaus stellt die Betriebswirtschaftslehre der Praxis laufend neue Instrumente zur Verfügung, in denen
pragmatisches Wissen niedergelegt ist. In letzter Zeit gewinnt auch die Endogenisie-
rung von Expertenwissen an Bedeutung. Durch den Einsatz von Expertensystemen
verspricht man sich einen Quantensprung in der Leistungsfähigkeit.

Auch ist es im operativen Bereich längst üblich, Methodenwissen nicht nur zur
Entscheidungsunterstützung einzusetzen, sondern Reaktionen auf bestimmte Sy-
stemzustände vom Menschen direkt auf die Maschine zu übertragen. Ein Beispiel
liefert die petrochemische Industrie. Auf lokaler Ebene wird ein chemischer Produktionsprozeß automatisch gesteuert, in dem das Programm die Steuergrößen entlang
der optimalen Trajektorien führt. Auf Konzernebene erfolgt routinemäßig die Produktionsplanung und Logistikplanung für Hunderte von Verarbeitungsanlagen und
Hunderte von Zwischen- und Fertigprodukten.

4 Stärken und Schwächen von Anwendungssystemen

Faßt man das bisher Gesagte zusammen, kann man feststellen:

1. Es besteht nicht die Gefahr, daß ein Informationssystem aus sich heraus Wissen
   generiert. Es bleibt nur so schlau, wie es das endogenisierte Methodenwissen
   erlaubt.

2. Die Stärken liegen im operationalen Bereich. Dort lassen sich konkrete Aufgabenstellungen noch am ehesten ohne großen Realitätsverlust isolieren und
   als geschlossene Systeme behandeln, die mit der Umwelt nur in sehr geringem
   Umfang interagieren. Das vom Menschen in die wissenschaftlichen Methoden hineingedachte Wissen ist standardisiert und deshalb typischerweise für
   geschlossenen Systeme geeignet. Für offene Systeme ist diese Wissensquelle
   unzureichend.

3. Die Unternehmensführung verlangt sehr viel exogenes Wissen und eine intensive Interaktion mit der Außenwelt. Ein Unternehmen ist ein hochgradig
   komplexes offenes System. Hier ist der Mensch als Individuum mit seinem
   Wissen und seiner Genialität unersetzlich. Die Führungsinformationssysteme
   nehmen letztendlich nur eine Umformung der Basisinformation in ein Muster
   vor, das geeignet ist, vom menschlichen Geist erfaßt und verarbeitet zu werden. Er durchschaut besser, was ihm an Information zur Verfügung steht.
   Die Verarbeitung geschieht dadurch, daß dieses Muster am Erfahrungschatz
   des Menschen reflektiert wird und dort die eigentlichen Denkprozesse in Gang
   setzt.

Die Vorstandspositionen bleiben also auf Sicht ungefährdet. Anstatt in Konfrontation zu treten, ist es vernünftiger, die Betriebsinformatik weiterzuentwickeln. Dies soll in erster Linie dort geschehen, wo sie ihre typischen Stärken ausspielen kann: im Methodenbereich.

5 Beseitigung des Methodendefizits

An der Verbesserung der Informationsbeschaffung und -verwaltung (Datenmenge, Zugriffsgeschwindigkeit, Datenqualität) wird laufend gearbeitet, unter anderem im Rahmen des Computer Integrated Manufacturing.

Anders ist es beim Methodenwissen. Obwohl in ihnen die qualitativ höherwertigen Wissensanteile stecken, vollziehen sich Methodeninnovationen mit beträchtlicher Zeitverzögerung. Der wissenschaftliche Fortschritt erfährt keine permanente Umsetzung in die Anwendungssysteme. Dies hängt sehr eng mit dem Ausbreitungskonzept der Datenverarbeitung im Unternehmen zusammen. Es setzt voraus, daß der DV-Einsatz auf einer höheren Unternehmensebene sich auf eine solide DV-Basis der nächstniedrigeren Ebene stützen kann. Man will an den tieferliegenden Schichten wenig ändern, bevor nicht das Gesamtgebäude abgeschlossen ist. Dies trifft sowohl für Unternehmen zu, die ihrer Informatikstrategie ein langfristiges Konzept zugrunde gelegt haben, als auch Unternehmen, bei denen die betriebliche Datenverarbeitung historisch gewachsen ist. Änderungen sind in jedem Fall mit hohen Kosten verbunden.

Eine zweite Ursache für das vorliegende Methodendefizit ist auch darin zu sehen, daß bei der Systementwicklung das Augenmerk des Anwenders zu sehr auf das *Was* und zu wenig auf das *Wie* gerichtet war. Die Methodenauswahl überließ man häufig dem Softwareentwickler. Dessen Know-how liegt aber auf dem Gebiet der Softwareproduktion und weniger bei den betriebswirtschaftlichen Instrumenten. So kam es, daß zu sehr die personellen Techniken kopiert wurden ([9]). Man macht es manches Mal im Prinzip so, wie man es bereits früher gemacht hat; nur jetzt schneller, weil auf dem Computer.

Vor zwanzig Jahren stand die Unternehmensforschung an einem Scheideweg. Der Technologietransfer fand nicht statt. Sogar der Kommunikationsprozeß zwischen Theoretikern und Praktikern war so spärlich ausgebildet, daß die Entwicklung zu theorielastig wurde und andere in die Bresche springen mußten. Heute, wo sich mit der künstlichen Intelligenz ein mindestens ebenso bedeutsames Feld auftut, steht nach PETER MERTENS ([4]) die Expertensystem-Forschung an einer ähnlichen Weggabelung.

Mit zunehmendem Time-lag und wachsender Konkurrenz wird jedoch der Druck zur Beseitigung des Methodendefizits immer stärker.

6 Zielsetzung Basisprobleme

Eine differenziertere Betrachtung legt den Schluß nahe, Methodeninnovationen nicht in der mittleren beziehungsweise oberen Unternehmensschicht durchzuführen, sondern im Basisbereich. Zum einen sind dort die Kostenbarrieren niedrig, zum anderen sind die unten anzutreffenden Probleme am ehesten von der Art geschlossener Systeme. Zum dritten, und hier muß ein neues Problembewußtsein geschaffen werden, ist es gut, sich auf die Probleme an der Basis zu besinnen, denn dort entstehen die wesentlichen Kosten und dort können sie am effektivsten beeinflußt werden. Die Japaner haben diese Innovationslücke bereits erkannt. Sie scheuen sich nicht, computergestützte betriebswirtschaftliche Instrumentarien für Basisprobleme auf einem höchst anspruchsvollem Niveau in der Praxis einzusetzen. Auch in den USA ist man auf diesem Weg ([11]).

Anhand von zwei Kooperationsprojekten soll nun gezeigt werden, daß durch die Methodeninnovationen auf der unteren Unternehmensebene nicht nur marginale Verbesserungen zu erzielen sind, sondern erhebliche Optimierungsreserven ausgeschöpft werden können, die durchaus für das gesamte Unternehmen von Bedeutung sind.

Das erste Projekt ist eine Fallstudie aus der Konsumgüterindustrie. Das betreffende Unternehmen besitzt in der Bundesrepublik Deutschland zwei Produktionsstätten, an denen schnell verderbliche Güter hergestellt werden. Die Frische der Ware ist das wichtigste Verkaufsargument. Sofort nach der Herstellung werden die Artikel auf Lastwagen verladen und in insgesamt fünf Regionalläger transportiert. Von dort wird das Filialnetz, bestehend aus mehreren tausend Verkaufsstellen, in täglicher Belieferung bedient.

Ziel der Untersuchung war die Entwicklung von Strategien zur Reduktion der Lagerverweilzeiten, der Bestände und der Logistikkosten.

Es hat sich gezeigt, daß durch die Errichtung eines Informationssystems und die Verwendung von wissenschaftlich zwar anspruchsvollen, aber in der Handhabung einfachen Methoden auf unterster Ebene, nämlich bei den Verkaufsstellen, ein enormer Effekt zu erreichen ist. Mit Hilfe einer tagesgenauen Absatzprognose für jeden Artikel und feinstrukturierter Bestellregeln konnten zwei Ziele alternativ erreicht werden:

1. Bei unverändertem Belieferungsplan konnte ein Frischegewinn von insgesamt 20 % realisiert werden.

2. Bei unveränderter Frische und unveränderten Durchschnittsbeständen ist eine Belieferung nur dreimal pro Woche (Montag, Mittwoch, Freitag) ausreichend. Dies bringt eine Halbierung der Transportkosten mit sich. Dieser Einsparungseffekt auf unterster Ebene pflanzt sich verstärkt auf höherer Ebene fort. Es ergeben sich Konsequenzen bezüglich der Regionallagerstruktur und insgesamt eine Neuorganisation der gesamten Distributionslogistik. Das Einsparungspotential beträgt weit über 1 Mio DM pro Jahr.

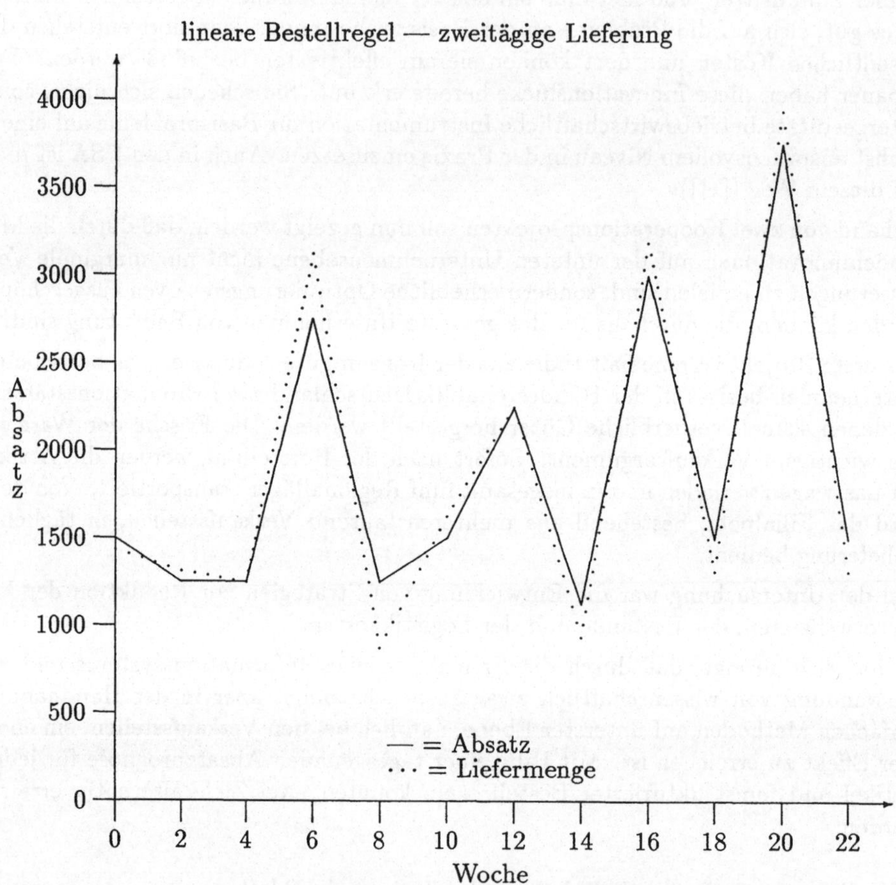

Abbildung 1: *Absatz versus Liefermenge*

In diesem Fall geschieht der Wissenszuwachs durch Prognosen und Steuerung der Risikobestände mit Hilfe von Methoden aus der Entscheidungstheorie. Die Abbildung 1 zeigt, wie eng die Liefermengen an den tatsächlichen Bedarf herangeführt werden konnten. Die Sicherheitsbestände wurden um sämtliche überflüssigen Reserven reduziert.

Das zweite Beispiel betrifft die Papierherstellung. Die papiererzeugende Industrie sieht sich vor große Herausforderungen gestellt:

- ein sich verändernder Markt (wachsende Marktmacht der Großkunden, schwindende Kundentreue, große Nachfrage),
- Umweltinvestitionen zur Reinhaltung der Gewässer,
- sparsamer Umgang mit Rohmaterial und Energie.

Die sich zum Teil widerstrebenden Ziele der kundennahen Fertigung mit sehr kurzen Lieferzeiten und Produktionsflexibilität zum einem, der festgefügten optimierten Arbeitsabläufe mit hoher Maschinenauslastung zum anderen sowie der Minimierung des Einsatzes von Energie- und Materialressourcen verlangen moderne DV-Lösungen im Planungs- und Steuerungsbereich.

Für die Optimierung auf Werkstattebene, insbesondere der Zuschnittsplanung und der Maschinenbelegungsplanung stehen DV-Verfahren zur Verfügung. Wegen der mathematischen Komplexität der Probleme sind die Verfahren nur eingeschränkt geeignet. Im allgemeinen sind sie gegenüber einem erfahrenen Handplaner nicht konkurrenzfähig. Die Fähigkeit des Menschen, ähnlich wie beim Schachspiel eine Situation sehr schnell zu überblicken und günstige Lösungen zu erkennen, ist beachtlich. Die naive Methode des Kopierens der menschlichen Vorgehensweise scheitert daran, daß es keine einfachen Kochrezepte gibt.

Erst die sorgfältige Analyse des Erfahrungswissens guter Handplaner brachte den Durchbruch. Ein wissensbasierter Ansatz in Verbindung mit speziellen Optimierungsverfahren führte zu einem Quantensprung in der Leistungsfähigkeit. In Kooperation mit fünf großen deutschen Papierhersteller wurde ein wissensbasiertes System geschaffen, das in aller Regel die Zielsetzungen Durchsatzmaximierung, Verschnittminimierung und Bestandsoptimierung wesentlich besser als der Mensch löst.

Der durch eine nicht optimale Verkombinierung verursachte sogenannte planerische Verschnitt liegt zwischen 2 % und 5 % der Gesamtproduktion. Mit Hilfe des Computersystems wird er auf 0,5 % bis 2,5 % gedrückt. Das bedeutet, daß durch diese Maßnahme auf einer sehr tief angesiedelten Ebene die Umsatzrendite des Unternehmens um bis zu 2 Prozentpunkte gesteigert werden konnte.

7 Konklusion

Eine Verweigerungshaltung der Unternehmensführung gegenüber modernen computergestützten betrieblichen Führungsinstrumenten wäre irrational und unbegründet. Es ist jedoch wichtig, sich beim Blick in die Zukunft nicht nur auf die enorm kapitalintensiven Informatikkonzepte der Factory of the Future und auf die DV im

strategischen Management zu konzentrieren, sondern auch die innerbetrieblichen
Methodendefizite zu erkennen und durch gezielte Methodeninnovation auf operatio-
naler Ebene zu schließen. Zukunftsweisende Perspektiven erhalten ihre auslösenden
Impulse (und auch das notwendige Kapital zu ihrer Verwirklichung) von originellen
Lösungen an der Basis.

Literatur

[1] VON BECHTOLSHEIM, MATTHIAS; MUSSHOFF, H. JOSEF: Falsche Vorstellungen revidieren — MIS im zweiten Frühling, in: *Computerwoche Extra* 3 (1989).

[2] GIERER, ALFRED: *Die Physik, das Leben und die Seele — Anspruch und Grenzen
der Naturwissenschaft*, München 1985.

[3] MERTENS, PETER; PLATTFAULT, EBERHARD: Informationstechnik als strategische
Waffe, in: *Information Management* 2 (1986), 6 – 17.

[4] MERTENS, PETER: Knochenarbeit geleistet, in: *Computerwoche*, vom 29. Januar
1988.

[5] MITTELSTRASS, JÜRGEN: *Computer und die Zukunft des Denkens*, Vortragsmanuskript, Universität Konstanz, 19. Mai 1989.

[6] O. V.: Sonderauswertung Statistische Bilanzanalyse (STABIL) für EBIL-Bilanzen,
in: *BSGV-Mitteilung* Nr. 145 von 23. Mai 1986.

[7] PAUL, GÜNTER: Reaktorsicherheit zuversichtlicher beurteilt — Ergebnisse der Deutschen Risikostudie Kernkraftwerke (Phase B), in: *Frankfurter Allgemeine Zeitung*
Nr. 152, 1989.

[8] POPPER, KARL R.; ECCLES, JOHN C.: *Das Ich und sein Gehirn*, München, Zürich
1982.

[9] SCHEEL, JOACHIM: Nachdenken statt nachmachen, in: *Computerwoche Extra* 3
(1989).

[10] ZUBOFF, SHOSHANA: *In the age of the smart machine: the future of work and power*,
Basic Books Inc., New York 1988.

[11] ZUBOFF, SHOSHANA: IT and authority: the case of Tiger Creek mill, in: *The McKinsey Quarterly* Winter 1989.

Anreizmechanismen
in Informationsgesellschaften

von Joachim Voeller

Universität Ulm

1	Merkmalsantinomien
2	Anreizmechanismen
	2.1 Mikroebene
	2.2 Mesoebene
	3.3 Makroebene
3	Anreizprobleme
	3.1 Marktversagen
	3.2 Staatsversagen
4	Schlußbemerkungen

1   Merkmalsantinomien

Informationsgesellschaften — was heißt das? Was verbirgt sich hinter der reißerischen Fassade eines Schlagworts, das, so modern und zukunftsorientiert es auch klingt, doch nur eine Banalität in einen Begriff zu fassen scheint: die Tatsache nämlich, daß offensichtlich Informationen zu entscheidenden Determinanten fast aller menschlichen Aktivitäten geworden sind. Vielleicht ist es deshalb fairer, den Ausdruck „Information" mit dem Begriff des „Wissens" zu verknüpfen und dann nachzufragen, wie Größe und Komplexität dieses Wissens die Gesellschaft von heute und die der Zukunft beeinflussen. Augenscheinlich haben Umfang, Differenziertheit und Interdependenz der dieses Wissen konstituierenden Elemente, und das sind ja gerade Informationen, wegen ihres exponentiellen Wachstumscharakters die immer schnellere Entwicklung informationsverarbeitender Systeme erzwungen beziehungsweise möglich gemacht. Volkswirtschaftlich gesprochen heißt das aber, daß in viel stärkerem Ausmaß als früher die Information als eine Art „Produktionsfaktor" identifiziert werden kann, dessen Existenz auf den immer deutlicher zutage tretenden Synergieeffekten von hochspezialisierter Arbeit und äußerst intelligenter Kapitalnutzung beruht.

Bemerkenswert ist dabei die Tatsache, daß die Inanspruchnahme dieses „neuen", abgeleiteten Produktionsfaktors mit einem stetig abnehmenden Verbrauch an natürlichen Ressourcen verbunden ist.

Was zeichnet nun aber Informationsgesellschaften aus? Worin unterscheiden sich ihre Strukturen von den Bedingungen und Eigenheiten herkömmlicher moderner Industriegesellschaften, die ja auch schon einen tiefgehenden Wandel ihrer gesellschaftlichen Rahmenbedingungen, Wertvorstellungen und Funktionsweisen durchgemacht haben? Kann man überhaupt Merkmale benennen, die einerseits charakteristisch sind für neue Formen individuellen Lebensverständnisses und andererseits die sozialen und wirtschaftlichen Gesellschaftsmuster repräsentieren, die sowohl Ursache als auch Folge eben dieser Informationsgesellschaft sind?

Im folgenden soll versucht werden, am Beispiel einiger typischer Merkmale aufzuzeigen, wie schwierig und zum Teil auch kontrovers die Bestimmung wesentlicher Charakteristika von Informationsgesellschaften ist. Mit Absicht wurden genau solche Merkmalsfelder ausgewählt, die je nach Betrachtungsweise geradezu widersprüchlich, das heißt antinomische Aussagen und Folgerungen zulassen. Die Spannweite und Polarität der jeweiligen Schlüsse vermittelt vielleicht am ehesten einen Eindruck von den Schwierigkeiten, die in Zukunft bei der Gestaltung der gesellschaftlichen Rahmenbedingungen ebenso zu erwarten sind wie bei der erfolgreichen, dem Wohl des Individuums und der Gemeinschaft dienenden Realisierung der gesellschaftlichen Prozesse. Interessant und wichtig werden diese Antinomien aber insbesondere bei der Auswahl und praktischen Umsetzung derjenigen Anreizmechanismen, die jede Gesellschaft zur Steuerung und Kontrolle der Verhaltensweisen ihrer Mitglieder benötigt. Es ist vernünftig, sich darauf einzustellen, daß in einer zunehmend vernetzten und fast im informationellen Gleichschritt voranstrebenden Welt auch die Anreizmechanismen des wirtschaftlichen und sozialen Lebens dem Paradigmenwechsel der Gesellschaft folgen müssen. Darüber wird in den folgenden Abschnitten mit Blick auf die ökonomisch relevanten Anreizsysteme Genaueres gesagt werden, jetzt geht es zunächst einmal darum, die angedeuteten Merkmalsantinomien zumindest in ihrem inhaltlichen Kern kurz darzustellen.

Hohe Komplexität versus zunehmende Vereinfachung

Informationsgesellschaften haben ein Maß an Eigenkomplexität erreicht, das zur Bewältigung der hochgradigen Differenzierung ihrer Institutionen und Abläufe eine äußerst anpassungsfähige Organisation der Informationsgewinnung und -verarbeitung verlangt. Allein schon die von keiner Instanz mehr zu überschauende Menge an systemnotwendigen Beziehungen stellt derart gesteigerte Anforderungen an die Auswahl und Bündelung wichtiger Steuerinformationen, daß eine sich selbst regulierende Komplexitätsreduktion überlebenswichtig erscheint. Es sind Mechanismen erforderlich, die auf sinnvolle und effiziente Weise die entscheidenden Weichen der gesellschaftlichen Arbeitsteilung stellen und dabei die Erkenntnis- und Denkfähigkeit des Menschen nicht überfordern. Höchste Vielfalt und Variabilität müssen zu einfachen, überschaubaren Mustern und Strukturen synthetisiert werden, weil die Chancen des technologischen und sozialen Fortschritts eine Lösung dieses Informationsdilemmas unumgänglich machen.

Technische Schnelligkeit versus menschliche Langsamkeit

Worte über die Schnelligkeit und die immer höher gesteigerte Leistungsfähigkeit
von Computersystemen zu verlieren, erübrigt sich. Hier triumphiert menschliche
Schöpfungskraft, aber sie beginnt auch, in bestimmten Bereichen eine berechtigte
Angst vor dem Geschaffenen auszulösen. Die Welt der Entscheidungen wird so
schnell und in einem solchen Maße modifizierender menschlicher Einflußnahmme
entzogen, daß mittlerweile das Leben insgesamt in die Hand von Informationssystemen gegeben erscheint. Erinnert sei nur an die militärischen Sicherheitssysteme, die
im Bedrohungsfalle quasi automatisch die vorprogrammierten Befehle und Aktionen
auslösen. Der Mensch denkt hier zu langsam, und er wäre bei der Analyse der Lage
auch überfordert, so daß er zwangsläufig eher zum Handlungsbeauftragten als zum
Herrn der Situation wird. Einige gefährliche und sogar tragische Ereignisse (Com-
puterfehler in Sicherheitssystemen, irrtümlicher Abschuß von Passagierflugzeug und
andere) belegen die Aktualität dieses Widerspruchs von technischer Brillanz und
menschlicher Schwäche geradezu überdeutlich.

Qualitatives Wachstum versus quantitatives Wachstum

„Qualitatives Wachstum ist jede nachhaltige Zunahme der gesamtgesellschaftlichen
und pro Kopf der Bevölkerung erreichten Lebensqualität, die mit geringerem oder
zumindest nicht ansteigendem Einsatz an nicht vermehrbaren oder nicht regene-
rierbaren Ressourcen sowie abnehmenden oder zumindest nicht zunehmenden Um-
weltbelastungen erzielt wird" ([3]). Dabei soll unter Lebensqualität die Gesamtheit der materiellen und immateriellen Bedürfnisse des Menschen verstanden werden, also wirtschaftlicher Wohlstand ebenso wie etwa individuelle Freiheitsrechte
und soziale Gerechtigkeit in demokratischen Verfassungsstaaten. Selbstverständlich
zählen heute mehr denn je auch die Sicherung der natürlichen Lebensgrundlagen,
die Umweltstabilisierung unter Wahrung ihrer unzähligen biologischen Kreisläufe
sowie Aspekte des kulturellen und sozialen Lebens zu den Bestimmungsfaktoren
von Lebensqualität. Vieles, zum Teil äußerst Deprimierendes, könnte, wenn man
das Verhältnis von Ökonomie und Ökologie betrachtet, zu dieser Thematik gesagt werden. Hier interessiert jedoch vor allem folgende Feststellung: Die Erhaltung einer lebenswerten Umwelt erfordert in immer dringlicherem Ausmaß einen
radikalen Wandel der menschlichen Ressourcennutzung. Von einem immer noch
eher ausbeuterischen Verhalten muß der Übergang zu einem strikt haushälterischen
Wirtschaften geschafft werden, wenn nicht selbstzerstörerische Wachstumsprozesse
irreversible Schäden an den Lebensgrundlagen zukünftiger Generationen anrichten
sollen. Quantitatives Wachstum muß in qualitatives Wachstum übergehen.

Angesichts dieser Herausforderung ist die Rolle informationsverarbeitender Systeme durchaus ambivalent zu bewerten. Einerseits zeigt ihre hochproduktive
Wertschöpfungskapazität Wege in eine ressourcenschonende Dienstleistungsgesellschaft der Zukunft auf, andererseits werden zum Beispiel durch verkürzte Produktlebenszyklen neue quantitative Wachstumsprozesse angestoßen. Die Antinomie der
Folgen ist offensichtlich. Wohin sich die Waage der Vor- und Nachteile dieser Ent-

wicklung mit Blick auf die Lebensqualität per Saldo neigen wird, ist schwierig zu beurteilen; vielleicht ist in Informationsgesellschaften tatsächlich Optimismus angebracht.

Dynamische Anpassung versus erstarrter Status quo

Technologie, Arbeitsmethoden, individuelle Zeitsouveränität, Rahmenbedingungen und Leitbilder, alles verändert sich in immer kürzeren Zeitabständen und stellt jeden vor konfliktträchtige Akzeptanzentscheidungen. Weder die Angst vor Veränderungen noch die natürliche Unsicherheit über die individuellen Auswirkungen so vieler gleichzeitiger Innovationen dürfen aber die Erprobung neuer Formen des Managements und der Konsensfindung verzögern. Systemdenken und ein eher interdisziplinärer Generalistenblick für die großen Zusammenhänge sind wieder stärker gefragt, weil Spezialistentum, so notwendig es im Einzelfall ist, allzu leicht die Perspektive verengt und damit unbeweglicher macht. Trotzdem bleibt erstarrtes Besitzstandsdenken und die Scheu vor Veränderungen ein weitverbreitetes Verhaltensmuster. GUTOWSKI schildert sehr anschaulich die Auswirkungen dieser Geisteshaltung, wenn er über die „Tyrannei des Status quo" folgendes schreibt: „Stärker noch fällt ins Gewicht, daß die zunehmende Umsetzung des Status quo-Denkens in neue Begünstigungen allmählich den dynamischen Prozeß des Wettbewerbs in der Marktwirtschaft lahmlegt, ähnlich wie Gulliver von den Liliputanern mit Hilfe von vielen kleinen Stricken bewegungsunfähig gemacht worden war. Durch das künstliche Aufrechterhalten des Status quo werden Produktionsfaktoren gebunden, die an anderer Stelle effizient verwendet werden könnten, und es werden Kosten und Risiken auf die noch dynamischen und erfolgreichen Gruppen und Wirtschaftszweige abgewälzt, die dadurch geschwächt werden" ([5]).

Was hier mit Blick auf wirtschaftliche Konsequenzen beklagt wird, gilt mit Einschränkungen auch für viele andere Bereiche der Gesellschaft. Informationsgesellschaften belohnen Anpassungsfähigkeit im Sinne von physischer und psychischer Beweglichkeit mit ansehnlichen Vorteilen: Neue persönliche Freiheiten, gesteigerte wirtschaftliche Produktivität, neue Formen des geistigen und kulturellen Lebens und andere Lebensstile sind nur einige dieser positiven Auswirkungen. Gleichzeitig aber werden traditionelle Lebensmuster obsolet, wird ein (eher negativer) Zwang zur Anpassung an Automatismen erzeugt, so daß für viele Menschen die freiheitsbedrohenden Elemente der technologischen Entwicklung immer gewichtiger werden. Einen Weg aus diesem Dilemma kann letztlich nur die Anwendung der praktischen Vernunft bringen, die vor dem Hintergrund sehr unterschiedlicher Widerstände vor allem zweierlei erreichen muß: Einmal müssen unberechtigte Ängste mit Hilfe intensivierter Aus- und Weiterbildung abgebaut werden, und zweitens wird das Nachdenken über verbesserte Kontrollmechanismen gegen gefährliche Fehlentwicklungen immer lebensnotwendiger werden.

Kreative Innovationen versus geplante Patentrezepte

Mit der Betrachtung dieser Merkmalsantinomie wird eine tiefgehende, an die Wurzeln der Wirtschafts- und Gesellschaftsordnung eines Landes rührende Problemstellung aufgegriffen. Es geht um die Frage, inwieweit Informationsgesellschaften die Prinzipien ihrer Entscheidungsfindung und Entscheidungskoordinierung neu bestimmen und austarieren müssen. Dabei ist nicht nur der grundsätzliche Konflikt zwischen Marktkoordinierung bei weitgehenden individuellen Freiheitsrechten einerseits und möglichst umfassender staatlicher Planung andererseits gemeint. Vielmehr müssen angesichts der neuen Möglichkeiten der Informationsvernetzung, Informationsfilterung oder Informationsbündelung die Grenzen autonomer Selbstbestimmung gegenüber einer informationellen Fremdbestimmung schärfer definiert werden. Damit werden aber grundsätzliche Aspekte der gesellschaftlichen Machtverteilung und ihrer Kontrolle berührt. Wenn Wissen schon immer Macht war, dann stellt sich diese Machtfrage in Informationsgesellschaften („Wissensgesellschaften") erst recht und verlangt geradezu nach machtbegrenzenden und damit freiheitsbewahrenden Institutionen.

Wenn Kreativität, Ideen, Initiative und persönliche Risikobereitschaft erfolgreich nur auf dem Boden der Freiheit gedeihen, dann müssen ungerechtfertigte Informationsprivilegien und die damit einhergehende Arroganz des Besserwissens verhindert werden. Geplante Patentrezepte „aus einer Hand" sind in hochkomplexen, dynamischen und von technischen Neuerungen immer schneller überrollten Systemen noch weniger angemessen als in bisherigen Industriegesellschaften. Trotz der Suggestionskraft großer Modelle auf immer leistungsfähigeren Rechnern wird die Anmaßung von Wissen über die Gestalt der Zukunft eher schädlicher sein als bisher. Der evolutionären Entwicklung wirkungsvoller Rahmenbedingungen für kreative Innovationen kommt dagegen immer größere Bedeutung zu. Insofern setzen Informationsgesellschaften liberale Strukturen in weiten Bereichen der Gesellschaft voraus. Sicherlich ist diese fundamentale Einsicht auch eine der Triebkräfte für die „Unruhe" in geplanten Gesellschaftsordnungen und den immer lauteren Ruf nach Reformen und besseren ökonomischen Anreizmechanismen.

2 Anreizmechanismen

Menschen, Organisationen und selbst große Vereinigungen von Menschen und Organisationen (zum Beispiel staatliche Gebilde) richten, wenn sie nicht daran gehindert werden, ihre Aktivitäten im allgemeinen an den Zielen aus, die sie sich entweder selbst gesetzt haben oder die sie, obwohl von außen vorgegeben, als richtig und sinnvoll anerkennen. Trotz unendlich vieler, ganz verschiedener subjektiver Interessen und Wertungen ist bezüglich dieser freiwillig gewählten Ziele menschliches Handeln als planvoll und zielgerichtet anzusehen, weil nur so aus der Sicht des jeweiligen Entscheidungsträgers nutzen- beziehungsweise wohlfahrtssteigernde Wirkungen zu erreichen sind.

Zielschädigendes Verhalten liegt, von einigen selbstdestruktiven Sonderfällen und Anomalien abgesehen, weder im Eigeninteresse eines Handlungssubjekts noch kann irgendeine Organisation, sei es ein Verein, eine Unternehmung oder eine staatliche Institution, dadurch ihre Organisationszwecke fördern.

Diese Feststellung gilt jedenfalls im Zeitpunkt einer Entscheidung oder Handlung, und sie wird auch nicht durch die Beobachtung aufgehoben, daß viele Aktivitäten aufgrund von inzwischen eingetretenen Präferenzänderungen der Handlungsträger im nachhinein als falsch oder unklug beurteilt werden und eine andere Entscheidung nun vorgezogen würde.

Es ist keine triviale empirische Beobachtung, daß sich Menschen und Organisationen, soweit sie selbstbestimmt handeln und entscheiden können, sowohl bei der Auswahl ihrer Leitideen und Ziele als auch erst recht bei der Bestimmung der Mittel und Wege zur Erreichung dieser Ziele vom Eigeninteresse leiten lassen. Selbst altruistisch orientiertes Handeln ist, und dies ist kein Widerspruch, im Sinne dieser Betrachtungsweise letztlich von Eigeninteresse beeinflußt. In diesem Falle umfaßt es eben neben den ureigensten Bedürfnissen auch noch das Wohlergehen Dritter, und die Lage dieser Adressaten hat unmittelbare Rückwirkungen auf die persönliche Nutzenoptimierung. Diese Beobachtung gilt für Entscheidungen im Familien- oder Freundeskreis ebenso wie für kundenorientierte Unternehmensentscheidungen, aber letztlich kommt es auf eine scharfe Trennung von „egoistischen" und sogenannten „altruistischen" Motiven überhaupt nicht an. Wichtig ist vielmehr die Tatsache, daß offensichtlich menschliches Verhalten maßgeblich von Verhaltensanreizen beeinflußt wird, die ein Entscheidungssubjekt oder eine ganze Institution in einer bestimmten Situation zu Entscheidungen oder Handlungen veranlassen können, die vom „Eigeninteresse" richtungsweisend geprägt sind. Anders ausgedrückt: „Eigeninteresse" im weitesten Sinne ist ein sehr feinfühliger Indikator all der Anreize, die aus der Perspektive eines Entscheidungsträgers das Handlungsumfeld konstituieren. Anreizmechanismen bilden damit einerseits die konstituierenden Rahmenbedingungen menschlicher Verhaltensformen, andererseits wirken sie steuernd und regulierend im Rahmen der vorgegebenen Funktionsbedingungen einer Gesellschaftsordnung auf das tatsächliche Verhalten ein. So betrachtet können „Anreizmechanismen in Informationsgesellschaften" sowohl institutionelle Anreizsignale, die eher ordnungspolitischen Charakter haben, als auch prozeßpolitische Anreizfaktoren umfassen.

Wünschenswert sind nun vor allem solche Anreizmechanismen, die einerseits das Eigeninteresse befriedigen und andererseits dem Wohl des Ganzen dienen. Die „unsichtbare Hand" ADAM SMITHs ist letztlich nichts anderes als eine Menge von sinnvollen Anreizmechanismen, die ihre positiven Wirkungen auf allen Ebenen der Gesellschaft entfalten, auf der individuellen Ebene („Mikroebene") genauso wie auf der Ebene der Unternehmungen und Organisationen („Mesoebene") und schließlich auch auf der Ebene der Gesellschaft („Makroebene"). Immer geht es darum, jene allgemeinen Triebkräfte der menschlichen Natur in eine solche Richtung zu lenken, daß sie mit den Bemühungen, die der Verfolgung des eigenen Interesses dienen, dennoch das öffentliche Wohl fördern. Daß Menschen dabei nicht dem willkürlichen Zwang eines anderen oder anderer Menschen unterworfen sein dürfen, versteht sich von selbst, da in diesem Fall kaum eine Kongruenz von Eigeninteresse und aufgezwungener Verhaltensweise gegeben sein dürfte.

Freiheit im Sinne KANTs oder HAYEKs als „Unabhängigkeit von der Willkür anderer" ist gewissermaßen eine notwendige Bedingung für das Wirksamwerden konstruktiver Anreizwirkungen. Diese Feststellung schließt selbstverständlich nicht aus, daß die im Gewaltmonopol des Staates verankerte Zwangsausübung der öffentlichen Hoheitsträger als Schutzinstanz gegen privaten Machtmißbrauch anerkannt wird. Anreizmechanismen bewegen sich deshalb stets im heiklen Spannungsfeld von individueller Freiheit und gesellschaftlichem Regel- und Gesetzesrahmen, wobei ein ausgewogenes und gerechtes Gleichgewicht von Individual- und Gemeinschaftsinteressen gefunden werden muß.

2.1 Mikroebene

Vor dem Hintergrund der für Informationsgesellschaften charakteristischen Merkmalsantinomien sollen jetzt einige (ökonomische) Anreizmechanismen näher betrachtet werden, die auf der Mikroebene, das heißt der Ebene der Individuen und kleinen Entscheidungseinheiten (Familie, Kleingruppe und ähnliches) relevant sind. Gerade hier gelten die vorangestellten grundsätzlichen Überlegungen zur Funktion von Anreizen in besonderem Maße, ist doch der einzelne sowohl der eigentliche Urheber als auch der Betroffene von Entscheidungsprozessen. Die Frage muß also lauten, wie Anreizmechanismen in einer Welt

– hoher Komplexität und des Zwangs zur Vereinfachung,
– hoher technischer Schnelligkeit, aber menschlicher Langsamkeit,
– notwendigen qualitativen anstatt nur quantitativen Wachstums,
– dynamischer Anpassung anstatt starren Festhaltens am Status quo und
– kreativer Innovationen anstatt geplanter Patentrezepte

auf individueller Ebene aussehen sollten. Jede Antwort kann, und das liegt in der komplexen Natur der Sache begründet, nur Teilaspekte berücksichtigen, aber sie zeigen doch zumindest die tendenzielle Richtung für die Ausgestaltung von zukunftsorientierten Anreizmustern auf.

Die vielleicht wichtigste Forderung muß sein, im Individuum selbst die engagierte Bereitschaft zur aktiven Bewältigung der vielfältigen Zukunftsprobleme zu wecken. Diese Aussage ist keine belanglose, allgemeine Leerformel, die jegliches Verhalten legitimiert, sondern sie verlangt genau solche Anreizmechanismen, die ein Individuum aus freier Entscheidung zum vollen Einsatz seiner geistigen und körperlichen Kräfte anregen. Besser als durch jede Anwendung von vermeidbarem und deshalb unnötigem Zwang können so zum Beispiel

– die natürlichen Lebensgrundlagen geschützt und qualitative Wachstumsprozesse gefördert werden, oder
– kreative technische und soziale Innovationen erfolgen und gesellschaftliche Anpassungsvorgänge ohne gravierende Ungerechtigkeiten ablaufen.

Wie schon dargelegt, setzt ein solches Engagement freiwilliges Eigeninteresse des Individuums voraus, so daß ohne die Sicherstellung und den dauernden Schutz persönlicher Freiheitsräume ein funktionierendes Anreizsystem undenkbar ist. Gerade weil die Interessen, Motive, Ziele und Fähigkeiten der Menschen so verschieden sind, können sie alle nur durch Anreizmuster motiviert werden, die jedem Individuum die Chance der Selbstfindung und Selbstbestimmung geben. Autoritative Beschränkungen schließen denknotwendig Aktivierungspotentiale aus.

Das heißt nun keineswegs, daß man es immer jedem recht machen kann oder sollte. Vielmehr wird verlangt, daß bei der Einführung von Anreizmechanismen auf der Mikroebene auf die Verschiedenartigkeit der Menschen so weit wie möglich Rücksicht zu nehmen ist. Damit weist dieses Plädoyer für möglichst liberale Strukturen erneut auf die häufig unterschätzten Voraussetzungen für effiziente wirtschaftliche und soziale Anreizmechanismen hin.

Trotzdem sei an dieser Stelle gleich ein caveat angebracht:

Unkontrollierte Freiheitsräume eröffnen auch auf individueller Ebene Möglichkeiten zum Machtmißbrauch zumindest dann, wenn keine begrenzenden und kritikfähigen Gegenkräfte wirksam werden. Dennoch scheint die Chance auf solche machtkontrollierenden Mechanismen in freien Systemen überhaupt erst gegeben zu sein, da autoritäre Strukturen von vornherein bestenfalls Alibi-Kontrollinstanzen kennen, in Wahrheit aber jeden kritischen Widerstand unterdrücken. Es kommt also bei den in Informationsgesellschaften notwendigen Anreizfaktoren entscheidend darauf an, daß Sicherungen das Unterlaufen oder Abwürgen offener, demokratischer und damit kritischer Meinungsbildungsprozesse verhindern. Geradezu augenfällig beweist diese Schlußfolgerung die enge Verknüpfung und wechselseitige Abhängigkeit von Anreizmechanismen der Mikroebene mit solchen der gesellschaftspolitischen Ebene, auf der ja die institutionellen Rahmenbedingungen für individuelles Handeln festgelegt werden.

Fragt man nun, welche praktischen Konsequenzen sich aus diesen grundsätzlichen Überlegungen ergeben, so können die folgenden Problemfelder beispielhaft als Prüfsteine für zukunftsorientierte Anreizmechanismen genannt werden:
- Anreize zur lebenslangen Weiterbildung des ganzen Menschen;
- Anreize zur kreativen persönlichen Entfaltung (zum Beispiel Eigenarbeit, Hobbies und andere);
- Anreize zur konstruktiven Kritik und geistigen Flexibilität;
- Anreize zur Mitbestimmung am Arbeitsplatz und zu partizipativem Führungsstil;
- Anreize zur autonomen Arbeits- und Zeiteinteilung;
- Anreize zum Abbau nicht funktionsbedingter Hierarchien;
- Anreize zur physischen Mobilität;
- Anreize zum ressourcenschonenden Verhalten in Produktion, Konsum und Freizeit, das heißt Anreize zu qualitativen Wachstumsprozessen;
- Anreize zur Bildung von informellen Gegengewichten gegen automatisierte Routinen.

Betrachtet man die hier nur angedeuteten Problembereiche etwas genauer, so wird sofort deutlich, daß alle Anreizmechanismen offensichtlich dazu dienen sollen, die Spannungsfelder der erwähnten Merkmalsantinomien abzubauen. Ohne die nach wie vor unumgängliche Sicherung der materiellen Basis unserer hochtechnisierten

Informationsgesellschaften zu gefährden, sollen doch Freiräume und flexible Strukturen die Stellung des einzelnen stärken und ihm die Bewältigung der schwierigen Anpassungsprozesse erleichtern.

2.2 Mesoebene

Anreizmechanismen für die auf dieser Ebene in sehr unterschiedlichen Organisationen versammelten Individuen erfordern Anreize, die einmal die auf der Mikroebene bereits angesprochenen Anreizgewinne erhalten und andererseits zusätzliche, dem jeweiligen Organisationszweck angemessene Anreizwirkungen entfalten. Da hier das Augenmerk auf ökonomischen Anreizmechanismen liegt, sollen nur die für Unternehmen in marktwirtschaftlich organisierten Informationsgesellschaften typischen Anreizsignale betrachtet werden. Für andere Organisationen (Vereine, Stiftungen, Gewerkschaften, Verbände und ähnliche) ergeben sich zum Teil unterschiedliche Anreizmechanismen, wobei jedoch auch hier je nach „Markt- beziehungsweise Wettbewerbsnähe" die für Unternehmungen typischen Anreize an Bedeutung gewinnen.

Grundsätzlich ist zunächst einmal festzustellen, daß sich auch in Informationsgesellschaften die Gesetze des Marktes zwar mißachten, aber nicht aufheben lassen. Das bedeutet, daß zur Sicherung der langfristigen Existenz jedes Unternehmens die nationale und zunehmend auch die internationale Wettbewerbsfähigkeit der angebotenen Güter und Dienstleistungen bewahrt werden muß. Ohne konkurrenzfähige Produkte ist in einer offenen, immer mehr zusammenwachsenden Weltwirtschaft unternehmerisches Handeln früher oder später zum Scheitern verurteilt. Alle Anstrengungen, dem „ökonomischen Prinzip" genüge zu tun, das heißt ein gegebenes Ziel mit möglichst minimalem Aufwand zu erreichen oder bei gegebenem Aufwand die Zielerreichung zu optimieren, bleiben ohne permanente Produkt- und Prozeßinnovationen erfolglos, so daß Arbeitslosigkeit, wirtschaftliche Stagnation und gefährliche sozialpolitische Konflikte drohen. Gerade unter dem schon deutlich hervorgehobenen Postulat des qualitativen Wachstums muß zu einem möglichst ökonomischen Umgehen mit den immer knapper und damit kostbarer werdenden Ressourcen der Welt angereizt werden. Verschwendung, und das ist ja ineffizientes ökonomisches Handeln, ist weniger denn je legitimierbar.

Diese Aussage gilt sowohl für einen gegebenen Produktionsprozeß als auch, und damit wird die Fragestellung wesentlich heikler, für die Auswahl der zu realisierenden Produktionen. Qualitatives Wachstum erfordert ja nicht nur die Anwendung ressourcenschonender Verfahren, sondern verlangt starke Anreize zur Umorientierung der Produktion. Selbst bei Dienstleistungen, die häufig als Musterbeispiele für ökologisch sinnvolle Produktionsprozesse angesehen werden, hängt diese wohlwollende Qualifizierung sehr wohl vom Einzelfall ab. Die negativen Auswirkungen vieler Freizeitdienstleistungen (Naturzerstörung, Überfüllungsphänomene u. a.) untermauern diesen Vorbehalt nur zu deutlich.

Aus diesen grundsätzlichen Überlegungen folgt, daß Anreizmechanismen in Informationsgesellschaften, gerade weil sie die erwähnten Merkmalsantinomien als gegeben voraussetzen, für praktisch jedes Unternehmen in mehrfacher Hinsicht motivierend und steuernd wirken müssen. Diese Multidimensionalität der Anreize mit Blick auf die verschiedenen Steuerungsbereiche korrespondiert mit der Notwendigkeit, die Antonomien der gesellschaftlichen Entwicklung nicht noch zu verschärfen, sondern eher ausgleichend und harmonisierend zu wirken. Insofern sollten Anreizmechanismen soweit wie möglich miteinander verträglich sein, auf keinen Fall aber sich gegenseitig außer Kraft setzen.

Nach diesen allgemeinen Vorbemerkungen erscheint es angebracht, einige der für notwendig erachteten Anreizmechanismen konkret aufzulisten, um so eine gewisse Vorstellung von der Komplexität der Herausforderungen auf der Mesoebene zu geben:

- Anreize zur Entwicklung von Lösungskonzepten in allen Unternehmensbereichen im Sinne qualitativen Wachstums;
- Anreize zu wertschöpfungsintensiven Produktionsprozessen;
- Anreize zur Verbesserung des innerbetrieblichen Innovationsklimas mit dem Ziel, die Innovationsfähigkeit zu erhöhen;
- Anreize zur Weiterbildung des immer wichtigeren Produktionsfaktors „human capital";
- Anreize zur Anwendung des Delegationsprinzips, um Initiative, Mitdenken und Verantwortungsbereitschaft der Mitarbeiter zu fördern („soweit oben wie nötig, soweit unten wie möglich");
- Anreize zur regelmäßigen Überprüfung von Regelsystemen, um erstarrtes Denken und sklerotische Strukturen zu verhindern;
- Anreize zur Sensibilisierung aller Unternehmensangehörigen für die gesellschaftspolitischen Auswirkungen des eigenen Handelns;
- Anreize zur Übernahme unternehmerischer Mitverantwortung durch die Mitarbeiter beziehungsweise deren Vertreter;
- Anreize zur Entwicklung systemischen Denkens, das heißt zum Denken in rückgekoppelten, ganzheitlichen Systemen;
- Anreize zum Selbständigmachen und zur Aufnahme von Risikokapital;
- Anreize zur vorsorglichen Entwicklung konjktureller und unternehmensspezifischer Zukunftsscenarien, um flexibel auf Strukturänderungen (veränderte konjunkturelle Ablaufmuster, technische Innovationen, verkürzte Produktlebenszyklen u. ä.) reagieren zu können.

Auch eine Fortsetzung dieser Aufzählung würde immer wieder zeigen, daß eine rasant sich verändernde Umwelt die Unternehmen zur Konzipierung wirkungsvoller Anreizmechanismen für alle möglichen Zukunftsprobleme zwingt. Offensichtlich ist dabei die Tendenz, alle Aktivierungspotentiale einer Unternehmung zu mobilisieren, um die Zukunft selbst mitzugestalten. „Am Ball zu bleiben" wird insbesondere dann zur unternehmenspolitischen Überlebensfrage, wenn Reagieren gleichbedeutend mit „den Anschluß verlieren" wird. Das letztgenannte Risiko ist aber in Informationsgesellschaften besonders hoch.

346

Wie müssen nun im einzelnen Anreizmechanismen ausgestaltet sein, damit sie die
erwünschten Wirkungen auch tatsächlich zeitigen? Es ist klar, daß jede Antwort pro-
blemspezifisch ausfallen wird. Oft werden materielle Anreize wie Prämien, Gehalt,
Zulagen oder Gewinnaussichten die Menschen zum angestrebten Handeln bewegen,
aber häufig sind es auch immaterielle Vergünstigungen wie Lob, Beförderung, Titel, gesellschaftliche Anerkennung und ähnliche Anreize, die als Impulsgeber für
individuelles Verhalten dienen. Analog könnte auch bezüglich der jeweiligen Nega-
tionen der eben erwähnten Anreizmuster argumentiert werden. Generell wird man
jedoch erneut feststellen können, daß freiwillige Verhaltensanreize das Eigeninteresse des Angesprochenen viel konstruktiver mobilisieren können als ein als lästig
empfundener, von oben ausgeübter Zwang.

Aus diesem Grund besteht auch auf der Mesoebene immer die Notwendigkeit,
die zum Funktionieren der Organisation unumgängliche Anweisungsstruktur durch
„hierarchieneutrale" Anreizsysteme abzufedern. Konsensfähige Zukunftsstrategien
erfordern aktive, kritische Mitarbeiter, die aller Erfahrung nach nur dann bereit
sind, engagiert mitzudenken und mitzuentscheiden, wenn sie ihre eigenen Pläne dadurch gefördert sehen. Das Geheimnis des Erfolgs ist dann die Übereinstimmung
von individuellem und kollektivem Nutzen, ein Effekt, der letztendlich die Existenz
kluger Anreizmechanismen beweist.

2.3 Makroebene

Unter der Bezeichnung „Makroebene" wird hier die Gesamtheit der Regeln und
Ordnungen zusammengefaßt, derer sich jede Gesellschaft einerseits zum Aufbau ihrer gesellschaftlichen Institutionen und andererseits zur Gestaltung der politischen,
sozialen und wirtschaftlichen Ablaufprozesse bedient. Es geht bei der folgenden
Erörterung von Anreizmechanismen auf der makroökonomischen Ebene in erster Linie um solche Regelungen und Anreize, die durch ordnungs- oder prozeßpolitische
Vorgaben und Entscheidungen staatlicher Instanzen das menschliche Handeln beeinflussen. Dabei wird die in allen modernen Informationsgesellschaften verwirklichte
Ausprägungsform eines demokratischen Rechtsstaates unterstellt, in dem Rechte
und Pflichten der Bürger untereinander ebenso wie die Beziehungen zwischen Individuum und Gemeinschaft durch rechtsstaatlich gesicherte, demokratische Ver-
fahrensweisen bestimmt werden. Zur Idee der verfassungsmäßigen Garantie bestimmter Grundrechte beziehungsweise Grundfreiheiten tritt hier der Gedanke des
sozialen Ausgleichs und der Absicherung bedrohlicher Lebensrisiken. Wirtschaftspo-
litisch betrachtet entspricht dieser politischen Konzeption die Überzeugung, daß eine
marktwirtschaftliche Ordnung, die in eine sozial gerechte Rahmenordnung eingebunden ist, die gesellschaftlichen Basisziele wie individuelle Freiheit, soziale Gerechtigkeit und Wohlstand am ehesten erreichen und gewährleisten könne.

Da alle staatlichen Regelungen letztlich wieder von Menschen erdacht, beschlossen
und durchgesetzt werden, stellt sich auch bei der Gestaltung der staatlichen Ordnung das schon mehrfach diskutierte Problem der Kongruenz von Eigeninteresse

und Gemeinwohl. Politiker, also auch Wirtschafts- und Sozialpolitiker, müssen so in Anreizmechanismen eingebunden sein, daß ihre Entscheidungen, obwohl auch sie vom Eigeninteresse gelenkt werden, dennoch Gemeinwohl-förderlich ausfallen.

Viele Unzulänglichkeiten und Mißstände staatlicher Rahmenordnung beziehungsweise staatlicher Interventionen sind eindeutig die Folge einer ungenügenden Kompatibilität individueller Politikerinteressen und übergeordneter Erfordernisse. Gerade die Public-Choice-Theorie (vergleiche zum Beispiel [6]) hat überzeugend nachgewiesen, daß Politiker genauso wie Menschen in anderen Organisationen erst durch „richtige" Anreize zu optimalen Verhaltensweisen induziert werden.

Konkret bedeutet diese Erkenntnis, daß zum Beispiel die Verschwendung öffentlicher Mittel nicht länger eher prämiert anstatt sanktioniert werden darf. Die Anreizmechanismen für staatliches Ausgabenverhalten pervertieren geradezu den Gedanken der Ressourcenschonung und fördern eher quantitatives denn qualitatives Denken.

Die im staatlichen im Vergleich zum privaten Sektor weitgehend bestehende Trennung von Entscheidungsrechten und der Verantwortung für die Entscheidungsfolgen setzt in vielen Bereichen falsche Signale. Fehlleistungen aufgrund von unvorsichtigem oder verschwenderischem Verhalten zeitigen keine existenziellen Auswirkungen, es sei denn, die Mißstände würden derart virulent, daß der Wähler für eine Auswechslung der politischen Amtsträger sorgt.

Anreizmechanismen auf der Makroebene können, wenn man die Aufgabenbereiche des Staates in sehr weiten Kategorien zusammenfaßt, folgendermaßen skizziert werden:
- Anreize zur Verbesserung der Funktionsbedingungen einer Wettbewerbsordnung;
- Anreize zu qualitativen Wachstumsprozessen;
- Anreize zur Durchsetzung „sozialer Gerechtigkeit";
- Anreize zu innovativen und flexiblen Lösungskonzepten für Zukunftsprobleme;
- Anreize zur Einführung selbstregulierender Prozesse zur Verhinderung von Rationalitätenfallen.

Die eben genannten Anreizfelder müssen natürlich in ihrem inhaltlichen Kern im Sinne der jeweils erwünschten Handlungsergebnisse konkretisiert werden. Im Bereich der Wettbewerbspolitik tauchen dann zum Beispiel bei der Festlegung der die angestrebte Wettbewerbskonzeption tragenden Anreizsysteme viele grundsätzliche Probleme auf: Wie sollen Unternehmen vom Mißbrauch von Marktmacht abgeschreckt werden oder, anders ausgedrückt, welche Anreize fördern den Leistungswettbewerb und verhindern seine allmähliche Einschränkung? Welche gesetzlichen Regelungen wirken machtbegrenzend (Kartellverbot, Verbot abgestimmten Verhaltens, Fusionskontrolle u. a.) und damit freiheitssichernd, und welche Anreizmechanismen müssen etwa angesichts globaler wirtschaftlicher Herausforderungen anders gefaßt werden, um flexibles, zukunftsorientiertes Unternehmerverhalten zu initiieren?

Die Kette der Beispiele ließe sich lange fortsetzen, aber sie würde doch immer wieder zeigen, daß falsche Signale aufgrund fehlerhafter Anreizmechanismen zu falschen Reaktionen der Handlungsträger führen. Markt- oder Staatsversagen ist die unausweichliche Folge. In beiden Fällen liegt die Schuld aber nicht in der Institution des

Marktes „an sich" oder an „den" Politikern, sondern am falschen Einsatz vernünftiger und vielfach erprobter Prinzipien der Motivation und Steuerung menschlichen Verhaltens. Nichts belegt diese Aussage vielleicht besser als endlose Warteschlangen dürftig gekleideter Verbraucher vor halbleeren Lebensmittelläden in Ländern, die, von untauglichen Anreizsystemen gelähmt, unter der Tyrannei des Status quo verarmt sind.

Natürlich ließe sich zu jedem der angeführten Aufgabenbereiche des Staates eine Fülle von Argumenten finden, die zeigen würden, daß staatliches Handeln ohne strikte Normierung in Form von Gesetzen, Verordnungen, Ge- und Verboten nicht funktionieren kann. Erst die Androhung staatlicher Zwangsmittel scheint eine Gesellschaftsordnung vor Rechtlosigkeit und Chaos zu bewahren, so daß von freiwilligen Anreizen nicht die Rede sein kann.

Diese Argumentation greift jedoch zu kurz. Es entspricht durchaus dem Eigeninteresse des weitaus größten Teils der Bürger eines Staates, den Bereich eigenständigen Handelns, die eigene physische und psychische Unversehrtheit, letztlich alle Menschenrechte durch eine unparteiische, in „gerechte" Regeln eingebundene Macht gewahrt zu sehen. Diese Feststellung gilt zumindest so lange, wie diese Zwangsgewalt in den Augen der ihr Ausgelieferten legitimiert und darüber hinaus auch durch unabhängige Instanzen hinsichtlich rechtsstaatlichen Handelns kontrolliert ist.

Dann substituiert staatlicher Zwang überlebensnotwendige Anreize jedes Individuums, die sonst dazu führen würden, daß das Recht des Stärkeren um sich greift und die Schwächeren unterdrückt und ausbeutet. Der Marsch in die Privilegiengesellschaft der Mächtigen wäre vorprogrammiert, auch und möglicherweise in verschleierter Form in Wissensgesellschaften der Zukunft.

Deswegen sind staatliche Eingriffe zur Durchsetzung der Funktionsprinzipien einer sozialen Marktwirtschaft ebenso wie beispielsweise umwelt- oder konjunkturpolitische Maßnahmen unumgänglich. Das Geheimnis des Erfolgs aller staatlichen Maßnahmen hängt, neben der Beachtung der „Interdependenz der Ordnungen" (W. EUCKEN), immer wieder davon ab, inwieweit die Menschen dazu motiviert werden, ihre gesamten Fähigkeiten und Kenntnisse in möglichst optimaler Weise zum Wohle des Individuums und der Gesellschaft einzusetzen.

Diese Aussage klingt auf dieser abstrakten Ebene wie eine Leerformel, aber sie ist es in der Praxis nicht: Wenn heute Lösungen für die Rettung der für das Erdklima unersetzlichen Urwälder Brasiliens diskutiert werden, dann werden alle Anstrengungen nur dann Fortschritte bringen, wenn die Gesamtheit der Anreize in diesem Problembereich so auf das Verhalten aller Beteiligten einwirkt, daß eine Kongruenz individueller und kollektiver Interessen auftritt. Ein anderes Beispiel: Alle Versuche zur finanziellen Konsolidierung kollektiver Versicherungssysteme bleiben solange wirkungslos, wie individuelle und kollektive Rationalität auseinanderfallen, so daß die Ausbeutung der Gemeinschaft rational ist, das heißt im individuellen Eigeninteresse liegt („Rationalitätenfalle"). Eine Lösungsmöglichkeit, die falsche Anreizsignale korrigieren könnte, wäre die stärkere Betonung des Verursacherprinzips. Wie das geschieht, ob durch teilweise Selbstbeteiligungssysteme oder durch

Prämienrückerstattungsanreize, ist nicht so entscheidend. Wichtig ist nur, und das gilt selbstverständlich genauso im Umweltbereich und vielen anderen „explodierenden" Systemen, daß individuelles Verhalten und Eigeninteresse in sinnvoller Weise mit den kollektiv wünschenswerten Ergebnissen rückgekoppelt sind.

3 Anreizprobleme

Anreizprobleme ergeben sich, das haben die vorangegangenen Erörterungen bewiesen, in vielfacher Hinsicht. Nicht nur müssen die richtigen Anreizmechanismen für die jeweiligen Aufgabenstellungen gefunden werden, sondern es dürfen sich die verschiedenen Anreizfaktoren auch nicht gegenseitig blockieren oder in unerwünschter Weise in ihren Wirkungen verändern (unerwünschte Synergieeffekte). Offensichtlich sind bei allen Anreizdefiziten mehr oder weniger gravierende wirtschaftliche, soziale oder sonstige gesellschaftliche Fehlsteuerungen die Folge. Die angestrebten Zielsetzungen werden jedenfalls, selbst wenn die Mittel und Maßnahmen „im guten Glauben" eingesetzt werden, wegen falscher Anreizsignale nicht erreicht.

Im folgenden wird auf zwei besonders schwerwiegende Versagensphänomene kurz eingegangen, die in zunehmendem Maße unter den Schlagworten „Marktversagen" oder „Staatsversagen" diskutiert werden (vergleiche zum Beispiel [1,2,4]). In beiden Fällen soll die begriffliche Kennzeichnung zum Ausdruck bringen, daß entweder bestimmte, vom Marktmechanismus im weitesten Sinne erwartete Leistungen nicht erbracht werden oder, im zweiten Fall, gewisse staatliche Aufgaben nur unzureichend erfüllt werden.

Fragt man nach den tieferen Gründen für Markt- oder Staatsversagen, dann erkennt man, daß häufig eine Kategorie als ursächlich für die andere angesehen werden muß. Eine Letztbegründung droht daher in einen infiniten Regreß überzugehen. Weil der Staat zum Beispiel durch Vorgabe falscher Rahmenbedingungen Marktversagen induziert, könnte man genauso von Staatsversagen sprechen. Umgekehrt wird man dem Staat etwa dann Versagen vorwerfen, wenn er öffentliche Güter ineffizient bereitstellt, obwohl die staatliche Leistungserstellung nur deswegen erfolgt, weil der Markt die gewünschten Leistungen überhaupt nicht anbietet.

3.1 Marktversagen

Die ökonomische Theorie unterscheidet sowohl mikro- als auch makroökonomische Ausprägungen von „Marktversagen". Sie werden hier lediglich angedeutet, da eine eingehende Diskussion zum Beispiel in der Finanzwissenschaft im Rahmen der Begründung staatlicher Aktivitäten erfolgt. Marktversagen tritt unter anderem auf, wenn
– das Ausschlußprinzip nicht anwendbar ist, so daß die Kosten eines Gutes seinem Nutzer nicht eindeutig zurechenbar sind. Vom Staat produzierte „öffentliche Güter" (einschließlich der sogenannten „meritorischen Güter") sollen dann die vom Markt nicht bereitgestellten Leistungen ersetzen. Die Anreizsignale einer

derartigen Situation verführen leicht zu ausbeuterischem Verhalten in Form von „moral hazard"- oder „free rider"-Problemen. Die Versuchung, am Nutzenkollektiv zu partizipieren ohne sich am Kostenkollektiv zu beteiligen, ist groß;

externe Effekte auftreten mit der Folge, daß aufgrund der fehlenden Zuordnung von Nutzen und Kosten auf die entsprechenden Nutznießer beziehungsweise Verursacher zu wenig positive externe Effekte und zu viele negative externe Effekte ausgelöst werden. Im letzteren Fall könnte zum Beispiel die strikte Anwendung des Verursachungsprinzips eine Internalisierung der Kosten zumindest teilweise sicherstellen, so daß sich die Anreizwirkungen in der gewünschten, umweltschonenden Weise verändern;

technische Unteilbarkeiten oder „natürliche" Monopole vorliegen. „Technische und wirtschaftliche Unteilbarkeiten können so hohe Anforderungen an Kapitaleinsatz, Zeithorizont und Risikobereitschaft stellen, daß solche Vorhaben betriebswirtschaftlich nicht tragbar sind ... Das natürliche Monopol kennzeichnet eine Situation, in der aufgrund der technisch-ökonomischen Bedingungen die am Markt nachgefragte Menge von einem einzigen Anbieter zu niedrigeren Kosten produziert werden kann als von jeder größeren Anzahl von Unternehmen ... Die Zulassung von Wettbewerb führe in solchen Fällen zu einer suboptimalen Nutzung von Ressourcen. Als Beispiele für solche Produktionsbedingungen werden vor allem Bereiche der leitungsgebundenen Versorgung genannt, wie zum Beispiel Elektrizität-, Gas- und Wasserversorgung, Nachrichtenübermittlung und schienengebundener Verkehr" ([4]);

eine Tendenz zur suboptimalen Informationssuche besteht. Da der Nutzen von Informationen sehr oft erst nach der Beschaffung dieser Informationen abschätzbar ist, die Informationssuche aber Kosten verursacht, die wesentlich genauer bekannt sind, ergibt sich eine Tendenz zur „absichtlichen Ignoranz". Ein besonders krasses Beispiel dafür stellt etwa die offensichtliche Informationslethargie vieler Wähler bezüglich der inhaltlichen Wahlaussagen der Parteien dar. Hier werden die Kosten der Informationsbeschaffung noch zusätzlich durch die statistische Bedeutungslosigkeit der einzelnen Wahlentscheidung auch bei „vollständiger" Information entwertet. Ähnliche Erscheinungen lassen sich aber auch auf Konsumgütermärkten im Verhalten von Konsumenten beobachten;

makroökonomische Ungleichgewichtssituationen zur Gefährdung der stabilitätspolitischen Fundamentalziele einer Gesellschaft führen. Ohne diesen weiten Themenbereich auch nur ansatzweise zu vertiefen, sei auf die nach der KEYNESschen Konzeption dem Markt inhärenten Instabilitäten verwiesen, die konjunkturpolitische Eingriffe des Staates zum Ausgleich der gesamtwirtschaftlichen Schwankungen notwendig machen. Vielleicht zeigt gerade dieses Paradigma besonders augenfällig, wie ambivalent alle Aussagen zum Markt- oder Staatsversagen zu sehen sind. In der eher angebotsorientierten Theorie des Neoliberalismus werden dieselben makroökonomischen Phänomene als maßgeblich vom Staat verursacht interpretiert, so daß das eine Mal von Marktversagen und das andere Mal von Staatsversagen die Rede ist. Als Folge dieser unterschiedlichen Erklärungsmuster werden schließlich, und das beweist die Brisanz der Fragestellung, im KEYNESianismus völlig andere Anreizmechanismen zur Therapie der Fehlentwicklungen vorgeschlagen als etwa im Monetarismus. Dieser vertraut auf alle Anreizmuster, die das Eigeninteresse des Individuums und die Selbstheilungskräfte des Marktes dadurch stärken, daß stabile Rahmenbedingungen und eine stetige Wirtschaftspolitik, insbesondere Geldpolitik, wirtschaftliches Planen und Handeln erleichtern.

Unabhängig davon, welches der aufgeführten Beispiele man intensiver diskutiert, wird man hier wie auch bei anderen Fällen von Marktversagen immer wieder feststellen, daß die existierenden Anreizmechanismen unwirksam oder fehlerhaft (im Hinblick auf die gewünschte Zielsetzung) sind. Gerade in Informationsgesellschaften scheinen die im ersten Abschnitt beschriebenen Gegensätze die Ursachen für Marktversagen eher zu verschleiern als zu erhellen. Geplante Patentrezepte beispielsweise liefern nur vordergründig bessere Anreize auf der Mikro-, Meso- oder Makroebene, wie die mittlerweile offensichtlichen Fehlschläge in der Konjunktursteuerung beweisen. Was aber sind kreative Innovationen in diesem, für das Wohlergehen ganzer Staaten so entscheidenden Gebiet? Experimente wollen und können sich Regierungen unter dem Diktat des Wahlzyklus nicht leisten.

Und wieder erscheint die schon mehrfach gezogene Folgerung richtig: Marktversagen tritt genau dann ein, wenn individuelles Eigeninteresse oder das Interesse von Organisationen nicht mit dem Kollektivinteresse zusammenfallen, weil Anreizdefizite einen Gleichklang verhindern. Der Mensch selbst verhält sich auch unter ungünstigen Anreizen in dem Sinne rational, daß er versucht, aus der Situation für sich oder seine Organisation das Beste zu machen. Tatsache bleibt jedoch, daß bessere Ergebnisse bei besseren Anreizmechanismen möglich wären.

3.2 Staatsversagen

Die Überlegungen zum „Staatsversagen" haben insofern eine alte Tradition, als alle politischen, soziologischen, philosophischen und ökonomischen Modellvorstellungen über die Ordnung einer Gesellschaft dem Staat und seinen Organen ihre Rollen und spezifischen Aufgaben zuweisen müssen. Die Entscheidung darüber ist aber ohne eine grundsätzliche Diskussion über die Leistungsfähigkeit staatlicher Willensbildung und staatlichen Handelns undenkbar. Vor allem ist die Frage interessant, ob nicht die staatlichen Formen der Entscheidungsfindung und -durchsetzung im Vergleich zu anderen Organisationsmustern der Gesellschaft nur suboptimal seien. Zum Beispiel muß eine Grundsatzentscheidung darüber herbeigeführt werden, ob die wirtschaftlichen Kardinalprobleme jeder Gesellschaft (Produktionsproblem, Koordinationsproblem, Verteilungsproblem, Umweltproblem) auf Wettbewerbsmärkten mit funktionierenden Preissystemen oder eher mit Hilfe planwirtschaftlicher Methoden gelöst werden sollen. Oder sind vielleicht bestimmte Mischformen beider Organisationsstrukturen wünschenswert? Anders ausgedrückt: Jede Ordnungstheorie der Gesellschaft wird, ausgehend von den ihr zugrundeliegenden Basisaxiomen über menschliches Handeln und seinen anzustrebenden Leitideen, dem Staat in allen Erscheinungsformen und Verästelungen bestimmte Funktionen zuweisen.

Von Staatsversagen wird man dann sprechen, wenn der Staat die in ihn gesetzten Erwartungen nicht erfüllt, weil Mißstände oder Fehlentscheidungen sowohl im Hinblick auf die erwünschten Ziele als auch bezüglich der dafür eingesetzten Mittel auftreten. Auf dieser allgemeinen Ebene klingt eine solche Charakterisierung von Staatsversagen durchaus vernünftig und auch anwendbar, doch zeigt sich bei praktischen Problemen meist sehr schnell, daß ein Konsens über die im Einzelfall relevanten Beurteilungskriterien für staatliches Handeln nur mühsam zu finden ist. Zu weit gehen die Vorstellungen der Bürger, Parteien, Interessensgruppen und der staatlichen Akteure und Bürokratien auseinander.

Bereits die folgende kurze Aufzählung typischer Schwachstellen staatlichen Handelns demonstriert die Schwierigkeiten bei der Beurteilung von Staatsversagen:

- Dominanz bürokratischer Strukturen;
- Verschwendung von Ressourcen aufgrund unzureichender Ergebnis- und Leistungskontrollen;
- fehlerhafte staatliche Willensbildungsprozesse aufgrund politischer beziehungsweise sachfremder Einflußnahmen;
- fehlende Langfristorientierung staatlicher Entscheidungen;
- Mangelhafte Konsistenz und Kontinuität von Maßnahmebündeln;
- Beharrungstendenzen und Status quo-Denken in staatlich begünstigten Bereichen (Subventionen u. a.);
- Vernachlässigung von allgemeinen zugunsten spezieller Interessen;
- mangelnde Zukunftsorientierung aufgrund von Informationsdefiziten und der Rivalität staatlicher Entscheidungsinstanzen;
- Machtmißbrauch staatlicher Bürokratien bei Entscheidungen in eigener Sache (Aufblähungstendenzen, Selbstversorgung, Ämterpatronage u. a.);
- Mängel der staatlichen Rahmenbedingungen (Eigentumsrechte, Wettbewerbsordnung, soziale Absicherung, primäre und sekundäre Einkommensverteilung u. a.) mit der Folge ineffizienter beziehungsweise auch ungerechter Marktergebnisse ([7]);
- fehlende Transparenz und Offenheit staatlicher Entscheidungsprozesse allgemein.

Alle genannten Problemfelder zeigen nur die Tendenz staatlichen Politikversagens auf, müssen aber natürlich im konkreten Einzelfall sehr genau mit Blick auf die jeweiligen Versagensgründe analysiert werden. Auch stehen, das darf nicht verschwiegen werden, manchen Nachteilen Vorteile gegenüber, die Staatsversagen immer noch als das kleinere Übel gegenüber jeder anderen Lösungsalternative erscheinen lassen. Das gilt auch bei den durch staatliche Reglementierungen und Eingriffe ausgelösten Anreizverzerrungen bei individuellen Entscheidungen.

Gerade die fehlende Kenntnis über die Wirkung und Effizienz staatlicher Regelungen verhindert häufig die Entwicklung solcher Anreizmechanismen, die Individualverhalten und Gemeinwohl besser aufeinander abstimmen. Beispiele für derartige Anreizmängel sind im Verlaufe dieser Arbeit mehrfach erörtert worden. Jedesmal konnte eine Verbesserung nur dadurch erreicht werden, daß die auf die Entscheidungsträger einwirkenden Anreize zieladäquater gestaltet wurden. Dies bedeutete aber in den meisten Fällen eine stärkere Berücksichtigung individueller Handlungsmotive und deren Einbindung in übergeordnete Interessen. Damit schließt sich an dieser Stelle der Kreis zu den schon zu Beginn gemachten Bemerkungen über die oft antinomischen Wirkungszusammenhänge in Informationsgesellschaften. Gerade sie verlangen eine noch feinere Abstimmung und wechselseitige Verknüpfung individueller und kollektiver Anreizmechanismen.

4 Schlußbemerkungen

Die Ordnung einer Gesellschaft ist kein freies Gut, das von der Natur in ausreichendem Maße zur Regelung unzähliger Lebenssachverhalte bereitgestellt wird. Im Gegenteil, die zunehmende Komplexität und Differenziertheit der politischen, sozialen, technischen und ökonomischen Zusammenhänge und ihre immer stärkere Abhängigkeit voneinander bedingen Spielregeln, die die vielfältigen menschlichen Entscheidungen auf allen Ebenen der Gesellschaft sinnvoll aufeinander abstimmen. Entscheidungen des Individuums auf der Mikroebene müssen kompatibel sein mit Handlungsanreizen und Zielsetzungen der Unternehmen und sonstigen gesellschaftlichen Organisationen. Sie alle aber sind wiederum abhängig von dem „Joch" der Regeln, die die politische Ebene vorgibt und die die gesamtgesellschaftlichen Rahmenbedingungen konstituieren. Das Netzwerk der Abhängigkeiten und möglichen Fehlerquellen ist im Verlauf der zivilisatorischen Entwicklung immer dichter geworden, wofür die vorangegangenen Abschnitte zahlreiche Belege geliefert haben. Umso mehr bedarf die Informationsgesellschaft von morgen wirkungsvoller Anreizmechanismen, die die Funktionsbedingungen rechtsstaatlicher Demokratien und der mit ihnen kompatiblen sozialen Marktwirtschaften optimal unterstützen.

Ziel der Untersuchung ist es gewesen, einige grundsätzliche Fragen zur Gestaltung geeigneter Anreizmuster zu beantworten, ohne die Hindernisse und Probleme auszuklammern, wie sie zum Beispiel bei Markt- oder Staatsversagen offenkundig werden.

Zusammenfassend ist festzuhalten, daß nicht eine immer weiter sich ausdehnende Regelungsdichte die Lösungen für die Probleme der Informationsgesellschaft bereithält, sondern viel eher die Anerkennung und praktische Umsetzung zieladäquater Anreizmechanismen, die individuelle und kollektive Rationalität im jeweiligen Kontext in Übereinstimmung bringen.

Literatur

[1] VON ARNIM, H. H.: *Marktversagen oder Staatsversagen*, Vortrag an der Universität Ulm, unveröffentlichtes Manuskript, 1987.

[2] VON ARNIM, H. H.: Staatsversagen: Schicksal oder Herausforderung?, in: Aus Politik und Zeitgeschichte, Beilage zur Wochenzeitung *Das Parlament* vom 28.11.1987.

[3] EXPERTENKOMMISSION: *Qualitatives Wachstum*, Bundesamt für Konjunkturfragen, Studie Nr. 9, Bern (ohne Jahresangabe).

[4] GLIENOW, G. u. a.: *Industrielle Forschungs- und Technologieförderung — Diskussion theoretischer Ansätze und ihrer empirischen Evidenz*, Fraunhofer-Institut für Systemtechnik und Innovationsforschung, Karlsruhe 1985.

[5] GUTOWSKI, A.: Wirtschaftspolitik unter der Tyrannei des Status quo, in: LUDWIG-ERHARD-STIFTUNG (Hrsg.): *Ludwig-Erhard-Preis für Wirtschaftspublizistik 1987*, Bonn 1987.

[6] KIRSCH, G.: Neue Politische Ökonomie, Düsseldorf 1983.

[7] VOELLER, J.: Gerechtigkeit: Philosophisches Ideal, soziale Notwendigkeit, politische Gefahr, in: *Orientierungen zur Wirtschafts- und Gesellschaftspolitik* (1989) 40, 46 – 52.

Verträge über Computerprojekte — Vertragsstrukturen und Probleme der Projektrealisierung

von Fritz Nicklisch

Ruprecht-Karls-Universität Heidelberg

1 Einführung und Fragestellung

Verträge über kleinere EDV-Systeme, etwa über die Lieferung eines PCs mit Standardsoftware, lassen sich mit den Regeln des gesetzlichen Kaufrechts oder des Werkvertragsrechts weitgehend erfassen (vgl. etwa [9,10,11]). Mit der weiteren Ausbreitung von EDV-Systemen in Forschung, Verwaltung, Wirtschaft und Technik entstehen jedoch immer umfangreichere und komplexere Computersysteme, deren vertragliche Grundlagen aus den Bestimmungen des Bürgerlichen Gesetzbuches (BGB) kaum noch abgeleitet werden können, da das BGB oft keine angemessenen Lösungen bereithält. Einige Beispiele mögen dies belegen:

- Kennzeichnend für Computerprojekte, die nicht lediglich in der Lieferung von Standarderzeugnissen bestehen, ist die Notwendigkeit, daß der Auftraggeber in vielfältiger Weise bei der Projektrealisierung mitwirken muß ([32]).[1] Insbesondere die mangelnden Kenntnisse des Computerfachmanns über die spezifischen Sachgegebenheiten, Arbeitsabläufe und das organisatorisch-technische Umfeld beim

---

[1] Siehe den Fall BGH CR 1989, 102 ff. m. Anm. KÖHLER.

Besteller machen eine intensive Kooperation der Beteiligten erforderlich. Kommt
es hier zu Störungen der Kooperation, so hält das gesetzliche Vertragsrecht keine
sachgerechten Regelungen bereit, da es die Mitwirkungshandlungen des Auftraggebers nicht als Rechtspflichten zur Kooperation ansieht.

– Die im Zusammenhang mit Computerprojekten immer häufiger zu hörenden Stichworte „Systemintegration" und „Gesamtverantwortung" deuten auf ein weiteres
  Problem hin, das vom Modell des punktuellen Austauschvertrags, wie es den
  gesetzlichen Regelungen von Kauf-, Werklieferungs- und Werkvertrag zugrunde
  liegt, nicht oder zumindest nicht sachgerecht erfaßt wird.

Schwierigkeiten ergeben sich hier bereits bei der Frage, wie ein Vertrag über eine
Anzahl von Systemteilen, die bestimmungsgemäß als Gesamtsystem funktionieren
sollen, rechtlich aufzufassen ist.[2] Handelt es sich hier um eine Mehrzahl einzelner
Verträge über die einzelnen Gegenstände oder um einen Gesamtvertrag? Hier
schließt sich die Frage an, ob sich ein fehlerhaftes und nicht austauschbares Teil
in den Rechtsfolgen auf die Gesamtheit auswirkt oder nur auf die mangelhafte
Teilleistung beschränkt.

Noch schwieriger werden die Fragen, wenn ein Generalunternehmer die Gesamtverantwortung für das Projekt übernimmt und sich zur Projektrealisierung einer
Anzahl von Subunternehmern, Subsubunternehmern und Zulieferanten bedient.
Während die Konzeption des Gesetzes von der Unverbundenheit der einzelnen
Verträge ausgeht, verlangt die Praxis komplexer Langzeitprojekte eine Koordination der verschiedenen Leistungsanteile und eine Kooperation der Projektbetei-
ligten. Beides muß sich auch in den rechtlichen Regeln widerspiegeln, und dies
schließt eine völlig isolierte rechtliche Betrachtung der einzelnen Verträge aus.

– Projektänderungen und Störungen des Projektablaufs sind ein weiteres, für komplexe Langzeitprojekte generell und für entsprechende Computerprojekte speziell
  typisches Feld (vgl. [12,27]). Projektänderungen, die durch unternehmensinterne
  und unternehmensexterne Vorgänge häufig geradezu erzwungen werden, haben im
  Modell des punktuellen Austauschvertrages im Grunde keinen Platz. Das gleiche
  gilt für Störungen während der Projektrealisierung, denn bei der Konzeption des
  punktuellen Austauschvertrags kommt es entscheidend nur darauf an, daß der Ver-
  tragsgegenstand, der vom Unternehmer beschafft oder hergestellt worden ist, im
  Zeitpunkt der Ablieferung vertragsgemäß übergeben wird. Demgegenüber spielen
  Änderungen und Behinderungen in der Praxis komplexer Langzeitverträge eine
  kaum zu unterschätzende Rolle, denn sie können im Einzelfall zu beachtlichen
  Veränderungen der Vergütung führen. Damit dürfte zusammenhängen, daß sie
  einen erheblichen Anteil an Auseinandersetzungen vor Gerichten und Schiedsge-
  richten haben.

---

[2]Zu diesem Problem BGH NJW 1988, 406 ff.

2 Die Konzeption des komplexen Langzeitvertrags als Lösungsansatz

Wie die genannten Beispiele zeigen, lassen sich weder im Bereich der Computertechnologie noch anderer Technologien komplexe Langzeitprojekte in der Form eines einmaligen Austauschs von Lieferungen und Leistungen gegen Geldzahlung ausführen. An diesem Modell des einmaligen, punktuellen Leistungsaustauschs sind aber die Vertragstypen unseres Schuldrechts, insbesondere Werkvertrag, Werklieferungsvertrag und Kaufvertrag, ausgerichtet. Die gesetzlichen Regelungen sind deshalb weitgehend ungeeignet, die bei Verträgen über komplexe Technologieprojekte entstehenden Probleme sachgerecht zu erfassen (Nachweise bei [21], vgl. auch schon [3]).

Wegen dieser Schwierigkeiten hat die Praxis versucht, im Rahmen der Vertragsfreiheit eigenständige Regelungen zu entwickeln. Für Bauverträge entstanden in Deutschland schon zu Beginn dieses Jahrhunderts spezifische Standardvertragsbedingungen wie etwa die VOB/B.[3] Auch im Anlagenbau läßt sich — zumindest im internationalen Bereich — die Entwicklung von Standardvertragsbedingungen beobachten (etwa [2], siehe dazu [4]). Für den Computersektor finden sich erste Ansätze in dieser Richtung in den besonderen Vertragsbedingungen für die Erstellung von DV-Programmen (BVB-Erstellung).[4]

Komplexe Technologieprojekte weisen — trotz vieler fachspezifischer Unterschiede — eine Reihe gemeinsamer Strukturelemente auf, die bei der Vertragsgestaltung und bei der Projektrealisierung zu berücksichtigen sind (vgl. [26]). Im folgenden sollen diese Strukturen kurz skizziert werden:

2.1 Langzeitcharakter

Während bei Verträgen über Standardsoftware, die man etwa in einem Warenhaus kaufen kann, der einmalige Leistungsaustausch im Vordergrund steht, ist für die Erstellung spezieller Individualsoftware und ganzer Systeme aus Software- und Hardwarekomponenten der Langzeitcharakter typisch, da Volumen und Komplexität des Leistungsprogramms eine kurzfristige Realisierung des Projekts ausschließen. Deshalb ist es für solche Verträge typisch, daß sie einem dynamischen Vertragskonzept folgen und die Laufzeit des Vertrages in verschiedene Phasen, wie Planungsphase, Herstellungsphase, Abnahmephase, Garantiephase, gliedern (siehe [32,38]). Dabei sind den Beteiligten in den einzelnen Phasen jeweils unterschiedliche Rechte und Pflichten zugeordnet. Mit ihrem Langzeitcharakter nähern sich diese Verträge den Dauerschuldverhältnissen. Dies wirkt sich auch auf die Rechtsfolgen von Vertragsverletzungen aus: So wird etwa die Rückabwicklung des Vertrags nur in Ausnahmefällen eine angemessene Lösung darstellen.

---

[3]Zur Geschichte der VOB/B siehe [29].

[4]Gemeinsames Ministerialblatt Nr. 3 vom 21. Januar 1986, 25 ff. und Beilage Nr. 13a zum Bundesanzeiger vom 21. Januar 1986, siehe auch [36].

2.2 Rahmencharakter

Bei komplexen Projekten können im Zeitpunkt des Vertragsschlusses regelmäßig
nicht alle Einzelheiten der zu erbringenden Leistung von vornherein exakt festgelegt
werden. Bei Verträgen über Computersysteme wird etwa vor der Festlegung des genauen Leistungsinhalts eine Analyse der technischen und organisatorischen Verhält-
nisse beim Auftraggeber stehen. Auch die Anforderungen, die im einzelnen an das
System zu stellen sind, werden oftmals erst im Rahmen der Projektdurchführung
deutlich. Die Folge ist, daß diese Verträge in gewissem Umfang nur Rahmencharakter haben und dementsprechend der späteren Konkretisierung, häufig auch der
Änderung bedürfen.

2.3 Kooperationscharakter

Langzeit- und Rahmencharakter sowie die regelmäßig große Zahl der an dem Projekt Beteiligten (Auftraggeber, Generalunternehmer, Subunternehmer, Konsortial-
partner) führen zu dem weiteren Strukturmerkmal der Kooperation. Im Gegensatz
zu den punktuellen Austauschverträgen findet sich bei den komplexen Verträgen
über moderne Technologien während der gesamten Zeit der Vertragsdurchführung
eine intensive Kooperation zwischen den Beteiligten. Im Verhältnis zwischen Auftraggeber und Generalunternehmer zeigen die Vielzahl von Mitwirkungshandlungen
des Bestellers, daß die Leistungserbringung in weiten Bereichen nur im Wege einer
Kooperation der Vertragsparteien möglich ist. Im Verhältnis zwischen Generalunternehmer und den Subunternehmern wiederum obliegt es dem Generalunternehmer,
durch intensive Kommunikation und Kooperation die Vertragsleistungen der einzelnen Subunternehmer zu koordinieren und aufeinander abzustimmen (vgl. [22] sowie
die Beiträge in [23]).

2.4 Fehlende gesetzliche Normierung von Grundsätzen für komplexe Langzeitverträge

Die skizzierten Grundstrukturen, wie sie sich in mehr oder minder deutlichen
Ausprägungen in zahlreichen Vertragstexten der Praxis sowie in nationalen und
internationalen Standardvertragsbedingungen finden, haben im Gesetz keinen Niederschlag gefunden und sich bisher auch nicht zu richterrechtlichen Grundsätzen, wie
wir sie etwa für Dauerschuldverhältnisse besitzen, entwickelt. Dafür ist die spezielle
Beschäftigung mit diesen Verträgen noch zu kurz und die Zahl der Gerichtsentschei-
dungen in derartigen Fällen, sieht man einmal vom nationalen Bauvertragsrecht
ab, zu gering. Im Bauvertragsrecht freilich finden sich bisweilen erste Anzeichen für
eine Transformierung vertraglicher Prinzipien in Richterrecht. So hat der Bundesgerichtshof bereits mehrfach ausdrücklich erklärt, daß bestimmte Rechtserkenntnisse,
die er im Zusammenhang mit VOB-Bauverträgen entwickelt hat, ebenso für Bauverträge nach dem gesetzlichen Werkvertragsrecht gelten.[5]

---

[5] Vgl. BGH LM Nr. 3 zu §633 BGB.

Für den Bereich der Computerverträge, die nach ihrer Gesamtstruktur als komplexe Langzeitverträge anzusehen sind, lassen sich die in anderen Technikbereichen gewonnenen Erfahrungen in erster Linie bei der Vertragsgestaltung nutzen, wie dies zumindest in gewissem Umfang auch bereits in den Besonderen Vertragsbedingungen für die Erstellung von DV-Programmen (BVB-Erstellung) erfolgt ist. Grundsätzlich empfiehlt es sich, besonders bedeutsame und vom punktuellen Austauschvertrag abweichende Fragen in Einzelverträgen oder in Standardvertragsbedingungen ausdrücklich zu regeln. Hierzu zählen etwa Fragen der Kooperation zwischen den Vertragspartnern, insbesondere Hinweis- und Prüfungspflichten des Unternehmers, das gesamte Feld der Bestellermitwirkung, die Rechtsfolgen von Änderungen des Projekts und von Behinderungen des Projektablaufs, aber auch Fragen der Gewährleistung. Dabei bedarf es keines Hinweises, daß man Erfahrungen, die man in einem Technikbereich gesammelt hat, nicht unbesehen auf einen anderen übertragen kann.

2.5 Umfassende vertragliche Regelung

Das Konzept des komplexen Langzeitvertrags ist, wie dargelegt, keine dem Gesetzesrecht zugrunde liegende Konzeption, sondern hat sich in der Vertragpraxis entwickelt. Daraus ergibt sich, daß die Regelungen im konkreten Einzelfall jeweils in den einzelnen Vertrag aufgenommen werden müssen. Detaillierte und umfassende Vertragswerke erfordern in der Regel einen entsprechenden Aufwand bei der Aushandlung und Abfassung. Der Aufwand läßt sich aber rechtfertigen, da es sich meist um Projekte mit mittlerem oder großem Umfang handelt. Auch wird der Aufwand reduziert, soweit die Parteien auf einseitige oder gar ausgehandelte Standardvertragsbedingungen zurückgreifen können. Soweit solche allgemein anerkannten Standardvertragsbedingungen noch nicht geschaffen worden sind, existieren doch sehr oft zumindest für Teilbereiche Standardregelungen, die sich in der Praxis durchgesetzt haben.

Die Methode einer derart umfassenden Regelung komplexer Langzeitverträge im Einzelfall macht den Vertrag weitgehend unabhängig von den auf punktuelle Austauschverträge zugeschnittenen Regeln des geltenden Rechts und der hierzu ergangenen Rechtsprechung und Literatur. Sie ermöglicht damit, für die spezifischen Sachprobleme komplexer Langzeitverträge sachgerechte Lösungen zumindest in Form von Lösungsansätzen vorzugeben.

Diese weitgehende Unabhängigkeit von dem gesetzlichen Vertragsrecht hat darüber hinaus den großen Vorteil, daß bei grenzüberschreitenden Verträgen die Bedeutung des anwendbaren Rechts erheblich reduziert wird und damit auch die Risiken, die sich aus der Anwendbarkeit einer fremden und jedenfalls nicht voll bekannten Rechtsordnung für einen oder für beide Vertragspartner ergeben, entsprechend reduziert werden. Für den erheblichen Zuwachs an grenzüberschreitenden Verträgen, mit denen man innerhalb der EG ab 1992 rechnet, ist dies ein wichtiger Faktor.

Die umfassende vertragliche Regelung hat sodann einen weiteren Vorteil: Gerade bei komplexen Langzeitverträgen ist damit zu rechnen, daß im Zusammenhang mit dem Projekt Änderungen von Umständen eintreten, an die man nicht gedacht hat, oder daß Umstände, die zwar erkannt, denen aber keine besondere Bedeutung beigemessen wurde, plötzlich für die Projektdurchführung Relevanz gewinnen, kurz, daß Vertragslücken auftreten (vgl. [1,8,28]). Gegenüber derartigen Vertragslücken und den Möglichkeiten zur Ausfüllung nehmen die Rechtsordnungen sehr unterschiedliche Standpunkte ein (siehe [28]), die von einer am hypothetischen Vertragswillen und am guten Glauben ausgerichteten Lückenausfüllung, wie wir sie etwa durch die Instrumente der Lehre von der Geschäftsgrundlage und der ergänzenden Vertragsauslegung her kennen ([7,13,15,19,37]), bis zur größten Zurückhaltung gegenüber solchen Möglichkeiten reichen. Mit entsprechender Vertagsgestaltung lassen sich auch hier die Probleme — unabhängig von dem anwendbaren materiellen Recht — meistern:

Zunächst einmal kann man versuchen, die bei den betreffenden Projekten typischerweise auftretenden Probleme generalklauselartig zu regeln. Diesen Weg kann man als antizipierte Lückenausfüllung (siehe [28]) bezeichnen.

Sodann besteht die Möglichkeit, für bestimmte Fälle eine Leistungsbestimmung durch einen Dritten vorzusehen.[6]

Eng damit verwandt ist die Schiedsgutachtenvereinbarung (zum Schiedsgutachten [5,6,17,20,31]), bei der ein vertraglich vereinbarter Experte bestimmte feststellende Ermittlungen vornimmt und Leistungselemente festlegt.

Verknüpft man diese Methode der umfassenden vertraglichen Regelung mit der Schiedsklausel, so wird man nicht nur von dem anwendbaren materiellen Recht weitgehend unabhängig, sondern hat auch die Möglichkeit, statt des nach den einschlägigen prozeßrechtlichen Bestimmungen zuständigen staatlichen Gerichts ein Schiedsgericht zu vereinbaren und als Schiedsrichter Personen zu wählen, die mit den rechtlichen Strukturen derartiger komplexer Langzeitverträge und gegebenenfalls mit den Besonderheiten der betreffenden Branche besonders vertraut sind.

3   Mitwirkungshandlungen

Das BGB hat der Bestellermitwirkung den Charakter von Rechtspflichten versagt — die Dogmatik hat daher später die Obliegenheit entwickelt (vgl. [14,30]) — und angeordnet, daß Verzögerungen bei der Bestellermitwirkung lediglich die Rechtsfolgen des Annahmeverzugs auslösen. Damit war von vornherein die Sicht verbaut, die Doppelrolle des Bestellers zu erkennen: Dieser ist zum einen Besteller, der das fertiggestellte Projekt abzunehmen und zu vergüten hat. Zum anderen aber ist er zugleich Kooperationspartner bei der Projektdurchführung, der es übernommen hat, bestimmte, für die Projektdurchführung häufig essentielle Lieferungen und Leistungen zu erbringen. Insoweit kann man — auch wenn es sich rechtlich natürlich nicht um ein Konsortium handelt — geradezu von einem Mitunternehmer sprechen.

---

[6]§§317 ff. BGB

362

Bei dieser Sachlage läßt sich die vertragliche Übernahme bestimmter Mitwirkungshandlungen bei komplexen Langzeitverträgen regelmäßig dahin verstehen, daß es
sich nicht um Obliegenheiten, sondern um Rechtspflichten handelt (dazu ausführlich
[16,18]). Meinem diesbezüglichen Vorschlag ist die Rechtslehre inzwischen größtenteils gefolgt (siehe [35]). Freilich ist damit nur ein Lösungsansatz geschaffen, denn
die einschlägigen Regelungen des allgemeinen Schuldrechts und des Werkvertragsrechts über Leistungsstörungen führen nicht in allen Fällen und nur sehr bedingt
zu sachgerechten Lösungen. Daher empfiehlt es sich, die Rechtsfolgen unterlassener,
verzögerter oder schlecht erbrachter Mitwirkungspflichten möglichst im Vertrag zu
regeln.

4 Systemintegration und Gesamtverantwortung

Abschließend will ich auf einige Probleme von Systemintegrationsverträgen, die mit
einer Gesamtverantwortung des Unternehmers verbunden sind, eingehen. Bei diesen Verträgen übernimmt ein Generalunternehmer die Gesamtverantwortung für ein
Projekt, weil dem Besteller die Fähigkeiten und die Kapazität für Auswahl, Projekt-
koordinierung und Projektdurchführung fehlen und er andererseits bereit ist, den
Generalunternehmer für diese Tätigkeiten zu vergüten.

Rechtlich werfen diese Verträge die verschiedensten Fragen auf:

Bei kleineren Systemen im PC-Bereich, bei denen der Unternehmer dem Anwender
eine Anzahl von Komponenten der Hardware und der Software liefert — bisweilen
sogar mit gewissen zeitlichen Intervallen — stellt sich die Frage, wann eine rechtliche
Einheit im Sinne einer Gesamtlieferung gegeben ist. Dabei geht es darum, ob die ge-
lieferten Gegenstände rechtlich jeweils ein Einzelschicksal haben, etwa bei Mängeln,
oder ob sie rechtlich derart verbunden sind, daß der Mangel eines Gegenstandes als
Mangel des Gesamtkomplexes anzusehen ist.

Der Bundesgerichtshof hat zur Beantwortung dieser Frage darauf abgestellt, ob
nach der Verkehrsanschauung eine einheitliche Kaufsache oder nur mehrere, als
zusammengehörend verkaufte Sachen vorliegen.[7] Dieses objektive Kriterium der
Verkehrsanschauung wird in den Fällen heranzuziehen sein, in denen eine Regelung
im Vertrag fehlt. Primär ist aber zunächst der Vertrag auszulegen und der Wille
der Parteien, wie er in den vertraglichen Regelungen zum Ausdruck kommt, zu ermitteln. Bezieht der Anwender Hardware- und Softwareteile aus einer Hand und
läßt er sich bei der Auswahl hinsichtlich der von ihm gewünschten Systemleistungen
beraten, so spricht vieles dafür, daß das Risiko des ordnungsgemäßen Funktionierens
des Gesamtsystems beim Lieferanten liegen soll.

Bei mittleren und großen Anlagen, die speziell für einen Kunden erstellt werden,
wird sich die Frage, ob eine Gesamtverantwortung gewollt ist, aus den vertraglichen Vereinbarungen regelmäßig leichter beantworten lassen. Hier treten andere

---

[7]BGH NJW 1988, 406, 409.

Rechtsprobleme auf: Wenn der Unternehmer gegenüber dem Kunden die Gesamtverantwortung für das System, das er im Zusammenwirken mit Subunternehmern und anderen Zulieferern erstellen will, übernimmt, so muß er dafür Sorge tragen, daß er die Verantwortung an die an dem Projekt beteiligten anderen Unternehmer weiterleitet (siehe [35]). Für das gemeinsame Ziel, den Hauptvertrag zwischen Generalunternehmer und Besteller zu erfüllen, ist es wichtig, daß alle Verträge untereinander und mit dem Hauptvertrag koordiniert sind, also auf Änderungswünsche des Bestellers, notwendige Änderungen oder Störungen gleichgerichtet reagieren (vgl. [25,34]).

Mit dem Modell des punktuellen Austauschvertrags hängt es zusammen, daß das Gesetz den Hauptvertrag wie den Subunternehmervertrag jeweils als eigenständige Verträge betrachtet. Diese Sichtweise ist nicht immer sachgerecht, denn ähnlich wie bei der BGB-Gesellschaft sitzen hier die am Projekt Beteiligten „in einem Boot“. Eine Verzahnung zwischen Hauptvertrag und den Subunternehmerverträgen tritt aber nicht allein deshalb ein, weil die Leistungen eines Subunternehmers der Realisierung eines Gesamtprojekts dienen. Die Parteien müssen vielmehr ausdrücklich oder konkludent eine gewisse Synchronisation beider Verträge vereinbart haben (vgl. [24]).

Soweit im einzelnen ausdrückliche Vereinbarungen fehlen, kann unter Umständen mit den Mitteln der Vertragsauslegung, gegebenenfalls auch mit der ergänzenden Vertragsauslegung, ermittelt werden, ob und in welchem Maße die Parteien eine Koordination der Verträge gewollt haben.[8] Die häufig zu findende pauschale Verweisung auf den Hauptvertrag hilft hingegen für später auftretende Probleme nur bedingt weiter, weil sich dann immer die Frage stellt, ob es insoweit bei der gesetzlichen Regelung bleiben sollte oder ob in diesem Punkt eine Koordination gewollt war.

Ähnlich stellt sich die Lage bei der Einbeziehung des Projektzeitplans des Hauptvertrages dar, da dieser nichts über die Leistungszeiten der Subunternehmerleistungen enthält. Zu gravierenden Punkten sollte die Koordination der Verträge deshalb immer durch eine konkrete Regelung erfolgen.

Literatur

[1] BAUR, J.: *Vertragliche Anpassungsregelungen, dargestellt am Beispiel langfristiger Energielieferungsverträge*, Heidelberg 1983.

[2] FEDERATION INTERNATIONALE DES INGENIEURS-CONSEILS (FIDIC) (Hrsg.): *Conditions of Contract for Electrical and Mechanical Works (including Erection on Site)*, 1987[3].

[3] VON GIERKE, OTTO: *Dauernde Schuldverhältnisse*, Iherings Jahrbücher 1914, 356 ff.

---

[8]Auch die Rechtssprechung geht beim Fehlen einer ausdrücklichen Regelung über die Koordination von Haupt- und Subunternehmervertrag nicht automatisch von dem Grundsatz der separaten Betrachtung der Verträge aus. Vielmehr wird aus den Gesamtumständen eine (partielle) Verknüpfung abgeleitet oder jedenfalls für möglich gehalten; vgl. BGHZ 78, 352, 355 f.; 83, 197, 205.

[4] GRAHAM: The FIDIC Conditions of Contract for Electrical and Mechanical Works (including Erection on Site) 3rd Edition, in: *The International Construction Law Review* 4 (1987), 283 ff.

[5] HABSCHEID: *Das Schiedsgutachten als Mittel der Streitentscheidung und Streitvorbeugung*, Festschrift für WINFRIED KRALIK, 1986, 189 ff.

[6] HABSCHEID: Schiedsvertrag und Schiedsgutachtenvereinbarung, in: *KTS* 1957, 129 ff.

[7] HORN: Vertragsbindung unter veränderten Umständen, in: *NJW* 1985, 1118 ff.

[8] HORN; FONTAINE; MASKOW; SCHMITTHOFF: *Die Anpassung langfristiger Verträge — Vertragsklauseln und Schiedspraxis*, Frankfurt/Main 1984.

[9] JUNKER: *Computerrecht*, Baden-Baden 1988.

[10] KÖHLER: Rechtsfragen zum Softwarevertrag, in: *CR* 1987, 827 ff.

[11] KÖHLER: Die Herstellung und Überlassung von Software im bürgerlichen Recht, in: LEHMANN (Hrsg.): *Rechtsschutz und Verwertung von Computerprogrammen*, Köln 1988.

[12] KÖHLER: Herstellungsrisiken und Informationspflichten, in: *CR* 1988, 623 ff.

[13] LARENZ: *Ergänzende Vertragsauslegung und Rückgriff auf die Geschäftsgrundlage*, Karlsruher Forum 1983, 156 ff.

[14] LARENZ: Lehrbuch des Schuldrechts, Bd. 1, 1987[14], §25 I, 389.

[15] MEDICUS: *Vertragsauslegung und Geschäftsgrundlage*, Festschrift für FLUME, Bd. 1, 1978, 629 ff.

[16] MÜLLER-FOELL: *Die Mitwirkung des Bestellers beim Werkvertrag*, Berlin 1982.

[17] NICKLISCH: Schätzorganisationen — Beiträge zum Sachverständigen- und Schiedsgutachtenrecht, in: *ZHR* 136 (1972), 1 ff., 97 ff.

[18] NICKLISCH: Mitwirkungspflichten des Bestellers beim Werkvertrag, insbesondere beim Bau- und Industrieanlagenvertrag, in: *BB* 1979, 533 ff.

[19] NICKLISCH: Ergänzende Vertragsauslegung und Geschäftsgrundlagenlehre — ein einheitliches Rechtsinstitut zur Lückenausfüllung?, in: *BB* 1980, 949 ff.

[20] NICKLISCH: *Gutachter-, Schieds- und Schlichtungsstellen — rechtliche Einordnung und erforderliche Verfahrensgarantien*, Festschrift für ARTHUR BÜLOW, 1982, 159 ff.

[21] NICKLISCH: Empfiehlt sich eine Neukonzeption des Werkvertragsrechts, in: *JZ* 1984, 757, 759.

[22] NICKLISCH: Rechtsfragen des Subunternehmervertrages bei Bau- und Anlagenprojekten im In- und Auslandsgeschäft, in: *NJW* 1985, 2361 ff.

[23] NICKLISCH (Hrsg.): *Der Subunternehmer bei Bau- und Anlagenverträgen im In- und Auslandsgeschäft*, Heidelberg 1986.

[24] NICKLISCH: Die Rolle des Subunternehmers im Rahmen des Gesamtprojekts aus juristischer Sicht, in: NICKLISCH (Hrsg.): Der *Subunternehmer bei Bau- und Anlagenverträgen*, Heidelberg 1986, 29, 33 ff.

[25] NICKLISCH: Ansprüche des Subunternehmers bei Projektänderungen und -störungen aus juristischer Sicht, in: NICKLISCH (Hrsg.): *Der Subunternehmer bei Bau- und Anlagenverträgen*, Heidelberg 1986, 109 ff.

[26] NICKLISCH: Vorteile einer Dogmatik komplexer Langzeitverträge, in: NICKLISCH (Hrsg.): *Der komplexe Langzeitvertrag*, Heidelberg 1987, 17 ff.

[27] NICKLISCH: Rechtliche Erfassung von Projektabläufen und Projektstörungen bei komplexen Langzeitverträgen, in: NICKLISCH (Hrsg.): *Der komplexe Langzeitvertrag*, Heidelberg 1987, 365 ff.

[28] NICKLISCH: Die Ausfüllung von Vertragslücken durch das Schiedsgericht, in: *RIW* 1989, 15 ff.

[29] NICKLISCH; WEICK: *Verdingungsordnung für Bauleistungen, Teil B — Kommentar*, München 1981, Einl. Rdn. 23 ff.

[30] REIMER; SCHMIDT: *Die Obliegenheiten*, 1953.

[31] ROSENBERG; SCHWAB: Zivilprozeßrecht, 1988[14], §173 III, 1147 ff.

[32] SCHNEIDER, J.: Strukturen von Software-Projekten und Mitwirkungspflichten des Auftraggebers, in: NICKLISCH, F. (Hrsg.): *Der komplexe Langzeitvertrag*, Heidelberg 1987, 289 ff.

[33] SOERGEL-WIEDEMANN: *Bürgerliches Gesetzbuch*, Bd. 2/1, 1986[11].

[34] SWOBODA: Ansprüche von Subunternehmern bei Projektänderungen und -störungen aus der Sicht des Ingenieurs, in: NICKLISCH (Hrsg.): *Der Subunternehmer bei Bau- und Anlagenverträgen*, Heidelberg 1986, 123 ff.

[35] VETTER: Aspekte der Risikodurchstellung zwischen Hauptvertrag und Subunternehmervertrag im internationalen Anlagengeschäft, in: NICKLISCH (Hrsg.): *Der Subunternehmer bei Bau- und Anlagenverträgen*, Heidelberg 1986, 77 ff.

[36] WEYER: Besondere Vertragsbedingungen für das Erstellen von DV-Programmen — BVB-Erstellung, in: *CR* 1986, 625 ff.

[37] WIELING: Entwicklung und Dogmatik der Lehre von der Geschäftsgrundlage, in: *Jura* 1985, 505 ff.

[38] ZAHRNT: Programmerstellungsverträge, Aufgabenstellung und geschuldete Leistung, in: *iur* 1986, 451 ff.

Volkswirtschaftliche Auswirkungen der Mikroelektronik

von Wolfgang Eichhorn

Universität Karlsruhe

1   Einleitung und Übersicht

Ziel dieses Beitrags ist eine kurze Schilderung der schon jetzt absehbaren beziehungsweise vermutlichen Auswirkungen der Mikroelektronik auf die Volks- und Weltwirtschaft.

Damit diese Schilderung ein gewisses Fundament erhält, wird im nächsten Kapitel erst einmal auf die Frage eingegangen, was unter Mikroelektronik eigentlich zu verstehen ist. Dabei werden dem Leser Begriffe wie Elektronik, Transistor, Halbleiter, (Silizium-) Chip, integrierte Schaltung, Mikroprozessor und Mikrocomputer zwar nicht ins einzelne gehend definiert, aber doch nähergebracht.

Das dritte Kapitel gibt einen ersten Hinweis auf den Grund für die häufig zu hörende Behauptung, daß die Mikroelektronik die Wurzel der dritten industriellen Revolution sei.

Im vierten Kapitel wird dieser Hinweis wesentlich vertieft, und zwar durch einen stichwortartigen Überblick über die Auswirkungen der Mikroelektronik auf eine Fülle von Wirtschafts- und Technikbereichen.

Auf dem bis dahin vermittelten Anschauungsmaterial aufbauend widmet sich das fünfte und letzte Kapitel dem Hauptgegenstand der vorliegenden Arbeit, nämlich den Auswirkungen der Mikroelektronik auf die Volks- und Weltwirtschaft. Dabei wird nicht nur die Rolle der Mikroelektronik als Schlüsseltechnologie unseres Jahrzehnts herausgestellt, sondern unter anderem auch darauf eingegangen,

- wie sich insbesondere wegen des Aufschwungs der Mikroelektronik die Beschäftigung in den Sektoren „Dienstleistungen" und „Information" auf Kosten der Beschäftigung in den Sektoren „Landwirtschaft" und „Produktion" bis zum Jahr 2000 vermutlich entwickeln wird,
- welche Probleme durch die Mikroelektronik auf die Gesellschaft im allgemeinen und den Arbeitsmarkt im besonderen zukommen, aber auch
- welche Verbesserungen unserer Lebensbedingungen von der Mikroelektronik zu erwarten sind.

2 Was ist Mikroelektronik?

Will man sich über die Mikroelektronik informieren, so ist es nützlich, den Begriff Elektronik zu kennen.

Unter Elektronik wird die Technik der Schwachstromschaltungen verstanden. Diese Technik, die seit etwa der Jahrhundertwende Verbreitung gefunden hat und inzwischen von der Mikroelektronik weitgehend abgelöst wurde, verwendete Widerstände, Kondensatoren, Spulen und Elektronenröhren. Sie war reparaturanfällig und benötigte verhältnismäßig viel Raum.

Seit den sechziger Jahren nehmen sowohl der Raumbedarf als auch die Reparaturanfälligkeit der Schaltungen von Jahr zu Jahr stark ab. Die technischen Grundlagen für diese Entwicklung wurden mit der Erfindung des Transistors 1948 und der ersten Halbleiterschaltung mit mehreren Transistoren auf einem Stück Silizium 1959 geschaffen. Dieses Jahr gilt als das Geburtsjahr der Mikroelektronik, der „kleinen Elektronik".

Transistoren schalten und verstärken Ströme ohne energieaufwendige Röhren. Sie bestehen heute meist aus Silizium, das im Festkörperspektrum (Metalle – Halbleiter – Isolatoren) zu den Halbleitern zählt. Diese sind in reinem Zustand nicht elektrisch leitend. Sie leiten aber dann, wenn man ihrem kristallinen Gitterbau geringe Mengen bestimmter Fremdatome (Dotierstoffe wie Bor oder Phosphor) hinzufügt.

Dieses Phänomen und verwandte Sachverhalte der Festkörperphysik zu begreifen, erfordert ein tiefes physikalisches Verständnis der Festkörper und ihrer elektronischen Eigenschaften. Für das Folgende wird dieses Verständnis nicht vorausgesetzt.

Der entscheidende Schritt in der praktischen Anwendung war der Übergang von den Transistoren und anderen Einzelbauelementen (wie Widerstand und Kondensator) zur sogenannten integrierten Schaltung. Integrierte Schaltungen enthalten eine Fülle von Bauelementen auf einem Chip, einem halbfingernagelgroßen Siliziumplättchen.

Begann die Chiptechnologie noch als „small scale integration" (SSI) mit weniger als zehn Elementen pro Chip, so ist man heute bereits in der vierten Entwicklungsgeneration, „very large scale integration" (VLSI) genannt, wo zum Beispiel ein Speicherchip ein Speichervermögen von 256 Kilobit besitzt. (Ein Bit ist die kleinste gespeicherte Information, etwa eine Null oder eine Eins). Der 1-Megabit-Chip ist bereits eingeführt, in diesem Jahr geht der 4-Megabit-Chip in Serie, für 1992 erwartet man den 16- und für 1995 schon den 64-Megabit-Speicher (Abbildung 1; vgl. [8]).

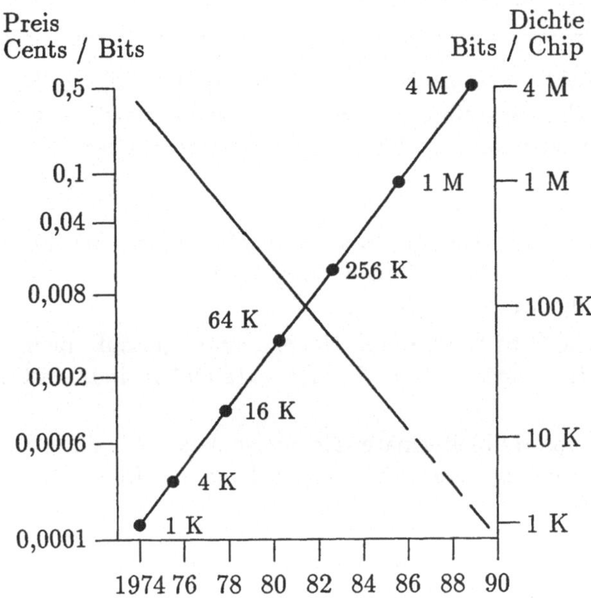

Abbildung 1: *Entwicklung der Halbleiterspeicher-Technologie*

Hand in Hand mit der Leistungsexplosion der Speicher und anderer Typen von Chips entwickelten sich die Anwendungsmöglichkeiten. Die „kleine Elektronik" kann grundsätzlich in allen Waren, Geräten und Maschinen eingesetzt werden, die mechanische oder elektrische Teile enthalten. So ist es nicht verwunderlich, daß gänzlich neue Berufe, etwa der des Programmierers, entstanden und bestehende Berufsbilder, wie das des Setzers, einschneidend verändert wurden. Die Mikroelektronik wurde zu einem der wichtigsten Wirtschaftsfaktoren.

Die Chips brachten neben hoher Schaltungskomplexität und geringem Raum- und Energiebedarf eine erhebliche Steigerung der Zuverlässigkeit und Wirtschaftlichkeit von Schaltkreisen mit sich. Sie eröffneten für die Anwendungen von Schaltkreisen im Produktions- und Dienstleistungsbereich der Volkswirtschaft ungeahnte Möglichkeiten.

Diese Möglichkeiten beruhen im wesentlichen darauf, daß man die Chips als Mikroprozessoren einsetzen kann. Mikroprozessoren sind programmierbare integrierte Logikschaltungen, die die zentralen Steuer- und Recheneinheiten in Mikrocomputern bilden. „Programmierbar" heißt, daß mit demselben Mikroprozessor viele verschiedenartige Schaltungen aufgebaut werden können; die für solche Schaltungen nötigen Funktionselemente sind auf dem Chip vorhanden. Mikrocomputer sind kleine Computer, die aus einem Mikroprozessor und wenigen weiteren integrierten Schaltungen bestehen, und die der Anwender je nach seiner Zielsetzung selbst programmieren kann.

Zum besseren Verständnis soll das Glossar aus Abbildung 2 dienen (vgl. [8]).

Ausbeute:
Verhältnis der Zahl der brauchbaren Einheiten zu der Zahl der hergestellten Einheiten. Bei der Chipherstellung ist die Ausbeute eines Wafers das Verhältnis aus der Zahl der funktionierenden Chips zu der Gesamtzahl der Chips, die der Wafer enthält.

Bit:
Eine binäre Ziffer. Ein Bit ist die kleinste Einheit im Speicher eines digitalen Rechners und kann die Werte 0 oder 1 annehmen.

Chip oder Integrierte Schaltung (IC):
Eine elektronische Schaltung, deren Bauelemente alle auf einem einzigen Stück Halbleitermaterials, meistens aus Silizium, entstanden sind; ein Chip.

Wafer:
Eine dünne Scheibe Halbleitermaterials, meistens aus Silizium, auf der viele einzelne Chips gleichzeitig hergestellt werden können. Der fertige Wafer wird in Stücke gesägt, um die Chips zu trennen.

Abbildung 2: *Glossar*

3 Mikroelektronik —
Wurzel der dritten industriellen Revolution

1979, zwanzig Jahre nach der Geburtsstunde der Mikroelektronik, veröffentlichte die National Academy of Science der USA in Washington einen Bericht zum Thema Mikroelektronik, in dem es unter anderem heißt: „Die moderne Ära der Elektronik hat eine zweite industrielle Revolution eingeleitet... Ihre Auswirkungen auf die Gesellschaft könnten noch umfassender sein als die der ersten industriellen Revolution".

Tatsächlich könnte man auch sagen, daß es sich bereits um die dritte industrielle Revolution handelt. Unter der ersten versteht man die Herausbildung des Fabriksystems vom Ende des 18. Jahrhunderts an (1765 Erfindung der Dampfmaschine durch J. WATT, 1834 Erfindung des Elektromotors durch M. H. VON JACOBI); als zweite könnte man den systematischen Einsatz der tayloristischen Betriebs- und Ablauforganisation (F. W. TAYLOR, 1856 – 1915) mit der Folge der Teilautomatisierung und Massenproduktion bezeichnen. Bei dieser Sicht der Dinge stehen wir jetzt inmitten der dritten industriellen Revolution. Ihre Ursache, die Mikroelektronik, ist dabei, die Welt zu verändern.

Bei den ersten beiden Revolutionen wurden Rohstoffe und Energie in Formen gebracht, die für den Menschen nützlich sind. Kennzeichnend für die dritte Revolution

370

ist zweierlei: die Information und ihre automatische Verarbeitung, wodurch sich ungeahnte wirtschaftliche Möglichkeiten eröffnen. Für die automatische Informationsverarbeitung, das heißt für die Speicher, Rechner, Ein- und Ausgabegeräte, liefert die Mikroelektronik die entscheidenden Bausteine, eben die Chips.

Diese Chips
- sind komplex genug, um Informationen nach Programmen verarbeiten zu können,
- können in einer kostengünstigen Massenfertigung hergestellt werden,
- sind klein, leicht und benötigen wenig Energie, so daß ihr Einsatz vielseitig und unaufwendig ist.

4 Auswirkungen der Mikroelektronik auf einzelne Wirtschafts- und Technikbereiche

Die folgenden Beispiele sollen einen ersten Eindruck davon geben, welche Bereiche der Wirtschaft, der Wissenschaft und der Technik die Mikroelektronik bereits durchdrungen hat:

- Industrie:
  Lagerhaltung, Maschinensteuerung und -positionierung, Energietechnik, Roboter, Sicherheitseinrichtungen, Netzplantechnik, „computer-aided activities" (CAx).
- Handwerk:
  Computerunterstützte Betriebsführung, intelligente Werkzeuge.
- Landwirtschaft:
  Computerunterstützte Betriebsführung, Anbau- und Düngemittelplanung, Melk- und Fütterautomaten, Brutpflege, Wachstums-, Gewichts- und Gesundheitskontrolle von Tieren sowie Pflanzen, Schlacht- und Verwertungsanlagen.
- Büro, Handel:
  Textautomaten, Verkaufsterminals, Diktiergeräte, Kopiergeräte.
- Kommunikation:
  Fernkopierer und -schreiber, Telefonsysteme, Personenrufsysteme, Satellitenkommunikation.
- Medizin:
  Patientenüberwachung, Herzschrittmacher, Tomographie, Lithotripter zur Zertrümmerung von Nieren- und Gallensteinen mittels Schallwellen.
- Wissenschaft und Forschung:
  Rechner, Meßwertaufnehmer, Real-time-Experimentsteuerung (das heißt die Reaktionen des Mikroprozessors auf bestimmte Ereignisse wie Über- oder Unterschreiten von Grenzwerten und das Einleiten korrigierender Maßnahmen benötigen nur wenige Millisekunden), Simulation.
- Luft- und Raumfahrt:
  Navigations- und Lageregelungssysteme, Energieversorgung (Solarzellen), Signalverstärkung, Funkverkehr, Antennenpositionierung.

– Auto und Verkehr:
Antiblockiersystem, Getriebesteuerung, Einspritzsteuerungen, Bordcomputer, Abstandsradar, Fahrkartenautomaten.
– Haushalt:
Mikrowellenherde, Uhren, Nähmaschinen, Wäschetrockner.
– Unterhaltung und Freizeit:
Fernsehen, Video- und Stereoanlagen, elektronische Musikinstrumente, Kameras, Fernsteuerung, Heimcomputer.

Produktionsautomatisierung

Betrachten wir nun den großen Bereich der Produktionsautomatisierung etwas näher: Die Computerindustrie hat dafür mit CIM („computer-integrated manufacturing") bereits ein griffiges Kürzel geschaffen, das alle bisher bekannten „computer-aided activities" (CAx) umfaßt, zum Beispiel „computer-aided design" (CAD) und „computer-aided manufacturing" (CAM). CIM bedeutet die Verknüpfung aller dieser Einzelvorgänge über einen Zentralrechner, der so den Werdegang eines Produkts in jeder seiner Phasen steuert:

– Entwurf, Konstruktion, Arbeitsvorbereitung.
– Aufbau einer flexiblen und minimierten Lagerhaltung, Zuliefererkontrolle (Stichworte: Netzplantechnik, automatische Hochlager).
– Fertigung (Stichworte: Roboter, Computer-numeric-control- (CNC-) Maschinen.
– Verkauf, Bestell- und Rechnungswesen, Auslieferungsoptimierung.

Im einzelnen sei zum Eindringen der Mikroelektronik in die wichtigsten Sparten der Technik noch folgendes angemerkt:

Feingerätebau, Optik, Medizintechnik

Dies sind wichtige Einsatzgebiete für die Mikroelektronik. Die Möglichkeiten der bisher verwendeten Feinmechanik (Beispiele: Messen, Wiegen) sind ausgeschöpft. Weitere Verbesserungen der Produkte sind nur noch mit Hilfe der Mikroelektronik zu erwarten (induktive Wegaufnehmer mit digitalisierter Signalaufnahme, druckempfindliche Piezoquarze). Hinzu kommen neuartige Anwendungen wie „pattern recognition" (Erkennen von Mustern), was mit rein mechanischen Methoden nicht möglich ist (etwa Chromosomenkontrolle bei der Früherkennung genetischer Krankheiten oder Auswertung von Falschfarbenfotografien).

Klassischer Maschinenbau mit

– Schwermaschinenbau,
– Anlagenbau,
– Energietechnik und
– Werkzeugmaschinen.

Während der Schwermaschinenbau von der Mikroelektronik noch weitgehend unbeeinflußt ist (Ausnahme: Regel- und Steuerfunktionen wie Getriebesteuerung,

Anfahrtsteuerung der Motoren, Lastüberwachung), ist die Mikroelektronik im Anlagenbau und in der Energietechnik als Steuer- und Regelorgan zum unverzichtbaren Bestandteil geworden.

Keine großchemische Anlage, zum Beispiel Raffinerie, wird heute ohne eine Vielzahl von Sensoren (Druck, Temperatur, Viskosität, Durchfluß) erstellt. Sie erlauben dem späteren Betreiber einen automatischen Betrieb bei ständiger Überwachung des Anlagenzustands.

Die heutige Energietechnik läßt sich ohne Mikroelektronik nicht verwirklichen. Entwurf, Auslegung und Konstruktion der Anlagen erfolgen größtenteils CAD-gestützt.

Obwohl bei den Werkzeugmaschinen die Mechanik noch deutlich überwiegt, nimmt hier — jedenfalls im Wertanteil — die Mikroelektronik stark zu. Dies gilt insbesondere dann, wenn auch alle Sensoren und Aktuatoren mit in Betracht gezogen werden.

Bauwesen (Hoch- und Tiefbau, Installationen)

Bei der Bauausführung ist zwar nach wie vor ein deutliches Übergewicht der Mechanik festzustellen. Aber auch im Bauwesen hat die Mikroelektronik Eingang gefunden, und zwar insbesondere in der Planung und Betriebsführung. In diesem Zusammenhang sind auch von der Mikroelektronik übernommene Überwachungsfunktionen zu nennen, beispielsweise die Überlastkontrolle bei Kränen.

5 Auswirkungen der Mikroelektronik auf die Volkswirtschaft

Man hat die Mikroelektronik als die Schlüsseltechnologie unseres Jahrzehnts bezeichnet. Für diese Bezeichnung spricht:
- Die Anwendungsmöglichkeiten der Mikroelektronik sind so vielfältig, daß alle Teile der Wirtschaft und Gesellschaft auf irgendeine Weise beeinflußt werden.
- Der Rückgang der Preise für Bauelemente und integrierte Systeme ist so erheblich, daß sich die Mikroelektronik sehr schnell ausbreitet.
- Die Automation war bis vor kurzem auf die Massenproduktion beschränkt; in Zukunft werden mikroelektronische Kontroll- und Steuergeräte die automatische Produktion in kleineren Serien ermöglichen.
- In der Vergangenheit konzentrierte sich technischer Wandel auf die industrielle Fertigung (Produktion). Die Mikroelektronik wird nicht nur dort eine wichtige Rolle spielen, sondern auch
  · in der öffentlichen und privaten Verwaltung und
  · im Dienstleistungsbereich.

Die Bereiche („Sektoren")
- Dienstleistungen und
- Information (Schreibtischberufe wie Verwaltung, kaufmännische Tätigkeiten, Management)

wachsen in der modernen Industriegesellschaft auf Kosten der Bereiche
- Produktion und
- Landwirtschaft
(Abbildung 3; vgl. [4]).

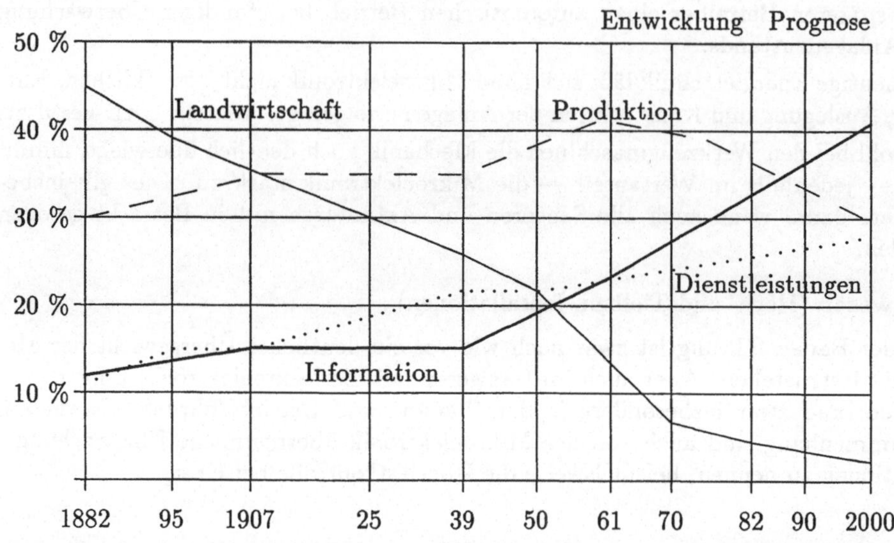

Abbildung 3: *Beschäftigung im Vier-Sektoren-Modell*

Die Mikroelektronik dringt innovativ in diese Sektoren ein:

Im Büro spielt sie eine immer wichtigere Rolle beim zunehmenden Einsatz von
- Datenverarbeitung,
- Textverarbeitung und
- Sprachverarbeitung.

In der Industrie schreitet die Automatisierung fort. Automaten (Roboter, rechnergestützte Fertigungseinrichtungen, Apparate der Verfahrenstechnik) arbeiten
- genauer,
- zuverlässiger und
- billiger
als der Mensch.

In der chemischen Industrie waren menschenleere Fabriken schon vor dem Auf-
schwung der Mikroelektronik keine utopische Vision mehr: Bei der BASF etwa
entfallen auf jeden Mitarbeiter rund 1000 Quadratmeter Produktionsfläche. Die
Mikroelektronik bewirkt jetzt, daß menschenleere Fabriken auch in der Textil-,
Automobil- und Uhrenindustrie sowie in Teilen der Elektro- und Maschinenbauindustrie zunehmend Wirklichkeit werden.

Können die dadurch verlorengehenden Arbeitsplätze durch neue Arbeitsplätze in den Dienstleistungs- und informationsverarbeitenden Berufen wettgemacht werden?

Auf diese Frage gibt es eine Fülle unterschiedlicher Antworten, die überwiegend eher pessimistisch klingen. Dabei wird aber immer wieder darauf hingewiesen, daß die einzelnen Volkswirtschaften wegen der weltwirtschaftlichen Arbeitsteilung ihre Wettbewerbsfähigkeit erhalten müssen. Von einem nationalen Abbremsen technischer Entwicklung raten Experten ab, weil dadurch Absatzmärkte und damit Arbeitsplätze im Inland verlorengehen würden.

Eine Tätigkeitsprognose für acht Tätigkeitsgruppen mit einer unteren, einer mittleren und einer oberen Variante gibt die Abbildung 4 ([11]).

Tätigkeitsgruppe	Beschäftigte	untere Variante	mittlere Variante	obere Variante
Produktion	9.869.000	- 26	- 19	- 15
Lager, Transport, Vertrieb	4.418.000	- 20	- 10	- 9
Büro	3.175.000	- 10	- 4	- 3
Forschung und Entwicklung	581.000	+ 6	+ 30	+ 38
Projektieren, Disponieren	796.000	+ 10	+ 44	+ 53
Management	1.116.000	+ 21	+ 49	+ 60
Dienstleistungen	5.003.000	+ 3	+ 15	+ 21
Ausbildung	1.265.000	- 32	- 24	- 23
alle Tätigkeiten	26.253.000	- 14	- 4	+ 0,3

Abbildung 4: *Tätigkeitsprognose 1980 – 2000*

Der unaufhaltsame Siegeszug der Mikroelektronik in der durch die Technik geprägten Welt ist leicht zu erklären: Jeder von Menschen ausgelöste zielgerichtete Vorgang setzt bestimmte Informationen voraus, damit das Ziel erreicht wird. Und gerade Informationen werden von den Bausteinen der Mikroelektronik erfaßt, verknüpft, nach vorgegebenen Instruktionen bewertet und als neue Information wieder ausgegeben.

Wie ist die zukünftige Entwicklung der Mikroelektronik zu beurteilen? Die Bedeutung der Mikroelektronik als Wirtschaftsfaktor wird stetig zunehmen. Dies soll hier durch die Abbildung 5 verdeutlicht werden.

Statt die Mikroelektronik als „Jobkiller" abzulehnen, sollten wir es als eine Herausforderung ansehen, sie für eine wesentliche Verbesserung unserer Lebensbedingungen zu nutzen. Eine Fülle von Möglichkeiten bietet sich hier an, zum Beispiel

- eine Verbesserung der Arbeitsbedingungen (Stichworte: Roboter, Wegfall von „geisttötender", gefährlicher oder gesundheitsgefährdender Arbeit),
- eine Reduzierung des Rohstoff- und Energieverbrauchs für gleiche Produktionsmengen (Stichworte: mikroelektronische Kontroll- und Steuerungssysteme),
- eine Reduzierung der Umweltbelastung bei der Produktion, im Verkehr und beim Verbrauch.

Branche	Wert 1985 in Mio DM	jährl. Zuwachs in %	Wert 1990 in Mio DM	jährl. Zuwachs in %	Wert 1995 in Mio DM	Wert 2000 in Mio DM
Automobilelektronik	200	29,0	710	10,0	1.140	1.840
Industrieelektronik	655	12,0	1.160	10,0	1.870	3.010
Nachrichtentechnik	530	15,0	1.080	10,0	1.740	2.800
Büro-, Datentechnik	775	15,0	1.650	10,0	2.660	4.280
Konsumelektronik	690	13,0	1.300	10,0	2.090	3.370

Quelle: Hard und Soft, Dezember 1986.

Abbildung 5: *Zunahme der Mikroelektronikproduktion*

Die mit der Mikroelektronik einhergehende Verbesserung der Arbeitsbedingungen wird allgemein begrüßt.

Eigentlich sollten wir es ebenso begrüßen, daß uns die Mikroelektronik Instrumente an die Hand gibt, den Arbeitsaufwand pro produzierte Einheit eines Gutes zu reduzieren. Diese Möglichkeit der Einsparung von Arbeit muß im Spannungsfeld der folgenden beiden Probleme gesehen werden:
- Arbeitslosigkeit sowie
- Armut und Hunger in der Dritten Welt.

Während zur Lösung des ersten Problems in den Industrieländern eine vernünftige Verringerung der Lebens-, Jahres-, Wochen- und Tagesarbeitszeit vorgeschlagen wird, sind wegen des zweiten Problems an diesem Vorschlag Zweifel anzumelden: Solange noch täglich in der Welt Tausende an Unterernährung sterben, ist es eine merkwürdige Form des Luxus, die von der Mikroelektronik (und allgemein vom technischen Fortschritt) bewirkten Produktivitätsfortschritte statt zu Produktionssteigerungen zu Arbeitszeitverkürzungen zu verwenden.

Hier sind im Grunde zwei Verteilungsprobleme internationalen Zuschnitts angesprochen, nämlich
- das Problem der Verteilung des Wohlstands und
- das Problem der Verteilung der Arbeit.

Für beide Probleme gibt es leider bis heute noch keine befriedigenden Lösungen. Solche Lösungen müssen aber gefunden werden. Denn niemand kann in und mit einer Welt zufrieden sein, in der Millionen vom Hunger bedroht sind und weitere Millionen auf Dauer keinen Arbeitsplatz und damit im allgemeinen keinen selbst erworbenen Anspruch auf einen ausreichenden Anteil am Sozialprodukt besitzen.

Last but not least haben wir uns auch mit dem folgenden Problem auseinanderzusetzen, das noch mehr als die beiden genannten Verteilungsprobleme mit der Mikroelektronik zusammenhängt: Wir dürfen die Augen nicht davor verschließen, daß es zu einer neuen Zweiteilung der Gesellschaft kommen kann, daß diejenigen, welche die Mikroelektronik entwickeln und erwerbsmäßig nutzen, den neuen Adel bilden, während viele von denen, die keine Begabung oder Begeisterung für die Mikroelektronik besitzen, zu den niedrigen Ständen absteigen.

Literatur

[1] ALEKSANDER, I., BURNET, P.: *Die Roboter kommen*, Basel, Boston, Stuttgart 1984.

[2] BELL, D.: *Die nachindustrielle Gesellschaft*, Frankfurt, New York 1975.

[3] BRAUN, H.: Die Mikroelektronik — Grundlagen, industrieller Einsatz und Einfluß auf die Technischen Versicherungen, in: *Der Maschinenschaden*, Allianz Versicherungs-AG, 54 (1981), 157 – 160.

[4] DOSTAL, W.: Informationstechnik und Beschäftigung, in: *Mikroelektronik, Technik, Wirtschaft und Gesellschaft*, hrsg. zur „electronica 86" vom VDE-VDI-Fachkreis „Mikroelektronik" (FKME), Fachausschuß „Öffentlichkeitsarbeit".

[5] FEIGENBAUM, E. A., McCORDUCK, P.: *Die fünfte Computer-Generation. Künstliche Intelligenz und die Herausforderung Japans an die Welt*, Basel, Boston, Stuttgart 1984.

[6] FRIEDRICHS, G., SCHAFF, A. (Hrsg.): Auf Gedeih und Verderb. Mikroelektronik und Gesellschaft, in: *Bericht an den Club of Rome*, Wien, München, Zürich 1982.

[7] HAEFNER, K.: *Mensch und Computer im Jahre 2000. Ökonomie und Politik für eine human computerisierte Gesellschaft*, Basel, Boston, Stuttgart 1984.

[8] KULZER, RUDI: Dünne Scheiben aus reinem Silizium sind die Basis für die meisten Halbleiterchips, in: *Handelsblatt*, vom 4.7.1989 / Nr. 126, 17.

[9] MERTENS, P. (Hpthrsg.): *Lexikon der Wirtschaftsinformatik*, Berlin, Heidelberg, New York, London, Paris, Tokio 1987.

[10] MEYER-ABICH, K. M.; STEGER, U. (Hrsg.): *Mikroelektronik und Dezentralisierung*, Berlin 1982.

[11] QUEISSER, H.: *Kristallene Krisen. Mikroelektronik — Wege der Forschung, Kampf um Märkte*, München, Zürich 1985.

[12] VON ROTHKIRCH, WEIDIG: *Die Zukunft der Arbeitslandschaft*, Nürnberg 1985.

Die Autoren (in alphabetischer Reihenfolge):

Prof. Dr. DIETER BARTMANN, geb. 1946, ist Inhaber des Lehrstuhls „Wirtschaftsinformatik, insbesondere computerintegrierte Systeme in der Industrie und im Bankwesen" an der Universität Bamberg. Er ist außerdem Editor-in-Chief der ZOR Zeitschrift für Operations Research – Section Applications. BARTMANN studierte Mathematik und Informatik an der TU München, wo er sich im Fach Operations Research habilitierte. Anschließend war er Fiebiger-Professor an der Universität Erlangen-Nürnberg, bis er 1988 an die Universität Regensburg berufen wurde. Seine Arbeitsschwerpunkte liegen in der industriellen Datenverarbeitung und der Datenverarbeitung im Bankwesen.

PD Dr. HANS U. BUHL, geb. 1955, ist als Privatdozent am Institut für Wirtschaftstheorie und Operations Research der Universität Karlsruhe tätig sowie als Leiter der Projektabteilung eines Investitionsgüterherstellers. BUHL hat an den Universitäten Karlsruhe und Berkeley Wirtschaftsingenieurwesen und Informatik studiert. Er promovierte und habilitierte sich mit Arbeiten über die Anwendung der Dynamischen Optimierung. Heute befaßt er sich mit Expertensystemen und Fragen der Prozeßoptimierung.

Prof. Dr. Dr. HANS CZAP, geb. 1945, leitet die Abteilung Wirtschaftsinformatik innerhalb des Fachs Betriebswirtschaftslehre an der Universität Trier. Zuvor was CZAP Professor für Informatik und Operations Research im Fachbereich Wirtschaftswissenschaften der Universität Göttingen. Seine Hauptarbeitsgebiete sind: Entscheidungsunterstützende Systeme, Datenbanken und ihre Weiterentwicklung sowie Datenverarbeitung in der Produktion.

Prof. Dr. WOLFGANG EICHHORN, geb. 1933, ist Leiter des Instituts für Wirtschaftstheorie und Operations Research der Universität Karlsruhe. Nach dem Studium der Mathematik und Volkswirtschaftslehre in Würzburg, wo EICHHORN auch promovierte und sich habilitierte, folgten unter anderem Gastprofessuren in Bonn, Berkeley, Los Angeles, Vancouver und Waterloo. Seine Publikationen befassen sich mit Fragen der Mathematik, Wirtschaftstheorie, Statistik und Versicherungswirtschaft.

Senator E. h. Dr. WOLFGANG EYCHMÜLLER, geb. 1929, ist Vorstandsvorsitzender der Wieland-Werke AG, Ulm. Unter anderem ist er außerdem Vorsitzender des Aufsichtsrats der Robert Bosch GmbH, Stuttgart. EYCHMÜLLER studierte an der TH Stuttgart Maschinenbau, wo er auch promovierte. Nach einem USA-Aufenthalt begann er bei den Wieland-Werken im technischen Bereich; seit 1960 ist er dort Mitglied des Vorstandes.

Dr. ANDREAS GEYER-SCHULZ, geb. 1960, ist Universitätsassistent in der Abteilung Angewandte Informatik, insbesondere Betriebsinformatik, der Wirtschaftsuniversität Wien. GEYER-SCHULZ beschäftigt sich mit der Theorie der unscharfen Mengen und deren Anwendungen bei der Entwicklung von Expertensystemen und Datenbank-Abfragesprachen.

Dr. PAUL GROMBALL, geb. 1950, gehört zu den Gründern der Produktion und Logistik GmbH, die über die Technologie Management Gruppe, München Projekte durchführt. GROMBALL hat an der Universität Karlsruhe Wirtschaftsingenieurwesen studiert und dort mit einer Arbeit über Strategie und Dynamik promoviert.

PAUL HALBICH, geb. 1952, ist verantwortlich für die Vertriebs- und Marketingaufgaben der TM-Software GmbH, einem Joint Venture der Technologie Management Gruppe und der Firma Softbridge. Seit Abschluß des Studiums für Wirtschaftsingenieurwesen und einer Traineeausbildung 1980 arbeitet HALBICH in der Beratung und Einführung komplexer EDV-Lösungen in der Fertigungsindustrie.

Prof. Dr. Dr. JÜRGEN HANSOHM, geb. 1948, vertritt das Fach Operations Research an der Universität Gesamthochschule Essen. Er studierte in Kiel Mathematik und habilitierte sich an der Wirtschafts- und Sozialwissenschaftlichen Fakultät der Universität Augsburg. Das Interesse von HANSOHM gilt der Entwicklung, Inplementierung und Anwendung von Methoden zur Datenauswertung. Schwerpunkte liegen im Bereich der Marktforschung und Managementunterstützung.

Prof. Dr. HANS H. HINTERHUBER, geb. 1938, ist Vorstand des Instituts für Unternehmensführung der Universität Innsbruck und lehrt auch an der Katholischen Universität in Mailand. HINTERHUBERS Hauptarbeitsgebiete sind: Strategische Unternehmensführung, Produktionswirtschaft, Mitarbeiterführung und interkulturelle Studien.

UWE HOHE, geb. 1961, studiert Betriebswirtschaftslehre an der Universität Erlangen-Nürnberg. Vor dem Studium hat HOHE eine Ausbildung zum Industriekaufmann absolviert.

WERNER JAKOB, geb. 1930, ist seit 1963 Leiter der kaufmännischen Datenverarbeitung der Wieland-Werke AG, Ulm. JAKOB hat dort die Entwicklung der Datenverarbeitung von der Anwendung rechnergestützter Sachgebietsabläufe über die Einführung von Online-Anwendungen bis hin zu integrierten, computergestützten Gesamtlösungen mitgemacht und mitbeeinflußt.

Prof. Dr. WOLFGANG H. JANKO, geb. 1943, leitet die Abteilung Angewandte Informatik, insbesondere Betriebsinformatik, der Wirtschaftsuniversität Wien. Zuvor war JANKO Ordinarius für Angewandte Betriebswirtschaftslehre an der Universität Karlsruhe und ao. Professor für Informatik in Wien. Seine Hauptarbeitsgebiete sind: Datenstrukturen, Algorithmen, Datenbanken, Investitions- und Organisationstheorie.

Dr. MICHAEL JUNG, geb. 1953, ist Teilhaber der internationalen Unternehmensberatung McKinsey & Company, Inc. Die Schwerpunkte seiner Arbeit seit seinem Eintritt 1979 liegen in den Bereichen strategisch-organisatorische Beratung von Großunternehmen und Beratung von Klienten aus dem öffentlichen Sektor. JUNG studierte Wirtschaftswissenschaften, Wirtschaftstheorie und Jura an der Universität München. Die Dissertation im Rahmen seiner Promotion zum Dr. oec. publ. beschäftigte sich mit den Grundlagen der Organisationstheorie.

Prof. Dr. PETER MERTENS, geb. 1937, ist Inhaber der Lehrstuhls für Wirtschaftsinformatik der Universität Erlangen-Nürnberg und leitet dort die Informatik-Forschungsgruppe für computergestützte Informations- und Planungssysteme. MERTENS studierte Wirtschaftsingenieurwesen und war Mitarbeiter an verschiedenen volks- und betriebswirtschaftlichen Instituten der TH Darmstadt und der TU München sowie Professor für Datenverarbeitung, Operations Research und Fertigungswirtschaft an der Universität Linz. Seine Hauptarbeitgebiete sind neben DV-Anwendungen im Industriebetrieb Informations- und Planungssysteme.

Dr. DIETMAR MEYERSIEK, geb. 1945, ist Director bei der internationalen Unternehmensberatung McKinsey & Company, Inc. Seit seinem Eintritt 1970 lagen seine Arbeitsschwerpunkte im Bereich Nutzung von Informationstechnologien und Systemen im Großunternehmen. MEYERSIEK studierte Wirtschaftswissenschaften an der Universität Münster, der FU Berlin und der Indiana University. Seine Dissertatition behandelte das Thema „Empirische Verifizierung unsicherheitsbezogener Entscheidungsmodelle in der Theorie der Unternehmung".

Prof. Dr. KURT NAGEL, geb. 1939, ist leitender Chefberater der IBM Deutschland GmbH. Nach dem Studium der Betriebswirtschaftslehre promovierte NAGEL an der Universität Nürnberg und habilitierte sich an der Universität Würzburg. Seine neueren Publikationen befassen sich mit der Unternehmensplanung, strategischen Wettbewerbsvorteilen und der Informationsverarbeitung.

Prof. Dr. iur. FRITZ NICKLISCH, geb. 1936, ist Ordinarius für Bürgerliches Recht, Handels- und Wirtschaftsrecht sowie Zivilprozeßrecht an der Universität Heidelberg. Er ist außerdem Leiter des Forschungsschwerpunkts Technologierecht. In den letzten Jahren hat sich NICKLISCH insbesondere mit dem Recht komplexer Verträge über wirtschaftlich-technische Systeme und den damit zusammenhängenden Fragen der Streitbeilegung durch die nationale und internationale Schiedsgerichtsbarkeit beschäftigt. Daneben entstanden Arbeiten zu den Regelungsfragen der Gen- und Biotechnologie sowie zum Umweltrecht.

Dr. ULRICH PALM, geb. 1920, ist Mitglied des Aufsichtsrats der Wieland-Werke AG, Ulm. Er hat an der Ludwig-Maximilian-Universität München Betriebswirtschaftslehre studiert und 1949 über das Thema „Die Kalkulation in ihrer preispolitischen Bedeutung bei freier Preisbildung" promoviert. PALM ist seit 1954 bei den Wieland-Werken, wo er 1960 in den Vorstand kam und 1988 in den Aufsichtsrat wechselte. Außerdem bekleidet er noch das Amt des Vorstandsvorsitzenden der Rudolf und Clothilde Eberhardt-Stiftung.

Prof. Dr. Dr. FRANZ J. RADERMACHER, geb. 1950, leitet das Forschungsinstitut für anwendungsorientierte Wissensverarbeitung, das an der Universität Ulm etabliert wurde. Zugleich ist er Ordinarius für Datenbanken / Künstliche Intelligenz an der Universität Ulm. Zuvor war RADERMACHER Ordinarius für Informatik und Operations Research an der Universität Passau und hat dort am Aufbau des Diplomstudienganges Informatik mitgewirkt. Sein Hauptinteresse gilt der Realisierung „intelligenter" Systeme unter Integration von Wissensrepräsentationsmethoden und Inferenzverfahren.

PETER REICHLING, geb. 1962, ist wissenschaftlicher Angestellter in der Abteilung Wirtschaftswissenschaften der Universität Ulm und arbeitet auf dem Gebiet Informationstechnik und Finanzwirtschaft. REICHLING studierte nach absolvierter Banklehre in Düsseldorf Wirtschaftsmathematik in Ulm.

EDZARD REUTER, geb. 1928, ist Vorstandsvorsitzender der Daimler-Benz AG, Stuttgart. Nach dem Studium der Mathematik, Physik und Rechtswissenschaften war er Assistent an der Juristischen Fakultät der FU Berlin, Prokurist der UFA in Berlin und Mitglied der Geschäftsleitung der Bertelsmann Fernsehproduktion in Gütersloh. Seit 1964 ist REUTER für die Daimler-Benz AG in Stuttgart tätig, wo er 1973 als Mitglied des Vorstandes zunächst das Ressort Unternehmensplanung und Organisation übernahm und anschließend für das Ressort Finanz- und Betriebswirtschaft verantwortlich war. Er war maßgeblich an der strategischen Neuausrichtung und Umstrukturierung der Daimler-Benz AG zu einem integrierten Technologiekonzern beteiligt.

BARBARA RICCIARDULLI, geb. 1962, ist seit 1987 Mitarbeiterin der Technologie Management Gruppe, München. RICCIARDULLI hat an der Universität Karlsruhe Wirtschaftsingenieurwesen studiert.

Prof. Dr. REINHART SCHMIDT, geb. 1946, ist seit 1972 Direktor des Instituts für Betriebswirtschaftslehre der Universität Kiel und hat dort den Lehrstuhl für Finanzwirtschaft inne. Die Hauptarbeitsgebiete von SCHMIDT sind: Kapitalanlage und Unternehmensfinanzierung, Unternehmensanalyse sowie Computergestützte Unternehmensplanung.

Prof. Dr. WOLFGANG SCHÜLER, geb. 1939, ist seit 1976 Professor für Betriebswirtschaftslehre an der Universität Bielefeld. SCHÜLER studierte Mathematik und Wirtschaftswissenschaften in Köln und Hamburg. Er war wissenschaftlicher Assistent am Betriebswirtschaftlichen Seminar und wissenschaftlicher Angestellter am Sonderforschungsbereich 21 der Universität Bonn.

Dr. MATTHIAS SCHUMANN, geb. 1959, ist Akademischer Rat am Lehrstuhl für Betriebswirtschaftslehre, insbesondere Wirtschaftsinformatik, der Universität Erlangen-Nürnberg. Er hat Betriebswirtschaft an den Universitäten Bielefeld und Göttingen studiert und in Nürnberg promoviert. SCHUHMANN war 1987 im Rahmen des IBM Post Doctoral Fellowship-Programms im IBM Scientific Center Los Angeles, USA, tätig. Sein Hauptarbeitsgebiet sind der Bereich Informationsmanagement, insbesondere Nutzeffekte der Datenverarbeitung und Betriebliche Expertensysteme.

Prof. Dr. KLAUS SPREMANN, geb. 1947, leitet die Abteilung Wirtschaftswissenschaften der Universität Ulm und hat dort seit Begründung des Studienganges Wirtschaftsmathematik 1977 an dessen Aufbau mitgewirkt. SPREMANN war Gastprofessor an der UBC in Vancuver und der NTU in Taipei. Er hat als Senatsbeauftragter von 1984 – 1987 das Studium Generale gestaltet und erhielt 1987 den Merckle-Forschungspreis. Seine Hauptarbeitsgebiete sind: Allgemeine Betriebswirtschaftslehre, Finanzierung, Risikotheorie und Informationsökonomie.

Dr. ALFRED TAUDES, geb. 1959, ist Universitätsassistent in der Abteilung Angewandte Informatik, insbesondere Betriebsinformatik, der Wirtschaftsuniversität Wien. TAUDES hat Betriebswirtschaft und Betriebsinformatik studiert und war als Referatsleiter in der Organisations- und Datenverarbeitungsabteilung der Steyr-Daimler-Puch AG tätig. Seine Hauptinteressensgebiete sind: Operations Research, Expertensysteme und Verteilte Datenverarbeitung.

Prof. Dr. JOACHIM VOELLER, geb. 1946, ist seit 1987 Professor für Volkswirtschaftslehre an der Universität Ulm. Nach dem Studium der Volkswirtschaftslehre und des Wirtschaftsingenieurwesens an der Universität Karlsruhe erhielt er ein Jahresstipendium an der Harvard Business School, Bosten, USA. VOELLER promovierte 1974 und habilitierte sich 1981. Ab 1982 war er Professor für Volkswirtschaftslehre an der Universität Karlsruhe. Seine Hauptinteressensgebiete sind: Wirtschaftspolitik, Geld und Kredit, Wirtschaftliche Zukunftsprobleme und Makroökonomie.

Dr. EBERHARD ZUR, geb. 1934, ist kaufmännischer Vorstand der Telefunken Systemtechnik, Ulm, einer Tochtergesellschaft der Deutschen Aerospace AG, und hält seit mehreren Jahren Vorlesungen über Organisation, Computergestützte Projektplanung und Öffentliches Auftragswesen an der Universität Ulm. ZUR studierte Volkswirtschaft, Betriebswirtschaft und Jura an der FU Berlin.

Literaturhinweise

ALEKSANDER, I., BURNET, P.: *Die Roboter kommen*, Basel, Boston, Stuttgart 1984.

ANSELSTETTER, RAINER: *Betriebswirtschaftliche Nutzeffekte der Datenverarbeitung*, Berlin u. a. 1986[2].

ANSOFF, H. IGOR; KIRSCH, WERNER; ROVENTA, PETER: Unschärfenpositionierung in der strategischen Portfolio-Analyse, in: *Zeitschrift für Betriebswirtschaft* 51 (1981) 10, 963 – 988.

ANSOFF, H. IGOR: Managing Surprise and Discontinuity — Strategic Response to Weak Signals, in: *Zeitschrift für betriebswirtschaftliche Forschung* 28 (1976), 129 – 152.

ARNOLD, ULLI: Strategische Unternehmensführung und das Konzept der „Schwachen Signale", in: *Wirtschaftswissenschaftliches Studium* (1981) 6, 290 – 293.

ARTHUR D. LITTEL INTERNAT. (Hrsg.): *Management im Zeitalter der strategischen Führung*, Wiesbaden 1985.

BANKS, HOWARD: Calmness itself, in: *Forbes* 141 (1988) 6, 39.

BARKOCY, BRIAN E.; BLANNING, ROBERT W.: Expert Systems in Industry: Actual and Potential Applications, in: TURBAN E.; WATKINS, P. R. (Hrsg.): *Applied Expert Systems*, Amsterdam et al. 1988, 231 – 250.

BARRETT, STEPHANIE; KONSYNSKI, BENN: Inter-Organization Information Sharing Systems, in: *MIS Quarterly* Special Issue 1982, 94.

BARTUSCH, M.; MOEHRING, R. H.; RADERMACHER, F. J.: Design Aspects of an Advanced Model-oriented DSS for Scheduling Problems in Civil Engineering, to appear in *Decision Support Systems* (1989).

BARTUSCH, M.; MOEHRING, R. H.; RADERMACHER, F. J.: Scheduling Project Networks With Resource Constraints and Time Windows, in: *Annals of Operations Research* 16 (1988), 201 – 240.

BATTELLE-INSTITUT (Hrsg.): *Frühwarnsysteme für die strategische Unternehmensführung*, Frankfurt / Main 1980.

BAUR, J.: *Vertragliche Anpassungsregelungen, dargestellt am Beispiel langfristiger Energielieferungsverträge*, Heidelberg 1983.

BDF-Schreiben vom 19.04.81: Ertragsteuerliche Behandlung von Finanzierungsleasing-Verträgen über bewegliche Wirtschaftsgüter, in: *Bundes-Steuerblatt* (1971) I, 264 ff.

BDF-Schreiben vom 22.12.85: Sog. Teilamortisations-Erlaß, in: *Der Betriebsberater* 29 (1976), 172 ff.

BEAUFRE, ANDRE: *Totale Kriegskunst im Frieden. Einführung in die Strategie*, Berlin 1964.

BELL, D.: *Die nachindustrielle Gesellschaft*, Frankfurt, New York 1975.

BFH-Urteil vom 26.01.70, in: *Bundes-Steuerblatt* (1970) II, 272 ff.

BLEICHER, KNUT: *Unternehmensentwicklung und organisatorische Gestaltung*, Stuttgart 1979.

BODENDORF, F.: *SAMBA — Ein Methodenbankrahmen um das Statistikpaket SPSS*, Erlangen 1981.

BOLLMANN, PETER; CHERNIAVSKY, VLADIMIR S.: Probleme der Bewertung von Information-Retrieval-Systemen, in: R. KUHLEN (ed.): *Datenbasen, Datenbanken, Netzwerke. Praxis des Information Retrieval, Bd. 3, Nutzung und Bewertung von Retrievalsystemen*, München, N. Y., London, Paris 1980, 97 – 121.

BÖHMER, REINHOLD: Automobilindustrie: Direkter Durchgriff, in: *Wirtschaftswoche* 42 (1988) 29, 113 – 114.

BONCZEK, R. H.; HOLSAPPLE, C. W.; WHINSTON, A. B.: *Foundations of Decision Support Systems*, Academic Press, New York 1981.

BOTT, H. S. et al.: How to make a Strategic Move with Information Systems, in: *Information Week* vom 26. Mai 1986, 30.

BRAUN, H.: Die Mikroelektronik — Grundlagen, industrieller Einsatz und Einfluß auf die Technischen Versicherungen, in: *Der Maschinenschaden*, Allianz Versicherungs-AG, 54 (1981), 157 – 160.

BUDAY, ROBERT: Sabre Gives the Edge to American Airlines, in: *Information Week* vom 26. Mai 1986, 35.

BUHL, HANS: Finanzanalyse des Hersteller-Leasings, in: *Zeitschrift für Betriebswirtschaft* (1989) 4, 421 ff.

BÜHLER, WILHELM: Unternehmenssicherung mittels Problemerkennungssystem — eine Aufgabe moderner Unternehmensführung?, in: *Zeitschrift für Betriebswirtschaft* 55 (1985) 4, 331 – 346.

BURDAY, ROBERT: AHSC On-line System Ships Supplies ASAP, in: *Information Week* vom 26. Mai 1986, 38.

BÜSCHGEN, HANS: Finanzleasing als Finanzierungsalternative. Eine kritische Würdigung unter betriebswirtschaftlichen Aspekten, in: *Zeitschrift für Betriebswirtschaft* (1980) 9, 1028 ff.

BÜSCHGEN, HANS: Leasing und finanzielles Gleichgewicht der Unternehmung, in: *Schmalenbachs Zeitschrift für betriebswirtschaftliche Forschung* 19 (1967), 625 ff.

BUZZELL, ROBERT D.; GALE, BRADLEY T.: *The PIMS Principles. Linking Strategy to Performance*, The Free Press, New York 1987.

CASH, JAMES I. JR., F. WARREN MCFARLAN, JAMES L. MCKENNEY: *Corporate Information Systems Management*, Irwin, Homewood, Illinois 1988[2].

CLIFFORD, JAMES; JARKE, MATTHIAS; LUCAS, HENRY C.: Designing Expert Systems in a Business Environment, in: PAU, L. F. (Hrsg.): *Artificial Intelligence in Economics and Management*, Amsterdam 1986, 221 – 231.

COPELAND, THOMAS E.; WESTON, J. FRED: *Financial Theory and Corporate Policy*, Addison-Wesley, Reading 1988.

CORDROCH, CLARISSA: Kundendienst unter Druck, in: *Online* (1988) 1, 25.

CROSS, GEORGE R.; FOXMAN, ELLEN R.; KISHORE; NANADA; SHERELL, DANIEL L.: A Marketing Strategy Assistant, in: KRALLMANN, H. (Hrsg.): *Expertensysteme im Unternehmen*, Berlin 1986[2], 75 – 83.

CZAP, HANS; GALINSKI, CHRISTIAN (ed.): *Terminology and Knowledge Engineering. Supplement, Proceedings International Congress on Terminology and Knowledge Engineering*, Frankfurt 1988.

CZAP, HANS; GALINSKI, CHRISTIAN (Hrsg.): *Terminology and Knowledge Engineering. Proceedings International Congress on Terminology and Knowledge Engineering*, Frankfurt 1987.

CZAP, HANS: Datenbankunterstützung der betrieblichen Dokumentation. Aufgaben und Entwicklungstendenzen terminologischer Datenbanksysteme, in: *Zeitschrift für Betriebswirtschaft*, 59 (1989) 4, 7 – 24.

CZAP, HANS: Informationsspeicherung und -wiedergewinnung bei terminologischen Datenbanksystemen, in: R. WILLE (Hrsg.): *Studien zur Klassifikation und Ordnung, Bd. 19, Klassifikation und Ordnung*, Frankfurt 1989, 252 – 261.

CZAP, HANS: Neue Ansätze in Terminologie und Wissenstechnik zur Unterstützung von Information und Kommunikation, in: CZAP, HANS und GALINSKI, CHRISTIAN (ed.): *Terminology and Knowledge Engineering. Supplement, Proceedings International Congress on Terminology and Knowledge Engineering*, Frankfurt 1988, 212 – 223.

CZAP, HANS: Semantische Datenbanksysteme für betriebliche Anwendungen, in: *DOAG-News*, Heft 0, 1988, 22 – 31.

CZAP, HANS: Terminologische Datenbanksysteme: Notwendigkeit, Aufgaben, konzeptuelle Realisierung, Arbeitspapier, Abtlg. Wirtschaftsinformatik, Universität Trier, 1988, erscheint in: W. LEX (Hrsg.): *Begriffsanalyse und künstliche Intelligenz.*

CZAP, HANS: Wechselnde Betrachtungsweisen des Begriffs vom Begriff, Arbeitspapier, Abtlg. Wirtschaftsinformatik, Universität Trier, 1988, deutsche Fassung von: Aspects évolutifs du concept de concept, erscheint in: Proceedings «*Colloque sur l'Histoire de la Terminologie*», Brüssel 1988.

DANIEL, D. RONALD: Management Information Crisis, in: *Harvard Business Review*, Sept. / Okt. 1961.

DAY, GEORGE S.: *Analysis for Strategic Market Decisions*, St. Paul, Minnesota 1985.

DEAKIN, EDWARD B.: A Discriminant Analysis of Predictors of Business Failure, in: *Journal of Accounting Research* 10 (1972), 167 – 179.

DEAN, BURTON V.: Toward an Expert / Decision Support System in Business Venturing, in: TURBAN, E.; WATKINS, P. R. (Hrsg.): *Applied Expert Systems*, Amsterdam et al. 1988, 185 – 203.

DICHTL, ERWIN: Individualisierung der Leistung, in: *Blick durch die Wirtschaft* 31 (1988) 67, 1.

DOLK, D. R.; KONSYNSKI, B. R.: Knowledge Representation for Model Management Systems, in: *IEEE Transactions on Software Engineering* SE-10 6. (1984), 609 – 628.

DOSTAL, W.: Informationstechnik und Beschäftigung, in: *Mikroelektronik, Technik, Wirtschaft und Gesellschaft*, hrsg. zur „electronica 86" vom VDE-VDI-Fachkreis „Mikroelektronik" (FKME), Fachausschuß „Öffentlichkeitsarbeit".

DREXEL, GERHARD: Ein Frühwarnsystem für die Praxis, in: *Zeitschrift für Betriebswirtschaft* 54 (1984) 1, 89 – 105.

EXPERTENKOMMISSION: *Qualitatives Wachstum*, Bundesamt für Konjunkturfragen, Studie Nr. 9, Bern (ohne Jahresangabe).

FARMER, NEIL: Using Systems to Sell, in: *Datamation* 32 (1986) 9, 64/11.

FEDERATION INTERNATIONALE DES INGENIEURS-CONSEILS (FIDIC) (Hrsg.): *Conditions of Contract for Electrical and Mechanical Works (including Erection on Site)*, 1987[3].

FEIGENBAUM, E. A., MCCORDUCK, P.: *Die fünfte Computer-Generation. Künstliche Intelligenz und die Herausforderung Japans an die Welt*, Basel, Boston, Stuttgart 1984.

FELBER, H.: Terminology and Knowledge Engineering, in: CZAP, HANS; GALINSKI, CHRISTIAN (Hrsg.): *Terminology and Knowledge Engineering. Proceedings International Congress on Terminology and Knowledge Engineering*, Frankfurt 1987, 3 – 7.

FISZ, MAREK: *Wahrscheinlichkeitsrechnung und mathematische Statistik*, Berlin 1973.

FOGEL, L. J.; OWENS, A. J.; WALSH, M. J.: *Artifical Intelligence through Simulated Evolution*, John Wiley, New York 1966.

FREEDMAN, DAVID H.: Cultivating IS Creativity, in: *Infosystems* (1987) 7, 24.

FRIEDRICHS, G., SCHAFF, A. (Hrsg.): Auf Gedeih und Verderb. Mikroelektronik und Gesellschaft, in: *Bericht an den Club of Rome*, Wien, München, Zürich 1982.

GELFOND, SUSAN M.; DAVIS, JO ELLEN: Now, the „Paperless" Expense Account, in: *Business Week* vom 7. September 1987, 106.

GERNERT, DIETER: Frühwarnung und Krisenbewältigung — Vom passiven zum aktiven Informationssystem, in: *ZfB-Ergänzungsheft* (1979) 2, 147 – 150.

GEYER-SCHULZ, ANDREAS: Fuzzy Rule — Based Expert Systems, in: KRAEMER, JAMES R.; BERRY, PAUL C. (eds.): *APL Techniques in Expert Systems*, ACM SIGAPL, Syracuse 1988.

GEYER-SCHULZ, ANDREAS: *Unscharfe Mengen im Operations Research*, Diss., VWGÖ, Wien 1986.

GIERER, ALFRED: *Die Physik, das Leben und die Seele — Anspruch und Grenzen der Naturwissenschaft*, München 1985.

GLIENOW, G. u. a.: *Industrielle Forschungs- und Technologieförderung — Diskussion theoretischer Ansätze und ihrer empirischen Evidenz*, Fraunhofer-Institut für Systemtechnik und Innovationsforschung, Karlsruhe 1985.

GOODMAN, IRWIN R.: Fuzzy Sets as Random Level Sets: Implications and Extensions of the Basic Result, in: LASKER, G. E. (ed:): *Applied Systems and Cybernetics Volume VI*, Pergamon Press, New York 1981.

GOUL, M.; SHANE, B.; THONGE, F.: „The Design of an Expert Subsystem for a Decision Support System with an Application to Strategic Planning", in: *Proceedings of the Eighteenth Annual Hawaii International Conference on Systems Sciences*, 1985, 446 – 457.

GOUL, MICHAEL: On Building Expert Systems for Strategic Plan ners, in: *Information & Management* 12 (1987), 131 – 141.

GRAHAM: The FIDIC Conditions of Contract for Electrical and Mechanical Works (including Erection on Site) 3rd Edition, in: *The International Construction Law Review* 4 (1987), 283 ff.

GREENWOOD, PAUL; THOMAS, HOWARD: A Review of Analytical Models in Strategic Planning, in: *Omega* 9 (1981), 397 – 417.

GREFENSTETTE, J. J. (ed.): *Proc. Intern. Conf. on Genetic Algorithms and their Application*, The Robotics Institute, Carnegie Mellon University, 1985.

GRENN-HALL, N.: A Fuzzy Decision Support System for Strategic Planning, in: SANCHEZ, E.; ZADEH, L. A. (Hrsg.): *Approximate Reasoning in Intelligent Systems, Decision and Control*, Oxford, Frankfurt 1988, 77 – 90.

GRIESE, JOACHIM: Istanalyse betrieblicher Informationssysteme, in: HANSEN, HANS ROBERT (Hrsg.): *Entwicklungstendenzen der Systemanalyse*, München, Wien 1978.

GUTOWSKI, A.: Wirtschaftspolitik unter der Tyrannei des Status quo, in: LUDWIG-ERHARD-STIFTUNG (Hrsg.): *Ludwig-Erhard-Preis für Wirtschaftspublizistik 1987*, Bonn 1987.

GÖLZ, STEFAN: Wettbewerbsvorteile durch Informationstechnik: Reuters Holdings PLC, in: *Wirtschaftswissenschaftliches Studium* 17 (1988) 8, 419 – 420.

HÖHN, SIEGFRIED: Der Einsatz der Informationstechnik für Planung und Kontrolle, in: *Zeitschrift für Betriebswirtschaft* 55 (1985) 5, 515 – 541.

HABSCHEID: Schiedsvertrag und Schiedsgutachtenvereinbarung, in: *KTS* 1957, 129 ff.

HABSCHEID: *Das Schiedsgutachten als Mittel der Streitentscheidung und Streitvorbeugung*, Festschrift für WINFRIED KRALIK, 1986, 189 ff.

HAEFNER, K.: *Mensch und Computer im Jahre 2000. Ökonomie und Politik für eine human computerisierte Gesellschaft*, Basel, Boston, Stuttgart 1984.

HAHN, D.; STEIMETZ, D.: Gesamtunternehmensmodelle als Entscheidungshilfen im Rahmen der Zielplanung, strategischen und operativen Planung; in: HAHN, DIETGER; TAYLOR BERNARD (Hrsg.): *Strategische Unternehmensplanung*, Würzburg, Wien 1980.

HAHN, D.: Return on Investment, in: GROCHLA, E.; WITTMANN, W. (Hrsg.): *Handwörterbuch der Betriebswirtschaft*, Stuttgart 1976[4], 3420 – 3428.

HAHN, DIETGER; KRYSTEK, ULRICH: Betriebliche und überbetriebliche Frühwarnsysteme für die Industrie, in: *Zeitschrift für betriebswirtschaftliche Forschung* 31 (1979), 76 – 88.

HAHN, DIETGER; KRYSTEK, ULRICH: Frühwarnsystem als Instrument der Krisenerkennung, in: STAEHLE, WOLFGANG H.; STOLL, EDGAR: *Betriebswirtschaftslehre und ökonomische Krise*, Wiesbaden 1984.

HALAL, WILLIAM E.: *The New Capitalism*, John Wiley, New York 1986.

HANSSMANN, FRIEDRICH: *Quantitative Betriebswirtschaftslehre*, München 1982.

HART, ANNA: *Knowledge Acquisition for Expert Systems*, Anchor Branden LTD, Essex 1986, 54 ff.

HAYES-ROTH, F.; WATERMAN, D. A.; LENAT, D. B. (eds.): *Building expert systems*, Addison-Wesley, Reading 1983.

HAYESROTH, FREDERICK; WATERMAN, DONALD A.; LENAT, DOUGLAS B.: *Bulding Expert Systems*, Reading 1983.

HEIDE, G.: *PCs in Marketing und Vertrieb*, München 1986.

HEINRICH, LUTZ J.: *Informationsmanagement*, München, Wien 1987.

HEINZELBECKER, K.: *Marketing-Informationssysteme*, Stuttgart, Berlin, Köln, Mainz 1985.

HINTERHUBER, HANS H.; PLÖRER, VINZENZ; POPP, WOLFGANG; PUCHER, ROBERT: EDV-gestützte Planbilanzen für strategische Geschäftseinheiten, in: *Harvardmanager*, 1. Quartal 1987, 59 – 66.

HINTERHUBER, HANS H.; POPP, WOLFGANG: Die Objektivierung der Unternehmens- und Marketingentscheidungen, in: *Thexis* 4 (1987) 3, 20 – 25.

HINTERHUBER, HANS H.; POPP, WOLFGANG: Die Wahl der „vorteilhaften" Strategie, in: *IO-Management Zeitschrift* 56 (1987) 2, 88 – 93.

HINTERHUBER, HANS H.; POPP, WOLFGANG: PC-gestützte Bewertung strategischer Alternativen, in: *HMD* 24 (1988) 138, 85 – 103.

HINTERHUBER, HANS H.; POPP, WOLFGANG: Strategy as a System of Expedients, in: *Long Range Planning* 21 (1988) 4, 107 – 120.

HINTERHUBER, HANS H.; POPP, WOLFGANG: Woran erkennt man den Strategen?, in: *IO-Management Zeitschrift* 57 (1988) 7/8, 319 – 324.

HINTERHUBER, HANS H.: *Strategische Unternehmungsführung*, Berlin, New York 1989[4].

HOFFMANN, FRIEDRICH: *Computergestützte Informationssysteme*, München, Wien 1984.

HORN; FONTAINE; MASKOW; SCHMITTHOFF: *Die Anpassung langfristiger Verträge — Vertragsklauseln und Schiedspraxis*, Frankfurt/Main 1984.

HORN: Vertragsbindung unter veränderten Umständen, in: *NJW* 1985, 1118 ff.

HUMPERT, B.; HOLLEY, P.: Expert-Systems in Finance-Planning, in: *Expert Systems* 5 (1988), 78 – 101.

HUMPHREYS, P. C. et al.: *A Brief Description of MAUD*, Technical Report, Decision Analysis Unit, London School of Economics and Political Science, 1986.

INSTITUT DER DEUTSCHEN WIRTSCHAFT (Hrsg.): *Zahlen zur wirtschaftlichen Entwicklung der Bundesrepublik Deutschland 1988*, Köln 1988, 22.

JACQUET-LAGREZE, E.; SISKAS, J.: Assessing a Set of Additive Utility Functions for Multicriteria Decision Making, The UTA Method, in: *Europ. Journal of Operations Research* 10 (1982), 151 – 164.

JARKE, M.; RADERMACHER, F. J.: The AI Potential of Model Management and Its Central Role in Decision Support, in: *Decision Support Systems* 4 (1988).

JERESLOV, R. G. (ed.): Approaches to Intelligent Decision Support, in: *Annals of Operations Research* 12 (1988).

JUDGE, GEORGE G.; GRIFFITHS, WILLIAM E.; HILL, R. CARTER; LEE, TSOUNG-CHAO: *The Theory and Practice of Econometrics*, John Wiley & Sons, New York 1981.

JÜNEMANN, R.: Bausteine der Produktionslogistik, in: *VDI-Berichte* 691.

JUNKER: *Computerrecht*, Baden-Baden 1988.

KANDEL, ABRAHAM: *Fuzzy Mathematical Techniques with Applications*, Addison-Wesley, Reading 1986.

KAUFMANN, ARNOLD: *Introduction to the Theory of Fuzzy Subsets Volume I*, Academic Press, New York 1975.

KEEN, P. G. W.: Decision Support Systems: The new decade, in: MCLEAN, E.; SOL, H. G.: *Decision Support Systems, A Decade in Perspective*, North Holland, Amsterdam 1986.

KEENEY, R. L.; MOEHRING, R. H.; OTWAY, H.; RADERMACHER, F. J.; RICHTER, M. M. (eds.): Design Principles of Advanced Decision Support Systems, in: *Decision Support Systems*, Special Issue, 4 (1988).

KEENEY, R. L.; MOEHRING, R. H.; OTWAY, H.; RADERMACHER, F. J.; RICHTER, M. M. (eds.): Multi-Attribute Decision-Making via OR-Based Expert Systems, in: *Annals of Operations Research*, Special Issue, 16 (1988).

KEENEY, R. L.; RAIFFA, H.: *Decisions with Multiple Objectives*, John Wiley, New York 1976.

KEENEY, R. L.; RENN, O.; VON WINTERFELDT, D.; KOTTE, U.: *Die Wertbaumanalyse*, München 1984.

KEENEY, R. L.: *Siting Energy Facilities*, Academic Press, New York 1980.

KICKERT, WALTER J. M.: *Fuzzy Theories on Decision Making*, Martinus Nijhoff Social Sciences Division, Leiden 1978.

KIESER, ALFRED; KUBICEK, HERBERT: *Organisationstheorie*, Stuttgart, Berlin, Köln, Mainz 1978.

KIRSCH, G.: Neue Politische Ökonomie, Düsseldorf 1983[2].

KIRSCH, WERNER; BAMBERGER, INGOLF; BERG, CLAUS C.; WEBER, WOLFGANG: *Die Wirtschaft*, Wiesbaden 1975.

KIRSCH, WERNER; ESSER, WERNER-MICHAEL; GABELE, EDUARD: *Reorganisation*, München 1978.

KIRSCH, WERNER; TRUX, WALTER: Strategische Frühaufklärung und Portfolio-Analyse, in: *ZfB-Ergänzungsheft* (1979) 2, 47 – 69.

KLAUSMANN, WALTER: Betriebliche Frühwarnsysteme im Wandel, in: *Zeitschrift für Organisation* (1983) 1, 39 – 45.

KNOBLICH, HANS; BESSLER, HARALD: Informationsbetriebe. Eine typologische Studie, in: *Die Betriebswirtschaft* (1985) 5, 560 – 575.

KÖHLER: Die Herstellung und Überlassung von Software im bürgerlichen Recht, in: LEHMANN (Hrsg.): *Rechtsschutz und Verwertung von Computerprogrammen*, Köln 1988.

KÖHLER: Herstellungsrisiken und Informationspflichten, in: *CR* 1988, 623 ff.

KÖHLER: Rechtsfragen zum Softwarevertrag, in: *CR* 1987, 827 ff.

KOLBECK, ROSEMARIE: Leasing als finanzierungs- und investitionstheoretisches Problem, in: *Schmalenbachs Zeitschrift für betriebswirtschaftliche Forschung* 20 (1968), 58 – 87

KOOB, FRITZ: Wettbewerbsvorteile durch Informationstechnik: Computergestützte Kapitalmarktberatung Gesellschaft für optimale Finanzplanung mbH (Gefof), in: *Wirtschaftswissenschaftliches Studium* 17 (1988) 3, 145.

KOSIOL, ERICH: *Die Unternehmung als wirtschaftliches Aktionszentrum — Einführung in die Betriebswirtschaftslehre*, Hamburg 1966.

KRAETZSCHMAR, G. K.; PLATTFAULT, E.: Unterstützung der Strategiefindung im Rahmen der Unternehmensplanung mit Hilfe eines in Prolog implementierten wissensbasierten Systems, in: *Arbeitspapiere Informatik-Forschungsgruppe VIII*, Erlangen-Nürnberg 1987.

KRYSTEK, ULRICH: *Unternehmungskrisen*, Wiesbaden 1987.

KULZER, RUDI: Dünne Scheiben aus reinem Silizium sind die Basis für die meisten Halbleiterchips, in: *Handelsblatt* vom 4.7.1989 / Nr. 126, 17.

LARENZ: Lehrbuch des Schuldrechts, Bd. 1, 1987[14], §25 I, 389.

LARENZ: *Ergänzende Vertragsauslegung und Rückgriff auf die Geschäftsgrundlage*, Karlsruher Forum 1983, 156 ff.

LAWLER, E. L.; LENSTRA, J. K.; RINNOOY KAN, A. H. G.: Recent Developments in Deterministic Sequencing and Scheduling, A Survey, in: DEMPSTER, M. A. H. et al. (eds.): *Deterministic and Stochastic Scheduling*, Reidel, Dordrecht 1982.

LAYNE, ROBERT: Credit D & B's Systems for Strategic Success, in: *Information Week* vom 26. Mai 1986, 46 – 47.

LAYNE, ROBERT: Otis MIS: Going Up, in: *Information Week* vom 18. Mai 1987, 32 – 37.

LEE, JAE K.; LEE, HO G.: Interaction of Strategic Planning and Shortterm Planning: An Intelligent DSS by the Post-Model Analysis Approach, in: *Decision Support Systems* 3 (1987), 141 – 154.

LENAT, D. B.; GUHA, R. V.: The World According to CYC, in: *MCC Technical Report* No. ACA.AI-300-88 (1988).

LENAT, D. B.: On Automated Scientific Theory Foundation, A Case Study Using the AM Program, in: HAYER, J. E.; MICHIE, D.; MIKULICH, L. I. (eds.): *Machine and Intelligence 9*, Halsted Press, New York 1977.

LEVINE, P.; MAILLARD, J. CH.; POMEROL, J. CH.: Un Systéme ‹Intelligent› Pour l'Aide à la Decision Strategique, in: ROSS, J. (Hrsg.): *Proceedings of the IFAC International Conference on Economics and Artificial Intelligence*, Aix-en-Provence 1986, 153 – 155.

LILLEGAARD, A.: PC-INF*ACT — Marketing-Analysen mit dem Personal Computer, in: *Nielsen Marketing Trends* (1987) 1, 14 – 16.

LOCAREK, H.: *Wissensbasierte Systeme zur Durchführung statistischer Analysen*, Frankfurt, Bern, New York, Paris 1988.

LUCONI, FRED; MALONE, THOMAS; SCOTT MORTON, MICHAEL: Expert Systems: The Next Challenge for Managers, in: *Information Management* 3 (1986), 6 – 16.

MACKENZIE, K. D.: *Organizational Design. The Organizational Audit and Analysis Technology*, Norwood, N. J. 1986.

MAG, WOLFGANG: *Entscheidung und Information*, München 1977.

MALONE, THOMAS W.; YATES, JOANNE; BENJAMIN, ROBERT I.: *Electronic Markets and Electronic Hierarchies: Effects of Information Technology on Market Structures and Corporate Strategies*, San Diego 1986.

MARSCHAK, J.; RADNER, R.: *Economic Theory of Teams*, New Haven, London 1972.

MARTIN, J.: *Manifest für die Informationstechnologie von morgen*, Düsseldorf, Wien 1985.

MASSLER, THOMAS: *Entwicklung eines Schulungskurses über Knowledge Engineering*, Diplomarbeit an der Universität Karlsruhe, Institut für Wirtschaftstheorie und Operations Research (1988), 58 – 87

MATARE , JÜRGEN: Wirtschaftlicher Nutzen von Terminologiedatenbanken, in: *Beiträge zur Wissenslogistik, CAT - Computer Aided Translation*, 1. Anwendertreffen, Stuttgart 1987, 22 – 33.

MCCANN, J. M.: *The Marketing Workbench*, Dow-Jones Irwin, Homewood 1986.

MCFARLAN, F. W.: Information technology changes the way you compete, in: *Harvard Business Review* 1984, 98 – 113.

MEDICUS: *Vertragsauslegung und Geschäftsgrundlage*, Festschrift für FLUME, Bd. 1, 1978, 629 ff.

MELLWIG, WINFRIED: Besteuerung und Kauf- / Leasing-Entscheidung, in: *Schmalenbachs Zeitschrift für betriebswirtschaftliche Forschung* 35 (1983), 782 ff.

MELLWIG, WINFRIED: Finanzplanung und Leasing, in: *Zeitschrift für Betriebswirtschaft* (1980) 9, 1042 ff.

MELLWIG, WINFRIED: *Investition und Besteuerung*, Wiesbaden 1985.

MERTENS, P.; BODENDORF, F.: Interaktiv nutzbare Methodenbanken — Entwurfskriterien und Stand der Verwirklichung, in: *Angewandte Informatik* 21 (1979) 12, 533 – 541.

MERTENS, P. (Hpthrsg.): *Lexikon der Wirtschaftsinformatik*, Berlin, Heidelberg, New York, London, Paris, Tokio 1987.

MERTENS, PETER; BORKOWSKI, VOLKER; GEIS, WOLFGANG: *Betriebliche Expertensystem-Anwendungen — Eine Materialsammlung*, Berlin, Heidelberg, New York 1988.

MERTENS, PETER; PLATTFAULT, EBERHARD: Informationstechnik als strategische Waffe, in: *Information Management* 2 (1986), 6 – 17.

MERTENS, PETER; RACKELMANN, GÜNTER: Konzept eines Frühwarnsystems auf der Basis von Produktlebenszyklen, in: *ZfB-Ergänzungsheft* (1979) 2, 70 – 88.

MERTENS, PETER; SCHUMANN, MATTHIAS; ZEITLER, PETER; KOCH, HEIDI: Untersuchungen zum Nutzen-Kosten-Verhältnis der Büroautomation, in: KRALLMANN, H. (Hrsg.): *Planung, Einsatz und Wirtschaftlichkeitsnachweis von Büroinformationssystemen*, Berlin 1986, 103 – 134.

MERTENS, PETER: Expertensysteme in den betrieblichen Funktionsbereichen — Chancen, Erfolge, Mißerfolge, in: BRAUER, W.; WAHLSTER, W. (Hrsg.): *Wissensbasierte Systeme*, 2. Internationaler GI-Kongreß, Berlin, Heidelberg 1987, 181 – 206.

MERTENS, PETER: Knochenarbeit geleistet, in: *Computerwoche*, vom 29. Januar 1988.

MERTENS, PETER: *Industrielle Datenverarbeitung 1, Administrations- und Dispositionssysteme*, Wiesbaden 1988[7].

MEYER, BERND: Optische Speicherplatten für Mikrofilm-Aufsteiger, in: *Handelsblatt* vom 24.05.1989 / Nr. 98.

MEYER-ABICH, K. M.; STEGER, U. (Hrsg.): *Mikroelektronik und Dezentralisierung*, Berlin 1982.

MITTELSTRASS, JÜRGEN: *Computer und die Zukunft des Denkens*, Vortragsmanuskript, Universität Konstanz, 19. Mai 1989.

MOEHRING, R. H.; RADERMACHER, F. J.: Introduction to Stochastic Scheduling Problems, in: NEUMANN, K.; PALLASCHKE, D. (eds.): *Contributions to Operations Research*, 1985, 72 – 130.

MOEHRING, R. H.; RADERMACHER, F. J.: Substitution decomposition of discrete structures and connections with combinatorial optimization, in: *Annals of Discrete Mathematics* 19 (1984), 257 – 356.

MÖHR, MALTE: Benutzerorientierte Bewertung von Information-Retrieval-Systemen, in: R. KUHLEN (ed.): *Datenbasen, Datenbanken, Netzwerke. Praxis des Information Retrieval, Bd. 3, Nutzung und Bewertung von Retrievalsystemen*, München, N. Y., London, Paris 1980, 123 – 156.

MOLTKE, HELMUTH: *Gespräche*, hrsg. von EBERHARD KESSEL, Hamburg 1941[2].

MOLTKE, HELMUTH: *Militärische Werke*, hrsg. vom Großen Generalstab, Berlin 1892 – 1912.

MORECROFT, JOHN D. W.: Strategy Support Models, in: *Strategic Management Journal* 5 (1984), 215 – 229.

MÜLLER, GÜNTER; ZEISER, BERND: Zufallsbereiche zur Beurteilung frühaufklärender Signale, in: *Zeitschrift für Betriebswirtschaft* 50 (1980) 6, 605 –619.

MÜLLER-FOELL: *Die Mitwirkung des Bestellers beim Werkvertrag*, Berlin 1982.

MÜLLER-MERBACH, HEINER: Datenursprungsbezogene Alarmsystem, in: *ZfB-Ergänzungsheft* (1979) 2, 151 – 161.

MÜLLERWÜNSCH, MICHAEL: Computerassistierte Strategie, Audit — ein wissensbasiertes System zur Strategieberatung, in: *Information Management* 4 (1989) 2, 26 – 30.

NAGEL, KURT: *200 Strategien, Prinzipien und Systeme für den persönlichen und unternehmerischen Erfolg*, Landsberg 1988.

NAGEL, KURT: *Die 6 Erfolgsfaktoren des Unternehmens*, Landsberg 1988[2].

NAGEL, KURT: *Nutzen der Informationsverarbeitung. Methoden zur Bewertung von strategischen Wettbewerbsvorteilen, Produktivitätsverbesserungen und Kosteneinsparungen*, München 1988.

NAYLOR, THOMAS H. (Hrsg.): *Corporate Strategy*, Amsterdam 1983.

NEWELL, ALLEN: Reasoning, Problem Solving and Decision Processes: The Problem Space as a Fundamental Category, in: R. NIKERSON (ed.): *Attention and Performance VIII*, Hillsdale, N. J. 1980.

NICKLISCH; WEICK: *Verdingungsordnung für Bauleistungen, Teil B — Kommentar*, München 1981, Einl. Rdn. 23 ff.

NICKLISCH (Hrsg.): *Der Subunternehmer bei Bau- und Anlagenverträgen im In- und Auslandsgeschäft*, Heidelberg 1986.

NICKLISCH: Ansprüche des Subunternehmers bei Projektänderungen und -störungen aus juristischer Sicht, in: NICKLISCH (Hrsg.): *Der Subunternehmer bei Bau- und Anlagenverträgen*, Heidelberg 1986, 109 ff.

NICKLISCH: Die Ausfüllung von Vertragslücken durch das Schiedsgericht, in: *RIW* 1989, 15 ff.

NICKLISCH: Die Rolle des Subunternehmers im Rahmen des Gesamtprojekts aus juristischer Sicht, in: NICKLISCH (Hrsg.): Der *Subunternehmer bei Bau- und Anlagenverträgen*, Heidelberg 1986, 29, 33 ff.

NICKLISCH: Empfiehlt sich eine Neukonzeption des Werkvertragsrechts, in: *JZ* 1984, 757, 759.

NICKLISCH: Ergänzende Vertragsauslegung und Geschäftsgrundlagenlehre — ein einheitliches Rechtsinstitut zur Lückenausfüllung?, in: *BB* 1980, 949 ff.

NICKLISCH: Mitwirkungspflichten des Bestellers beim Werkvertrag, insbesondere beim Bau- und Industrieanlagenvertrag, in: *BB* 1979, 533 ff.

NICKLISCH: Rechtliche Erfassung von Projektabläufen und Projektstörungen bei komplexen Langzeitverträgen, in: NICKLISCH (Hrsg.): *Der komplexe Langzeitvertrag*, Heidelberg 1987, 365 ff.

NICKLISCH: Rechtsfragen des Subunternehmervertrages bei Bau- und Anlagenprojekten im In- und Auslandsgeschäft, in: *NJW* 1985, 2361 ff.

NICKLISCH: Schätzorganisationen — Beiträge zum Sachverständigen- und Schiedsgutachtenrecht, in: *ZHR* 136 (1972), 1 ff., 97 ff.

NICKLISCH: Vorteile einer Dogmatik komplexer Langzeitverträge, in: NICKLISCH (Hrsg.): *Der komplexe Langzeitvertrag*, Heidelberg 1987, 17 ff.

NICKLISCH: *Gutachter-, Schieds- und Schlichtungsstellen — rechtliche Einordnung und erforderliche Verfahrensgarantien*, Festschrift für ARTHUR BÜLOW, 1982, 159 ff.

NISSE, JASON: Big Spenders, in: *The Banker* 137 (1987) 7, 64.

OTT, PETER; RETTEL, JÜRGEN; WEHKING, FRIEDRICH: Praxisgerechte Arbeitswertermittlung als Grundlage für eine verläßliche Kostenprognose, in: *GPM-Nachrichten* (1988) 15, 11 – 33.

O. V.: Apotheker- und Ärztebank: Eigennützige Hilfe, in: *Wirtschaftswoche* 41 (1987) 1/2, 70 – 71.

O. V.: Ausgebliebene Grippewelle drückt Umsatz von Siegfried Pharma, in: *Frankfurter Allgemeine Zeitung* vom 9. Mai 1988.

O. V.: Business is Turning Data into a Potent Strategic Weapon, in: *Business Week* vom 22. August 1983, 92.

O. V.: Fuhrpark: Gläserner Brummi, in: *Wirtschaftswoche* 40 (1986) 25, 113 – 117.

O. V.: Has Metpath Diagnosed a Winner?, in: *Business Week* vom 25. Januar 1982, 84-B.

O. V.: Irgendwann weltweit, in: *Spiegel* 41 (1987) 43, 106 – 108.

O. V.: Makler: Streit um Standards, in: *Wirtschaftswoche* 42 (1988) 27, 74 – 75.

O. V.: Produktionsverbund: Flexible Fesseln, in: *Wirtschaftswoche* 42 (1988) 29, 118 – 128.

O. V.: Schnell mit Btx: Ersatzteile, in: *IBM Nachrichten* 37 (1987) 290, 32.

O. V.: VW rückt näher an den Kunden, in: *Frankfurter Allgemeine Zeitung* vom 9. September 1988, 15.

O. V.: Sonderauswertung Statistische Bilanzanalyse (STABIL) für EBIL-Bilanzen, in: *BSGV-Mitteilung* Nr. 145 von 23. Mai 1986.

PAUL, GÜNTER: Reaktorsicherheit zuversichtlicher beurteilt — Ergebnisse der Deutschen Risikostudie Kernkraftwerke (Phase B), in: *Frankfurter Allgemeine Zeitung* Nr. 152, 1989.

PAWELLEK, GÜNTHER: Logistik als Managementaufgabe, in: *VDI Nachrichten* (1988) 44, 53.

PC-INF*ACT: *User Manual*, A. C. Nielsen Company, Volume I, II.

PETRE, PETER: How to Keep Customers Happy Captives, in: *Fortune* vom 2. September 1985, 48.

PFOHL, HANS-CHRISTIAN: Strategische Kontrolle, in: HENZLER, HERBERT A. (Hrsg.): *Handbuch Strategische Führung*, Wiesbaden 1988, 801 – 824.

PILLSBURY, A. B.: The Hard-Selling Supplier to the Sick, in: *Fortune* vom 26. Juli 1982, 56.

PLATTFAULT, E.; KRAETZSCHMAR, G.; MERTENS, P.: STRATEX — ein prototypisches Expertensystem zur Unterstützung der strategischen Unternehmensplanung, in: *Strategische Planung* 3 (1987), 71 – 103.

PLATTFAULT, EBERHARD: *DV-Unterstützung strategischer Unternehmensplanung*, Berlin, Heidelberg, New York 1988.

POLTKE, MARTIN: Information als kritische Ressource, in: HENZLER, HERBERT A. (Hrsg.): *Handbuch Strategische Führung*, Wiesbaden 1988, 353 – 378.

POPPER, KARL R.; ECCLES, JOHN C.: *Das Ich und sein Gehirn*, München, Zürich 1982.

PORTER, M. E.; MILLAR, V. E.: Wettbewerbsvorteile durch Information, in: Harvard Manager 1/1986, original: How information gives you competitive advantage, in: *Harvard Business Review* 1985, 149 – 160.

PORTER, MICHAEL E.: *Competitive Advantage: Creating and Substaining Superior Performance*, New York, London 1985.

PORTER, MICHAEL E.: *Competitive Strategy: Techniques for Analyzing Industries and Competitors*, New York, London 1980.

PRESCOTT, JOHN E.; GRANT, JOHN H.: A Manager's Guide for Evaluating Competitive Analysis Techniques, in: *Interfaces* 18 (1988) 3, 10 – 22.

PRESSMAR, D. B.: Computergestützte Planung und mathematische Programmierung, in: ISERMANN, H.; MERLE, G.; RIEDER, U.; SCHMIDT, I.; STREITFEDT, L., *Operations Research, Proceedings*, 1986, 22 – 33.

PÜMPIN, CUNO: *Management strategischer Erfolgspositionen: das SEP-Konzept als Grundlage wirkungsvoller Unternehmungsführung*, Bern, Stuttgart 1986.

QUEISSER, H.: *Kristallene Krisen. Mikroelektronik — Wege der Forschung, Kampf um Märkte*, München, Zürich 1985.

RADERMACHER, F. J.: Entwicklungsperspektiven rechnergestützter Entscheidungsfindung, in: WOLFF, R. (ed.): *Entscheidungsunterstützende Systeme in Unternehmen*, München 1988.

RAUHUT, B.; SCHMITZ, N.; ZACHOW, E.-W.: *Spieltheorie: Eine Einführung in die mathematische Theorie strategischer Spiele*, Stuttgart 1979.

REIMER; SCHMIDT: *Die Obliegenheiten*, 1953.

RETTEL, JÜRGEN; OTT, PETER; WEHKING, FRIEDRICH: Multiprojekt-Kostenmanagement mit einem Kosten-Informationssystem für Linie und Projekt, in: *GPM-Nachrichten* (1988) 14, 31 – 50.

RETTEL, JÜRGEN; OTT, PETER: Projektstrukturierung als Schlüsselpunkt einer unternehmerischen Organisation, in: *GPM-Nachrichten* (1988) 15, 22 – 33.

RICHTER, M. M.: *Prinzipien der Künstlichen Intelligenz*, Stuttgart 1989.

ROBENS, HERBERT: *Modell und methodengestützte Entscheidungshilfen zur Planung von Produkt-Portfoliostrategien*, Frankfurt, Bern, New York 1986.

ROCKART, JOHN F.: Chief Executives Define Their Own Data Needs, in: *Harvard Business Review*, März / April 1979.

ROSE, GERD: Betrieb und Steuer, Grundlagen zur betriebswirtschaftlichen Steuerlehre, Erster Band: *Die Ertragssteuern* 1982, 192 ff.

ROSENBERG, OTTO: Kriterien zur Bestimmung der Vorteilhaftigkeit des Finanzierungsleasings, in: *Schmalenbachs Zeitschrift für betriebswirtschaftliche Forschung* 27 (1975), 170 ff.

ROSENBERG; SCHWAB: Zivilprozeßrecht, 1988[14], §173 III, 1147 ff.

RUHLAND, JOHANNES; WILDE, KLAUS: Experten-System für strategische Planung, in: *Die Unternehmung* 4 (1987), 266 – 273.

RUHSERT, JENS C.: Der Aufstieg des computerintegrierten Managements, in: *Computerwoche* 14 (1987) 21, 24 – 25.

SACHSE, CHRISTIAN; KEMPKENS, WOLFGANG: Service im Maschinenbau: Reparatur per Telefon, in: *Wirtschaftswoche* 42 (1988) 17, 83.

SALTON, GERARD; McGILL, MICHAEL J.: *Information Retrieval — Grundlegendes für den Informationswissenschaftler*, Hamburg, New York 1987.

SARANCENO, PASQUALE: *La produzione industriale*, Libreria Universitaria, Venedig 1978[9].

SCHEEL, JOACHIM: Nachdenken statt nachmachen, in: *Computerwoche Extra* 3 (1989).

SCHEER, AUGUST-WILHELM: DV-gestützte Planungs- und Informationssysteme im Produktionsbereich, in: KAY, ROBERT (Hrsg.): *Management betrieblicher Informationsverarbeitung*, München, Wien 1983, 165 – 188.

SCHLEPPEGRELL, J.: *Personal Computer als Führungsinstrument zur Unterstützung von Planungsaufgaben und Managemententscheidungen*, Braunschweig (ohne Jahresangabe).

SCHLICKSUPP, HELMUT: *Kreative Ideenfindung in der Unternehmung: Methoden und Modelle*, Berlin 1977.

SCHMIDT, REINHART; RALFS, DIRK: KPS / Prolog — Ein Problemlösungssystem auf Basis von Turbo Prolog, in: *Manuskripte aus dem Institut für Betriebswirtschaftslehre der Universität Kiel*, Nr. 225, Dezember 1988.

SCHMIDT, REINHART: Sprachorientierte Planungssysteme, in: BROCKHOFF, KLAUS; KRELLE, WILHELM (Hrsg.): *Unternehmensplanung*, Berlin, Heidelberg, New York 1981, 49 – 61.

SCHMIDT, REINHART: Strategische Unternehmensplanung und Operations Research, in: *Operations Research Proceedings 1981*, Berlin, Heidelberg, New York 1982, 356 – 368.

SCHMIDT, REINHART: Zur Verbindung von wissensbasierter Modellierung und What-if-Planung, in: *Operations Research Proceedings 1989*.

SCHMOLL, ANTON: Theorie und Praxis der Kreditprüfung, in: *Österreichisches Bankarchiv* 31 (1983) 3, 5 und 6.

SCHMUCKER, KURT J.: *Fuzzy Sets, Natural Language Computations and Risk Analysis*, Computer Science Press, Rockville 1984.

SCHNEIDER, DIETER: Eine Warnung vor Frühwarnsystemen, in: *Der Betrieb* 38 (1985) 29, 1489 – 1494.

SCHNEIDER, J.: Strukturen von Software-Projekten und Mitwirkungspflichten des Auftraggebers, in: NICKLISCH, F. (Hrsg.): *Der komplexe Langzeitvertrag*, Heidelberg 1987, 289 ff.

SCHNEIDER, THOMAS: Terminology: Teaming Up Homo Faber and Homo Linguisticus, in: *Computers and the Humanities* 19 (1985), 103 – 108.

SCHOLTENS, CAROLINE; RÖSSLER, GÜNTER: Faktoren, die kaum zu quantifizieren sind, wie Qualität und Flexibilität, sind die wertvollsten, in: *Handelsblatt* vom 30.05.1989 / Nr. 101.

SCHOLZ, CHRISTIAN: *Strategisches Management*, Berlin, New York 1987.

SEIBT, DIETRICH: Information Resources Management, in: P. MERTENS (Hpthrsg.): *Lexikon der Wirtschaftsinformatik*, Berlin u. a. 1987, 180 – 182.

SIEGEL, PAUL: *Expert Systems, A Non-Programmer's Guide to Development and Applications*, TAB Professional and Reference Books, Blue Ridge Summit (1986), 51 ff.

SIHLER, H.; SCHULZ, R.: Marketing-Informations-Systeme, in: *Marketing Enzyklopädie*, 2. Bd., München 1974, 513 – 527.

SIMON, H.; KUCHER, E.; SEBASTIAN, K.-H.: Scanner-Daten in Marktforschung und Marketingentscheidung, in: *ZfB* 52 (1982), 555 – 579.

SIMON, HERBERT A.; NEWELL, ALLEN: Heuristic Problem Solving. The Next Advance in Operations Research, in: *Operations Research* 6 (1958) 110.

SOERGEL-WIEDEMANN: *Bürgerliches Gesetzbuch*, Bd. 2/1, 1986[11].

STEINBUCH, PITTER A.: *Organisation*, Ludwigshafen 1981.

SWOBODA: Ansprüche von Subunternehmern bei Projektänderungen und -störungen aus der Sicht des Ingenieurs, in: NICKLISCH (Hrsg.): *Der Subunternehmer bei Bau- und Anlagenverträgen*, Heidelberg 1986, 123 ff.

SYED, JAFFER R.; TSE, EDISON: An Integrated Consulting System for Competitive Analysis and Planning Control, in: ERNST, C. J. (Hrsg.): *Management Expert Systems*, Reading 1988, 183 – 207.

THOMPSON, JOHN M.: Winners and Losers in Channel Warfare, in: *Index Group* (1987) 4.

THORMANN, PETER: *Konzepte zur Wahrung der Ordnungsmäßigkeit in Informationssystemen*, Thun, Frankfurt / Main 1984.

TIMMERMANN, ARMIN: Evolution des strategischen Managements, in: HENZLER, HERBERT A. (Hrsg.): *Handbuch Strategische Führung*, Wiesbaden 1988, 85 – 105.

VEREIN DEUTSCHER INGENIEURE, Entwurf VDI-Richtlinie Nr. 2221, Methodik zum Entwickeln und Konstruieren technischer Systeme und Produkte, VDI-Gesellschaft Entwicklung Konstruktion Vertrieb, Düsseldorf 1985.

VETTER, M., *Strategie der Anwendungssoftware-Entwicklung. Planung, Prinzipien, Konzepte*, Stuttgart 1988.

VETTER: Aspekte der Risikodurchstellung zwischen Hauptvertrag und Subunternehmervertrag im internationalen Anlagengeschäft, in: NICKLISCH (Hrsg.): *Der Subunternehmer bei Bau- und Anlagenverträgen*, Heidelberg 1986, 77 ff.

VOELLER, J.: Gerechtigkeit: Philosophisches Ideal, soziale Notwendigkeit, politische Gefahr, in: *Orientierungen zur Wirtschafts- und Gesellschaftspolitik* (1989) 40, 46 – 52.

VOGEL, HEINRICH: *Zum philosophischen Wirken Max Plancks*, Berlin 1961.

VON ARNIM, H. H.: Staatsversagen: Schicksal oder Herausforderung?, in: Aus Politik und Zeitgeschichte, Beilage zur Wochenzeitung *Das Parlament* vom 28.11.1987.

VON ARNIM, H. H.: *Marktversagen oder Staatsversagen*, Vortrag an der Universität Ulm, unveröffentlichtes Manuskript, 1987.

VON BECHTOLSHEIM, MATTHIAS; MUSSHOFF, H. JOSEF: Falsche Vorstellungen revidieren — MIS im zweiten Frühling, in: *Computerwoche Extra* 3 (1989).

VON GIERKE, OTTO: *Dauernde Schuldverhältnisse*, Iherings Jahrbücher 1914, 356 ff.

VON NEUMANN, J.; MORGENSTERN, O.: *Theory of Games and Economic Behaviour*, University Press, Princeton 1963.

VON ROTHKIRCH, WEIDIG: *Die Zukunft der Arbeitslandschaft*, Nürnberg 1985.

WENSTOP, FRED: Quantitative Analysis with Linguistic Variables, in: *Fuzzy Sets and Systems* 4 (1980), 99 – 115.

WERNERS, BRIGITTE: *Interaktive Entscheidungsunterstützung durch ein flexibles mathematisches Programmierungssystem*, München 1984.

WEYER: Besondere Vertragsbedingungen für das Erstellen von DV-Programmen — BVB-Erstellung, in: *CR* 1986, 625 ff.

WIELING: Entwicklung und Dogmatik der Lehre von der Geschäftsgrundlage, in: *Jura* 1985, 505 ff.

WILDEMANN, HORST: *Investitionsplanung und Wirtschaftlichkeitsrechnung für Flexible Fertigungssysteme (FFS)*, Stuttgart 1987.

WISEMAN, CHARLES: *Strategy and Computers: Information Systems as Competitive Weapons*, Homewood 1985, 67.

ZADEH, LOTFI A.: Fuzzy Sets, in: *Information and Control* 8 (1965), 338 – 353.

ZAHRNT: Programmerstellungsverträge, Aufgabenstellung und geschuldete Leistung, in: *iur* 1986, 451 ff.

ZENTES, J.: Neuere Entwicklungen in der Marktforschung: Datengewinnung, in: *Marketing-ZFP* 9 (1987), S. 37 – 42.

ZENTES, J.: *EDV-gestütztes Marketing*, Berlin, Heidelberg 1987.

ZILAHI-SZABO, MIKLOS GEZA: Die betriebliche Finanzrechnung als Grundlage für Gefährdung anzeigende Indikatoren, in: *Zeitschrift für Betriebswirtschaft* 55 (1985) 7, 669 – 687.

ZIMMERMANN, HANS J.; ZYSNO, P. V.: Decisions and Evaluations by Hierarchical Aggregation of Information, in: *Fuzzy Sets and Systems* 10 (1983), 243 – 260.

ZIMMERMANN, HANS J.; ZYSNO, P. V.: Ein hierarchisches Bewertungssystem für die Kreditwürdigkeitsprüfung im Konsumentenkreditgeschäft, in: *Die Betriebswirtschaft* 42 (1982) 3, 403 – 418.

ZIMMERMANN, HANS J.; ZYSNO, P. V.: Latent Connectives in Human Decision Making, in: *Fuzzy Sets and Systems* 4 (1980), 37 – 51.

ZUBOFF, SHOSHANA: IT and authority: the case of Tiger Creek mill, in: *The McKinsey Quarterly* Winter 1989.

ZUBOFF, SHOSHANA: *In the age of the smart machine: the future of work and power*, Basic Books Inc., New York 1988.